I0041422

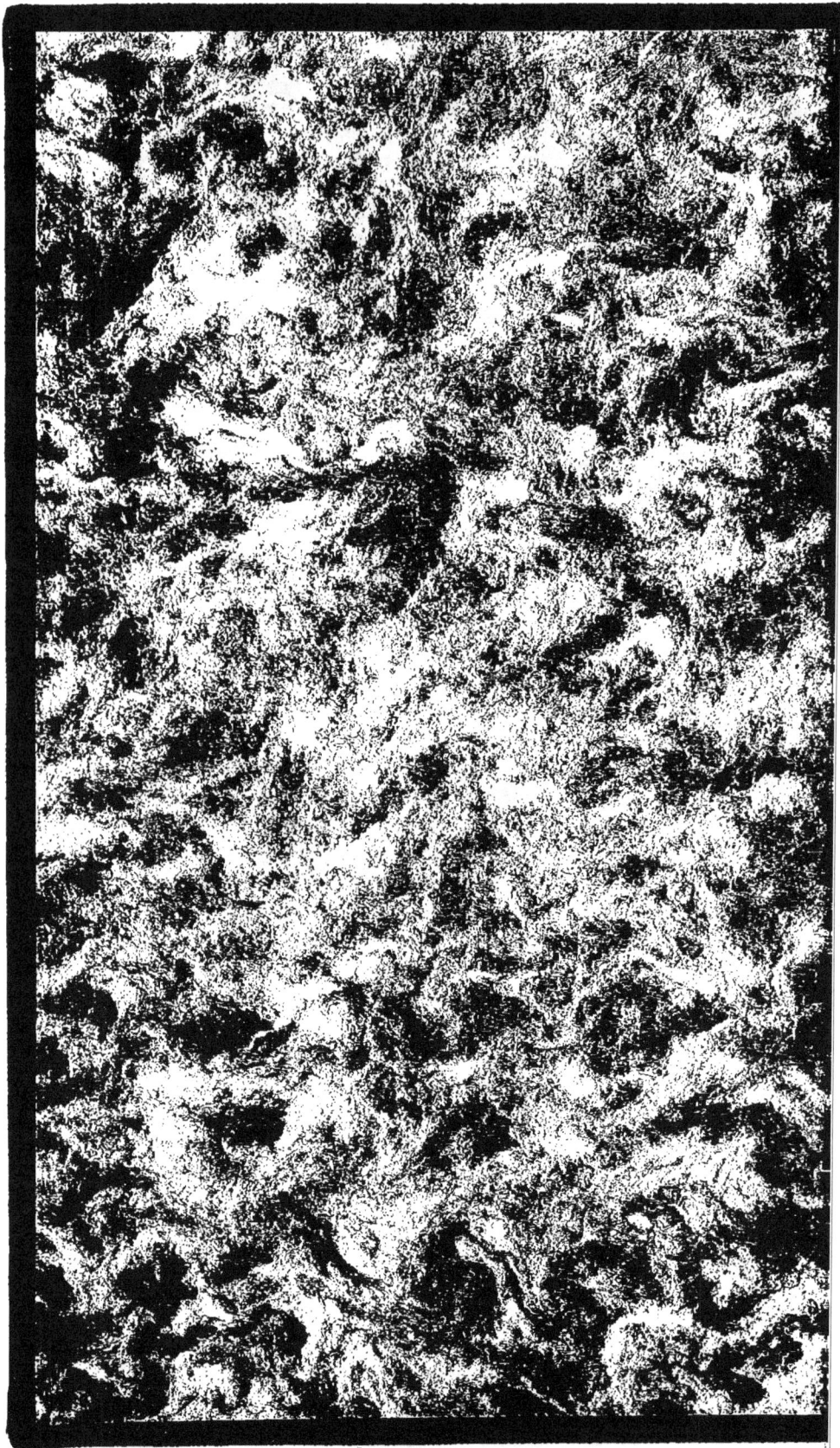

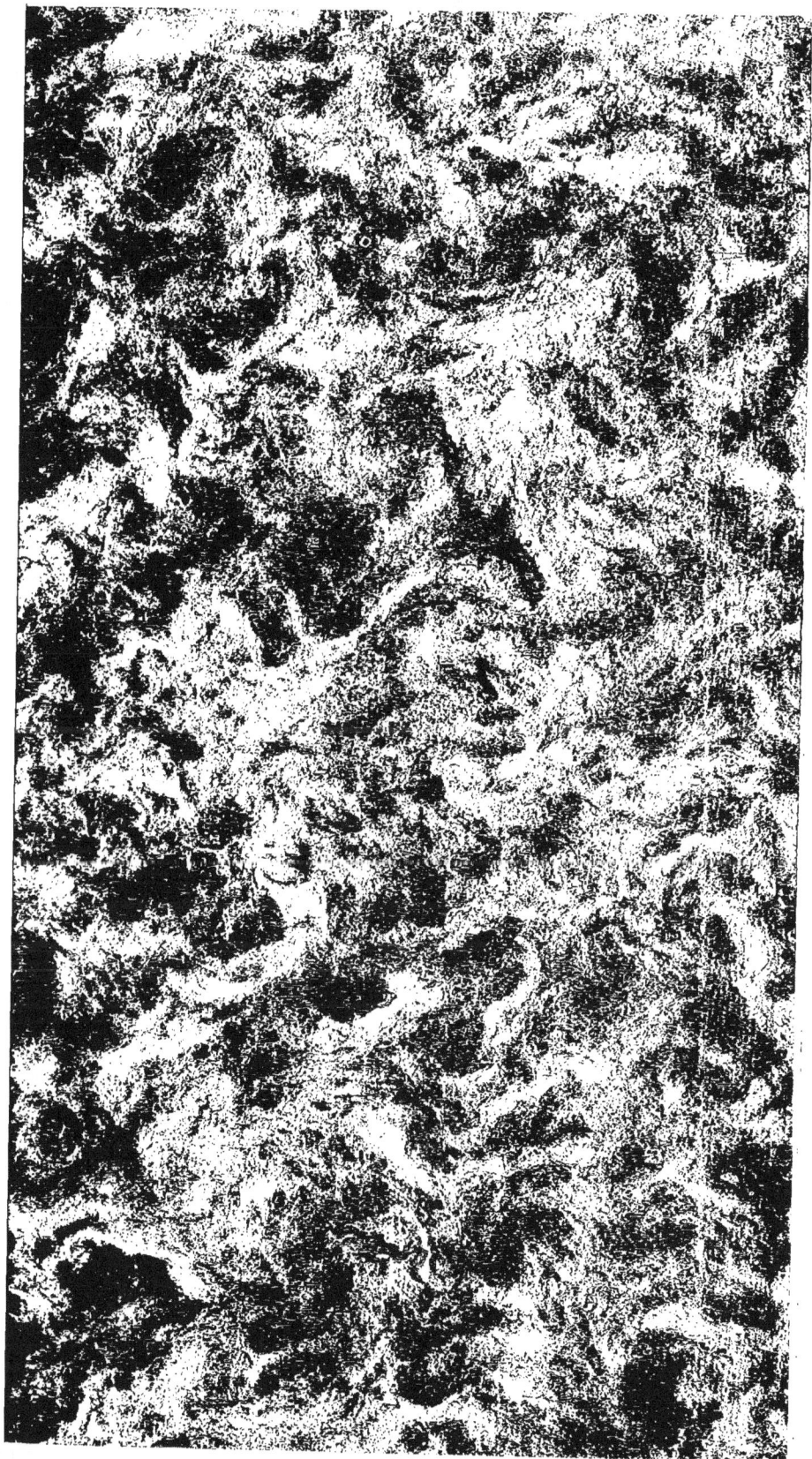

DOCUMENTS LÉGISLATIFS

SUR LA

TÉLÉGRAPHIE ÉLECTRIQUE

EN FRANCE

COMPRENANT,

Les Lois, Exposés des Motifs,
Rapports et Résumés des Discussions aux Chambres,
Ordonnances, Décrets, Conventions,
Comptes des Budgets,
et Notes du Moniteur Universel,

PRÉCÉDÉS

D'UNE INTRODUCTION HISTORIQUE

PAR

LAVIALLE DE LAMEILLÈRE

Employé à la Direction générale des Lignes télégraphiques,

1841-1854

PARIS

AUGUSTE DURAND | EUGÈNE LACROIX
RUE DES GRÈS-SORBONNE, 7. | QUAI MALAQUAIS, 15.

1865

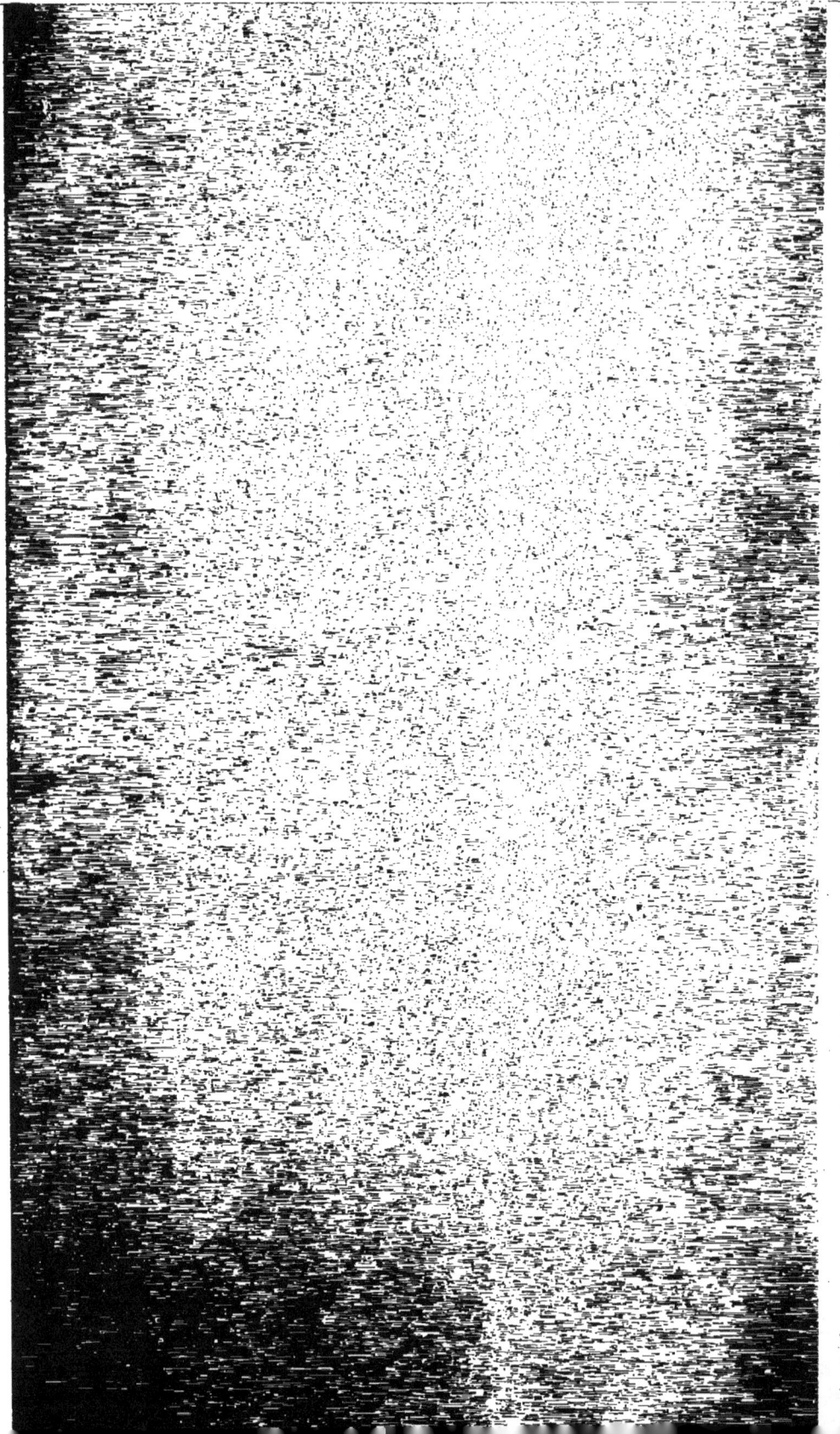

DOCUMENTS LÉGISLATIFS

SUR LA

647

TÉLÉGRAPHIE ÉLECTRIQUE

EN FRANCE

DU MÊME AUTEUR :

Le Télégraphe dans ses relations avec la jurisprudence civile et commerciale, traduit et annoté d'après FILIPPO SERAFINI, professeur de droit romain à l'Université royale de Pavie. — Paris, 1863, chez A. Durand, libraire-éditeur, rue des Grès-Sorbonne, 7. 1 vol. in-8°.

————

SOUS PRESSE :

Documents législatifs sur la télégraphie électrique en France (1855-1864).

————

Paris. — Typographie HENNUYER ET FILS, rue du Boulevard, 7.

DOCUMENTS LÉGISLATIFS

SUR LA

TÉLÉGRAPHIE ÉLECTRIQUE

EN FRANCE

COMPRENANT

Les Lois, Exposés des Motifs,
Rapports et Résumés des Discussions aux Chambres,
Ordonnances, Décrets, Conventions,
Comptes des Budgets,
et Notes du Moniteur Universel,

PRÉCÉDÉS

D'UNE INTRODUCTION HISTORIQUE

PAR

LAVIALLE DE LAMEILLÈRE

Employé à la Direction générale des Lignes télégraphiques.

1841-1854

PARIS

AUGUSTE DURAND | **EUGÈNE LACROIX**
RUE DES GRÈS-SORBONNE, 7. | QUAI MALAQUAIS, 15.

1865

186¼

PRÉFACE.

Depuis l'étude historique de M. Edouard Gerspach sur l'origine et l'application de la télégraphie aérienne en France, il a été publié un grand nombre d'ouvrages sur la télégraphie électrique, mais ayant tous soit le caractère d'appréciations personnelles, soit celui de théories scientifiques, savamment développées.

Aujourd'hui, il nous a paru utile pour chacun de réunir sous un même titre tous les documents ¡législatifs qui ont présidé ou qui régissent la mise en pratique de cette science nouvelle, aux perfectionnements chaque jour plus nombreux, et dont l'emploi devient tellement nécessaire, que l'on peut se demander par quoi on la remplacerait si elle n'existait pas.

Dans ce travail, entrepris sur des matériaux encore vivants, notre tâche a dû se borner à recueillir, sans aucun commentaire, les actes authentiques insérés au *Moniteur*, au *Bulletin des lois*, ou autres publications officielles, et devenus par cela même, propriété publique, dont chacun pourtant perdrait bientôt le souvenir.

Une œuvre de cette nature demandant comme conditions expresses une grande exactitude réunie à la plus stricte impartialité, nos appréciations personnelles ont été formulées sous forme d'introduction, laissant à la partie capitale de l'ouvrage la forme première des documents qui en composent la base.

Lorsque nous avons eu à résumer les *Discussions* de nos Assemblées parlementaires, mettant de côté le style de l'orateur, nous n'avons pris que la substance de son discours, c'est-à-dire les seuls arguments dépouillés de tout artifice de langage. Parfois, cependant, l'importance de la question traitée ne permettait pas de rien éliminer, et le compte rendu du *Moniteur* a dû être reproduit *in extenso*.

A côté, et avant les *Discussions*, il était nécessaire de donner place aux *Exposés des motifs* des *Lois*, ainsi qu'aux *Rapports* présentés au nom des commissions, car ces travaux représentent toujours un précieux commentaire des lois en vigueur. La longueur de ces documents a pris une place considérable dans ce recueil, mais les détails techniques dont ils sont remplis, en font presque un historique complet des sciences électro-magnétiques, et en rendent la lecture intéressante à plus d'un titre.

Outre les *Lois* spéciales à la télégraphie électrique, il y avait à rechercher dans les *Budgets annuels* quelles sommes avaient été successivement accordées à ce service. Un tableau général des *Budgets définitifs* présente un ensemble du compte des *Dépenses* et *Recettes*, sauf quelques sommes concernant les colonies dont les comptes, ayant passé par différents ministères, n'ont pas toujours été publiés avec tous leurs développements. Il en a été de même des appurcents de comptes avec les puissances étrangères ou les compagnies, notre cadre étant plutôt tracé dans un cercle législatif que financier.

Les dépenses annuelles sont toujours accompagnées des *Notes préliminaires*, des observations des rapporteurs de commissions, et des quelques discussions soulevées au moment du vote.

Nos recherches ne se sont pas bornées aux seules *Lois* discutées et votées ; le *Moniteur* et le *Bulletin des lois* contiennent des *Décrets d'administration publique*, d'*Ouverture de crédits*, d'*Organisation administrative*, des *Traités internationaux*, des *Conventions* entre *l'Etat et des Compagnies* privées, d'une importance tout aussi considérable. Quelques-uns de ces documents sont précédés de *Rapports ministériels* qui en augmentent la valeur.

Dans tous les actes officiels nous avons, et à dessein, supprimé les formules de chancellerie ou simplement administratives, ainsi que les noms propres, lorsque ceux-ci n'étaient pas alliés à une idée personnelle présentée sous forme de rapport.

Au nombre des pièces qui devaient figurer ici, se trouvent les *Notes* du *Moniteur*, explicatives ou réfutatoires, dont chacun apprécie la haute origine et le degré de gravité.

Parmi les recueils officiels où nous avons puisé, il

faut mentionner les *Procès-verbaux des séances du Sénat*, qui constituent seuls, on le sait, l'unique répertoire des travaux de ce corps, durant la période comprise entre la *Constitution de décembre* 1851 et le *Décret* du 24 novembre 1860.

Tout en laissant de côté ce qui n'avait pas un véritable caractère d'authenticité, ainsi que les documents spécialement relatifs aux puissances étrangères, ou étant du domaine pur des sciences mathématiques ou mécaniques, cette première partie donne néanmoins l'état exact de la télégraphie électrique de 1841 à 1854.

Une seconde partie comprendra, sur le même plan, la période écoulée depuis l'année 1855 jusqu'à l'année 1864, ainsi que l'*Histoire scientifique* de la télégraphie électrique, puisée surtout dans les publications officielles consacrées aux *Brevets d'invention*.

En terminant cet exposé du but de nos efforts, nous remercions sincèrement toutes les personnes qui, en nous prêtant leur appui, ont facilité les nombreuses recherches exigées pour une œuvre semblable, recherches qui en sont le principal mérite.

INTRODUCTION.

I

« La parole, dit M. Bosellini, est un assemblage de sons
complexes destinés à frapper l'oreille de celui qui l'écoute,
pour éveiller dans son esprit l'idée même conçue par celui
qui parle. Cette idée ne dérive pas directement du son entendu, mais elle est le résultat d'un raisonnement supérieur à la sensation instinctive de tous les animaux, lequel
suffit pour établir le consentement, qui à son tour est
composé de deux éléments : le fait conçu et le temps passé
à le concevoir, c'est-à-dire le même fait dans le même
temps [1]. »

C'est en effet parce qu'elle sert à exprimer le consentement que la parole, ce don admirable, rend l'homme
vraiment supérieur aux autres créatures ; et ce n'est point
la puissance de son cri, mais bien la grande variété qu'il
donne aux formes de ce cri, qui lui permet de représen-

---

[1] *Le Télégraphe dans ses relations avec la jurisprudence civile et commerciale,* par Filippo Serafini (lettre de M. Bosellini à l'auteur). Dans la traduction que nous avons publiée de l'ouvrage du professeur de Pavie, se
trouvent déjà quelques extraits de la lettre de M. Bosellini à notre esti-
mable auteur.

ter, non-seulement les sensations les plus opposées, mais encore les nuances infinies des sentiments.

Cette supériorité de la voix humaine sur le langage de tous les êtres devient d'autant plus manifeste que l'homme éprouve plus de désirs, ou qu'il possède une plus grande somme de satisfactions. L'individu isolé n'aurait vraisemblablement d'autre façon d'exprimer ses passions que celle possédée par les animaux de conformation analogue, et il deviendrait même un des parias de la création, si l'instinct puissant de la sociabilité ne le dominait au contraire entièrement. Aussi la manifestation de ce besoin impérieux se révèle-t-elle par un échange de mots, se modifiant au fur et à mesure que les nations se constituent.

A l'enfance des sociétés, la parole seule pouvait suffire pour régler les relations de la famille ; plus tard au contraire la tribu, en se développant, ne se contenta pas d'un son fugitif pour conserver des rapports devenus plus nombreux, plus importants et de là naquit l'écriture, représentant, sous des figures emblématiques, la valeur des sons disparus.

On doit pourtant se demander si, avant l'écriture, les peuples pasteurs n'avaient pas suppléé à la voix trop faible par des instruments aux vibrations retentissantes.

Si l'on remonte à la plus haute antiquité, on y découvre toujours l'emploi de tubes aux parois sonores, produisant des accords dont l'ensemble était substitué aux modulations les plus savantes de la voix, lorsque celles-ci ne pouvaient être transmises directement.

Qui donc pourrait dire où résonna le premier instrument dont les notes stridentes traversèrent l'espace afin de remplacer la parole ?

Un feu allumé sur un rocher devenait, lui aussi, un indice presque certain de la présence de l'homme. Et c'est encore à des époques très-reculées que l'on retrouve l'application de torches embrasées, illuminant les cimes des montagnes ou des monuments, pour signaler la marche des armées, leurs succès ou leurs revers.

Quel historien assez sagace pourrait déterminer le lieu où jaillit la première flamme servant de truchement mystérieux ?

Pendant cent générations et plus, l'homme ne posséda pas d'autre procédé rapide pour exprimer au loin sa volonté, et échanger avec son semblable, sans le secours de la parole, la communication des pensées qui constituent le consentement. Il a fallu arriver jusqu'à nos jours pour que l'humanité entière éprouvât un besoin ardent de suppléer, par tous les moyens possibles, à ce que ses organes avaient d'incomplet.

Les Grecs, les Romains, les Gaulois, les Tartares, les Maures, peuples civilisés ou barbares, vécurent toujours par la guerre et pour la guerre. Peuples nomades, ils n'éprouvèrent aucun besoin d'un lien plus parfait que la parole, et les guerriers seuls adoptèrent des signes de ralliement qui ont traversé tout le moyen âge sans grandes transformations, pour se perfectionner enfin après les grandes découvertes du dix-neuvième siècle.

Lorsque l'illustre Claude Chappe construisit son ingénieuse machine aux ailes mobiles, dont les positions diverses figuraient autant de signaux complets, il ne dut pas songer à toute l'importance de son invention, puisqu'il voulut lui donner le nom de *tachygraphie*, comme s'il se fût agi d'une simple méthode d'écriture abréviative.

Mais il vint à une ère de rénovation sociale étrangement puissante, où toutes les forces vives des nations se manifestaient avec fracas, et du moindre fait caché jusqu'alors, on pressentait un résultat merveilleux devant agrandir le cercle étroit dans lequel se mouvaient nos ancêtres.

Accueilli avec faveur par une génération savante avant d'avoir appris, Chappe créa un système de signaux pouvant servir aux mouvements des armées ; plus encore, il stimula ce besoin nouveau de la locomotion rapide des corps et des pensées. Ce besoin se manifeste puissamment aujourd'hui, où l'on voit la vapeur traverser les continents et les mers pour transporter les hommes et les choses avec une vélocité inimaginée autrefois ; il se révèle de même dans cette prise de possession d'un fluide impondérable, qui, lui aussi, transporte la pensée écrite avec une promptitude égale à celle de la parole.

Bientôt, grâce à l'ingéniosité des inventeurs, à la sensibilité des machines que nous voyons surgir de tous côtés, ce ne seront plus ni le tachygraphe, ni le télégraphe qui nous prêteront leur concours, ce sera un *téléolographe* qui transportera le son lui-même avec les plus suaves inflexions de la voix.

Au moment où Chappe établissait sur les vieux clochers des Flandres ses manivelles aux mouvements angulaires, il se trouva comme poussé en avant par un tourbillon imprévu et la télégraphie naquit, fut appliquée avant que l'on eût songé à une réglementation quelconque, non plus qu'à ses destinées futures.

Pourtant un conventionnel, Rabaud-Pommier, prophétisait déjà cette destinée, le 29 messidor an III, dans un rapport concernant l'établissement de la ligne de Paris à Landau :

« Un jour, disait-il, lorsque la paix permettra le perfectionnement des inventions utiles, le télégraphe, appliqué au commerce, à la physique, à la politique, même à l'agriculture, multipliera les moyens de communication et les rendra plus utiles par leur rapidité. Déjà l'auteur de cette heureuse invention l'a employée à annoncer les orages ; car, plus célère que les vents, le télégraphe peut, la nuit comme le jour, transmettre la pensée jusqu'aux extrémités du continent, avec une rapidité presque égale à celle de la lumière. »

Quoique la réalisation des espérances conçues alors n'ait pu avoir son développement complet que soixante ans plus tard, on voit que, même en 1795, la télégraphie, mise à la disposition du commerce, ne paraissait pas une utopie. Il fallut néanmoins retarder l'exécution de ce projet, et, comme les signaux des Grecs et des Romains, le télégraphe aérien devint un messager de guerre, annonçant au siége du gouvernement le succès de nos armes, avant que l'étonnement eût cessé dans les rangs ennemis.

Dès le 25 frimaire an III, Chappe avait élaboré un projet de règlement complet, où la télégraphie devait être mise entre les mains des particuliers qui s'en seraient servis pour la transmission des messages intéressant l'industrie ou le commerce. Ce projet resta à l'état de lettre morte jusqu'à la Restauration, et plus tard fut appliqué seulement à la Loterie. Durant toute son existence, la télégraphie aérienne fut surtout destinée à être l'auxiliaire prompt et fidèle du pouvoir exécutif; l'esprit industriel des temps à venir n'était point parvenu à son apogée, et les frères

Chappe durent se borner à l'honneur d'avoir inauguré ce système de transmission rapide, sans en retirer un avantage réel.

Peu à peu, néanmoins, l'établissement des chemins de fer devait donner l'impulsion à l'initiative privée; celle-ci, à son tour, comprenant l'utilité des signaux secrets, se rait bientôt emparée de cet émissaire, en faisant concurrence aux procédés administratifs, si l'Etat ne s'était, en **1837**, armé d'une loi prohibitive, enlevant à chacun le droit d'établir et de faire fonctionner des machines télégraphiques. Le monopole de l'Etat en cette matière existe donc légalement depuis 1837 et indique, pour cette époque, la tendance de l'esprit public à user des moyens de communication les plus prompts qui eussent été inventés depuis la constitution des sociétés.

Cette phase d'un demi-siècle a suffi pour montrer jusqu'à quel point la télégraphie aérienne pouvait parvenir. De 1794 à 1854, elle a rendu d'immenses services en France et dans plusieurs Etats de l'Europe, qui avaient copié ou adopté nos procédés; mais l'on doit se demander si, même avec les perfectionnements qu'on pouvait encore y apporter, elle aurait pu remplir une mission plus importante.

Si elle eût été mise à la disposition de tous, n'eût-elle pas provoqué bien des désillusions ? Les signaux, si parfaits par eux-mêmes, ne passaient pas au travers des brumes et des pluies. Un système d'éclairage pour transmission nocturne aurait peut-être servi, mais à de rares intervalles. Si l'on eût augmenté le nombre des postes, on arrivait à grever le budget d'une somme considérable, à multiplier les lenteurs et les difficultés de la transmission, à compromettre même la propriété immobilière par suite des dispositions à prendre pour conserver le rayon visuel d'une machine à l'autre.

On peut donc dire que la télégraphie aérienne est tombée devant la découverte des transmissions de courants électriques, autant à cause de la supériorité incontestable de ce nouvel agent, que par suite des défectuosités inhérentes à sa nature propre.

Elle ne pouvait plus répondre à l'activité fébrile de notre génération, qui demande à la nature de nous livrer toutes les forces cachées qu'elle renferme. La mise en pratique de la machine de Chappe a seulement déterminé l'expansion du mieux, et c'est certainement à son application que l'on doit les incessantes recherches des physiciens de notre siècle, dont les laborieux efforts ont doté les temps modernes d'une merveille de plus.

II

De 1830 à 1840, le monde savant, après avoir découvert les influences réciproques du magnétisme et de l'électricité, cherchait et se demandait s'il était possible de faire circuler un courant électrique sur un fil exposé aux influences de l'atmosphère. Partout, les explorateurs de cette science nouvelle allaient en avant, et observaient avec émotion les tressaillements de l'aiguille aimantée, lorsque le fluide électrique venait à passer auprès d'elle.

Œrstedt avait déjà fait part de sa découverte aux Arago, aux Ampère, aux Faraday, et autres électriciens, qui discutaient les phénomènes, et ajoutaient aux premières ex-

périences des faits plus concluants encore. Le bruit de leurs
travaux devait dépasser les portes des académies ; l'Angleterre construisait des appareils de transmission, et établissait des lignes avant que l'on eût fixé les bases régulières
qui pourraient régir ce messager nouveau.

Peu à peu la publicité donnée aux essais de toute nature
fit irruption dans les cercles de législation, et au moment
de voter de nouveaux subsides à la télégraphie aérienne, on
se demanda ce qu'il y avait de vrai dans les on dit de la
science.

Plusieurs machines avaient été expérimentées à l'Académie des sciences, des rapports avaient été publiés ; mais,
comme toutes choses inattendues, la surprise qu'elles causaient devait trouver un grand nombre d'incrédules, ou
tout au moins des contradicteurs convaincus.

On commença à écouter les orateurs des Chambres
en 1841 : ils doutaient encore, et demandaient à être édi-
fiés sur le compte des expériences faites en Angleterre
par Wheatstone, avant de voter de nouvelles allocations
pour la télégraphie de nuit.

La question dut rester pendante jusqu'à l'année d'après.
Arago proclama alors bien haut que la télégraphie aérienne
devant disparaître avant peu, toutes les propositions qui
pourraient être faites pour son perfectionnement n'étaient
rien auprès des merveilles à attendre de la télégraphie
électrique.

M. Pouillet commença par protester pour se faire l'avocat
d'un projet de télégraphie, ou plutôt d'un vocabulaire télégraphique, dont l'adoption devait, disait-on, accélérer le
passage des signaux aériens, de façon à les rendre vraiment
utiles. Ce système de M. Gonon, qui trouvait de chauds dé-

fenseurs, retarda probablement un peu les expériences que l'on sollicitait; on considérait comme chimérique l'idée de placer des fils de fer sur des poteaux, lors même que les chemins de fer eussent été établis, et ils étaient à peine tracés !

Deux années s'écoulèrent encore avant qu'une commission officielle fût chargée d'étudier la question et de présenter un projet de construction à titre d'essai. Cette commission présenta enfin un rapport au roi à la fin de 1844, et le ministre demanda une allocation spéciale pour une ligne entre Paris et Rouen.

La télégraphie électrique gagnait du terrain, mais péniblement et comme entravée par un esprit de coterie, qui n'existait pas lors de la création de la ligne aérienne de Paris à la frontière de Belgique.

Dès les premiers mois de l'année 1845, les travaux entre Paris et Rouen étaient achevés, et l'établissement de cette ligne préoccupa les législateurs qui avaient à rédiger la loi sur la police des chemins de fer, puisqu'il fallait protéger les nouvelles constructions télégraphiques.

A la même époque l'Angleterre, que l'on disait si avancée, en était seulement à ses premières expériences, quoiqu'on y entrevît la possibilité d'appareils parfaits, tels que le pantographe électrique, les imprimeurs mécaniques, etc. Les journaux du temps sont remplis de nouvelles où l'on retrouve, comme bien souvent, plus de projets et d'espérances que de certitudes et de réalités.

Au mois d'avril Arago répondit encore à une demande d'explications, et quelques jours après, une expérience officielle, entre Paris et Rouen inaugura enfin la télégraphie électrique en France.

Cet essai eut lieu le 18 mai, date importante pour le règne de l'électro-magnétisme appliqué à la télégraphie. Si l'enthousiasme ne fut pas grand comme en 1793, c'est qu'il ne s'agissait plus là de la sécurité du territoire; en outre, l'esprit était déjà accoutumé aux résultats extraordinaires des sciences, et s'étonnait moins de découvertes encore entourées d'incertitude et de mystère.

Il y avait du mystère, car l'administration française possédant le monopole des signaux aériens, ne voulut pas se démunir de son ancien vocabulaire. On vit durant plusieurs années ce principe chaudement défendu, et l'appareil français employé exclusivement pour les transmissions. En Angleterre un esprit de nationalité produisit des effets analogues, et eut une grande influence sur les inventeurs, influence dont ils ne se sont pas entièrement dépouillés.

A cette même époque, les premiers cahiers des charges des compagnies de chemins de fer furent rédigés, et l'avenir de la télégraphie électrique imposa aux législateurs l'obligation d'y insérer un article spécial au transport du matériel télégraphique, article dont la teneur n'a pas été sensiblement modifiée depuis lors.

En 1846, il ne s'agissait plus de voter quelques fonds pour subvenir à des frais d'expériences; il fallait remplacer la vieille ligne aérienne de Paris à Lille par une construction d'après le procédé nouveau. On commença donc à battre en brèche les machines de Chappe, dont les signaux ne traversaient pas les brouillards, tandis qu'au contraire le fluide électrique parcourait plus facilement, disait-on, un fil plongé dans un milieu humide, qu'un conducteur placé dans une atmosphère très-sèche. La nuit, ajoutaient les orateurs, l'électricité ne connaît pas l'obscurité, tandis que les bras du télégraphe aérien deviennent inertes et immobiles.

On se préoccupa cependant avant tout de savoir si la conservation des fils tendus sur des poteaux était bien assurée contre la malveillance? Généralement on pensait qu'un poste aérien serait plus facilement garanti et surveillé qu'une longue ligne électrique, même en admettant les barrières qui protégeraient les voies ferrées.

La discussion de cette première loi de crédit indique parfaitement les opinions professées en 1846, puisque l'on voit des hommes éminents ne pas croire à la possibilité de la transmission du fluide électrique et des mouvements qu'il peut imprimer à des machines. Un autre pense que la disposition adoptée pour l'établissement des fils gêne la vue des passants, ou que leur rupture subite peut occasionner de graves accidents aux promeneurs.

Le rapporteur de la loi lui-même, M. Pouillet, tout en admettant la possibilité de la télégraphie électrique, proposait le vote de la loi, seulement à titre d'expérience plus concluante que celle déjà faite sur Rouen. Le gouvernement demandait comme conséquence de son monopole, que les lignes aboutissant aux gares des chemins de fer fussent prolongées jusqu'au ministère de l'intérieur. Il fallait aussi régler les droits que la compagnie du Nord pourrait avoir sur les transmissions télégraphiques.

Certaines objections paraissent aujourd'hui puériles, et ne devaient pas avoir une grande influence sur l'avenir de la télégraphie électrique; cependant elles n'en furent pas moins une entrave apportée de bonne foi à l'application d'une découverte dont les résultats devaient dépasser les anciennes machines comme la locomotive dépassait le coche du quinzième siècle.

La Chambre des pairs approuva la construction de la ligne de Lille, toujours avec quelques hésitations, mais néanmoins avec l'opinion que peut-être la télégraphie électrique rendrait plus tard de grands services au commerce et surtout aux chemins de fer.

Le gouvernement, qui affirmait la nécessité du monopole, vit se produire en 1847 une demande tendante à ce que la télégraphie électrique fût mise en régie postale, et livrée à la disposition du public ; le conseil général du commerce avait émis un vœu dans ce sens ; ce vœu public fut repoussé, et la télégraphie électrique resta, sous la monarchie de Juillet, ce que la télégraphie aérienne avait été jusqu'alors.

La révolution de février arriva, avec elle l'oubli de la question, et un instant même on réduisit le budget alloué à l'administration des télégraphes. En 1849 seulement, l'un des anciens administrateurs de la télégraphie aérienne de 1830, M. Marchal, demanda si l'on ne songeait pas sérieusement à faire profiter le public des avantages de ce mode de correspondance. On lui répondit par une fin de non-recevoir, sous le prétexte que la question était politique avant tout.

Malgré cela elle faisait du chemin, et on autorisait bientôt la transmission des cours de la Bourse aux villes situées sur la ligne du Nord. Vers la fin de l'année les décisions commencèrent à changer de caractère ; un décret autorisait l'établissement d'une ligne sous-marine entre la France et l'Angleterre ; le gouvernement demandait des crédits pour la construction de lignes terrestres, en disant que les puissances étrangères étaient de beaucoup en avant sur la France ; que la télégraphie, mise à la disposition des particuliers, offrait de minimes inconvénients dont on pourrait se garantir, et que la perception de taxes pour la transmission des dépêches produirait des bénéfices pouvant compenser les charges de l'exploitation.

Le premier crédit demandé était fixé à 685,000 francs. L'Assemblée nationale vota un chiffre de 900,000 francs : on commençait donc à prendre la télégraphie électrique en grande considération ; aussi son application aux besoins communs suivit de près cette allocation d'un budget considérable : le sort des machines aériennes était désormais fixé, et leur existence ne devait plus être l'objet d'aucune proposition favorable à leur maintien.

En 1850, on exposa enfin un projet de loi sur la correspondance privée par la voie télégraphique. Tout était à faire en France ; l'Angleterre, la Prusse, la Hollande, les Etats-Unis pouvaient seuls nous donner des modèles à consulter.

M. Le Verrier, qui avait déjà fait l'historique de la télégraphie dans son rapport sur la loi de crédit votée l'année d'avant, indiqua quelles étaient les bases sur lesquelles on pouvait établir une loi primordiale : le monopole de l'Etat, l'identité de l'expéditeur, la non-responsabilité de l'administration, l'abonnement à prix réduit pour les journaux, la transcription sur un registre à souche, la taxe proportionnelle à la distance et au nombre des mots.

Une première discussion à l'Assemblée nationale fut presque entièrement consacrée à un amendement relatif à l'admission des anciens militaires pour une grande portion des emplois à créer par suite de l'extension du service ; il fut repoussé comme faisant double emploi avec une loi précédemment votée sur les places à accorder aux officiers ou soldats retraités.

Dans une seconde délibération, il y eut un commencement de discussion au sujet de la non-responsabilité de l'Etat. Bien que cette irresponsabilité ne fut pas approuvée par tous les membres de l'Assemblée, la question souleva peu de contradicteurs, et le seul amendement proposé se vit repoussé sans grands débats.

On trouvait aussi que 20 mots, accordés comme minimum, était un nombre insuffisant pour la plupart des dépêches, qui n'étaient autre chose que des lettres transmises par le télégraphe.

Vint ensuite la discussion sur les abonnements à prix réduits, concédés aux journaux, qui devaient alimenter à eux seuls le service télégraphique ; on fit de cette clause une question politique, car le gouvernement voulait concéder ses abonnements au moyen d'une autorisation préalable, et qui touchait alors à la liberté de la presse ; aussi, l'article relatif à ce droit fut-il modifié, et l'abonnement accordé seulement aux compagnies de chemins de fer pour les dépêches intéressant la sécurité des voyageurs.

Un amendement demanda encore de réduire la taxe à un taux uniforme comme pour les lettres, à quoi il fut répondu que jamais la télégraphie ne serait appelée à remplir le même but qu'une lettre, car la dépêche télégraphique ne servirait que dans des cas très-rares et excessivement graves, où le prix n'arrêterait jamais les expéditeurs.

Au sujet d'un autre amendement qui demandait le prolongement des lignes télégraphiques jusqu'aux chefs-lieux de département, des orateurs revinrent sur les systèmes de télégraphie aérienne perfectionnée, demandant à ce que l'on suppléât à l'insuffisance des lignes électriques par de nouvelles constructions de postes aériens. L'Assemblée rejeta cette proposition, et la loi entière fut votée le 29 novembre 1850.

C'est à la fin de cette même année que des compagnies se formèrent pour l'établissement des lignes sous-marines de la Manche, des lignes de Bordeaux au Verdon, de Nantes à Saint-Nazaire. Les deux premières entreprises devaient aboutir, et la compagnie de Bordeaux à Pauillac a même conservé son privilége jusqu'au mois de mars 1861.

En 1851, différents décrets ouvrirent des crédits afin de mettre l'administration télégraphique en mesure de subvenir aux dépenses qui devaient se produire lors de l'ouverture du service privé; les sommes minimes que l'on demandait suffiraient, disait-on, car le personnel spécialement affecté aux transmissions ne serait pas augmenté. A l'Assemblée nationale, après quelques explications sur ce point, on manifesta le regret que ces allocations supplémentaires n'eussent pas figuré au budget ordinaire. On répondit qu'un service nouveau et tout à fait inconnu ne pouvait encore être classé dans les budgets annuels.

Un règlement ministériel sur la télégraphie privée et les mesures à adopter pour assurer la comptabilité et les transmissions était déjà publié, et là ne se bornèrent pas les grands travaux effectués. Le gouvernemeut demanda et obtint un crédit considérable pour des constructions de lignes nouvelles. Cette demande de crédit fut très-peu modifiée par la commission à l'Assemblée, dont l'un des membres proposa même l'extension des lignes télégraphiques en dehors des voies ferrées. Cette proposition fut repoussée, car l'on ne pensait pas qu'il fût possible de suivre les routes ordinaires, tant à cause de la trop grande surveillance, que des frais de transport beaucoup plus considérables. On demandait en conséquence que l'industrie privée fût mise en mesure d'établir, à ses frais, toutes les lignes qui paraîtraient utiles à ses propres intérêts.

Un membre de l'Assemblée demanda aussi que les dépêches adressées par les ministres, et destinées à être publiées dans les départements, fussent insérées au *Moniteur* le jour même. Ce projet fut rejeté comme contenant un blâme et une marque de défiance envers le gouvernement, puisqu'en outre beaucoup de dépêches étaient d'un intérêt tellement local, que la publicité serait tout au moins inutile.

Une autre proposition fit revivre une discussion vieille de plusieurs années à propos d'un système de télégraphie phonétique, ou téléphonie, qui avait été expérimenté à plusieurs reprises devant des commissions militaires en 1846 et 1847. L'inventeur réclamait une somme de 50,000 francs à titre de créance due. L'Assemblée ne reconnut pas cette dette et repoussa la proposition comme n'étant pas d'un intérêt majeur et digne d'un encouragement.

Parmi les faits assez importants de l'année 1851, il faut signaler une lettre que le directeur de l'administration télégraphique adressa au ministre au sujet d'une erreur commise dans la transmission d'une dépêche, où l'on annonçait le résultat d'un vote de l'Assemblée. Cette erreur avait été commise sur des lignes aériennes, et tenait, ajoutait-on, à la trop grande hâte qu'il fallait apporter dans le service télégraphique.

Un dernier acte officiel fut le décret du 27 décembre sur

la police des lignes télégraphiques. Le rapport du ministre constatait que l'article 257 du Code pénal ne suffisait pas plus que la loi de 1837 à protéger les lignes de la télégraphie électrique, qu'à déterminer les contraventions passibles, soit de la répression administrative, soit des tribunaux correctionnels.

Nous arrivons à une période d'action, et, dès 1852, de simples décrets accordent des crédits considérables, et la construction de nouvelles lignes se trouve aussitôt commencée; les bureaux s'ouvrent de toute part; puis un règlement du mois de juin dispose de tout ce qui concerne le service de la correspondance privée par la voie télégraphique.

Après cette année tout entière d'organisation et de grandes constructions de lignes, on commence, en 1853, à traiter avec les puissances étrangères pour tout ce qui concerne le service international. Des bases de conventions étaient réglées d'après les lois en vigueur. Par un premier traité avec la Suisse, le système de zones fut adopté, ainsi que le nombre de 20 mots comme minimum des dépêches simples, et 100 mots comme maximum. En outre, on comprenait la nécessité d'avoir à chaque frontière des bureaux d'échange, où le service devait être fait par des employés des deux puissances.

Des articles spéciaux déterminaient les règles à suivre pour les dépêches officielles, ainsi que pour les détails accessoires du service. Les dépêches échangées entre les deux pays devaient être rédigées en français.

Un second traité conclu avec la Belgique et la Prusse détermina également, très-peu de semaines après, toutes les conditions dans lesquelles devait s'opérer l'échange des messages télégraphiques. La Prusse agissait alors en son nom propre et au nom des puissances allemandes qui avaient déjà conclu une convention générale. Les principes en vigueur dans les différents États se trouvaient appliqués ; parmi les principales clauses se trouvait la rédaction des dépêches en anglais, français ou allemand. On adopta le système des zones successives, du nombre de 20 mots comme minimum et 100 mots comme maximum.

Ce traité avait été signé à Paris et devait être suivi d'une nouvelle convention qui fut ratifiée à Berlin deux ans après. Avant celle-ci, un troisième acte diplomatique régla nos relations avec la Sardaigne, en ce qui touchait la création d'une ligne entre Grenoble et Chambéry. Quant aux différents articles relatifs au service par lui-même, le traité était très-peu explicite, se référant à ce qui avait déjà été stipulé dans les autres conventions, ou à la pratique des deux États.

La loi de novembre 1850, mise en vigueur depuis deux ans, subissait déjà l'influence d'une expérience promptement acquise ; aussi, dès le commencement de l'année 1853, on proposa une modification assez sensible : il s'agissait d'une réduction des tarifs devant diminuer de plus d'un tiers la taxe des dépêches ; de ne plus compter les chiffres comme s'ils étaient en toutes lettres ; de concéder des abonnements aux institutions commerciales reconnues par l'État ; de simplifier enfin le dépôt des dépêches en supprimant la transcription immédiate sur un registre *ad hoc* ; de plus on déterminait les bases du cautionnement à verser par les directeurs des bureaux télégraphiques, dont les recettes commençaient à prendre une proportion normale.

Dans le rapport de la commission qui suivit l'exposé

des motifs, M. de Bryas présenta un historique complet de la télégraphie, tant aérienne qu'électrique, et, tout en demandant une réduction aussi grande que possible dans les tarifs, il ne croyait pas devoir accueillir les amendements qui proposaient la taxe uniforme.

Un second amendement relatif aux dépêches internationales était repoussé également par le motif « que l'expérience seule pouvait aider à régler définitivement des relations postales d'un genre si nouveau. »

La discussion qui eut lieu le 6 mai au Corps législatif, porta spécialement sur la question de l'uniformité des tarifs, qui fut réclamée par plusieurs orateurs et repoussée par le commissaire du gouvernement et le rapporteur, qui trouvaient que l'assimilation n'était pas possible entre le service de la poste et celui du télégraphe , où les frais étaient plus considérables et où le résultat rendu permettait d'appliquer un tarif plus élevé.

Le Sénat, pour la première fois, fut appelé à statuer sur une loi relative à la télégraphie, et il n'y eut pas de discussion.

Un projet de loi beaucoup plus important fut présenté en même temps ; il avait pour but d'approuver une convention passée entre l'État et une compagnie anglaise représentée par M. John Brett : la loi garantissait un maximum d'intérêt sur le capital affecté à l'établissement d'une ligne sous-marine entre la France et l'Algérie, ligne qui empruntait une partie du territoire sarde et à ce titre devenait importante au point de vue politique et du droit des neutres.

L'exposé des motifs, de même que le rapport de la commission, discutaient longuement les avantages qu'il y avait

à accepter les propositions du concessionnaire, quoiqu'un
autre projet conseillât un tracé par les côtes d'Espagne et
les îles Baléares. Les relations entre la France et les deux
puissances voisines, Sardaigne ou Espagne, se trouvaient
présenter les mêmes conditions de sécurité, et la question
resta résolue en faveur de la ligne italienne.

On aurait bien préféré une ligne directe entre Marseille
et Alger, malheureusement, pas plus alors qu'aujourd'hui,
la réussite de l'immersion n'était assurée au point d'attirer
les capitaux nécessaires à la conclusion de cette œuvre
importante. On n'avait encore pour guide que les câbles
posés dans la Manche, et les résultats obtenus n'encoura-
geaient pas les capitalistes ; les inventeurs eux-mêmes
n'osaient affirmer la supériorité de leurs modèles de câbles.

Le Corps législatif approuva sans discussion les stipulations du traité et la garantie d'un intérêt de 4 pour 100
sur le capital engagé, sans que la somme à payer pût dépasser un chiffre maximum.

Au Sénat au contraire, sur le rapport de M. Larabit, on
souleva une question de défense territoriale ; plusieurs orateurs soutinrent que la ligne concédée à une compagnie
anglaise, présentait de graves inconvénients, en ce qu'elle
favorisait surtout les intérêts de l'Angleterre et des Indes
Orientales, intérêts qui nous étaient hostiles. De plus, nos
relations avec la colonie algérienne se trouvaient compromises par suite du passage des dépêches sur un territoire
étranger.

Le gouvernement répondit que si les inconvénients signalés étaient sérieux, il fallait néanmoins les accepter tels
quels, car il n'y avait pas de choix à faire entre plusieurs
propositions ; qu'en outre, la télégraphie étant surtout un

instrument de paix, les dangers disparaîtraient avec elle en cas de guerre. La loi fut donc votée à une majorité presque complète ; toutefois, il est bon de suivre les différentes phrases de la discussion, qui porta sur des points de droit international loin d'être complétement résolus.

Vers la fin de l'année, les travaux de toute nature augmentaient le réseau télégraphique ; le nombre des dépêches se multipliait au point de motiver une circulaire ministérielle enjoignant aux différents fonctionnaires de n'user de ce mode de correspondance qu'avec la plus grande circonspection, et de réduire les textes au moins de mots possible.

Des décrets d'ouverture de crédit, de fixation du taux des cautionnements, un traité entre la France et la Bavière, analogue à celui conclu avec la Sardaigne, furent, en outre, signés et promulgués dans cette même année.

En 1854, dès le mois de janvier, la télégraphie était mise à la disposition du public en Algérie, et toutes les lois y relatives se trouvaient mises en vigueur dans la colonie.

Un sujet moins grave occupait, pendant quelques semaines, le public des théâtres. Un vaudeville avait pris pour titre : le *Télégraphe électrique ;* c'était probablement la première fois que la découverte moderne se trouvait chansonnée, c'est-à-dire dix ans après son apparition dans Paris. Il est vrai qu'alors les journaux étaient remplis chaque jour du mot télégraphie électrique : des agences s'établissaient pour le transport des dépêches au bureau de départ, et le gouvernement se trouvait dans l'obligation de se prémunir contre cet abus de la réclame ; il informait aussi que, quoique la télégraphie fût dans le domaine public, on ne pouvait en faire usage pour porter le trouble dans les relations commerciales.

Quelques mois après, le gouvernement proposait une modification dans les tarifs appliqués à la correspondance télégraphique. On avait trouvé que vingt mots ne suffisaient pas à la plupart des dépêches, et l'on augmentait jusqu'à vingt-cinq le minimum accordé; de plus, on calculait la distance à vol d'oiseau, et non plus d'après le chemin parcouru. On conservait pourtant le système des zones, et ce ne fut que sur l'insistance de la commission que ce dernier procédé fut repoussé; aussi l'on adopta enfin la taxe fixe de 2 francs, plus 12 centimes par myriamètre : la commission, elle, avait proposé 10 centimes. L'augmentation pour le nombre des mots était réduite à un quart par dizaine de mots au-dessus de vingt-cinq. Ce fut une grande réduction apportée dans les tarifs, et cette marche vers un tarif très-modique a toujours suivi la même progression.

Des lois de crédits furent votées en même temps ainsi que le budget ordinaire, et pas plus au Corps législatif qu'au Sénat, elles ne soulevèrent d'objections. Les allocations accordées grossissaient, et suffisaient à peine à couvrir l'accroissement du service, qui s'étendait à tous les points du territoire.

Cet accroissement considérable nécessita également une réforme complète dans l'organisation du personnel administratif; plusieurs décrets vinrent compléter l'œuvre commencée en 1833, en changeant les attributions des différents fonctionnaires de l'administration télégraphique.

A la fin de l'année 1854, la télégraphie aérienne disait son dernier mot sur les côtes de la mer Noire; alliée à la télégraphie électrique, elle rendait d'immenses services à nos troupes, et leurs signaux réunis montrèrent tout le parti que l'on pouvait tirer de ces deux inventions, et les progrès immenses apportés dans l'art télégraphique depuis soixante ans.

Si les dépenses avaient quadruplé dans les dix dernières années, il y avait aussi une recette qui commençait à couvrir la moitié des frais d'exploitation ; et si l'on y ajoute les prodigieux résultats obtenus dans la civilisation et la pacification, on trouve une puissante réforme accomplie.

La période suivante, en nous conduisant jusqu'en 1864, montre des effet plus saisissants encore dans la transformation de certains principes d'économie politique, considérés jusqu'alors comme immuables.

DOCUMENTS LÉGISLATIFS

LA TÉLÉGRAPHIE ÉLECTRIQUE

Le 10 mai 1841, pour la première fois, devant la Chambre des députés, la question de l'électricité, comme moyen de transmission pour les signaux télégraphiques, fut soulevée à la tribune. Il fallait à ce moment voter un crédit de 915,750 francs pour le personnel de l'administration aérienne. — Cela motiva quelques explications, et M. Léon de Malleville prononça les paroles suivantes :

... Le télégraphe de nuit n'est pas le seul perfectionnement dont ce service soit susceptible. Tout le monde connaît les expériences faites en Angleterre par le docteur Wheatstone sur la transmission des signaux à l'aide de courants électriques. Si les expériences qui se font actuellement répondent aux espérances qu'on a conçues, cette découverte d'un moyen si rapide serait bien autrement importante que celle d'un télégraphe de nuit. Il est évident que les dépenses d'un télégraphe de nuit, et même de jour, deviendraient complétement inutiles...

M. Luneau, en répondant à M. Marchal, ajouta, à son tour :

... Assurément je ne veux pas atténuer le mérite de l'inventeur des télégraphes de nuit, mais pendant plusieurs mois de l'année dernière l'inventeur de la découverte du télégraphe magnétique est resté à Paris, et, si je suis bien informé, il est parti avec le regret de n'avoir pu obtenir du gouvernement que l'on fît examiner cette découverte, que l'on fît faire des expériences. Beaucoup de savants à Paris, beaucoup d'autres personnes ont été admises à voir cette importante découverte. Pour mon compte, au moment où il s'agit d'une dépense aussi considérable que celle qui résulterait des télé-

1

graphes de nuit, j'avoue que j'éprouve le regret qu'on ait laissé passer à l'étranger l'inventeur de cette importante découverte, et qu'on ne lui ait pas donné en France les moyens de faire faire sur une grande échelle des expériences qu'il a faites, à la satisfaction de tous, devant beaucoup de personnes.

M. Barbet observa ensuite :

Un mot seulement, et l'honorable M. Luneau sera satisfait; il saura que l'inventeur du télégraphe magnétique, qui est Anglais, est en ce moment à Paris. Il est en instance auprès de M. le directeur des douanes pour que ses machines soient introduites sans payer des droits, et dans quatre ou cinq jours il fera ses expériences.

Un député avait interrompu, en disant que l'inventeur était Américain : il y avait probablement confusion avec M. Morse, lequel était déjà venu en Europe.

On sait que, l'année suivante, une voix illustre et autorisée se fit entendre de nouveau pour patroner la nouvelle découverte. Ce fut Arago lui-même qui, en combattant les conclusions de M. Pouillet, prévoyait tout ce que la télégraphie électrique pourrait donner dans l'avenir. Nous reproduisons entièrement les paroles que le savant astronome opposa à l'honorable M. Pouillet; ces premières opinions sont une date importante dans l'histoire de la télégraphie moderne. A la séance du 2 juin 1842, il s'agissait de voter un crédit de 30,000 francs applicable à des expériences sur la télégraphie de nuit. Arago décrivit longuement les divers systèmes essayés pour éclairer sans inconvénients les machines de Chappe, et nous n'avons pas à retracer les divers arguments invoqués par lui, ni sa dissertation sur les lois de l'optique :

... Je viens de plaider, dit-il, en faveur d'un système très-rationnel, jugé, apprécié et loué autant que possible, contre un système dont les nombreux défauts sautent aux yeux. Je dois ajouter maintenant une réflexion : c'est que nous sommes à la veille de voir disparaître non-seulement les télégraphes de nuit, mais encore les télégraphes de jour actuels. Tout cela sera remplacé par les télégraphes électriques. Ces télégraphes transmettront les dépêches à toutes les distances, quelque temps qu'il fasse, et cela avec une vitesse incroyable. De Paris à Perpignan, les nouvelles arriveront en moins d'une seconde, car la vitesse de l'électricité est plus grande que celle de la lumière.

L'idée de ce moyen de communication remonte à Franklin, mais celle d'employer les batteries galvaniques pour ce genre de télégraphes a été présentée pour la première fois d'une manière applicable par notre compatriote M. Ampère. Depuis lors l'idée a beaucoup grandi. Elle a reçu des perfectionnements considérables. Nous avons vu en 1838, à l'Académie des sciences, un appareil construit par un physicien américain, nommé M. Morse, et qu'on a pu faire fonctionner. Ainsi ce n'était pas seulement une communication verbale.

Dans ce système il n'est pas besoin de stationnaires. La machine écrit elle-même la dépêche, après avoir averti toutefois, par le bruit d'un petit timbre, qu'elle va entrer en fonctions. M. Wheatstone a ajouté encore beaucoup à l'invention de M. Morse. Ses appareils sont admirables ; tous les physiciens les ont vus à Paris et éprouvés.

Une seule difficulté a empêché jusqu'ici l'adoption des télégraphes électriques ; il faut, pour qu'une communication se propage par de tels télégraphes, qu'il y ait un ou plusieurs fils métalliques qui aillent du point de départ au point où la dépêche doit se rendre. Il faut que ce fil ne soit pas rompu. Il faut donc les placer dans un tube, quelle qu'en soit d'ailleurs la nature. Si l'on ne veut pas livrer les communications télégraphiques à la discrétion des malfaiteurs, il faut se garder d'établir des tubes à travers champs ; mais lorsque les chemins de fer seront établis, qui empêchera d'enterrer les tubes et les fils à un tiers de mètre, soit entre les rails, soit à côté ? Tout sera alors sous la surveillance active et continuelle des gardiens de ces lignes...

M. Pouillet, rapporteur, combattit ces premières paroles en faveur de la nouvelle découverte :

...Messieurs, dit-il, pour ce qui regarde la télégraphie électrique, cette question n'a échappé ni à la commission spéciale, sur l'opinion de laquelle M. le ministre de l'intérieur a fait la présentation du projet, ni à la commission de la Chambre des députés ; et quant à présent, il nous aurait paru peu convenable, peu rationnel, de demander des fonds pour faire des expériences de télégraphie électrique.

Tout ce que vient de dire l'honorable préopinant sur la télégraphie électrique est exact ; on pourrait même y ajouter des choses plus prodigieuses ; sans doute on peut en une minute écrire une dépêche de Saint-Pétersbourg à Paris, on peut même lui faire faire le tour du monde et la trouver imprimée, supposé qu'elle se compose de dix et même de vingt signes ; et dans un signe vous savez télégraphiquement tout ce qu'il est possible de dire.

Cependant il y a une difficulté pratique très-grande, et qui a été indiquée par l'honorable préopinant : il faut protéger ce fil si délicat qui transmet les dépêches aussi rapidement que la pensée. Les chemins de fer le protégeraient, dit-on ; mais, prenez-y garde, quand on arrivera à la pratique, ils ne le protégeraient pas aussi facilement qu'on pourrait le supposer.

Les chemins de fer ont aussi besoin de leur liberté : pour faire les réparations, pour relever les coussinets, les traversines, pour faire des travaux de toutes sortes, il faut que la voie reste sans servitudes.

Je ne prétends pas qu'on ne puisse arriver à surmonter ces obstacles, mais il y a de grandes difficultés. Dans la traversée des villes et des villages, dans la traversée des ponts, voyez combien d'embarras vous allez avoir.

Votre fil sera bien un peu protégé par la surveillance des gardiens des chemins de fer ; mais, dans les villages, quand il y aura une réparation à faire auprès d'une maison, votre tuyau sera comme un tuyau servant à la conduite des eaux ; il pourra être percé accidentellement, sans compter ce qui pourrait arriver par la malveillance. D'ailleurs, on peut le dire, les chemins de fer sont à peine votés et ils ne sont pas encore faits.

La commission spéciale et la commission de la Chambre ont donc pensé qu'il était sage d'attendre et d'exclure, quant à présent, la télégraphie électrique...

A la Chambre des pairs, le 7 juin suivant, M. Mathieu de la Redorte présentait le rapport relatif au crédit demandé ; il ajoutait :

... Dans l'état présent de la science, la lumière et l'électricité peuvent également servir de base à un système télégraphique. Il est probable que, dans un avenir assez prochain, les télégraphes fondés sur le principe de l'électricité seront définitivement adoptés. Dans ce système, sans postes intermédiaires et quel que soit l'état atmosphérique, le télégraphe pourra transmettre une dépêche en moins d'une seconde, de Paris au point le plus éloigné de la frontière. La machine écrit elle-même la dépêche. L'expérience a pleinement constaté cet admirable résultat de la science moderne. Cependant une difficulté s'oppose encore à l'adoption des télégraphes électriques. Un ou plusieurs fils de métal doivent s'étendre du point de départ au point d'arrivée de la correspondance, et il est nécessaire que ces fils ne soient pas rompus; il faut donc les mettre à l'abri des accidents et de la malveillance. L'exécution des grandes lignes de chemins de fer et la surveillance qui devra s'exercer continuellement sur la totalité de leur parcours permettront, il n'est guère possible d'en douter, l'établissement de télégraphes électriques le long de ces lignes, et le grand problème qui nous occupe recevra alors, selon toute probabilité, la solution la plus satisfaisante et la plus complète dont il soit susceptible.

Mais bien des années peuvent s'écouler avant que le réseau de nos chemins de fer soit exécuté. En attendant il importe de perfectionner le système télégraphique actuellement existant et qui repose sur le principe de la lumière...

Il est vraiment remarquable de constater combien, depuis vingt ans, les idées se sont transformées et combien le besoin de locomotion a progressé. Cette courte période a suffi, pour que maintenant on n'hésite plus à traverser les contrées les plus arides, les plus inhospitalières, afin de relier ensemble les points habités de notre globe. On ne se préoccupe guère maintenant de savoir s'il faut qu'un chemin de fer protége les fils télégraphiques.

L'année 1843 ne nous offre rien qui soit relatif à la télégraphie électrique. Au commencement de 1844, il en est de même, sauf un rapport important de M. Denis, relatif à une demande de crédit pour compléter le réseau aérien.

Mais nous arrivons au 12 novembre, et alors on apprend que M. Duchâtel, ministre de l'intérieur, vient de nommer une commission chargée d'étudier la télégraphie électrique. Elle se composait de MM. Antoine Passy, député, sous-secrétaire d'Etat de l'intérieur, vice-président; Arago, député, membre de l'Institut; Pouillet, député, membre de l'Institut; Alphonse Foy, administrateur en chef des lignes télégraphiques; Vergé, traducteur en chef du bureau des dépêches télégraphiques; Becquerel, membre de l'Institut; Kermaingant, inspecteur général des ponts et chaussées; Vitet, député; membre de l'Intitut; Michel Chevalier, conseiller d'Etat; Armand Séguier, membre de l'Institut; de l'Espée, député; Denis, député; Edmond Leclerc, chef du cabinet du ministre ; Duquère, chef du bureau, secrétaire. Le ministre se réservait la présidence, et il adressait au roi, le 23 du même mois, le rapport suivant, basé sur l'avis de la commission :

Sire, l'application de l'électricité à la télégraphie a été tentée avec succès en Angleterre, aux Etats-Unis et en Allemagne, et l'expérience paraît prouver que ce nouveau système de transmission assurerait à la correspondance télégraphique une promptitude et une régularité qu'elle n'a pu jusqu'à présent obtenir.

Frappé des avantages que nos établissements télégraphiques pourraient retirer de cette transformation, si elle est reconnue praticable sur de grandes lignes, j'ai confié l'examen de la question à une commission composée des hommes les plus éminents dans la science et les plus expérimentés dans l'administration.

Après une discussion approfondie, la commission a reconnu que le système soumis à ses délibérations pouvait recevoir une application utile, et elle a conseillé à l'administration de procéder, dans le délai le plus rapproché, à un essai de télégraphie électrique sur une ligne de chemin de fer. Cet essai est d'autant plus urgent, qu'un projet de loi a été présenté dans la dernière session pour l'établissement de nouvelles lignes télégraphiques. Il est donc nécessaire de savoir quel système devra être appliqué. Il faut également que la question soit résolue, pour déterminer les conditions nouvelles qu'il y aura lieu d'introduire dans les cahiers des charges des concessions de chemins de fer, qui devront être soumises aux Chambres.

Sous ces divers rapports, l'intérêt public exige que les résultats de l'expérience puissent être connus des Chambres au commencement de la prochaine session.

J'ai partagé, Sire, l'avis de la commission, et, conformément à ses conclusions, j'ai l'honneur de présenter à l'approbation de Votre Majesté une ordonnance ayant pour objet d'ouvrir au ministre de l'intérieur un crédit extraordinaire de 240,000 francs, destiné à pourvoir aux frais d'un essai de télégraphie électrique, sur une ligne dont la longueur sera d'au moins 12 myriamètres.

L'ordonnancement porte la date du même jour, et, par son article 2, le crédit devait être régularisé par les Chambres à la session suivante. Le 9 décembre, le *Moniteur* annonce dans ses *faits divers* que l'on vient de commencer la ligne d'essai sur le chemin de Rouen.

Nous arrivons enfin au moment où, de toute part, on va s'occuper des résultats obtenus. Dès le 22 janvier 1845, le *Mémorial de Rouen* et, après lui, le *Moniteur*, annoncent que « les poteaux destinés à supporter les fils conducteurs du télégraphe électrique sont tous placés; que, grâce à l'extrême activité apportée à cette entreprise, le premier essai pourra avoir lieu très-prochainement. »

De cette date, où il s'agit de la première ligne française, nous passons au 1er février, et nous remarquons que dans la discussion de la Chambre des députés, à propos de la loi sur la police des chemins de fer, M. Passy, sous-secrétaire d'Etat, demanda à présenter l'observation suivante, relative à l'article 19 :

Le gouvernement fait établir dans ce moment un télégraphe électrique sur le chemin de fer de Rouen. Cet appareil consiste en un fil de 34 lieues posé sur des poteaux le long du chemin de fer. Il est évident que ces sortes d'appareils seront désormais introduits sur tous les chemins de fer. Je demande si la destruction de ces appareils est comprise dans les prévisions de cet article. S'il en était autrement, je proposerais un article spécial.

M. de Chasseloup-Laubat, *rapporteur*, répondit :

Le droit commun suffit. Vous avez d'un côté l'article 257 du Code pénal; vous avez de plus la loi spéciale votée en 1834. Il est évident que les télégraphes électriques seront classés dans la catégorie des autres télégraphes, et que la loi qui en punit la destruction sera appliquée à ceux dont vient de parler l'honorable M. Passy.

Nous devons ajouter que précédemment, au sujet du titre Ier de la loi, qui concerne la conservation et les servitudes le long des chemins de fer, il ne fut question ni des lignes ni des poteaux télégraphiques.

Le 8 février suivant, le *Moniteur* reproduit la lettre ci-après, adressée au *Globe* par M. W. Cooke, ingénieur anglais. Elle nous donne un aperçu sur l'état de la télégraphie en Angleterre.

Gosport-telegraph-station, 4 février 1845. Monsieur, c'est au *Globe* que je dois le discours de Sa Majesté, qui a été reçu par le télégraphe électrique à quatre heures et demie, et dont la transmission a occupé un espace de près de deux heures. Depuis, ce discours a été imprimé et adressé aux autorités de Sa Majesté à Portsmouth.

Dans le *Chronicle*, on lisait en outre

Le discours de Sa Majesté contient à peu près 3,500 lettres, et a été télégraphié à Gosport en moins de deux heures, ce qui donne 30 lettres par minute. A mesure que les signaux arrivaient on le composait, et avant cinq heures et demie il était imprimé, ce dont j'ai donné avis au *Globe* par le télégraphe. Dix heures. Mardi soir. W. Cooke.

Cette note, provenant d'un journal anglais, nous conduit à des détails bien autrement intéressants, que nous voudrions insérer tout au long. La première page du *Moniteur* du 24 février donne sous la rubrique de *Chemins de fer* l'histoire de la construction du télégraphe électrique sur la ligne de South-Western : c'était la première ligne établie en Angleterre, par MM. Wheatstone et Cooke, sur une distance de 88 milles (141 kilomètres).

La transmission des signaux, est-il dit dans cet article, fut essayée le 24 janvier, à dix heures du matin. Il y avait une sonnerie d'avertissement que l'on faisait toujours fonctionner avant de transmettre. Le nouveau télégraphe, dit la relation, a parfaitement fonctionné sur une longueur de 463 kilomètres. On n'a pas besoin de batteries avec cet appareil, attendu que c'est un aimant d'acier qui agit. L'amirauté aura une couple de ces machines et une paire de télégraphes indicateurs de M. Wheatstone pour son usage particulier. M. Cooke préfère pour les railways l'usage de son télégraphe armé de deux aiguilles, et M. le professeur Wheatstone est de son avis. Il y a encore beaucoup de travaux de peinture à achever sur la ligne. On n'a pas regardé le résultat des expériences de vendredi comme très-satisfaisant, parce que l'état de l'atmosphère était tout à fait défavorable à l'isolement. Les poteaux étaient tout humides, et les fils conducteurs étaient couverts d'une myriade de gouttelettes d'eau. M. Cooke est disposé à accepter le défi d'établir un télégraphe de Londres à Falmouth, à Liverpool ou à Edimbourg, sans aucun relai intermédiaire.

Le système actuel d'isolement a vaincu la dernière difficulté pratique, et M. Wheatstone n'a besoin que d'ajouter à sa machine à impression un appareil à plier et à cacheter les lettres. La dépense totale pour la ligne de Londres à Porstmouth est de 24,000 livres (600,000 francs), qui seront payés par l'amirauté et par la Compagnie. Une autre ligne est en construction entre Chester et Holyhead.

A la dernière réunion de la Société des arts, l'appareil a été montré par MM. Cooke et Rowland. Ils ont dit que, avec de légères modifications, on pourrait transmettre des compositions de musique, indiquer les coups d'une partie d'échecs, etc.

Il est important de signaler ces articles de journaux, quoique non officiels, car, à cette époque, la télégraphie électrique était considérée à l'étranger, aussi bien qu'en France, comme une chose fort extraordinaire, et les législateurs s'attachaient nécessairement à tous les renseignements, de quelque source qu'ils provinssent.

Quelques jours après, on lit au *Moniteur* que la direction du chemin de fer hollandais a ordonné l'établissement d'un télégraphe magnétique sur la ligne entre Amsterdam et Harlem. (On en constatait les bons résultats au mois de juin suivant.)

Du mois de février nous passons au mois d'avril, pour apprendre les résultats obtenus en France sur la ligne de Rouen. Le 28, on lit dans la *Presse*, que la grande et décisive expérience du télégraphe électrique, établi par ordre du gouvernement sur les côtés du railway de Paris à Rouen vient d'avoir lieu. On sait, ajoute le même journal, que dans cette ligne ce sont deux fils métalliques, sans solution de continuité, qui conduisent avec la rapidité de l'éclair l'électricité et qui la ramènent. Ces fils sont supportés à 2 ou 3 mètres du sol par des poteaux hauts de 3 à 4 mètres, armés de poulies en verre à leur sommet et espacés, à des distances égales, de 20 mètres environ. Tantôt les fils passent à droite, tantôt à gauche des rails. Les appareils électro-moteurs ont été placés à Mantes et à Paris et en présence de MM. Pouillet, Regnault, Bréguet, etc., il y a eu production de signaux pour toute une correspondance.

Le lendemain, 29 avril, la Chambre avait à voter le crédit de 240,000 francs, précédemment ordonnancé par le roi. Le ministre de l'intérieur demanda qu'une partie de ce crédit fût répartie sur l'exercice 1845 : soit 75,000 francs. M. Beaumont provoqua quelques explications avant de voter, et Arago répondit en fournissant de longs détails, que nous abrégeons.

Après avoir parlé de l'idée qu'avait eue Franklin de se servir de l'électricité et des expériences faites par Lesage et Bétancourt, l'orateur indique les essais d'Ampère et de Sœmmering. Tous ces systèmes avaient l'inconvénient de nécessiter plusieurs fils ; celui auquel nous travaillons n'aura qu'*un seul fil*, et les télégraphes électriques semblent destinés à remplacer complétement ceux en usage.

Il était important de savoir si le courant ne s'affaiblirait pas sur une grande distance, comme entre Paris et Lyon ; s'il ne faudrait pas entre ces deux villes des stations intermédiaires. Les expériences du chemin de Blackwall ne tranchaient pas la question. On a donc établi, entre Paris et Rouen, un fil de cuivre sur des poteaux placés de 50 mètres en 50 mètres : dimanche dernier, le succès a été complet entre Paris et Mantes, à 57 kilomètres de distance.

Le courant passait par un fil et revenait par l'autre ; son intensité était considérable. Nous avons donc cherché si, comme en Russie, en Bavière, en Angleterre, en Italie, le courant voltaïque était transmis par le premier fil et la terre humide. Nous avons trouvé que le courant revenait alors beaucoup mieux que par le second fil. Dans le premier cas, la déviation de l'aiguille de la boussole était de 25 degrés ; dans le second, de 50 degrés. Nous porterons le courant jusqu'à Rouen, et, sans aucun doute, le succès sera aussi satisfaisant.

L'orateur donne ensuite des explications sur l'aimantation temporaire des électro-aimants et sur leurs effets mécaniques ; il cite l'appareil Morse et l'appareil à cadran employé en Angleterre : il démontre la possibilité de produire des signaux télégraphiques au moyen de points et de traits, et il conclut en disant : « Sans craindre de me compromettre, j'ose affirmer que, dimanche prochain, les résultats confirmeront toutes nos prévisions ; nous n'aurons pas fait seulement des essais de simples expériences de physique : la commission aura posé les bases d'un télégraphe perfectionné, destiné à rendre d'éminents services au pays. »

L'expérience annoncée n'eut lieu que le dimanche 18 mai, et le lendemain le *Moniteur* plaçait en tête de sa première page la note suivante :

Une expérience de télégraphie électrique a eu lieu aujourd'hui à la gare du chemin de fer de Saint-Germain, en présence de MM. Passy, sous-secrétaire d'État du ministère de l'intérieur, Arago, Pouillet, Becquerel, Regnault, Michel Chevalier, Denis, Vergé, Foy, administrateur des télégraphes, et de MM. les administrateurs des compagnies des chemins de fer de Saint-Germain et de Rouen. Cette expérience a parfaitement réussi ; plusieurs dépêches dictées par les personnes qui y assistaient ont été transmises de Paris à Rouen avec une grande rapidité et un succès complet.

Trois appareils différents ont été essayés : l'un donnant des signes par la combinaison de deux aiguilles ; un autre reproduisant les signaux du télégraphe aérien ; et le troisième, présenté par M. le docteur Dujardin, et écrivant en signes la dépêche transmise.

La commission a pu s'assurer de la facilité avec laquelle on peut employer ces diverses espèces d'appareils. Cette épreuve n'a laissé aucun doute sur la possibilité d'établir des télégraphes électriques sur de grandes distances.

De cette note émanant du journal officiel, il faut passer encore à l'étranger pour y voir un commencement de télégraphie privée dans un article du *Journal des chemins de fer* :

Le gouvernement des Etats-Unis, dit-il, vient d'allouer au directeur général des postes une somme de 8,000 dollars (43,200 fr.) pour l'établissement d'un télégraphe électrique, qu'on désigne en Amérique sous le nom de télégraphe magnétique, entre Baltimore et Washington. On devra payer d'avance 1,4 cens (0f.,013) par lettre télégraphique.

A l'arrivée d'une dépêche à l'une des stations, les employés devront la faire transcrire, la mettre sous enveloppe, la cacheter et l'envoyer ensuite à la petite poste, qui est chargée de la remettre à son adresse. La petite poste pourra recevoir le même prix que pour les lettres transmises par les malles. Il est expressément défendu de communiquer aucune dépêche à qui que ce soit, si ce n'est aux personnes à qui elles sont adressées.

Au mois de juillet suivant, le *Moniteur* emprunte au *Baltimore advertiser* quelques détails sur les bons résultats obtenus par cette ligne télégraphique, surtout depuis qu'elle a été placée entre les mains de l'administration des postes. La distance entre les deux villes est de 25 lieues.

L'année 1845 s'arrêterait là, s'il n'y avait encore quelques documents à rapporter et qui se réfèrent aux cahiers des charges des compagnies de chemins de fer. Le 13 octobre, nous remarquons aussi un document émanant du ministère de la guerre et donnant l'état officiel de la télégraphie aérienne en Algérie. Ce document précieux, de même que le rapport de M. Denis, signalé page 5, établit la situation du système aérien au moment où il était appelé à disparaître.

Le 3 mai, M. Muret de Bort, rapporteur de la commission nommée pour l'étude de la loi relative au chemin de fer du Nord, s'exprimait ainsi à propos de l'article 52 du cahier des charges, article qui a été inséré dans toutes les conventions analogues qui ont suivi.

C'est pour la première fois qu'apparaît dans le cahier des charges la clause relative à l'établissement facultatif par l'Etat d'une ligne télégraphique électrique le long des voies ferrées. De nombreux essais de ce genre ont été faits en Angleterre par des compagnies et pour le besoin de leur exploitation : l'une d'elles, en construction, celle de Northampton à Petersborough, se propose de n'établir qu'une seule voie, et d'économiser la seconde à l'aide des avertissements télégraphiques, qui préviendront les embarras ou les rencontres naturellement à redouter sur une voie unique, quand elle a une grande circulation.

Des essais se poursuivent en France pour le compte de l'administration de l'intérieur, pour les services publics et pour remplacer la télégraphie en usage, sur la ligne de Rouen, qui a prêté son parcours, et ils semblent jusque-là devoir réussir. Toutefois il ne faudrait pas que ce moyen nouveau de transmission pût gêner en quoi que ce soit l'exploitation des chemins de fer, et encore moins en compromettre la sécurité, soit par les dispositions de son mécanisme, soit par les réparations fréquentes qu'il pourra nécessiter.

L'article 52 oblige les compagnies à convoyer *gratuitement* et par convois extraordinaires, en cas d'urgence, les hommes et les matériaux nécessaires à ces réparations. Votre commission vous aurait proposé la suppression de cette clause, si M. le ministre des travaux publics ne lui avait fait entrevoir que ce télégraphe que l'administration consentira à mettre, dans une certaine mesure, à la disposition de la compagnie, pourrait devenir un instrument bien précieux pour la discipline de son exploitation : ce n'est donc que dans la prévision de cet usage commun, que votre commission a admis la *gratuité* des services imposés à la compagnie par l'article 52. En voici la teneur :

Le gouvernement se réserve la faculté de faire le long des voies toutes les constructions, de poser tous les appareils nécessaires à l'établissement d'une ligne télégraphique électrique ; il se réserve aussi le droit de faire toutes les réparations et de prendre toutes les mesures propres à assurer le service de la ligne télégraphique, sans nuire au service du chemin de fer.

Sur la demande de l'administration des lignes télégraphiques, il sera réservé dans les gares des villes et des localités qui seront désignées ultérieurement, le terrain nécessaire à l'établissement de maisonnettes destinées à recevoir le bureau télégraphique et son matériel.

La compagnie concessionnaire sera tenue de faire garder par ses agents les fils et les appareils des lignes électriques, de donner aux employés télégraphiques connaissance de tous les accidents qui pourraient survenir, et de leur en faire connaître les causes. En cas de rupture du fil télégraphique, les employés de la compagnie auront à raccrocher provisoirement les bouts séparés, d'après les instructions qui leur seront données à cet effet.

Les agents de la télégraphie voyageant pour le service de la ligne électrique auront le droit de circuler gratuitement dans les waggons des chemins de fer sur lesquels les télégraphes seront établis.

En cas de rupture du fil télégraphique ou d'accidents graves, une locomotive sera mise immédiatement à la disposition de l'inspecteur télégraphique de la ligne, pour le transporter sur le lieu de l'accident avec les hommes et les matériaux nécessaires à la réparation. Ce transport sera gratuit.

La loi et le cahier des charges où se trouve cet article furent insérés au *Bulletin des lois* de 1845, en date du 15 juillet. Dans les conventions suivantes, pour d'autres compagnies, l'article resta le même, quoique porté sous des numéros différents.

L'année 1846 commença par une proposition importante ; l'exposé des motifs présenté par le ministre de l'intérieur, M. Duchâtel, en indique le but et la portée :

Depuis quelques années on a fait, dans divers pays, d'heureux essais pour appliquer l'électricité voltaïque à la télégraphie. En Allemagne, en Angleterre, en Russie, aux Etats-Unis, on a établi avec succès des télégraphes, empruntant leurs moyens de transmission à ce merveilleux agent dont la vitesse surpasse 300,000 kilomètres par seconde. La France, où l'art actuel de correspondre par des signaux aériens jusqu'aux plus grandes distances a pris naissance, ne pouvait rester étrangère à cette invention. Il devenait surtout important d'étudier une question aussi intéressante, au moment où la construction de nos grandes lignes de chemins de fer allait donner de si grandes facilités pour l'établissement de nouveaux procédés. Désireux de connaître l'avis des hommes spéciaux, je chargeai une commission, renfermant dans son sein d'illustres physiciens et d'habiles ingénieurs, d'examiner les principales questions que présente cette nouvelle application de la science à la pratique des affaires. La commission pensa unanimement qu'en l'absence de publications officielles sur les résultats obtenus dans les essais entrepris à l'étranger, et attendu que ces essais avaient été tentés jusqu'alors sur de faibles distances, il y avait lieu de faire immédiatement, en France, une grande expérience destinée à déterminer avec précision les données essentielles de la solution pratique de la question. Il fallait voir, en effet, si les courants voltaïques n'éprouveraient pas de trop grandes déperditions, quand la longueur des fils conducteurs aurait dépassé certaines limites. Il fallait décider s'il serait réellement possible, au moyen de l'électricité, de transmettre régulièrement des dépêches de Paris à Dijon, par exemple, de Paris à Lyon et de Paris à Marseille, sans être obligé de recourir à des stations intermédiaires multipliées. Il était encore intéressant de constater si le retour si mystérieux du courant par la terre, retour indiqué par quelques expériences faites sur de courts trajets, n'était pas susceptible, comme le pensaient quelques physiciens, d'être entravé ou même arrêté dans certaines constitutions géologiques du sol, et lorsque le chemin à parcourir devenait trop long. Il convenait de s'assurer, enfin, si certains états hygrométriques de l'atmosphère, si les brouillards et la pluie n'étaient pas de nature à interrompre le passage des courants. Toutes ces graves questions ne pouvaient être résolues expérimentalement et d'une manière définitive que par l'établissement d'une ligne électrique entre deux points assez éloignés.

Pour satisfaire au vœu exprimé par la Commission, un crédit fut demandé aux Chambres, et la loi du 20 juin 1845 alloua les fonds nécessaires (240,000 francs) pour établir une ligne électrique entre Paris et Rouen. Des fils métalliques, soutenus par des poteaux placés de distance en distance, furent tendus le long de la voie de fer qui réunit ces deux villes. On plaça aux deux extrémités de la ligne des appareils électro-moteurs, et l'on prit les précautions nécessaires pour mesurer la force des courants. De nombreuses expériences ont été faites, en présence de membres de la commission, sur le passage des courants et l'affaiblissement qu'ils éprouvent ; sur le retour par la terre et la constance de ce phénomène ; sur l'influence de l'humidité de l'air, du brouillard et de la pluie. Elles ont complétement et favorablement résolu les trois grandes questions scientifiques que le problème renfermait.

C'est ainsi que, par des expériences continuées pendant plusieurs mois, et répétées encore chaque jour, il a été pleinement constaté qu'à l'aide de piles voltaïques d'un petit nombre d'éléments (dix à douze au plus), et d'un entretien fort peu coûteux, on peut envoyer de Paris à Rouen, et réciproquement de Rouen à Paris, sur une distance de 137 kilomètres (34 lieues), des courants qui n'éprouvent qu'une perte moyenne et à peu près constante d'un *tiers* de leur force originaire, et que ces courants sont assez puissants pour faire fonctionner facilement les appareils indicateurs placés à l'extrémité de la ligne.

Dans une dernière série d'expériences, on a réuni les trois fils des poteaux, de manière à faire faire, à un courant partant de Rouen, le trajet de cette ville à Paris, le retour à Rouen, et un nouveau trajet de Rouen à Paris. Le courant parcourait ainsi trois fois la distance de Paris à Rouen, ou 411 kilomètres (102 lieues). On a trouvé qu'en donnant à la pile une force double, on avait un courant suffisant pour les besoins télégraphiques.

Des expériences également réitérées et également précises ont établi, d'une manière non équivoque, que le retour par la terre, ou l'apparence du retour, se fait constamment avec une égale facilité, et qu'à toutes les distances le sol n'apporte au passage du courant qu'une résistance toujours à peu près la même, et équivalente à celle qui résulterait d'une faible longueur de fil métallique.

Enfin, des observations nombreuses, faites sur le service journalier, ont pleinement démontré que les journées les plus humides, que les brouillards les plus épais, que les pluies les plus abondantes et les plus continues, n'interrompaient pas le passage des courants; elles ont même conduit à cette singulière conclusion, que la déperdition est moindre par le temps humide que par le temps sec.

Ces heureux résultats des épreuves expérimentales instituées par la commission ne laissent point de doute sur la possibilité d'établir la télégraphie électrique, et permettent de se livrer à la discussion des avantages que présente ce nouveau mode de correspondance.

Depuis plus de six mois, la ligne de Paris à Rouen est en activité. On a fait passer entre ces deux villes plusieurs centaines de milliers de signaux, identiques pour la forme à ceux des télégraphes aériens. Dès le mois de novembre, la ligne a pu être ouverte à la correspondance officielle. Toutes les dépêches remises aux bureaux télégraphiques, soit à Paris, soit à Rouen, ont été transmises avec une grande facilité, soit le jour, soit la nuit, et sont parvenues à destination avec une grande célérité et une parfaite exactitude. Malgré les imperfections et les difficultés inséparables d'un premier établissement, les principaux avantages du nouveau système se sont pleinement révélés : certitude de transmettre en tout temps; égale facilité de correspondre la nuit comme le jour ; accroissement considérable dans la rapidité des transmissions ; voilà les résultats qui annoncent un immense progrès dans l'art télégraphique.

L'avantage décisif du télégraphe électrique est, par-dessus tout, la certitude de pouvoir transmettre les dépêches en tout temps. C'est par cette qualité qu'il l'emporte incontestablement sur les télégraphes aériens. Ceux-ci, échelonnés sur de longues lignes, et placés à d'assez grandes distances l'un de l'autre, exigent que sur toutes ces distances, sans exception aucune, l'atmosphère jouisse d'une diaphanéité complète. Or, cette transparence indispensable de l'air existe rarement dans une longueur de 200 lieues. Les brumes, la pluie, la neige, et même quelquefois l'ardeur du soleil, qui, en échauffant fortement le sol, engendre d'immenses ondulations, arrêtent trop souvent le travail des télégraphes à signaux apparents. Des relevés faits avec soin constatent que le service du télégraphe ne peut mettre à profit qu'environ la moitié du nombre d'heures de jour ; et, comme les obstacles atmosphériques s'accumulent principalement dans la mauvaise saison de l'année, il en résulte que, pendant les quatre mois d'hiver, les télégraphes aériens manquent trop souvent au service qui leur est confié. Avec le télégraphe électrique, de semblables obstacles n'existent plus. La ligne est toujours prête, et, quelle que soit la saison de l'année ou l'heure de la journée, toute dépêche remise par l'autorité doit arriver à destination, non pas dans la même journée, mais dans la même heure.

Dans tous les systèmes télégraphiques, il y a trois choses distinctes à considérer : le nombre d'heures de jour et de nuit qui, dans l'année, permettent de faire usage de ce mode de communication ; le temps nécessaire à la transmission du premier signal d'une dépêche ; le temps employé à produire et à enregistrer les signaux divers qui, à partir du premier, constituent la transmission télégraphique d'une phrase donnée.

Nous avons déjà montré que la télégraphie électrique peut être employée avec un égal avantage par tous les temps et à toutes les heures du jour et de la nuit ; que le premier signal d'une dépêche se transmet avec une vitesse de plus de 77,000 lieues par seconde ; il nous reste à dire que, sous le troisième rapport, la facilité d'exécuter les signaux, la télégraphie électrique présente encore de véritables avantages.

Malgré de récents perfectionnements, qui ont doublé l'effet utile des télégraphes aériens, leur vitesse, ralentie par la pesanteur de la machine à mouvoir, retardée par le grand nombre de postes intermédiaires, ne saurait égaler celle du télégraphe électrique, transmettant sans aucun intermédiaire, et à l'aide de machines d'une admirable légèreté. Cependant, le télégraphe électrique en est encore à ses débuts, et il faut s'attendre à de grands perfectionnements dans les appareils ; mais, en s'en tenant à ce que l'on obtient actuellement, la rapidité des transmissions serait encore double de ce qu'elle est sur les lignes les plus nouvelles et les plus perfectionnées.

Il est vrai que pour obtenir ces avantages, il faut établir un fil continu entre le lieu du départ et celui de l'arrivée, et que, suivant les meilleurs procédés, ce fil est apparent. Cette circonstance a frappé quelques esprits, et ils en ont fait une objection contre l'adoption des télégraphes électriques. Une ligne continue, visible, pourra, disent-ils, être attaquée par les malveillants ; elle court le danger d'être détruite au moment où il serait le plus urgent de pouvoir s'en servir. L'objection est grave et demande à être discutée.

Des attaques contre la ligne pourraient être commises, ou par

2

des individus isolés, détruisant pour le plaisir de détruire, sans but déterminé, ou par des masses obéissant à des sentiments hostiles au pouvoir. Examinons séparément les deux hypothèses.

La ligne électrique se compose de fils à 4 mètres au-dessus du sol, dans un terrain clos et soigneusement gardé. Dans de pareilles conditions, on n'a point à craindre les attaques isolées, et l'expérience de la ligne de Rouen, où les fils sont placés à une moindre hauteur, ne laisse aucun doute à cet égard.

Quant aux agressions, plus dangereuses, des masses s'abandonnant au désordre, il ne faut pas leur donner plus d'importance qu'elles n'en ont. Les dissensions civiles sont, grâce à Dieu, de graves événements qui n'appartiennent qu'à de rares époques, dont la France s'éloigne heureusement chaque jour. Faut-il, pour des dangers peu probables, se priver des avantages si importants que la télégraphie électrique peut donner ?... La télégraphie aérienne échappe-t-elle mieux aux attaques de l'émeute que la télégraphie électrique ?... On ne pourrait le soutenir. Il est aussi facile de pénétrer dans un poste télégraphique isolé, d'enlever les lunettes ou de scier les poteaux qui soutiennent la machine, qu'il l'est de pénétrer sur la voie d'un chemin de fer. Les deux systèmes sont donc, sous ce rapport, soumis aux mêmes dangers. Seulement les dégâts opérés dans une étendue bornée d'une ligne électrique seraient plus facilement et plus promptement réparables.

Les lignes actuelles sont exposées à des interruptions bien autrement menaçantes que celles que l'on vient de signaler : ces lignes se composent de stations isolées, échelonnées de manière à ce que chacune d'elles aperçoive la station qui la précède et celle qui la suit. Cette condition exige que le rayon visuel, qui va d'une station à l'autre ne rencontre aucun obstacle sur son trajet. Mais il passe au-dessus de nombreuses propriétés sur lesquelles l'administration n'a aucun droit, aucun pouvoir. La construction d'un bâtiment, la croissance de quelques arbres, de quelques branches, mettent à tout moment en péril la visibilité des postes. Des lignes entières sont menacées par ce danger, et on voyait arriver le moment où il aurait fallu les reconstruire. Les télégraphes électriques ne soulèveront jamais de pareils embarras. Une ligne une fois construite est une propriété de l'Etat, trouvant une protection puissante dans des lois pénales particulières; le Code à la main, l'administration peut défendre ses appareils et continuer son service.

En présence d'avantages si importants et si nombreux, la question de la dépense est évidemment secondaire. On peut dire toutefois que la télégraphie électrique mérite encore la préférence, sous ce rapport comme sous tous les autres.

Les lignes actuelles coûtent à l'Etat 600 francs par kilomètre; leur entretien annuel s'élève à environ 200 francs pour la même distance.

La construction des télégraphes électriques sera un peu plus dispendieuse, mais il faudra une dépense beaucoup moindre pour leur entretien annuel. En effet, comme nous l'avons déjà dit, une des propriétés essentielles des lignes électriques, c'est de transmettre des signaux à de grandes distances, sans avoir aucun besoin de postes intermédiaires. De là une grande économie sur le personnel. Les frais d'établissement d'une ligne télégraphique seront en moyenne de 1,400 francs par kilomètre si l'on adopte le fil de cuivre. Cette dépense pourrait être réduite à 1,000 francs par kilomètre si l'on se servait de fil de fer. En supposant que l'on se détermine pour le fil de cuivre, qui présente de grandes facilités au passage des courants, la construction d'une ligne électrique entraînerait une augmentation de dépense de 800 francs par kilomètre sur les frais nécessaires à l'établissement d'une ligne aérienne. Mais il convient de déduire sur ces 800 francs, environ 400 francs de valeur, qui reste dans le vieux cuivre, et qui forme un capital que l'on retrouvera toujours. L'augmentation réelle n'est donc que de 400 francs. Mais si, comme on peut l'espérer, on réduit la dépense d'entretien à n'être que la moitié de celle qui existe maintenant, l'accroissement de la dépense en capital, sera promptement amorti par l'économie faite sur la dépense d'entretien.

Plus économique, plus rapide, plus sûr que les télégraphes aériens, le télégraphe électrique est un véritable progrès. En remplaçant l'ancien système par le nouveau, on fera un acte de haute prévoyance. Tout s'accélère dans le monde, les mouvements de la paix comme ceux de la guerre. L'emploi de la marine à vapeur, le transport des troupes par les chemins de fer, vont donner aux agressions une immense rapidité. Pour repousser avec avantage de subites attaques, il faudra s'armer de nouveaux moyens ; il faudra qu'au premier signal d'une invasion, toutes les forces du pays deviennent mobiles et convergent sur le point menacé. Un télégraphe aérien ne peut plus suffire ; l'administration doit avoir à sa disposition des moyens d'avertissement toujours prêts, toujours certains, toujours rapides. Le télégraphe électrique satisfait à ces trois conditions. Ce moyen nouveau de correspondance est donc un des besoins de notre époque, une des conditions de la défense du pays ; il obtiendra donc aussi votre patriotique appui.

Malgré tout l'intérêt qui s'attache aux télégraphes électriques, on ne peut cependant les établir qu'au fur et à mesure de la construction des grandes lignes de chemins de fer ; la mise en pratique de ce système sera donc nécessairement graduelle ; elle s'accroîtra avec le développement successif des voies de fer.

Au moment où une ligne importante, celle du *Nord,* va être prochainement ouverte, il m'a paru urgent de prendre l'avis de la commission scientifique, et sur les résultats de la grande épreuve faite sur la ligne de Paris à Rouen, et sur l'utilité d'établir une ligne électrique dans cette nouvelle direction. La commission a été d'un avis unanime, que les résultats donnés par la ligne de Rouen, ne laissaient aucun doute sur la réussite de nouveaux établissements de télégraphes électriques, et c'est à l'unanimité aussi qu'elle a pensé qu'il y avait lieu d'entreprendre la construction de la ligne du Nord. Fort de l'opinion émise par une réunion d'hommes aussi éclairés et aussi habiles dans une pareille question, nous n'avons pas hésité à prendre les ordres du roi, et nous proposons à la Chambre d'établir une ligne électrique de *Paris à Lille*.

La ligne télégraphique aérienne de Paris à Lille est la première qui ait été établie; c'est aussi une de celles dans lesquelles le service éprouve le plus d'entrave; elle dessert la correspondance d'une de nos frontières les plus importantes, celle du Nord. Nous demandons de la remplacer par une ligne électrique. De Paris à Lille, la voie de fer a 272,250 mètres. A 1,400 francs par kilomètre, la dépense totale sera de 381,160 francs.

Les télégraphes électriques ont été, jusqu'à présent, exclusivement établis le long des chemins de fer. Dans les prévisions que l'on vient de mettre sous les yeux de la Chambre, la ligne proposée s'arrêterait aux gares de Paris et de Lille. C'est de ces gares que partiraient les dépêches; c'est là aussi qu'on les recueillerait. Il y aurait cependant un très-grand avantage à prolonger la ligne jusqu'au ministère de l'intérieur, où se trouve l'administration centrale des télégraphes. On l'a tenté pour la ligne de Rouen, et l'on a réussi, du moins temporairement. En se servant des égouts, on a fait parvenir le fil métallique, cette fois souterrainement, jusqu'au ministère de l'intérieur, et pendant deux mois, les transmissions parties de Rouen sont arrivées directement jusqu'à l'administration centrale des lignes télégraphiques. Mais depuis les inondations des mois de janvier et de février, des détériorations se sont sans doute produites dans les fils souterrains, et le passage des courants a été interrompu. Il y aura quelques réparations à faire pour mettre la ligne en état, et on les exécutera aussitôt que les eaux se seront suffisamment abaissées. L'expérience que l'on a acquise dans cet essai donne lieu d'espérer que l'on parviendra à vaincre complétement les difficultés qui se sont rencontrées quand on a voulu faire pénétrer une ligne électrique jusqu'à la rue de Grenelle. Pour atteindre ce but, la dépense sera beaucoup plus considérable que celle qui résulte de l'établissement des fils visibles et sur poteaux. Nous ne croyons pas qu'elle puisse être moindre de 5,000 francs par kilomètre. De la gare du chemin de fer du Nord au ministère de l'intérieur, il y a, en suivant les égouts, 5,500 mètres. Il y aurait donc à construire 5,500 mètres de ligne extraordinaire à 5,000 francs par kilomètre. La dépense, sur ce chef, serait de 27,500 francs.

M. Pouillet, rapporteur de la commission, présenta son rapport à la séance du 4 juin suivant :

La télégraphie électrique a déjà donné des preuves de sa puissance, son nom est devenu populaire, et tout le monde sait aujourd'hui que ses prétentions ne sont pas chimériques. Accueillie d'abord avec enthousiasme par les uns, avec incrédulité par les autres, elle a eu le privilége de tenir comme en suspens la masse des excellents esprits, qui, par leurs connaissances générales, ont un certain pressentiment de ce qui est possible et de ce qui ne l'est pas. Sans doute on ne devait pas croire avec trop de précipitation que le fluide électrique nous donne en effet la faculté d'agir instantanément à la distance de plusieurs centaines de lieues, d'y manifester nos pensées, d'y porter nos vœux, d'y exprimer nos volontés aussi rapidement que nous le pouvons faire par la parole à quelques pas de distance. Mais les esprits éclairés ne devaient pas non plus rejeter aveuglément de telles espérances ; en général, ils ne sont pas assez étrangers à la physique pour que les grands rapports qui enchaînent certains phénomènes naturels puissent échapper à leur sagacité.

S'il est vrai que jamais la science ne fit de plus merveilleuses promesses, il est vrai aussi que jamais elle ne trouva les esprits mieux préparés à les accueillir et à les apprécier avec une réserve toute bienveillante. C'est là, on peut le dire, un privilége de notre époque.

Il est rare que les découvertes scientifiques soient stériles, et qu'elles se bornent à étendre seulement l'empire de l'intelligence ; presque toujours, elles touchent par quelques points aux intérêts moraux et aux intérêts matériels des peuples, parce qu'elles portent dans leur sein le germe de quelques applications directement utiles et destinées à produire dans le corps social de grandes réformes économiques. Autrefois, ces germes étaient lents à se développer ; aujourd'hui, leur développement s'accomplit avec une incroyable rapidité, et c'est là encore un autre privilége de notre époque.

La télégraphie électrique en est elle-même un exemple : Galvani en 1789, Volta, vers 1800, M. OErsted en 1820, ont découvert successivement les premiers principes, ou les données fondamentales sur lesquelles elle repose ; plus tard, la théorie de l'électromagnétisme a été établie sur des bases solides ; les lois de la propagation et de l'intensité des courants électriques ont été démontrées par l'expérience, et la possibilité des communications électriques à de grandes distances s'est dès lors présentée à l'esprit de divers savants, non plus comme une idée vague, dont l'électricité ordinaire pourrait revendiquer la première origine, mais comme une vérité acquise, comme une vérité pratique dont les principales conditions pouvaient être déterminées et calculées d'avance. Plusieurs physiciens se sont mis à l'œuvre pour les réaliser, et aujourd'hui, dans presque tous les pays savants de l'Europe et de l'Amérique, il y a des télégraphes électriques de divers systèmes qui mettent en rapport immédiat des villes ou des contrées séparées par de grandes distances.

Quelques années ont donc suffi, pour que la théorie reçût de la pratique l'infaillible et éclatante sanction sur laquelle elle avait droit de compter.

Le problème de la télégraphie électrique, pris dans son ensemble, se compose de trois parties qui peuvent être caractérisées de la manière suivante :

La partie physique ;

La partie mécanique ;

Et la partie technique.

Sans entrer dans des détails qui seraient ici hors de propos, nous devons essayer cependant de donner une idée du degré de perfectionnement auquel on est parvenu sous ces divers rapports.

La *partie physique* comprend tout ce qui tient à l'électricité elle-même, c'est-à-dire la production du courant électrique destiné à mettre en mouvement les appareils ; sa propagation dans les fils métalliques, ou, en général, dans les conducteurs ; le choix de ceux-ci, quant à la matière et aux dimensions ; leur ajustement et leur isolement sur toute la longueur de la ligne; l'emploi de la terre elle-même comme conducteur économique et offrant, sous certaines conditions, un avantage considérable ; la détermination des intensités de la force électrique dans les diverses parties du circuit ; l'appréciation des pertes qu'elle peut éprouver et des causes qui les produisent ; enfin, les moyens de modérer cette force et de la proportionner à la fois à la sensibilité des appareils qui font les signaux, à l'efficacité des conducteurs qui lui donnent passage et à l'étendue des distances auxquelles elle se doit transmettre.

Sur tous ces points, il ne reste presque rien à désirer ; car, les conditions matérielles des conducteurs et des appareils étant connues, on peut, en quelque sorte, prédire tous les phénomènes qui se produiront.

S'il se présente quelques souterrains dont les voûtes soient maintenues dans un état habituel d'humidité, il n'est pas difficile d'ajouter quelques précautions aux précautions ordinaires afin d'empêcher l'eau de ruisseler vers le fil et de venir se mettre en contact avec lui ou avec ses points d'attache. Cette lame d'eau, par sa continuité et sa communication avec le sol, déterminerait une perte qui n'est à redouter ni de la pluie ni du brouillard.

S'il arrive quelquefois, par les temps orageux, que l'électricité atmosphérique et les coups redoublés de la foudre, prenant en quelque sorte la place des stationnaires, viennent, au moyen du fil conducteur, faire jouer les appareils à signaux d'une extrémité à l'autre de la ligne, il n'en résulte pas un grave inconvénient ; il est d'ailleurs présumable que l'on parviendra sans peine à se mettre à l'abri de ces rares phénomènes d'influence. Au moyen du paratonnerre, on préserve les édifices ; avec des précautions analogues, on empêchera, sans doute, qu'un coup de foudre, en suivant le fil, ne s'en aille à 50 ou 100 kilomètres mettre en fusion les fils des électro-aimants, comme un jour cela est arrivé sur la ligne de Paris à Rouen.

La *partie mécanique* comprend la construction des appareils très-variés qui peuvent servir à exécuter les signaux. Tous ces appareils ont pour principal moteur le fluide électrique, qui, avec une vitesse plus grande que celle de la lumière, se propage d'une station à l'autre, soit au moyen de deux fils pour l'aller et le retour, soit au moyen d'un seul fil quand le retour se fait par la terre. Ici l'électricité peut agir de deux manières : ou directement ou indirectement. Pour obtenir l'action directe, on présente au fil conducteur une aiguille aimantée, ou, en général, un aimant mobile qui s'agite et éprouve une déviation à l'instant où le courant passe. Pour obtenir l'action indirecte, on se sert d'un *électro-aimant*, c'est-à-dire d'un cylindre de fer autour duquel on a enroulé un fil de métal recouvert de soie ; à l'instant où le courant passe dans ce fil, le cylindre de fer devient un aimant énergique, capable d'attirer ou de soulever un poids considérable ; mais, dès que le courant cesse, le poids retombe, le fer a perdu sa force, il a cessé d'être un aimant.

Ces deux modes d'action ont été successivement essayés.

Le premier, ou le mode direct, offre l'inconvénient d'exiger autant de fils, allant d'une station à l'autre, que l'on veut employer d'aiguilles ; car, la déviation étant la même, c'est seulement par la position ou par le numéro d'ordre de l'aiguille déviée, ou par la combinaison des déviations simultanées que l'on arrive à produire un nombre de signes suffisants. Ainsi, pour représenter, par exemple, les vingt-cinq lettres de l'alphabet, il faudrait vingt-cinq fils entre les deux stations, et vingt-cinq aiguilles correspondant chacune à une lettre, si l'on ne voulait pas faire usage des combinaisons deux à deux, trois à trois, etc. ; mais le nombre s'en trouve réduit, si l'on emploie ces combinaisons multiples pour désigner une seule lettre ou un seul signe simple.

Le second mode, ou l'action indirecte, offre, au contraire, l'avantage précieux de produire un mouvement de *va-et-vient* énergique et rapide : énergique, car, malgré la distance, le poids soulevé par l'électro-aimant pourrait être de plusieurs kilogrammes, s'il y avait utilité à le rendre aussi considérable ; rapide, puisque ce poids se soulève et retombe plusieurs fois dans une seconde.

Il est bon d'ajouter que, dans ce cas, un seul fil est nécessaire entre les deux stations, à moins que l'on ne veuille employer deux électro-aimants, comme il arrive, par exemple, quand on veut imiter et reproduire les mouvements du télégraphe ordinaire.

Ainsi, par l'action directe on va instantanément agiter une aiguille aimantée qui se trouve à l'autre station ; mais, par l'action indirecte, on va à la même distance et avec la même instantanéité prendre une masse lourde que l'on fait monter et descendre avec une grande vitesse ; car ces excursions sont beaucoup plus rapides que celles d'un marteau que l'on tient à la main et avec lequel on frappe à coups précipités.

C'est donc à l'électro-aimant que l'on donne en général la préférence, et c'est le mouvement de va-et-vient qu'il produit sur une pièce destinée à cette fin que l'on emploie comme moteur pour exécuter les signaux.

Ici se présente encore une distinction importante :

Ce mouvement de va-et-vient peut être directement employé et en diverses façons, soit à faire les signaux, soit à les écrire, soit à les imprimer ou à les graver ; ce qui donne naissance à tout un système d'inventions plus ou moins ingénieuses. Mais il peut aussi, par les moyens connus, être transformé en un mouvement de rotation, ce qui donne naissance à un autre système d'inventions propres seulement à exécuter les signaux dont on veut faire usage pour composer le langage télégraphique. Dans le premier cas, la main de l'homme et son intelligence deviennent, en quelque sorte, inutiles : la machine fait tout par elle-même, elle reçoit et enregistre la dépêche ; dans le second cas, elle est seulement disposée pour manifester aux yeux des signes que le stationnaire observe et qu'il est chargé d'écrire fidèlement.

Ce deux systèmes d'inventions constituent, à proprement parler, la partie mécanique du problème qui nous occupe, et les indications générales qui précèdent sont peut-être suffisantes pour montrer qu'il y aura là, pendant longtemps, des perfectionnements à introduire. C'est par ces recherches mécaniques que les inventeurs se distinguent surtout les uns des autres, et chacun ayant attaché son nom à son œuvre, les divers systèmes sont naturellement caractérisés par des noms propres.

Ce n'est pas, toutefois, par la nouveauté du moteur principal que cette branche de la mécanique est nouvelle ; mais c'est surtout par les conditions délicates et nombreuses qu'il y a à remplir pour que les appareils se conservent parfaitement en bon état, et pour qu'ils se trouvent toujours prêts à exécuter les signes avec la fidélité, la certitude et l'instantanéité qu'exige ce genre de correspondance.

Tout ce qui a été fait, à cet égard, depuis quelques années, est digne d'éloges. Personne ne peut douter qu'avec les moyens actuels on ne puisse, dès à présent, établir des communications promptes et régulières ; mais, en même temps, personne ne peut douter qu'il y ait lieu d'attendre de très-considérables progrès.

La *partie technique* comprend la nature et le nombre des signes, l'art de les combiner et d'en grouper les combinaisons pour composer un vocabulaire télégraphique qui ne laisse rien à désirer pour la certitude, et rien pour la vitesse et la fécondité. Dans la télégraphie ordinaire, le nombre des signes est restreint, et l'on a fait des efforts plus ou moins heureux pour les combiner avec avantage, dans la vue d'exprimer la pensée en peu de temps et avec peu de mouvements. On croit, en général que, sous ce rapport, on pourrait ajouter beaucoup à ce qui est admis dans la pratique.

Dans la télégraphie électrique, même en n'employant qu'un seul fil entre les deux stations, il est certain que, par divers artifices, on peut produire rapidement un grand nombre de signes simples, et leur donner des caractères particuliers qui en facilitent le classement méthodique. C'est donc pour l'art des combinaisons un nouveau champ à explorer, dont on ne connaît encore ni la richesse ni l'étendue ; mais il paraît probable qu'avec de telles ressources on parviendra à traduire la pensée d'une manière plus prompte et plus fidèle.

Considérés sous ce point de vue, les signes électriques amèneront peut-être une réforme non moins importante que celle qui résulte déjà de l'incomparable vitesse de leur transmission.

Tel nous paraît être l'état actuel des choses sur les trois parties du problème.

Il est donc permis de dire que la science a mis à la disposition des peuples une série d'inventions qui en appellent et qui en promettent d'autres ; mais qui, dans leur état actuel, sont déjà tellement remarquables, que, sans aucun doute, et dès aujourd'hui, tous les gouvernements et tous les peuples de l'Europe peuvent s'en servir, non-seulement chez eux et dans leur intérieur, mais au dehors et au loin, pour communiquer les uns avec les autres comme s'ils étaient réunis dans le même conseil.

En présence d'un fait aussi considérable et qui intéresse à un si haut degré la puissance publique et les relations commerciales, le gouvernement s'est empressé d'instituer en France une première ligne de Paris à Rouen, dans le double but de soumettre à toutes les épreuves ce nouveau mode de communication et de provoquer tous les perfectionnements dont il serait susceptible.

Ce premier essai a été des plus satisfaisants.

Aujourd'hui, le gouvernement vous présente un second projet de loi sur cette matière ; il vous propose d'établir un télégraphe électrique sur le chemin de fer du Nord, de Paris à Lille.

Votre commission, après en avoir fait un examen approfondi, pense qu'il y a lieu de l'adopter.

Elle admet, comme le dit l'administration, que, sur cette ligne, le télégraphe ordinaire soit en mauvais état et que son service éprouve beaucoup d'entraves ; elle reconnaît la nécessité d'avoir des communications rapides avec ce point de la frontière, soit à cause de l'Angleterre, soit à cause de la Belgique ; elle espère, de plus, qu'en établissant dans cette direction un télégraphe électrique, le gouvernement belge pourrait être disposé à en prolonger la ligne du côté de Cologne, et que, dans un avenir prochain, d'autres États imitant cet exemple, on aurait la possibilité de pénétrer ainsi jusqu'au centre de l'Allemagne.

Ce serait une magnifique expérience et un grand résultat ; l'Europe entière y applaudirait.

Dans cet espoir, votre commission a pensé qu'au lieu d'arrêter la ligne à Lille, il était convenable de voter immédiatement les fonds nécessaires pour la prolonger jusqu'à la frontière de Belgique ; ce prolongement est d'environ 15 kilomètres et correspond par conséquent à une somme de 21,000 francs.

L'examen du projet de loi nous a naturellement conduits à quelques questions fondamentales qui s'y rattachent d'une manière indirecte, et qui nous ont paru trop importantes pour être passées sous silence.

Dans l'état actuel des choses, notre système de télégraphie aérienne se compose de cinq grandes lignes, désignées par les noms des villes principales où elles aboutissent, savoir : Lille, Strasbourg, Toulon, Bayonne et Brest ; et leur ensemble forme 534 stations, par lesquelles passent les signaux. Les frais de premier établissement de chaque station, en y comprenant la construction et le matériel, sont estimés à 4,400 francs, l'intervalle des stations étant en moyenne de 8 à 10 kilomètres, on voit que la somme totale qui, depuis 1794 jusqu'à ce jour, a été consacrée à l'établissement de notre système télégraphique, s'élève à environ 2 millions et demi et à peu près à 500 francs par kilomètre de parcours. La dépense annuelle de l'administration des télégraphes est inscrite au budget pour 1,130,000 francs, savoir : 1 million pour le personnel, et 130,000 francs pour le matériel et l'entretien de toutes les stations.

Au moyen de ce sacrifice annuel, 29 villes du royaume sont maintenues en correspondance télégraphique avec la capitale, savoir :

3 sur la première ligne : Lille, Calais, Boulogne.

3 sur la deuxième : Strasbourg, Metz, Châlons.

9 sur la troisième : Toulon, Marseille, Nîmes, Montpellier, Avignon, Valence, Lyon, Besançon, Dijon.

9 sur la quatrième : Bayonne, Bordeaux, Perpignan, Narbonne, Agen, Toulouse, Angoulême, Tours et Poitiers.

5 sur la cinquième : Brest, Nantes, Rennes, Avranches, Cherbourg.

Et, grâce au zèle d'une administration active et intelligente, le service s'accomplit partout avec une fidélité et une promptitude tout à fait dignes d'éloges.

Enfin, la loi du 6 mai 1837 accorde au gouvernement le privilége exclusif de correspondre télégraphiquement, et prononce une pénalité redoutable contre celui qui transmettrait, sans autorisation, des signaux quelconques d'un point à un autre.

Il était bon de rappeler ces faits pour mieux faire sentir la portée des questions qui se présentent et qui peuvent se résumer de la manière suivante :

Peut-on prévoir l'instant où il serait de l'intérêt de l'État de substituer la télégraphie électrique à la télégraphie ordinaire ?

Peut-on prévoir l'instant où il deviendrait nécessaire de modifier la législation existante, ou d'étendre l'administration actuelle des télégraphes, pour donner satisfaction aux besoins de communications rapides qui pourront se manifester, soit de la part des compagnies de chemins de fer pour la sécurité des voyageurs ou l'économie d'exploitation, soit de la part du commerce, pour être immédiatement informé des arrivages ou du cours des marchandises ?

Qu'il nous soit permis de jeter au moins un coup d'œil sur ces grandes questions.

Les voies de fer qui correspondent à peu près à nos lignes télégraphiques actuelles sont exécutées ou au moins votées sur une longueur d'environ 5,000 kilomètres. Le télégraphe électrique exigeant une dépense de 1,400 francs par kilomètre, il n'y aurait pas moins de 7 millions à dépenser pour accomplir la substitution progressive du nouveau système à l'ancien.

Le télégraphe actuel exige, au budget, une allocation de 1,100,000 francs pour la longueur totale de plus de 5,000 kilomètres, ou environ 200 francs par kilomètre ; en prenant pour base l'allocation demandée aux chambres pour le télégraphe électrique de Paris à Rouen, on ne trouve par kilomètre qu'une dépense de 170 francs ; mais il faut remarquer que cette ligne vient d'être établie, que tout y est neuf et qu'il est au moins présumable que la dépense d'entretien augmentera avec le temps, et se rapprochera de celle qui est relative à l'ancien système.

Ainsi, en résumé, pour substituer le télégraphe électrique au télégraphe ordinaire, il y aurait à faire une dépense de premier établissement de plus de 7 millions ; et en supposant même que son service fût réduit, comme celui du télégraphe ordinaire, à mettre en communication avec la capitale seulement une trentaine des villes qui se trouvent sur les lignes, l'allocation annuelle devrait rester à peu près dans les mêmes limites.

Les conditions économiques paraissent donc tout à fait contraires au changement de système.

Le gouvernement pourrrait, il est vrai, transmettre une fois autant de dépêches dans le même temps, et, de plus, il aurait l'avantage de n'être gêné ni par la nuit ni par les brouillards; mais, d'une autre part, un fil de métal, tendu d'une station à l'autre, à quelques mètres au-dessus du sol, n'offrirait-il pas à celui qui serait tenté de mal faire, une extrême facilité pour accomplir ses mauvais desseins? Ce fil n'est-il pas accessible partout, sur tous les points de sa longueur, et le jour et la nuit, et pour celui qui est en waggon comme pour celui qui est seulement près de la voie ou qui traverse, sur une voiture ordinaire, un passage de niveau? Est-il besoin, pour le rompre, de se donner beaucoup de peine, d'avoir recours à quelque instrument rare ou coûteux? Ne suffit-il pas des moyens les plus ordinaires, les plus à la portée de tout le monde?

Dans son exposé des motifs, M. le ministre de l'intérieur, après avoir comparé les motifs par lesquels on peut attaquer le fil dont il s'agit, et les maisonnettes des stationnaires, prononce les paroles suivantes :

« *La télégraphie aérienne échappe-t-elle mieux aux attaques de l'émeute que la télégraphie électrique?... On ne pourrait le soutenir.* »

La majorité de la commission regrette profondément de ne pouvoir partager cette opinion, elle reste convaincue que, dans tous les cas où il y aura un intérêt quelconque à suspendre l'action du télégraphe, cet intérêt agira plus facilement et d'une manière incomparablement plus efficace contre 5 millions de mètres de fil exposés à tous les coups, que contre 534 maisonnettes de stationnaires, la plupart isolées et d'un accès difficile.

Au reste, la seconde question que nous avons posée plus haut, se trouve par quelques points liée à la première.

Plusieurs personnes, fort éclairées sur tout ce qui tient à l'administration des chemins de fer et aux grandes opérations du commerce, commencent à croire que la correspondance électrique par sa rapidité, peut rendre d'immenses services, soit pour prévenir les rencontres des convois ou les autres accidents, soit pour transmettre les nouvelles commerciales. Si cette opinion prend de la consistance, si le temps la développe, la confirme et en démontre la justesse, il faudra bien, un jour ou l'autre, la prendre en très-sérieuse considération : il faudra bien trouver moyen de satisfaire à ce nouveau besoin d'une société dont l'activité redouble sans cesse, et prouve de plus en plus que l'épargne du temps est une source de richesse. Quand le moment sera venu de résoudre cette question, il est probable que l'on ne pourra guère choisir

qu'entre deux solutions. Par la première, on conserverait la législation existante, c'est à-dire le privilége exclusif, qui appartient
aujourd'hui à l'Etat, de transmettre des signaux; mais alors, l'administration des télégraphes devrait être organisée sur d'autres
bases; elle devrait être constituée d'une manière analogue à l'administration des postes, et faire à la fois le service du gouvernement et celui du public.

Par la seconde, l'Etat renoncerait à son privilége, ou plutôt les
compagnies de chemin de fer acquerraient un droit égal au sien;
et, tout en faisant leurs propres affaires, se chargeraient en même
temps, d'après certaines règles, de transmettre les correspondances
particulières qui auraient intérêt à prendre cette voie. Nous avons
tout à l'heure indiqué les principales conditions de cette opération : la dépense de premier établissement, à 1,400 francs par
kilomètre, ne serait pas la deux-centième partie de celle du chemin de fer lui-même; on peut la regarder comme imperceptible
pour les compagnies, soit 8 ou 9 millions pour 6,000 kilomètres.

Chacune de ces solutions a ses avantages, ses difficultés, et peut-
être ses périls; nous n'en parlons ici que pour faire pressentir les
diverses réformes qui se peuvent préparer et la liaison nécessaire
qui existe entre elles.

Heureusement, votre commission n'était pas appelée à résoudre
ces questions; mais elle ne pouvait pas non plus les passer sous
silence : elle a pu voir, dans plusieurs passages de l'exposé des
motifs, que l'administration conserve peu de goût pour l'ancien
télégraphe, et que peut-être elle inclinerait, dès à présent, à
substituer progressivement et systématiquement la télégraphie
électrique à la télégraphie ordinaire. Cette tendance nous a paru
mériter la plus sérieuse attention; nous avons pensé qu'il était
indispensable de la signaler et de montrer en même temps quels
graves intérêts s'y trouvent engagés.

Il importe qu'une loi spéciale comme celle qui vous est présentée, et qui se justifie par des considérations qui lui sont propres, ne devienne pas implicitement la base de tout un édifice
nouveau, qui s'élèverait ensuite peu à peu, sans que les raisons
qui pourraient en démontrer la nécessité ou l'opportunité eussent
été expressément soumises à la discussion de la Chambre.

Nous acceptons donc le projet de loi, nous l'acceptons à l'unanimité; mais nous n'entendons aucunement nous prononcer sur le
changement de système.

La majorité de la commission est d'avis qu'il serait prématuré
et peut-être imprudent de s'occuper aujourd'hui de cette question;
elle est convaincue qu'il faut auparavant être en état d'apprécier jusqu'à quel point la télégraphie électrique pourra con-
tribuer à la sécurité des voyageurs sur les chemins de fer, et jusqu'à quel point aussi elle pourra servir les intérêts légitimes du

commerce. Pour cette double étude, on peut profiter des expériences qui se font dans d'autres pays, où la correspondance télégraphique est restée dans le droit commun, et ne se trouve gênée par aucune loi restrictive ; où il est permis à chacun, aux individus comme aux compagnies, d'agir en toute liberté, d'éprouver tous les systèmes, de les établir, à son choix, sur de grandes ou sur de petites distances, et de s'en servir comme bon lui semble, soit à son profit, soit au profit du public.

Quand il sera démontré que ces rapides communications rendent en effet d'importants services pour les affaires industrielles ou pour les besoins privés, et qu'il faut les adopter aussi pour cet usage, le moment sera venu d'examiner la question tout entière, de mettre en présence les deux systèmes du télégraphe ordinaire et du télégraphe électrique, de faire entre eux un choix réfléchi, et de modifier, s'il y a lieu, la législation qui nous gouverne aujourd'hui pour l'approprier à ce nouvel ordre de choses.

C'est dans cette vue que la commission émet le vœu que l'administration conserve le matériel de toutes les stations qui font aujourd'hui le service de Paris à Lille.

Le 18 juin, la Chambre était prête à discuter le projet de loi dont nous connaissons l'exposé, et le rapport de la commission. Voici le résumé de la discussion qui eut lieu :

M. Lachèze prend la parole pour battre en brèche la télégraphie électrique et patroner le système aérien de M. Gonon, dont le *Dictionnaire télégraphique* est un objet d'admiration pour tous.

M. Duchâtel, ministre de l'intérieur, répond que le gouvernement est toujours prêt à examiner toutes les inventions, mais qu'il croit à la supériorité de la télégraphie électrique.

M. Mauguin préconise de nouveau le système de M. Gonon, disant que le rapport de M. Pouillet ne concluait pas à la supériorité de la télégraphie électrique sur la télégraphie aérienne ; que cette invention était composée de deux éléments, l'un matériel, l'autre consistant dans le Dictionnaire, et qu'il n'en existait pas pour la télégraphie électrique ; que c'était cependant une chose essentielle. D'autre part, les fils coûtent fort cher et peuvent être coupés à chaque instant. L'orateur demande qu'on étudie de nouveau le procédé de M. Gonon, et particulièrement son Dictionnaire.

M. de Beaumont demande si les compagnies de chemins de fer auront la télégraphie électrique à leur disposition, pour aider à la sécurité des voyageurs.

M. Duchâtel répond qu'il y a là un problème difficile à résoudre, car s'il est bon de pourvoir à la sécurité de la circulation, il ne faudrait pas que les compagnies puissent en abuser et transmettre autre chose qui ne serait pas relatif à leur service. Du reste, il compte prendre des mesures pour empêcher les abus.

M. Berryer revient longuement sur ces arguments, disant qu'on ne peut accorder un privilège aux compagnies ; qu'il faudrait avoir deux alphabets, l'un pour les dépêches de l'Etat, l'autre pour celles des compagnies ; que l'on n'est pas encore bien sûr des moyens à employer ; que les expériences du chemin de Rouen ne sont pas assez complètes pour procéder à un nouvel établissement sur la ligne du Nord; qu'il faut donc attendre.

M. Pouillet combat les conclusions précédentes, en se fondant sur ce que la ligne aérienne de Lille est en très-mauvais état, et qu'il est indispensable de procéder à une grande et belle expérience en établissant la communication avec la Belgique par Cologne.

Une discussion assez animée s'engage entre MM. Berryer, Arago et Foy, commissaire du gouvernement, au sujet de quelques points scientifiques de la question. M. Berryer croit peu à la télégraphie électrique; Arago démontre que les expériences sur la ligne de Rouen sont concluantes.

M. Benoist se plaint des dangers et de l'incommodité des fils placés sur la voie; il croit qu'on doit étudier encore la manière de les placer.

Les articles 1 et 2 sont mis aux voix et adoptés. M. de Maingoval présente un amendement tendant à allouer une somme

de 60,000 francs de plus pour prolonger la ligne jusqu'à
Valenciennes. L'amendement est appuyé par M. Duchâtel ;
et après quelques observations de MM. Deslongrais et
Berryer, qui sont réfutées par MM. Arago et Duchâtel, l'ensemble de la loi est adopté par 233 voix contre 4.

Le 22 juin, le ministre de l'intérieur demandait en ces
termes la sanction de la Chambre des pairs :

Il s'est fait dans ces derniers temps une heureuse application
des principes de l'électricité à la transmission des signaux télégraphiques. Des essais pratiques avaient été tentés avec succès à
l'étranger : il a paru important, au moment où le gouvernement
du roi établissait avec le concours des Chambres le réseau des
grandes lignes de chemins de fer qui rendait possible la réalisation
des nouveaux procédés, d'étudier avec le plus grand soin le sujet
de la télégraphie électrique pour donner à cet examen toute
l'importance qu'il méritait ; j'ai chargé une commission, renfermant dans son sein d'illustres physiciens et d'habiles ingénieurs,
de me donner son avis sur cette question importante. D'après
sa demande, j'obtins des Chambres un crédit de 240,000 francs
pour instituer une grande expérience entre Paris et Rouen, sur
le chemin de fer réunissant ces deux villes.

Achevée dans le courant de l'année 1845, cette ligne électrique
sert à la correspondance officielle depuis le mois de novembre dernier. De nombreuses expériences faites devant la commission, la
transmission régulière des dépêches des différents départements
ministériels, le passage de plusieurs centaines de milliers de signaux d'exercice ont démontré, de la manière la plus complète et
la plus évidente, tous les avantages de ce nouveau système de
transmission. On peut les résumer en disant que l'on obtient, à
l'aide des nouveaux procédés, la certitude de transmettre en tout
temps, une égale facilité de correspondre la nuit comme le jour, et
un accroissement considérable dans la rapidité des transmissions.

C'est un des avantages décisifs du télégraphe électrique que de
donner la certitude de transmettre en tout temps. Les télégraphes
aériens échelonnés sur de longues lignes et placés à d'assez grandes distances l'un de l'autre, exigent que sur toutes ces distances
l'atmosphère jouisse d'une parfaite diaphanéité. Or, cette transparence indispensable de l'air existe rarement sur une longueur de
200 lieues. Les brumes, la pluie, la neige et même quelquefois
l'ardeur du soleil, qui, en échauffant le sol, engendre d'immenses ondulations, arrêtent ou gênent trop souvent le travail des
télégraphes à signaux apparents. Avec le télégraphe électrique, de

semblables obstacles n'existent plus ; la ligne est toujours prête, et quelle que soit la saison de l'année ou l'heure de la journée, toute dépêche remise par l'autorité doit arriver à destination.

Les obstacles qu'éprouve pendant le jour le travail des télégraphes aériens a fait penser à recourir à des signaux de nuit. Divers essais ont démontré qu'il était possible d'installer un service nocturne ; mais ils ont prouvé en même temps que cette télégraphie rendrait moins de services que celle de jour, et qu'elle exigerait une dépense considérable pour le service de nuit, il faudrait éclairer les machines télégraphiques en les garnissant de lanternes ; la manœuvre deviendrait plus difficile ; les dérangements seraient plus nombreux ; aux perturbations atmosphériques s'ajouteraient les difficultés provenant des extinctions, les frais augmenteraient parce qu'il faudrait ajouter à la solde du personnel le prix de l'éclairage ; le service de nuit, moins sûr que le service du jour, coûterait probablement trois fois davantage. Avec le télégraphe électrique, toutes ces difficultés disparaissent. Les transmissions nocturnes ne nécessitent ni dispositions particulières ni frais nouveaux ; elles se font aussi rapidement et aussi aisément que les transmissions de jour.

Le fluide galvanique se meut avec une admirable vitesse ; plus rapide que la lumière, il fait plus de 77,000 lieues par seconde. Les signaux formés à l'une des extrémités d'une ligne sont donc simultanément répétés à l'autre extrémité. Sous ce rapport, le télégraphe électrique aurait une immense supériorité sur le télégraphe aérien dont les signaux n'ont qu'une vitesse de 120 kilomètres par minute. Mais il faut distinguer entre la vitesse propre de chaque signal et la vitesse d'ensemble résultant du passage successif d'un certain nombre de signaux. Les signaux se suivent, et il faut un certain temps pour les faire et les enregistrer. Cette opération demande un temps appréciable dans chacun des systèmes. Malgré de récents perfectionnements qui ont doublé l'effet utile des télégraphes aériens, leur vitesse, ralentie par la pesanteur de la machine à mouvoir, retardée par le grand nombre de postes intermédiaires, ne saurait égaler celle des télégraphes électriques, transmettant sans aucun intermédiaire et employant des machines d'une admirable légèreté. Il faut certainement s'attendre à de grands perfectionnements dans les appareils, et cependant, dès à présent, au moyen de machines donnant des signaux identiques à ceux du télégraphe aérien, on obtient, à l'aide du télégraphe électrique, une rapidité de transmission double de ce qu'elle est sur les lignes les plus nouvelles et les plus perfectionnées.

Les avantages qu'on retire des télégraphes électriques sont achetés à une condition indispensable, celle de la continuité d'un ou de plusieurs fils métalliques, allant du lieu d'où l'on transmet, au lieu où l'on veut transmettre. Cette continuité des fils entraîne un danger et une assez grande dépense d'établissement. Il convient d'examiner ces deux points.

Une ligne électrique se compose de fils de cuivre ou de fer, couverts d'une matière isolante et soutenus par des poteaux le long de la voie de fer. Ces fils sont placés en l'air, à 4 mètres au-dessus du sol, dans un terrain clos et soigneusement gardé. Dans de pareilles conditions on n'a point à craindre les attaques isolées, et l'expérience de la ligne de Rouen, où les fils sont en cuivre et placés à une moindre hauteur, ne laisse aucun doute à cet égard. Quant aux agressions de masses s'abandonnant au désordre, il ne faut pas croire qu'elles seront fréquentes. Les dissensions civiles sont, grâce à Dieu, de tristes événements qui n'appartiennent qu'à de rares époques, et dont la France s'éloigne heureusement chaque jour. Faut-il, pour des dangers aussi éventuels, la priver des avantages journaliers que l'on peut obtenir des télégraphes électriques? On ne croit pas qu'il faille s'abandonner à cet excès de circonspection ; cela paraîtrait d'autant moins raisonnable, que la télégraphie aérienne court les mêmes dangers, et aurait à subir les mêmes attaques.

Les lignes actuelles sont exposées à des interruptions matérielles bien autrement menaçantes que celles que l'on vient de signaler. Ces lignes se composent de stations isolées, échelonnées de manière à ce que chacune aperçoive la station qui la précède et celle qui la suit. Cette condition exige que le rayon visuel qui va d'une station à l'autre ne rencontre aucun obstacle sur son trajet, mais il passe au-dessus de nombreuses propriétés sur lesquelles l'administration n'a aucun droit et n'exerce aucune servitude. La construction d'un bâtiment, la croissance de quelques arbres viennent sans cesse gêner la transmission des signaux, et l'usage le plus régulier du droit de propriété peut mettre à tous moments en péril la visibilité des postes. Le service est dans un état précaire ; l'administration ne possède aucun remède efficace, aucun moyen légal qui puisse la tirer d'une pareille position.

Les télégraphes électriques ne la placeront pas dans un semblable embarras; une ligne construite est tout entière la propriété de l'Etat, et la loi pénale la protége contre toute attaque et toute interruption.

Le prix de construction d'une ligne électrique varie d'après la hauteur des poteaux, la qualité des bois, et la manière dont ils sont assujettis dans le sol ; d'après le nombre des fils métalliques, et le métal choisi. L'établissement de la ligne de Paris à Rouen, avec des poteaux de 4 mètres en chêne et quatre fils, deux en cuivre rouge et deux en fer galvanisé, a coûté 1,500 francs par kilomètre. Les nouvelles lignes seront un peu moins dispendieuses. La dépense ne s'élèverait guère qu'à 1,000 francs par kilomètre si l'on employait quatre fils en fer.

L'entretien des lignes électriques sera beaucoup moins coûteux que celui des anciennes lignes; l'un des avantages spéciaux du télégraphe électrique est de transmettre des signaux à une grande distance, sans avoir besoin de postes intermédiaires. Il en résulte une économie considérable dans le personnel des stations. La dépense d'entretien des lignes actuelles est d'un peu plus de 200 francs par kilomètre ; si l'on conservait le service de la correspondance dans les mêmes conditions où il est présentement, on pourrait espérer de réduire la dépense totale d'entretien à 100 francs par kilomètre et les frais d'établissement des nouvelles lignes seraient rapidement amortis par les économies annuelles.

Le télégraphe électrique manifeste déjà de tels avantages, et il fait de si grandes promesses, qu'on peut prédire qu'il remplacera, dans un avenir peu éloigné, les télégraphes aériens. Mais quel que soit l'intérêt qui s'attache à cette invention, on ne peut l'appliquer que sur les chemins de fer. Il faut donc attendre que ces nouvelles voies s'établissent : il est prudent d'ailleurs de voir tous ces merveilleux résultats se confirmer par l'expérience, et recevoir la consécration que le temps assure à toutes les choses vraies.

Au moment où l'une de nos voies de fer les plus importantes, celle du Nord, vient de s'ouvrir et relie la France à un royaume ami, il a paru convenable de profiter de cet heureux événement pour placer, le long de ce chemin de fer, une ligne électrique, qui ajoutera encore à la rapidité de la correspondance entre Paris et cette importante frontière.

La ligne de Paris à Lille a été la première ligne télégraphique aérienne qui ait été construite : elle se ressent encore de l'inexpérience des premiers essais; les postes y sont palacés à de trop grandes distances, et le service y éprouve des obstacles répétés. En la remplaçant par une ligne électrique, on lui communiquera un degré de puissance qu'elle n'aurait pas et qu'appelle le voisinage de la ligne de fer.

De Paris à Lille, la voie de fer a 272,150 mètres ; à 1,400 francs par kilomètre, la ligne électrique coûtera 381,150 francs. Nous avions cru devoir nous borner à remplacer la ligne aérienne qui s'arrête à Lille par une ligne électrique terminée au même lieu, mais la Chambre des députés a pensé qu'il pourrait y avoir de grands avantages à pousser la ligne électrique jusqu'à la frontière belge, soit par Lille, soit par Valenciennes, pour l'unir au besoin aux lignes électriques qui, traversant la Belgique, iraient mettre la France en communication avec le royaume belge et les Etats septentrionaux de l'Allemagne. Pour réaliser cette idée, deux dispositions particulières ont été ajoutées au projet de loi primitif, une somme de 21,000 francs a été votée pour prolonger la ligne de Lille jusqu'à la frontière belge, et une autre somme de 60,000 francs a été allouée pour faire un embranchement de Douai sur Valenciennes.

Dans les prévisions que l'on vient de mettre sous les yeux de la Chambre, la ligne partirait seulement de la gare de Paris, située au quartier Saint-Lazare. Il y aurait cependant un très-grand avantage à prolonger cette ligne jusqu'au ministère de l'intérieur, où se trouve l'administration centrale des télégraphes. Nous demandons pour ce travail un crédit de 27,000 francs.

Cet exposé, déposé par le ministre à la séance du 22 juin, fut suivi du rapport présenté par M. Delessert, au nom de la commission, le 26 juin :

Une récente et heureuse application des principes de l'électricité et de l'électro-magnétisme vient d'ajouter de nouvelles forces et d'imprimer une direction nouvelle à l'art de la télégraphie.

La télégraphie électrique n'est plus un problème à résoudre. Après avoir subi d'abord l'épreuve de l'incrédulité, comme toutes les inventions qui étonnent les esprits par le merveilleux dont elles sont empreintes, elle a doté les peuples d'un nouveau moyen de communication, plus rapide que tous ceux dont ils avaient disposé jusqu'ici, moyen si rapide que sa vitesse peut être comparée à celle de la lumière.

Grâce au secours mutuel qu'ici, comme toujours, ces diverses sciences se sont prêté, la télégraphie électrique, qui a sans doute encore de nombreux perfectionnements à recevoir, est déjà arrivée à un état d'application pratique que démontrent les divers essais faits soit en France, soit à l'étranger.

Déjà, sur l'avis d'une commission scientifique et au moyen d'un crédit voté l'année dernière par les Chambres législatives, le gouvernement du roi a fait établir sur le chemin de fer de Paris à Rouen une voie de communication électrique entre ces deux villes.

Satisfait des résultats fournis par les nombreuses expériences auxquelles cette commission s'est livrée, et par le service régulier des dépêches entre Paris et Rouen, le gouvernement vous propose aujourd'hui l'établissement d'une nouvelle ligne de télégraphie électrique sur le chemin de fer du Nord de Paris à Lille et à la frontière de Belgique, ainsi que de Douai à Valenciennes.

La commission à laquelle vous avez renvoyé le projet de loi relatif à l'établissement de cette nouvelle ligne a fait un examen approfondi de ce projet, ainsi que des diverses questions qui s'y rattachent.

Quelques doutes se sont élevés, quelques objections ont été faites dans le sein de votre commission.

On s'est demandé si le moment était bien venu, de substituer la télégraphie électrique à la télégraphie ordinaire?

Si, à côté d'avantages incontestables, le nouveau système ne présentait pas encore de graves inconvénients?

Si, par exemple, la disposition apparente des fils conducteurs ne donnait pas une extrême facilité à la malveillance pour rompre toute voie de communication?

D'un autre côté, et dans un autre ordre d'idées, n'y aurait-il pas lieu de faire profiter des avantages de ce nouveau mode de correspondance, soit les compagnies de chemins de fer, dans l'intérêt de la sûreté des voyageurs, soit le commerce, dans l'intérêt de la rapidité des informations qui lui sont nécessaires?

Votre commission a pensé qu'il ne s'agissait pas, quant à présent, de décider la question de la substitution du télégraphe électrique au télégraphe aérien, substitution qui ne pourra d'ailleurs se réaliser qu'au fur et à mesure de la construction des chemins de fer, sur lesquels probablement de nouveaux télégraphes pourront être établis; mais que, en ce qui concerne la ligne projetée, l'ouverture d'une importante voie de fer entre Paris et la capitale d'un pays voisin et ami, l'état d'imperfection de la ligne de télégraphie ordinaire de Paris à Lille, l'utilité de la nouvelle voie pour étendre et compléter les études ainsi que les expériences du nouveau système, sont, avec les avantages déjà constatés qu'il présente sur l'ancien, des motifs déterminants en faveur de l'établissement qui vous est proposé.

Sans doute, les fils conducteurs ne sont pas à l'abri des attaques de la malveillance, et c'est un inconvénient dont il est à désirer que la télégraphie électrique soit plus tard dégagée; mais cet inconvénient lui est commun avec la télégraphie aérienne dans les cas heureusement fort rares d'agressions tumultueuses particulières aux temps de troubles politiques, et, quant aux attaques isolées et gratuites qui naîtraient du seul penchant de quelques individus à la destruction, elle rencontrera des obstacles suffisants dans l'élévation des fils à 4 mètres au-dessus du sol, dans la clôture des chemins de fer, et dans la surveillance permanente qui est exercée dans toute leur étendue.

Il faudrait d'ailleurs, en raison de la facilité des réparations, que ces attaques sans intérêt fussent bien fréquentes, pour faire disparaître une partie seulement des avantages qui constituent la supériorité déjà reconnue du télégraphe électrique sur le télégraphe ordinaire.

Quant à l'idée de faire profiter les compagnies de chemins de fer ou le commerce des avantages du nouveau mode de correspondance, votre commission n'a pu penser que le moment fût venu de se prononcer sur cette question. De nombreuses études restent à faire, de nombreuses difficultés restent à aplanir pour l'éclairer, et surtout pour la résoudre. En attendant, la loi du 2 mai 1837 accorde au gouvernement le privilége exclusif de correspondre télégraphiquement, et met ce privilége sous la protection d'une sévère pénalité.

En résumé, messieurs, votre commission est d'avis que les heureux résultats des expériences déjà faites du système de télégraphie électrique ; la supériorité déjà suffisamment constatée de ce système sur l'ancien pour la transmission certaine des signaux à toute heure et en tout temps ; la circonstance opportune de l'existence du chemin de fer du Nord ; l'état d'imperfection de la ligne télégraphique de Paris à Lille, qui dessert une de nos frontières les plus importantes ; comme aussi surtout la nécessité de ne pas laisser, sous le rapport des communications rapides, la puissance publique en arrière du mouvement d'accélération qui se manifeste partout, sont des motifs déterminants pour voter le projet de loi que vous avez renvoyé a son examen, et dont elle vous propose l'adoption.

Le 1er juillet la question était à l'ordre du jour à la Chambre des pairs.

M. le vicomte Dubouchage préconisa encore le système de M. Gonon, supérieur à celui de M. Chappe, puisqu'il transmettait les dépêches en plusieurs langues ; l'orateur demanda aussi que l'inventeur fût autorisé à procéder à ses frais à l'établissement d'une ligne d'essai sur le chemin de Rouen.

M. Duchâtel, ministre de l'intérieur, s'y opposa, parce que le gouvernement ne pouvait pas se démunir de son monopole.

Une discussion assez vive s'engagea sur cette dernière question, entre MM. Dubouchage, de Boissy et le ministre de l'intérieur.

La loi fut adoptée par 102 voix contre 13, et sanctionnée par le roi le 3 juillet.

Le 9 septembre de la même année 1846, le *Moniteur* annonçait, par voie d'avis administratif, l'adjudication de 64,000 kilogrammes de fil de fer. La fourniture fut concédée, après soumissions au rabais, le 18 octobre suivant.

Avant de passer à l'année 1847, nous allons puiser dans

les *faits divers* de l'époque, et surtout dans tout ce qui est relatif aux chemins de fer, divers renseignements qui ne seront pas inutiles à cette étude générale : au moment où les chemins de fer étaient à peine en construction, la télégraphie en devenait le complément indispensable, et c'est dans leur histoire qu'on rencontre toujours ses premiers pas.

Nous voyons, d'après une note du *Journal des chemins de fer*, que si en Amérique les frais d'entretien sont de 500 francs par mille, en Angleterre ils se montent à 5,000 francs. D'après le même journal, on apprend l'installation d'horloges électriques entre Edimbourg et Glascow, d'après un système de M. Bain. Le 14 juin, c'est la mise en exploitation de la ligne électrique entre Bruxelles et Malines, devant être prolongée sur Anvers.

Nous arrivons enfin à l'année 1847, et l'on y rencontre pour la première fois en Europe, la télégraphie électrique passant dans le domaine public. Le 10 janvier, on lit dans le *Moniteur*, aux *faits divers* :

Le télégraphe électro-magnétique entre la ville et le port de Brême a été mis en activité à la fin du mois de décembre. Les prix d'expédition des dépêches sont de 24 gros (1 fr. 40 c.) pour 10 mots, ou moins : de 32 gros (1 fr. 85 c.) pour 11 à 15 mots ; de 40 gros (2 fr. 32 c.) pour 16 à 20 mots, etc. On prend le double lorsque la dépêche est envoyée en dehors des heures du service (huit heures du matin à six heures de l'après-midi). On accorde un escompte de 50 pour 100 pour les abonnements de 10 rixdalers (41 fr. 90 c.) par an, et de 25 pour 100 pour ceux de 5 rixdalers. On ne doit par se servir du télégraphe pendant plus de quinze minutes, lorsque d'autres personnes attendent.

Peu de jours après, c'est la ligne de Vienne à Brunn, dont l'ouverture occupe encore quelques lignes aux nouvelles étrangères. C'est, dit-on, la seule ligne qui existe en Autriche : elle doit être prolongée jusqu'à Prague ; puis une seconde doit être construite entre Vienne et Pesth.

Le 21 avril, on voit apparaître un commencement de télégraphie sous-marine. Le *Journal des chemins de fer* publie encore deux notes relatives, l'une à l'essai d'une communication établie entre l'île de Wight et le continent; il n'y avait qu'un seul fil isolé et plongé dans l'eau et la transmission avait lieu au moyen de l'appareil de M. Nott; l'autre concerne la machine de M. Brett, semblable, dit-on, à un piano et pouvant transmettre 87 lettres par minute.

Au mois de juin, on remarque une lettre de Bréguet adressée à Arago, relative à un coup de foudre qui avait frappé les fils de la ligne de Paris à Rouen; la sonnerie se mit à carillonner à Saint-Germain, puis des lettres sans suite furent suivies d'une détonation semblable à celle d'un coup de pistolet. Les conducteurs placés en dehors, sur les parois de la cabane, tombèrent en morceaux; leur diamètre était de 2 à 5 dixièmes de millimètre et ils furent suffisamment échauffés pour laisser leur empreinte sur les tables de bois : il y eut même trace de fusion. Les fils des électro-aimants furent rompus, et l'employé éprouva une forte secousse. A 200 mètres du Vésinet, un poteau fut fendu et des éclats s'en détachèrent. On aperçut aux angles formés par les fils des aigrettes lumineuses.

Suivant moi, continue Bréguet, l'explosion partit du chemin de fer. A raison de la quantité énorme de métal dont il est formé et de l'étendue de sa surface, il se peut que le chemin, au moment d'un orage, soit le siége d'une tension électrique très-intense, et que le fluide aille se décharger sur les fils du télégraphe, car ils ne sont éloignés des rails, des tuyaux des aiguilles, que de 3 à 4 mètres. Pour prévenir la ruine des appareils, et surtout pour mettre les employés des télégraphes à l'abri des explosions foudroyantes et mortelles, je crois qu'il serait convenable d'arrêter les fils conducteurs en fer de 3 à 4 millimètres de diamètre, à 5 ou 6 mètres des cabanes ; l'union de ces gros fils et des appareils s'opèrerait au moyen de fils également métalliques, mais très-fins. Alors il n'arriverait jamais aux postes télégraphiques que la quantité d'électricité que pourrait transmettre le fil fin, le fil à très-petite section. En cas de décharge, ce fil se fondrait, se romprait, non plus en dedans, mais en dehors des cabanes occupées par les employés.

Quelque temps après, nous rentrons à la Chambre des

députés pour y assister à une question posée par M. Oscar de Lafayette, au sujet de l'annexion du service des télégraphes dans l'administration des postes. Le 12 juillet, on discutait le budget des postes ; l'orateur demande s'il ne serait pas possible d'assimiler la télégraphie à la poste. Ce mode de transmission des dépêches est en usage aux Etats-Unis, en Angleterre, en Belgique, en Hollande. Les chemins de fer transportent les voyageurs et les marchandises, les postes et les télégraphes y transportent les dépêches. M. le ministre des finances disait que la rapidité et la régularité importent encore plus que le bon marché, pour les intérêts moraux des familles qui tous les jours réclament l'emploi du télégraphe aérien, il y aurait intérêt à accorder à tous l'usage des télégraphes. On dit que ces intérêts sont trop importants pour être appliqués en grand? Aux Etats-Unis, ils ont été établis en 1844 ; il y en avait alors 900 milles ; maintenant il y a 633 lieues, et en 1848 il y aura 2,634 lieues. C'est au télégraphe électrique que l'on doit d'avoir hâté l'arrivage des grains, etc. Partout où il y a des lignes établies, elles sont à la disposition du commerce. On prétend que cela favoriserait l'agiotage? Les grands capitalistes emploient aussi des moyens pour transmettre des nouvelles rapidement : ils ont des signaux, des pigeons voyageurs pour traverser la Manche ; c'est donc une inégalité fâcheuse entre les grands et les petits spéculateurs.

Le gouvernement doit conserver la priorité, faire transmettre toutes les dépêches par ses agents. En outre, nos savants ont contribué puissamment à l'application des télégraphes électriques ; ce serait un hommage à leur rendre que d'utiliser leurs efforts au développement de la civilisation.

M. Lacave-Laplagne, qui était alors ministre des finances, répondit que la question avait déjà été posée devant la Chambre, et qu'on avait résolu avec raison que la télégraphie devait être un instrument politique et non un instrument commercial. La surveillance se trouverait souvent illusoire ; car le gouvernement ne pourrait en exercer aucune, et il a été obligé de redoubler de précautions à l'égard des compagnies de chemins de fer.

M. Benoit demande que la question soit étudiée de nouveau et qu'on ne la considère pas comme résolue par l'opinion exprimée par le ministre.

M. d'Eichthal ajoute qu'en 1846 la commission chargée du rapport avait exprimé des doutes. Le conseil général du commerce émit le vœu que la télégraphie fût mise en régie postale et il avait grandement raison. Le télégraphe électrique, étant la conséquence forcée des chemins de fer, doit aller plus vite qu'eux. Quant à la question de police, il n'est rien de plus facile que d'arrêter les dépêches suspectes ; la Chambre doit donc être saisie à la session suivante.

Cette question devait être retardée, car la session qui suivit vit ses travaux interrompus par la révolution de février 1848. En effet, les préoccupations politiques absorbent toutes les idées, et la télégraphie électrique semble être un peu oubliée. Pourtant, au contraire, elle devait subir une impulsion nouvelle, absolument comme sa sœur aînée la télégraphie aérienne, avait été engendrée par l'esprit de rénovation d'une autre époque, et nous allons assister alors à la seconde phase de la télégraphie électrique.

Quoiqu'il ne soit question ni d'organisation administrative ni de constructions, on voit le *Moniteur* enregistrer chaque jour un *bulletin télégraphique* destiné à faire connaître la situation des principales villes de la République. Il est vrai que la plupart des télégrammes se terminent souvent par la phrase historique : *Interrompu par la nuit* ou *le brouillard*. Ce n'est donc pas encore l'électricité qui fonctionne ; du reste, au 24 février, il n'y avait, comme nous l'avons vu, que deux lignes à peu près construites, celle de Rouen et celle de Lille ; c'était donc toujours la machine de Chappe qui fonctionnait activement et jetait ses derniers signaux à l'horizon.

Pendant la période des gouvernements provisoire et exécutif, plusieurs décisions changèrent les appellations et le nombre des administrateurs des télégraphes, sans modifier l'organisation de 1833. Il n'eût donc pas été question de la télégraphie si, dans le projet du budget rectificatif qui fut présenté à l'Assemblée nationale par M. Bineau, celui-ci n'eût demandé une ou deux suppressions d'emplois tendant à une économie de 18,300 francs. Le rapport qui avait été présenté le 28 septembre fut discuté, en ce qui concerne ce chapitre, le 16 novembre. M. Dufaure, ministre de l'intérieur, prit la parole pour combattre cette suppression, surtout en ce qui concernait l'exercice 1848, se fondant sur l'accroissement constant du service, et particulièrement du service de nuit des lignes électriques. Une discussion assez longue s'éleva à ce sujet entre lui et M. Sauvaire-Barthélemy ; il fut décidé par l'Assemblée qu'il y avait lieu de supprimer l'un des administrateurs-adjoints, mais de maintenir les quatre élèves sortant de l'Ecole polytechnique et le chef de bureau.

A la suite de cet incident, M. Baraguay d'Hilliers proposa un amendement qui tendait à allouer un crédit de 215,000 francs pour l'établissement d'une ligne électrique sur Tours ; mais il fut repoussé très-vivement par l'Assemblée, dont M. Mortimer-Ternaux se fit l'interprète. Outre la question financière, on trouva que la proposition devait émaner du ministre et non d'un représentant.

Le 1er décembre, le général Cavaignac, président du conseil des ministres, se présente à la tribune et lit une dépêche relative aux affaires de Rome ; nous citons seulement les dates, afin de constater l'état des communications télégraphiques il y a quinze ans. « Marseille, 28 novembre, 6 heures du soir (*c'est le temps qui a empêché cette dépêche d'arriver plus tôt*) ; reçue le 1er, à 2 heures 10 minutes ; expédiée à 2 heures 30 minutes. Civita Vecchia, le 26, à 3 heures du soir, etc. »

Ajoutons, en terminant avec l'année 1848, que déjà, même avant le mois de février, on établissait une ligne électrique à Cracovie, et que les déprédateurs de cette ligne étaient punis par les dispositions du paragraphe 20 de la loi sur la police des chemins de fer.

Si la première année de la révolution a paru arrêter le mouvement scientifique qui appelait l'attention sur la télégraphie électrique, nous allons trouver au contraire, en 1849, de nombreuses et importantes dispositions donnant une impulsion nouvelle aux travaux commencés ou simplement projetés.

Le 17 janvier, le *Moniteur* reproduit une lettre adressée le 13 janvier au directeur du *Times* par M. Charles Waller, qui revendique la priorité de l'emploi des conducteurs électriques recouverts de gutta-percha.

En 1847 et 1848 M. Forster était, dit-il, allé trouver la Compagnie du télégraphe avec mes échantillons ; l'isolement dans les tunnels était imparfait, c'est pourquoi je fis recouvrir les fils de gutta-percha, dont les propriétés étaient déjà connnues par Faraday.

M. Waller continue en manifestant sa satisfaction de voir les épreuves de M. Hatcher réussir, mais il réclame le bénéfice d'avoir été le premier à employer des fils recouverts.

Quelques jours après, le *Daily-News* donne à son tour le résultat obtenu dans la transmission du discours de la reine, discours qui se composait de 834 mots, que l'on a transmis, à raison de 18 mots par minute, à plusieurs villes du royaume.

Après cette courte digression à l'étranger, nous revenons

en France, pour assister à diverses délibérations de la Chambre. Il est nécessaire de dire que le 16 mars, dans le rapport présenté par M. de Panat, pour le budget de 1849, le ministère de l'intérieur proposait d'allouer un chiffre de 996,400 francs pour le personnel des lignes télégraphiques, et 124,700 francs pour le matériel. La commission réduisait à 991,200 francs l'allocation pour le personnel, se fondant sur ce que l'on pouvait facilement réduire le nombre des employés des bureaux de l'administration centrale. En face de cette demande de réduction, on voit M. Léon Faucher, ministre de l'intérieur, demander, à la séance du 26 mars, un crédit de 7,000 francs pour assurer la liquidation des comptes antérieurs à 1848. Cette dépense provenait de la transformation de la ligne aérienne de Lille en une ligne électrique; et comme une décision du gouvernement provisoire avait ordonné, dès le 23 mars 1848, le rétablissement de la ligne aérienne, il importait d'assurer le payement du surcroît de dépenses.

Cette question resta en souffrance jusqu'au mois d'août suivant. M. Creton, rapporteur de la commission des crédits supplémentaires, s'exprimait ainsi à la séance du 6 août : ...La substitution de la ligne électrique à la ligne aérienne sur Lille avait donné lieu à une augmentation de 8,200 francs. Par suite des dévastations commises en février, le ministre a fait rétablir temporairement la ligne aérienne ; il se trouvait par ce fait y avoir un déficit de 15,200 francs, qui a été couvert jusqu'à concurrence de 6,100 francs ; il reste donc à payer 9,100 francs, qui se décomposent ainsi..... Mais il y a des reprises à opérer, et la somme nécessaire est seulement de 7,000 francs.

Ce crédit était voté dans la séance du 10 août et ordonnancé le même jour.

Le 3 avril, l'Assemblée nationale discutait le budget du ministère de l'intérieur ; M. Léon Faucher donne quelques détails sur les réformes apportées dans l'administration des lignes télégraphiques :

Il y avait, dit-il, en 1829, 13 directeurs, 24 inspecteurs et 365 postes télégraphiques : aujourd'hui, il y a 33 directions, 36 inspecteurs, 416 postes et 2 lignes électriques ; cependant le service coûte moins cher maintenant. J'espère que l'état des finances nous permettra de substituer aux lignes aériennes des lignes électriques, et ce sera à ce moment qu'il sera possible d'apporter des économies nouvelles ; quant à présent, il n'y faut pas compter.

Le rapporteur, M. de Panat, insiste pour qu'on opère la suppression d'emplois demandée sous le ministère précédent. La commission comprend les nécessités du service et eût examiné avec faveur une proposition de nouvelles lignes électriques, sur Tours, par exemple, mais elle croit qu'on doit opérer la diminution proposée et économiser les 5,200 francs.

La discussion continue de nouveau, puis on conclut à une réduction de 5,200 francs, et le lendemain, au moment où l'Assemblée va voter sur l'ensemble du budget, M. Marchal demande quelques explications à M. Léon Faucher sur un des services de son ministère :

Les télégraphes, dit-il, coûtent environ 1,100,000 fr.; ils pourraient être une source de revenus au lieu d'être une dépense; il suffirait d'en faire jouir le public, comme cela se fait en Amérique, en Angleterre et en Belgique, où les lignes appartiennent même à des compagnies.

L'expérience est faite, le matériel et le personnel existent; les lignes électriques ne sont occupées que pendant un dixième du temps. En Belgique, non-seulement les télégraphes rendent de grands services, mais ils réalisent des bénéfices très-considérables.

L'orateur demande s'il y a des objections à opposer et si le ministre peut laisser longtemps la société française déshéritée des avantages de la télégraphie.

Le ministre répond que la question est politique avant d'être commerciale, et par conséquent très-grave ; qu'il fallut donc se renfermer dans une grande réserve ; qu'il n'y a que deux lignes électriques en France, et qu'il n'est pas possible d'admettre le public à se servir des lignes aériennes. Plus tard, lorsque le nouveau système se sera généralisé, on pourra utilement discuter la question ; mais, avant, il faut attendre que le réseau des chemins de fer soit fait, et l'on n'en est pas encore là.

M. Marchal insiste pour que le public participe aux avantages dont on favorise les compagnies de chemins de fer, qui possèdent déjà pour leur service propre, des lignes électriques.

Cette demande dut probablement être suivie de nouvelles études sur cette question, car, le 24 avril de cette même année, dans la première page du *Moniteur*, est inséré l'avis suivant ; c'est le premier essai de télégraphie privée :

Le nombre des rentiers, et par suite celui des négociants sur titres de rente, est aujourd'hui considérable dans les départements. L'administration a pensé qu'elle faciliterait les transactions, en faisant servir le télégraphe électrique, récemment établi sur la ligne du chemin de fer du Nord, à la transmission journalière du cours des fonds publics français.

Cette publication, qui rapprochera en quelque sorte les marchés de province du marché régulateur de Paris, aura lieu à partir du 1er mai prochain ; elle s'appliquera aux 5 et 3 pour 100 et aux actions de la Banque de France. Le bulletin constatant les derniers cours de ces valeurs sera transmis aux chefs-lieux de département placés sur la ligne du Nord ; Amiens, Arras, Lille, ainsi qu'à Valenciennes.

L'administration croit devoir, toutefois, rappeler qu'en rendant ce nouveau service au public, elle n'entend assumer aucune espèce de responsabilité relative aux erreurs qui pourraient être commises.

Chaque jour, à la clôture de la Bourse, l'administration des lignes télégraphiques recevra du syndicat des agents de change un bulletin certifié constatant les cours, et les transmettra par le télélégraphe électrique. Ces cours seront communiqués par les bureaux télégraphiques des villes ci-dessus désignées aux préfets et

aux sous-préfets, qui les publieront immédiatement par voie d'affiche. Là se bornera l'intervention du gouvernement, dont le rôle
sera celui d'un intermédiaire purement passif.

Cette faculté accordée aux transactions de bourse était
le prélude de la loi qui fut votée l'année suivante, et que
nous allons bientôt rencontrer sur nos pas. Cependant nous
verrons avant non-seulement quelques *faits divers* importants, mais aussi les documents officiels relatifs à des constructions de lignes nouvelles.

Il faut signaler ici une note puisée au *Boersenhalle*, qui
annonçait qu'un traité venait d'être signé à Berlin entre la
Prusse et l'Autriche, concernant la jonction du télégraphe
électrique ·à la frontière. La réunion devait se faire à
Odersberg, en Silésie. Les correspondances durent commencer trois jours après la ratification du traité, et dix-
huit mois après la ligne devait être mise à la disposition du
public. A cette date, qui est du 19 avril au *Moniteur*, on
ajoute que le télégraphe électrique va fonctionner prochainement entre Dresde et Prague.

Au mois de mai, nous remarquons un article emprunté
à l'*Eisenbahn Zeitung*, où l'on mentionne une nouvelle découverte : c'est la gutta-percha employée pour recouvrir
les fils télégraphiques. Nous puisons dans ces quelques
lignes les renseignements suivants :

« La *goutta-percha,* ainsi qu'on l'appelle à cette époque,
est destinée à supprimer l'emploi des fils sur poteaux, dont
l'aspect est si désagréable et dont la valeur excite la cupi-
dité des voleurs, sans parler du remplacement des poteaux,
qu'il faudra répéter tous les six mois. A Londres, on a enterré les fils dans des tuyaux en fonte, mais c'est trop coûteux ; la gutta-percha, au contraire, isole très-bien, et il
suffit d'enterrer le fil à 40 ou 60 centimètres dans le sol.
On a construit des machines, à Londres et à Berlin, qui permettent d'étendre l'enduit sur le fil d'une façon parfaite.

250 kilogrammes suffisent pour couvrir 8,000 mètres de fils ; le kilogramme pris à Hambourg coûte 1 fr. 50 c. à 1 fr. 60 c. Une compagnie anglaise vient de traiter pour un parcours de 320,000 mètres. En Russie, les fils sont recouverts de gutta-percha ; il en est de même de Berlin à Cologne et à Francfort-sur-le-Mein. On travaille aussi à un établissement semblable entre Vienne et Trieste. Il n'est pas besoin, comme on l'a dit, d'abattre l'arbre producteur, la récolte s'opère facilement, etc.

On ajoute que les lignes télégraphiques sont construites de Vienne à Brunn, d'Olmutz à Prague, et de Vienne à Gratz, Laibach et Trieste. En Prusse, la communication est établie entre Berlin, Halle, Erfurt, Cassel, Francfort-sur-le-Mein, Potsdam, Magdebourg, Brunswick et les autres stations de la ligne de Cologne.

Cet article, quoique n'ayant pas un caractère très-authentique, indique quel était l'état des connaissances et les espérances que l'on fondait sur l'adoption des lignes souterraines.

Peu de temps après, dans le numéro du 5 juin, on lit aussi un fort long extrait du *Journal des chemins de fer*, où l'on donne quelques notions de l'horlogerie électrique et des appareils de M. Paul Garnier, adoptés sur la ligne du chemin de fer du Nord et sur celle de Chartres (on revient sur ce sujet le 3 août).

Le 5 juillet, les *faits divers* du journal officiel nous apprennent que le ministre de l'intérieur a institué une commission, présidée par M. Séguier, chargée d'étudier en Angleterre les nouveaux systèmes de télégraphie électrique. C'était un acheminement officiel vers de nouvelles propositions ; aussi, le 4 octobre, M. Dufaure, ministre de l'intérieur, présenta à l'Assemblée nationale législative un projet de loi dont l'importance était immense.

Mais avant cet exposé des motifs, il est nécessaire de signaler un document important qui, par une anomalie assez peu ordinaire, ne fut inséré sous une forme officielle ni au *Moniteur* ni au *Bulletin des lois*, bien que ce document figure comme décret, en date du 10 août, dans les conventions suivantes, et que, à ce titre, il fasse partie du *Recueil administratif*. Nous reproduisons en entier la note officielle publiée au *Moniteur* du 12 août :

Le président de la République, sur le rapport du ministre de l'intérieur, vient d'accorder à un Anglais, M. Jacob Brett, l'autorisation d'établir sur la côte de France, entre Calais et Boulogne, un télégraphe électrique sous-marin qui, traversant la Manche, ira rejoindre à Douvres la côte d'Angleterre.

Le traité passé avec M. Brett garantit au gouvernement français certains avantages, et laisse toute la dépense à la charge du concessionnaire, en lui assurant, toutefois, un privilége de dix ans, dans le cas où l'expérience réussirait. Les travaux devront être achevés le 1er septembre 1850, au plus tard ; il est probable qu'ils seront terminés avant cette époque. Cette première application de la télégraphie électrique sous-marine, si elle réussit, comme il y a tout lieu de l'espérer après la longue étude qui en a été faite, produira, au point de vue des relations entre la France et l'Angleterre, des résultats dont il est impossible de mesurer dès aujourd'hui l'importance. Douvres, point où le télégraphe sous-marin doit rejoindre l'Angleterre, est uni à Londres par une ligne télégraphique directe ; les deux capitales seront donc, de cette manière, en communication presque instantanée.

Il est regrettable que les embarras financiers et les préoccupations politiques n'aient permis jusqu'à ce jour de construire en France d'autres lignes électriques que celle de Rouen et de Lille. Mais, en présence de la situation nouvelle que va faire prochainement à la France sa jonction avec l'Angleterre, qui possède déjà 3,500 kilomètres de lignes de télégraphes électriques, le gouvernement français ne peut hésiter à entreprendre des lignes nouvelles. Il le peut d'autant moins que le télégraphe électrique est une ressource puissante pour le service des chemins de fer ; il sera nécessaire d'en avoir un sur les chemins de Lyon et de Chartres, dont l'exploitation est, quant à présent, confiée à l'administration des travaux publics.

Si nous sommes bien informé, le ministre de l'intérieur doit, dès la reprise des travaux de l'Assemblée, demander les crédits nécessaires pour continuer jusqu'au Havre le télégraphe de Rouen, et pour en établir un entre Paris et Nantes, avec embranchement, à partir d'Orléans, sur les contrées du centre par Bourges et Nevers.

L'usage de ces télégraphes électriques, comme celui de la ligne de Paris à Douvres, sera livré au public. Ce que de fâcheuses nécessités politiques ont empêché de faire dans ces temps d'agitations et de troubles civils, le calme qui renaît dans le pays permettra certainement de l'effectuer. L'intérêt de notre commerce qui se relève peu à peu de la lourde crise qu'il a souffert, l'exemple des autres peuples nos voisins, enfin un besoin incessant de progrès et de bien-être qui travaille notre siècle, conseillent à l'État cette importante entreprise. Il sera possible de livrer alors au public, sous la surveillance toujours présente du gouvernement, et moyennant des tarifs convenables, l'usage des télégraphes électriques. Leur produit couvrira probablement la dépense que leur construction aura entraînée.

Nous revenons à l'exposé des motifs de M. Dufaure, déjà prévu par la note précédente :

Messieurs, dit-il le 4 octobre, une loi du 23 novembre 1844 a affecté un crédit de 240,000 francs à l'établissement d'un télégraphe électrique de Paris à Rouen. Une autre loi du 3 juillet 1846 affecta un nouveau crédit de 489,630 francs à l'établissement d'un télégraphe de Paris à Lille et à la frontière de Belgique. Ces deux lignes, dont la première ne fut construite qu'à titre d'essai, n'ont cessé, depuis leur établissement, de fonctionner avec une grande régularité, et ont rendu de nombreux et d'incontestables services. Depuis la loi de juillet 1846, aucun crédit n'a été affecté à la construction de nouvelles lignes de télégraphes électriques; les pouvoirs législatifs n'ont même pas été appelés à s'en occuper. Cependant les principales nations de l'Europe, justement préoccupées des résultats d'une semblable découverte, se sont empressées de l'appliquer sur leur territoire. L'Angleterre surtout, dont le commerce et l'industrie appelaient cette voie rapide de transmission des dépêches, s'est livrée avec ardeur à la construction d'un système complet, qui rayonne de Londres sur Douvres, Brighton et Southampton, au sud; sur le littoral de la mer du Nord, à l'est; sur Birmingham, Liverpool, Manchester, à l'ouest; sur York, Edimbourg et Glascow, au nord. — Ce système met ainsi en communication presque instantanée plus de cent cinquante villes, et s'étend sur un réseau de chemins de fer d'environ 3,500 kilomètres.

Les différents États de l'Allemagne, malgré les commotions politiques qui les ont agités, ont consacré de fortes sommes à l'établissement de leurs télégraphes électriques; la Prusse, entre autres, l'année dernière et cette année même, en a construit plus de 1,800 kilomètres, et a dépensé, à cet effet, 1,200,000 francs.

En présence de ces progrès des autres nations, nous ne saurions nous en tenir aux deux lignes de Rouen et de Lille. L'expérience a parlé; les peuples voisins nous ont de beaucoup devancés; il est urgent, nous le croyons, de sortir de cette situation.

Nous aurions voulu, en conséquence, vous soumettre un projet embrassant un plus grand nombre de lignes électriques; nous aurions même désiré en établir sur tous nos chemins de fer; mais la situation difficile de nos finances exigeant la plus grande circonspection dans l'introduction de dépenses nouvelles, nous ne soumettons à votre approbation que les lignes dont la construction nous a paru ne pouvoir être plus longtemps différée.

Ces lignes sont au nombre de trois :

1° De Rouen au Havre;

2° De Paris à Tonnerre;

3° De Paris à Angers.

Après ce que nous venons de dire, messieurs, nous croyons inutile, pour justifier d'une manière générale notre projet, de rappeler les avantages de la télégraphie électrique, classée aujourd'hui parmi les instruments les plus précieux de gouvernement. Quand la volonté du pouvoir peut être connue instantanément aux extrémités les plus éloignées du territoire, à tout instant du jour et de la nuit, l'on conçoit de quelle importance est pour un Etat, pour le nôtre surtout, le prompt établissement de cet agent des volontés gouvernementales.

Nous nous bornerons à donner quelques renseignements sur chacune de ces lignes. Les grandes directions dans lesquelles elles sont construites, les villes de premier ordre qu'elles desservent, et qu'elles sont appelées à atteindre plus tard par leur prolongement, militent déjà puissamment en faveur de leur création.

1° La ligne de Rouen au Havre complétera celle de Paris à Rouen, et mettra ainsi la capitale en communication avec un de nos principaux ports de commerce, centre politique important, lieu de passage pour l'Angleterre et les Etats-Unis. Sa longueur est de 92 kilomètres; la dépense de 116,025 francs.

2° La ligne de Paris à Tonnerre, que l'administration des travaux publics désire vivement pour le service de l'exploitation de cette section du chemin de fer de Lyon, est le commencement de cette grande ligne qui desservira plus tard Dijon, Châlon, Lyon et, par embranchement, Besançon. Sa longueur est de 198 kilomètres; la dépense de 200,760 francs.

3° Enfin la ligne de Paris à Angers, qui plus tard devra être prolongée sur Nantes, et de Tours sur Bordeaux et la frontière d'Espagne, quand les travaux des chemins de fer de Nantes et de Bordeaux seront plus avancés, mettra en communication avec la capitale Angers, Tours, Blois, Orléans, et servira à la transmission des dépêches venant de Bayonne, et même, dans certaines circonstances, à celles de Marseille et de Toulon. Dans la mauvaise saison, l'état de l'atmosphère arrête très-souvent les dépêches à la direction de Tours, qui est obligée de les expédier à Paris par la poste. Le retard qui en résulte peut avoir, on le conçoit, des conséquences très-fâcheuses. De Tours à Angers, l'administration n'a point de communications télégraphiques, et a tous les jours l'occasion de le regretter.

Enfin d'Orléans cette ligne devra plus tard, par des embranchements, réunir Paris aux départements du centre, où sont des villes importantes avec lesquelles l'administration n'a pas de moyen plus rapide de communiquer que la poste ou le chemin de fer. Il serait très-désirable que, l'année prochaine, les ressources du Trésor permissent de combler cette lacune, si regrettable dans le système de nos lignes télégraphiques.

A l'appui du projet que nous vous soumettons, nous n'avons, messieurs, fait ressortir jusqu'ici que l'intérêt du gouvernement ; mais il en est d'autres qui vous toucheront aussi au plus haut point et pèseront sans doute sur la décision que vous porterez : nous voulons parler de l'intérêt des particuliers et des compagnies de chemins de fer, que nous désirons vivement voir jouir des avantages de la télégraphie électrique.

Nous croyons, en effet, que les inconvénients qu'il y aurait à livrer au public l'usage des télégraphes électriques, ont été beaucoup exagérés, et nous pensons qu'avec toutes les garanties que l'administration saura prendre, tant pour se réserver exclusivement le droit de transmission des dépêches, que pour le suspendre, même totalement, dans les circonstances qui lui paraîtraient dangereuses pour l'ordre et la sécurité publique, l'usage des télégraphes électriques permis aux particuliers n'offrira pas plus de dangers que celui des chemins de fer et des instruments de progrès en général. Nous ajouterons que l'envoi de toute dépêche sera soumis à des tarifs qui produiront, nous en avons l'espoir, des sommes assez importantes pour compenser en partie les charges imposées à l'État pour la construction et l'entretien de ces lignes.

Il va sans dire que l'organisation de l'administration télégraphique et les dispositions qu'elle saura prendre lui donneront le moyen, tout en répondant aux besoins du public pour l'envoi de ses dépêches, d'assurer avant tout le service prompt et exact de celles du gouvernement.

Pour les compagnies de chemin de fer, l'utilité des télégraphes électriques est de la plus haute importance au point de vue de la régularité du service, de l'économie des dépenses et de la sécurité publique. C'est à eux que les chemins de fer anglais doivent cette exactitude qui les distingue, et la faculté de faire courir à la fois un nombre de trains plus grand et à des vitesses supérieures à celles de nos chemins de fer français.

Tels sont les motifs, messieurs les représentants, qui nous ont engagés à vous soumettre ce projet, qui est, nous le répétons, d'une utilité incontestable et urgente. Nous savons que tout ce qui tend au progrès de notre pays comme à la force de l'action gouvernementale trouve auprès de vous la plus grande faveur, et nous espérons que vous nous accorderez le crédit extraordinaire de 685,665 francs que nous vous demandons, et dont nous répartissons du reste le montant sur les deux exercices 1849 et 1850.

Après cet exposé de motifs, qui devait activer si vivement les travaux de toute espèce sur la télégraphie électrique, il faudrait passer directement au rapport qui fut présenté par M. Le Verrier à l'Assemblée nationale législative, le 23 janvier 1850. Mais comme, dès cette époque, les documents vont déborder, il est bon de terminer avec les deux années précédentes.

En 1848 et 1849, parmi les innombrables pétitions, demandes, propositions qui furent adressées à la Chambre, et dont le nombre s'éleva à dix mille environ entre les mois de mai 1848 et mai 1851, on n'en trouve que *sept* relatives à la télégraphie ; sur ce nombre, deux seulement eurent les honneurs d'une lecture ; les autres n'ayant en vue que des questions tout à fait secondaires. Parmi ces deux, il y avait une proposition de M. Sudre au sujet de la *téléphonie*, et, bien qu'elle soit en date du mois de novembre 1849, nous n'en parlons ici que pour mémoire ; plus tard, une nouvelle mise à l'ordre du jour nous donnera l'occasion de revoir cette question spéciale.

Nous faisons remarquer combien ce chiffre de *sept* propositions ou pétitions est minime si on le compare au grand nombre d'idées de toutes sortes, le plus souvent absurdes, qui furent émises à cette époque, et c'est même afin de montrer que dans le public, la télégraphie était presque inconnue et d'un intérêt tout à fait secondaire.

Mais à partir de 1850, il n'en fut plus ainsi, et le savant rapport de M. Le Verrier est particulièrement remarquable en ce qu'il montre le progrès qui s'opérait dans les esprits, puisque la commission proposa une allocation de fonds bien supérieure à celle qui lui était demandée.

Messieurs, disait-il au nom de la commission chargée d'examiner le projet de loi présenté par M. Dufaure, la transmission prompte et fidèle des ordres et des dépêches est l'une des premières conditions d'un bon gouvernement. Aussi a-t-on cherché, à toutes les époques, à utiliser dans ce but soit la grande vitesse du son, soit la transmission presque instantanée de la lumière, soit enfin le fluide électrique lui-même, dès qu'il fut bien connu des physiciens. Mais l'art de la télégraphie n'a pris un corps, et il n'est passé de la théorie dans la pratique, avec une valeur réelle et incontestable, que depuis l'invention du télégraphe aérien.

Le 22 mars 1792, Chappe, neveu du célèbre abbé de ce nom, fut introduit à la barre de l'Assemblée législative et *lui fit hommage d'une découverte, dont l'objet était de communiquer rapidement à de grandes distances tout ce qui peut faire le sujet d'une correspondance.* Il assurait que *la vitesse de cette correspondance serait telle, que le Corps législatif pourrait faire parvenir des ordres à nos frontières et en recevoir la réponse pendant la durée d'une même séance.* Cette communication fut soumise à une étude approfondie, et, après des essais décisifs, la Convention décora Chappe du titre d'*ingénieur télégraphe*, et décida la création de la ligne de Lille.

Cette ligne fut achevée vers la fin de 1794, et débuta par l'annonce d'une victoire. Le 30 novembre 1794, Carnot lut à la Convention une missive laconique, arrivée par le télégraphe. et ainsi conçue : *Condé être rendu à la République. Reddition avoir eu lieu ce matin à six heures.* La Convention décréta que l'armée du Nord continuait à bien mériter de la patrie, et que ce décret lui en serait porté par le télégraphe. Avant la fin de la séance, la Convention apprenait que ses ordres étaient exécutés ; que son décret était arrivé à Lille, et que le *reçu* en était parvenu à Paris. Qu'on se reporte au temps où l'on n'était point accoutumé aux merveilles de la télégraphie, et l'on comprendra l'enthousiasme que cette scène produisit au sein de la Convention. Cinquante ans après, cette même ligne de Lille devait disparaître la première devant le télégraphe électrique.

En 1798, on construisit la ligne de Strasbourg. En l'an VII, le Directoire commença la ligne du Midi, qui s'arrêta à Dijon, et ne fut point mise immédiatement en activité. En 1805, Napoléon décréta la ligne de Paris à Milan. La Restauration construisit celle de Lyon à Toulon.

Aujourd'hui, la France se trouve couverte d'un vaste réseau de télégraphes aériens, dont la principale artère, partant de Paris, traverse Dijon, descend jusqu'à Lyon et Avignon ; puis, prenant à l'ouest, passe par Montpellier et Toulouse, remonte vers le nord-ouest pour gagner Bordeaux, et de là revient à Paris par Poitiers et Tours. Grâce à cette continuité non interrompue, les dépêches d'un point quelconque de cette ligne peuvent atteindre Paris par deux routes différentes; et l'on conçoit de quelle utilité est cette disposition, lorsque, par l'effet des brumes, ou par accident, la communication se trouve arrêtée entre plusieurs postes. Les dépêches n'en arrivent pas moins à Paris, en prenant alors le chemin le plus long. C'est ainsi qu'au mois de juin dernier, des nouvelles de Lyon furent reçues par la voie de Bordeaux.

Aussi la télégraphie est-elle devenue le plus puissant [des ressorts de notre gouvernement. Apercevoir presque instantanément tout ce qui se passe aux distances les plus éloignées, réagir sur ces points par des ordres immédiats, prévenir, diriger tous les grands événements avant que les masses, ayant pu en obtenir connaissance, se laissent effrayer, arrêter ou entraîner par eux; éviter ainsi les bouleversements, protéger les frontières, satisfaire à des besoins pressants, réparer des désastres, donner aux rapports administratifs et diplomatiques la promptitude pour ainsi dire de la volonté dirigeante, telle est l'immense et haute fonction que la télégraphie est chargée de remplir.

Nonobstant la destruction de la ligne de Lille, notre principal réseau de télégraphes aériens est encore intact ; le projet qui nous est soumis aujourd'hui propose d'entamer cet ensemble dans deux directions à la fois, sur la route de Lyon et sur celle de Tours ; et de décider ainsi définitivement que les télégraphes aériens feront place aux télégraphes électriques partout où la construction de ces derniers sera possible. C'est une résolution grave. Quels que soient les avantages reconnus de l'électricité, votre commission n'a point voulu vous proposer d'entrer dans une réforme aussi radicale de notre télégraphie, sans en avoir mûrement pesé toutes les conséquences.

La prodigieuse rapidité avec laquelle s'effectue la transmission des dépêches, au moyen de l'électricité et par l'intermédiaire d'un simple fil métallique, est d'ordinaire ce qui frappe le plus l'imagination dans ce mode de communication. L'électricité se meut en effet plus rapidement que la lumière même, bien que celle-ci parcoure plus de 70,000 lieues en une seconde de temps. Pendant la durée d'une seule pulsation de l'artère, l'électricité ferait sept fois au moins le tour de la terre.

C'est assez dire que la transmission des signaux électriques doit être considérée comme instantanée. Un signal arrive à Lille en même temps qu'il part de Paris. Deux personnes placées aux extrémités d'une ligne électrique peuvent échanger leurs pensées sans plus de perte de temps que si elles étaient en présence l'une de l'autre.

Avec le télégraphe aérien, la transmission ne saurait être instantanée. Lorsque le télégraphe de Paris envoie un signal, il faut un certain temps au stationnaire voisin pour qu'il puisse en prendre une connaissance certaine, et le reproduire sur son appareil. De là, un retard qui, s'accumulant à chaque station, s'oppose à ce qu'une dépêche d'un nombre fort limité de mots, puisse parvenir à l'autre extrémité de la France, sinon en un intervalle de temps assez long.

Le télégraphe électrique jouit donc, sous le rapport de la rapidité, d'un avantage incontestable sur le télégraphe aérien. Toutefois, ce qui constitue la véritable supériorité des lignes électriques, c'est la sûreté de la transmission et sa possibilité à toute époque de la nuit comme du jour. L'inconvénient majeur du télégraphe aérien réside dans l'interruption forcée de la correspondance par l'arrivée de la nuit. Pendant seize heures sur vingt-quatre, en hiver, le télégraphe aérien est condamné à l'immobilité. En mars et en septembre, il ne peut fonctionner que pendant douze heures, et, durant les plus beaux jours de l'été même, il doit encore se reposer pendant huit heures.

Ce n'est pas tout : les brumes, si fréquentes dans nos vallées, en hiver surtout, réduisent encore le service de jour du télégraphe ; en sorte que l'administration ne reçoit, en définitive, par la voie aérienne, guère plus de la moitié des dépêches qu'elle lui confie. De là ces correspondances incomplètes, brusquement coupées par ces mots : *Interrompue par la nuit, interrompue par le brouillard...* circonstances qu'une malveillance calculée ne manque point d'interpréter contre la loyauté de l'administration. Peut-être pourrait-on remédier à l'interruption de la transmission des dépêches pendant la nuit, en adaptant aux indicateurs des télégraphes aériens un système de signaux lumineux. L'essai en a été fait à diverses reprises, non sans succès ; mais on ne parerait point ainsi aux obstacles causés par la brume, les brouillards, les pluies abondantes et les neiges de l'hiver.

Toutes ces difficultés disparaissent devant la télégraphie électrique. Elle fonctionne également bien de nuit et de jour, et les brumes et les brouillards n'ont aucune action sur elle. La pluie seule avait été redoutée, dans l'origine, comme un obstacle sérieux, à cause des communications qu'elle devait établir entre les fils et le sol, et entre les fils eux-mêmes par les poteaux. Mais l'expérience a prononcé. La pluie n'a que peu ou point d'inconvénients ; quelquefois même elle a présenté des avantages, surtout avec les télégraphes à un fil.

Le télégraphe électrique ne saurait cependant faire exception à cette loi commune des meilleures inventions, de présenter encore quelques difficultés. L'électricité étrangère, dans des circonstances fort rares, il est vrai, est susceptible d'apporter des perturbations dans la transmission des dépêches. Il peut arriver que la foudre frappe les fils, les fonde ou les brise ; ou bien, conduite par eux, franchissant une immense étendue de pays, elle peut venir là où il n'y a nulle trace d'orage, pénétrer jusque dans l'enceinte du stationnaire, et y commettre des dégâts [1]. Mais les chances d'un pareil accident sont très-faibles ; et l'on ne doit pas s'y arrêter plus qu'aux chances qu'ont les postes aériens d'être eux-mêmes frappés par le tonnerre.

Il arrive plus fréquemment que l'électricité magnétique, les aurores boréales, ou toute autre cause, développent dans les fils, des courants qui contrarient ou annulent l'effet du courant normal engendré par la pile. Alors les aiguilles indicatrices marchent d'elles-mêmes, et la transmission des dépêches se trouve arrêtée. Mais d'abord ces accidents, produits par l'influence de l'électricité extérieure, sont rares ; en outre, on peut en atténuer l'effet à volonté, pour ainsi dire, en augmetant le courant de la pile jusqu'à le rendre assez supérieur au courant perturbateur. Aussi paraît-il que ces irrégularités se sont surtout fait remarquer dans les pays où un perfectionnement tout particulier des appareils a permis de réduire le courant électrique au plus grand état de faiblesse possible : tandis que là où l'on n'a tenu aucun compte de la dépense excessive en électricité, les perturbations apportées dans la marche de l'instrument, par l'électricité extérieure, ont à peine été remarquées. Ces obstacles ne sont donc pas susceptibles de nous arrêter. Qu'il soit aux prises avec les forces régulières de la nature, ou qu'il ait à combattre leurs accidents, l'homme finit toujours par en triompher.

Les adversaires du nouveau mode télégraphique ont fait remarquer combien était fragile l'édifice d'une ligne électrique qui, devant traverser de vastes pays, demanderait une surveillance continuelle et impossible en chacun de ses points, tant il était facile de renverser un poteau, de couper un fil. N'y avait-il point lieu de craindre qu'au milieu des agitations des partis, à ces époques de troubles, où le gouvernement a le plus d'intérêt à transmettre avec promptitude sa volonté et ses ordres dans tous les points du territoire, on profitât de cette faiblesse d'une ligne électrique pour en bouleverser quelques points et intercepter toute communica-

---

[1] Nous devons à l'habile ingénieur télégraphique, M. Highton, la possession d'un galvanomètre ainsi déchiré dans plusieurs de ses parties par l'action de la foudre. M. Highton, à qui l'un de nous avait écrit à Londres pour lui demander quelques avis, a voulu, pour mieux satisfaire aux demandes de la commission, hâter un voyage qu'il devait faire à Paris. On trouvera même, joint aux pièces de ce rapport, un mémoire détaillé écrit par cet ingénieur, en réponse aux questions que nous lui avions posées. Nous prions M. Highton de recevoir nos remercîments pour la rare obligeance avec laquelle il a mis à notre disposition tant de renseignements précieux.

tion? N'était-il pas au contraire plus difficile d'aller attaquer et détruire les appareils d'un poste aérien ?

Cette objection serait fondée si nous avions la prétention d'établir nos télégraphes, en accordant à la bonne foi publique la même confiance qu'on n'a pas hésité à lui donner dans les quelques pays où l'on a élevé des lignes électriques à travers champs. Mais les lignes qu'il s'agit ici de construire doivent être placées le long de nos chemins de fer, et elles ne seront édifiées qu'à mesure que ces voies de circulation se développeront. Chacun de leurs points se trouvera sous la protection continuelle des cantonniers et des gardiens, qui devront y veiller d'une manière spéciale. Ajoutons que tandis qu'il faut un temps considérable pour rétablir un poste aérien, et que souvent même cette réorganisation est impossible, il suffit au contraire de très-peu d'heures pour réparer les fils brisés d'une ligne électrique. On doit, pour cet objet, préposer à la surveillance de la ligne un nombre suffisant d'ouvriers intelligents qui la visitent fréquemment dans toute son étendue, et qui puissent remédier immédiatement aux accidents. C'est ce qui se pratique sur les lignes déjà construites, au moyen de surveillants transportés en temps convenable par la voie ferrée. Ce personnel, assez limité d'ailleurs, est indispensable pour assurer la sécurité des communications et la dépense qu'il occasionne est plus que couverte, par la suppression de toutes les stations aériennes qui se trouvaient autrefois entre les points extrêmes de la ligne.

La sécurité de la voie électrique nous a donc paru suffisamment établie, pour qu'une crainte exagérée à cet égard ne dût pas nous conduire à priver le gouvernement des ressources supérieures qu'offre l'installation de ce merveilleux appareil. Sa traversée dans Paris, indispensable si l'on veut que les dépêches arrivent directement au ministère de l'intérieur même, nous a seule inspiré des craintes sérieuses pour le cas, de jour en jour plus improbable, où la tranquillité viendrait à être brusquement troublée dans une partie de la capitale. Mais alors le gouvernement n'aurait qu'à transporter momentanément le point de départ de sa correspondance dans les gares des chemins de fer eux-mêmes. Et cela sera d'autant plus facile, que les directions des chemins de fer ayant à leur disposition un des fils de la voie télégraphique, l'administration devra entretenir près de chacune d'elles l'un de ses agents pour surveiller l'emploi qui sera fait de ce fil.

Le télégraphe électrique est en effet le complément indispensable de la voie ferrée, aux divers points de vue de la police générale de l'Etat, de la sécurité des voyageurs et de l'économie de l'exploitation. Le télégraphe aérien, quoique imparfait, a pu suffire à l'administration du pays pendant que les transports s'effectuaient au moyen des diligences et des malles-poste, qui atteignaient au plus la vitesse de quatre lieues à l'heure. Les nouvelles des événements qui s'étaient passés dans la soirée pouvaient seules prendre pendant la nuit une avance de quelque importance sur le télégraphe. Sauf le cas trop fréquent des brumes, le télégraphe reprenait le lendemain ses avantages. Mais il n'en peut plus être ainsi depuis l'invention des chemins de fer, sur lesquels on parcourt aisément douze lieues à l'heure. La plus grande partie des nouvelles, lorsque le chemin de Paris à Lyon aura été établi, passerait certainement de l'une à l'autre ville plus rapidement et plus sûrement par la voie ferrée que par la voie aérienne. Le gouvernement n'aurait plus aucune avance sur les particuliers, et ainsi les avantages du télégraphe aérien seraient annulés. C'est ce à quoi l'on ne saurait se résigner, lors même que la voix de l'humanité et l'intérêt majeur de la sécurité des voyageurs, heureusement d'accord en ce point avec l'intérêt économique de l'exploitation, ne parleraient pas plus haut que toute autre considération. Les voyageurs ont un droit absolu à la plus grande sécurité que l'administration puisse leur assurer. On ne saurait admettre qu'on fût dispensé de rien faire de plus en faveur de cette sécurité, parce qu'on pourrait affirmer que les accidents qui arrivent aux voyageurs en chemins de fer ne sont pas proportionnellement plus nombreux que ceux qui ont lieu par les autres moyens de transport.

Or, l'application du télégraphe électrique à la transmission des signaux, sur un chemin de fer, contribue puissamment à la régularité du service, et, par suite, à la sécurité de la circulation et à l'économie des dépenses. Chaque station peut être prévenue instantanément des retards qui surviennent dans la marche d'un train, et de toutes les causes qui peuvent nécessiter l'envoi d'une machine de secours. Dans la plupart des cas, les retards qu'éprouvent les convois ne sont point causés par un accident arrivé à la machine ou au train, et si l'on en connaissait immédiatement la cause, ils n'auraient rien d'inquiétant et ne provoqueraient aucune disposition spéciale ; mais, sur un chemin de fer privé de télégraphe électrique, ainsi que cela a lieu aujourd'hui pour la plupart de nos lignes, il faut être préparé à toute éventualité.

Des machines de réserve sont espacées de 30 en 30 kilomètres environ sur la ligne [1]. L'ordre est donné aux chefs de dépôt d'expédier une locomotive de secours toutes les fois qu'un train sera en retard de vingt minutes. Si donc un train est retardé vers le commencement de sa course, les machines de toute la ligne, dont la destination est d'aller au secours, se mettent successivement en marche. De graves embarras résultent du déplacement de toutes ces machines sur un chemin de grande étendue. En général, il

---

[1] Rapport de M. l'ingénieur Sauvage.

n'est arrivé aucun malheur au train retardataire, et les machines rentrent successivement dans leurs dépôts respectifs. Mais les chances d'accidents ont été augmentées par la circulation, à des heures non prévues, d'un grand nombre de machines; et, en outre, la dépense occasionnée par le déplacement de ce matériel ne laisse pas que d'être très-considérable. Si, au contraire, un accident est réellement survenu, le secours n'est pas assez prompt, puisque, afin de ne pas multiplier l'envoi des machines, on attend que vingt minutes se soient écoulées entre le moment fixé pour l'arrivée d'un convoi et le moment où l'on se porte au secours. Ce délai est bien long, dans le cas où un événement sérieux serait la cause du retard.

A l'aide d'un télégraphe électrique, les stations où résident des machines sont averties de l'arrêt d'un train sur la voie : des mesures peuvent être prises en conséquence. On peut suivre pas à pas, pour ainsi dire, la marche d'un convoi. Le télégraphe électrique remédie aussi, au point de vue de la sécurité, aux inconvénients qui sont la conséquence de l'expédition de trains extraordinaires non annoncés. Lorsque de pareils trains deviennent indispensables, le télégraphe électrique en prévient toutes les stations, et l'ordre peut être communiqué immédiatement aux gardiens chargés de la surveillance de la voie.

On doit enfin remarquer qu'avec le secours du télégraphe électrique, les chemins de fer à voie unique peuvent faire un service aussi prompt et aussi sûr que les chemins à double voie; mais nous ne nous arrêterons point à cette considération, qui serait ici sans application, les chemins de fer sur lesquels on propose d'établir des télégraphes électriques étant à double voie.

Le télégraphe électrique est donc le complément indispensable des lignes ferrées; il en doit suivre le développement. Le projet ministériel ne s'étendait qu'aux lignes du Havre, de Tonnerre et d'Angers. Votre commission a pensé qu'il était tout à fait impossible de priver des mêmes avantages les chemins de fer de l'Est et du Centre. Après s'être assurée que M. le ministre de l'intérieur n'avait reculé que devant la question d'argent; après avoir reconnu que de notables économies pourraient être apportées dans les devis des trois lignes demandées, au point de couvrir la moitié de la nouvelle dépense, la commission s'est décidée à vous proposer d'ordonner dès à présent la construction des lignes électriques de Paris à Châlons-sur-Marne, d'Orléans à Nevers, d'Orléans à Châteauroux, et le prolongement jusqu'à Dunkerque de la ligne électrique qui, en ce moment, s'arrête à dix lieues de cette dernière ville.

La ligne du Centre se recommande à votre attention d'une manière toute particulière. Ainsi que nous l'avons exposé, la ligne télégraphique aérienne fait le tour de la France et n'a point d'embranchement sur le centre. Le gouvernement n'a aucun moyen d'action rapide sur cette partie de la France; et, dans plus d'une circonstance, il en est résulté des embarras. Il importe au plus haut degré de faire cesser cette situation : et, après avoir demandé à l'assemblée les fonds nécessaires pour la construction des lignes de Nevers et de Châteauroux, nous en recommanderions l'exécution la plus prompte au gouvernement, si nous ne savions qu'il en comprend comme nous toute l'importance.

La ligne de Dunkerque présente, en dehors des intérêts généraux que nous avons exposés, un intérêt scientifique. Dunkerque se trouve sous le méridien de Paris et renferme l'une des stations extrêmes de la grande triangulation qui a servi à la mesure du méridien de France. Or, la propagation instantanée du fluide électrique donnant un moyen de déterminer les longitudes avec précision, il sera utile, dès que cette ligne sera achevée, de comparer la détermination que le télégraphe électrique fournira pour la longitude de Dunkerque aux valeurs qui ont été obtenues, soit par la triangulation, soit par des observations directes.

Dans l'exposé des motifs du projet de loi, M. le ministre de l'intérieur avait annoncé l'intention de mettre les télégraphes électriques à la disposition du public. Bien que la loi elle-même ne renfermât aucune disposition à cet égard, il était impossible à votre commission de ne pas examiner toutes les conséquences de cette innovation. La commission a entendu successivement les deux honorables ministres qui, pendant la durée de ses travaux, ont occupé l'administration de l'intérieur. Ces conférences ne firent que révéler de plus en plus la gravité de la question; et, prenant la résolution de faire faire de plus amples études à l'étranger, là où le télégraphe est déjà dans les mains des particuliers, M. le ministre actuel exprima à la commission le vœu qu'il lui fût possible de différer la remise de son rapport jusqu'à l'arrivée des renseignements demandés, désireux qu'il était de pouvoir obtenir son concours pour faire un utile règlement de cette nouvelle télégraphie.

Le 22 décembre, cependant, M. le ministre informa le président de la commission que, par le nouvel examen auquel il venait de se livrer, il avait été amené à considérer la mise du télégraphe électrique à la disposition du public comme assez grave pour faire l'objet d'un projet de loi spécial ; que ce projet était préparé, et qu'il allait être déféré au Conseil d'Etat. La question de savoir si les télégraphes devaient être livrés au public se trouve donc réservée par la lettre de M. le ministre, et la nécessité de l'intervention du pouvoir législatif y est nettement reconnue. Dans cet état de choses, votre commission n'a plus qu'à vous rendre compte des meilleures conditions dans lesquelles peuvent être établies les lignes électriques qu'elle vous demande, d'accord avec le gouvernement.

Un télégraphe électrique se compose des appareils situés aux extrémités de la ligne, dont les uns produisent et les autres reçoivent le signal électrique, et en outre d'une ligne de fils destinés à la transmission des signaux. L'organisation des appareils extrêmes renferment une délicate question de science et d'art. Nous n'avions point mission pour la traiter. Mais la rapidité des signaux, mais le plus ou moins de complication que les appareils peuvent amener dans la construction de la ligne, deux circonstances essentiellement liées à l'économie du projet, ont dû être l'objet des investigations de la commission.

Rappelons brièvement l'usage d'un des premiers télégraphes électriques, le télégraphe à cadran. L'employé qui reçoit une dépêche a devant les yeux un cadran circulaire, sur la circonférence duquel sont tracés des signaux. Nous supposerons, pour fixer les idées, que ce soient les lettres de l'alphabet et les dix chiffres 0, 1, 2, 3, 4, 5, 6, 7, 8, 9. Une aiguille, mobile autour du centre du cadran, peut venir successivement se placer sur chacune de ces lettres ou sur chacun de ces chiffres. Or, l'employé placé à l'autre extrémité de la ligne, celui qui envoie la dépêche peut à volonté, par une transmission convenable et discontinue du fluide électrique, amener l'aiguille sur tel point du cadran qu'il lui convient. En répétant cette opération, il indiquera, au moyen de l'aiguille, toutes les lettres et tous les chiffres dont se compose une dépêche ; et, comme les mouvements se font avec une prodigieuse rapidité, et que la communication d'une extrémité de la ligne à l'autre est instantanée, il ne faut guère plus de temps pour transmettre une dépêche que pour l'écrire sur le papier.

L'administration des télégraphes a préféré, jusqu'à ce jour, conserver et transmettre, au moyen de l'électricité, les mêmes signaux, à très-peu près, que comporte le télégraphe aérien. Suivant elle, les tronçons des lignes électriques qu'on allait établir laissant subsister la majeure partie des lignes aériennes en usage, il y avait nécessité que les télégraphes électriques portassent directement aux télégraphes aériens les signaux que ceux-ci seraient chargés de transmettre plus au loin. L'administration assurerait ainsi le secret de ses dépêches. Enfin, si les signaux du télégraphe électrique étaient les mêmes que ceux du télégraphe aérien, on pourrait utiliser, dans la manœuvre des télégraphes électriques, une partie du personnel que la suppression de certaines lignes aériennes allait laisser disponible.

Pour obtenir ces signaux, l'administration n'a point eu recours à leur tracé sur la circonférence d'un télégraphe à cadran ; elle a voulu encore, pour compléter l'analogie, que les signaux fussent formés directement au moyen de deux aiguilles, mobiles comme l'aiguille du télégraphe à cadran, chacune d'elles pouvant prendre, autour du centre, huit positions seulement.

La première de ces aiguilles était donc toute trouvée ; c'était celle du télégraphe à cadran. Pour obtenir la seconde, l'administration s'est bornée à placer à côté du premier instrument un second télégraphe, semblable au premier, et qui en est indépendant, qui a ses appareils de départ et d'arrivée et son fil de transmission, c'est-à-dire tous ses organes complétement distincts des organes du premier.

L'emploi simultané de deux télégraphes pour obtenir le même service qu'on pourrait retirer d'un seul peut paraître fâcheux. Et même, si ces deux télégraphes étaient absolument nécessaires aux communications, ils offriraient une combinaison tout à fait inadmissible. Dans le télégraphe qui fonctionne avec un seul fil, la prudence la plus vulgaire commande d'établir un second fil, auquel on a recours lorsque le premier est atteint de quelque avarie. Dans un télégraphe qui ne pourrait fonctionner à moins de deux fils, et dans lequel les chances d'accident seraient plus que doublées, on serait, à plus forte raison, conduit à la nécessité d'établir, dès l'origine, un troisième fil, au moins. La complication des appareils extrêmes se traduirait donc en un surcroît de dépense sur toute l'étendue de la ligne.

L'administration ne réclame cependant que l'établissement de deux fils pour son usage. Lorsqu'il arrive à l'un d'eux d'être momentanément hors de service, elle peut continuer sa correspondance au moyen du seul fil resté intact et d'une seule des aiguilles. Chaque signal se compose alors de deux mouvements, dont le premier fournit la position de la première aiguille, le second étant destiné à faire connaître la position que la seconde aiguille eût prise, si elle n'avait pas été condamnée au repos. Il est donc vrai de dire qu'on peut correspondre avec un seul fil. Mais, tandis que, dans le télégraphe à cadran et à un fil, un seul mouvement suffisait pour un signal, il faut nécessairement deux mouvements pour un signal dans la nouvelle combinaison, et ainsi on perd, à très-peu près, la moitié de la vitesse.

Votre commission a voulu s'assurer par elle-même de la rapidité que la correspondance pouvait atteindre dans l'une et l'autre circonstance. Il résulte des expériences auxquelles elle s'est livrée, qu'au moyen des deux aiguilles fonctionnant simultanément, l'administration peut transmettre alphabétiquement une dépêche avec une rapidité moyenne de 75 lettres à la minute. La vitesse la plus considérable qui ait été atteinte, sous nos yeux, a été de 87 lettres à la minute; mais alors la lecture était des plus difficiles; souvent même elle devenait impossible [1].

En n'employant qu'un fil et qu'une aiguille, la rapidité de la

---

[1] On avait annoncé 143 lettres à la minute. La commission n'a pu être témoin de rien de pareil.

transmission alphabétique tombait, en moyenne, à 40 lettres par minute.

Cette dernière vitesse, à laquelle l'administration peut se trouver momentanément réduite, par la mise hors de service d'un des fils, paraîtra sans doute encore suffisante, en temps ordinaire, à tous les besoins du gouvernement. Mais il pourrait arriver, si le télégraphe était mis à la disposition du public, que les deux fils demandés ne fussent plus capables d'assurer le service, avec l'emploi qui en est fait aujourd'hui. Si le télégraphe double, actuellement en usage, devenait insuffisant, il faudrait bien se garder d'y remédier par l'établissement d'un nouveau télégraphe double, pareil au premier; mais on devrait trancher la difficulté en dédoublant le premier télégraphe, par le changement des appareils de départ et d'arrivée.

M. le docteur Dujardin, de Lille, a mis sous les yeux de la commission, et il a fait fonctionner devant elle un ingénieux dispositif, qui nous a paru remarquable par sa simplicité, par la rapidité et la certitude de ses indications. Ce télégraphe n'emploie qu'un fil, avec lequel M. Dujardin parvient à imprimer sur une bande de papier, à l'autre extrémité de la ligne, les signaux composées de points, au moyen desquels il représente les lettres de la dépêche qu'il veut envoyer. 82 lettres par minute ont ainsi été transmises et imprimées devant la commission. C'est le double de ce qu'on obtient au moyen d'un seul fil, avec l'appareil de l'administration. Il est d'ailleurs remarquable que dans ce dispositif une erreur commise dans la transmission d'une lettre n'en entraîne aucune dans celle des lettres suivantes. L'exactitude de chaque signal est complétement indépendante de l'exactitude du signal précédent. Ajoutons que l'original de l'impression ainsi obtenue peut être conservé, contrôlé à toute époque; qu'on ne dépend plus de la fidélité d'une lecture rapide, faite par un employé, au moment de l'apparition de signes fugitifs; c'est assurément un grand avantage, que l'administration devrait rechercher [1].

Le télégraphe électrique construit par M. Froment présenterait à peu près les mêmes avantages que le précédent. Il n'emploie également qu'un fil. Il imprime les signaux, mais par un mode différent.

La commission engage l'administration à prendre en sérieuse

[1] La commission ne s'est point bornée à faire une expérience de cabinet sur le télégraphe de M. Dujardin. Elle a voulu l'essayer sur la ligne de Paris à Lille. Dans ce but, les deux fils de la ligne télégraphique ont été mis en communication à Lille, en sorte que le courant électrique, parti de Paris, y revenait après avoir passé par Lille. Les appareils de M. Dujardin, placés aux deux extrémités de l'immense circuit, ont parfaitement supporté cette rude épreuve. La vitesse de la transmission a toujours été de 82 lettres à la minute.

considération et à étudier l'emploi de ces appareils qui, à l'avantage d'une plus grande simplicité, et par conséquent d'un prix peu élevé, réunissent ceux d'une plus grande rapidité dans les mouvements et d'un contrôle beaucoup plus certain, puisqu'ils écrivent la dépêche même, là où elle doit arriver.

M. Brett nous a présenté un chef-d'œuvre de mécanique, un télégraphe électrique qui imprime les lettres avec leur forme ordinaire. C'est un merveilleux appareil, mais auquel nous avons le regret de ne pouvoir nous arrêter. Peu importe, en effet, la forme des lettres. La rapidité des transmissions est de beaucoup plus importante, et l'appareil que M. Brett a bien voulu faire fonctionner sous nos yeux n'a imprimé que 22 lettres par minute. L'instrument avait, il est vrai, une dimension considérable, et l'on pourrait diminuer l'inertie résultant de sa trop grande masse [1].

La construction de la ligne des fils peut s'exécuter suivant deux systèmes complétement différents. Dans le premier, on suspend les fils en l'air sur une suite de poteaux, et l'on a soin d'intercepter par des supports isolants la communication avec la terre. Dans l'autre système, on enterrerait les fils sur toute la longueur de la ligne, après les avoir recouverts d'une couche de *gutta-percha*. Ce dernier mode a surtout été suivi en Prusse, où l'on ne paraît point s'en être mal trouvé jusqu'à présent. Les fils, dit-on, se trouvent ainsi plus à l'abri de la malveillance ; ils sont soustraits à l'action destructive des ouragans. Mais, pour cet avantage unique, beaucoup d'inconvénients se présentent. L'établissement premier coûterait plus cher en France, même en n'enterrant pas les fils très-profondément. Quelques coups de pioche suffiraient pour détruire la ligne sans plus de difficulté qu'on n'en éprouve à abattre un poteau. De plus, les travaux fréquents, continuels, qu'on exécute sur certaines parties des chemins de fer, y rendent l'enterrement des fils presque impossible. Enfin, et ce qui est surtout à considérer, il serait indispensable de bien se rendre compte, avant l'établissement de la ligne, du nombre définitif de fils dont on pourra avoir besoin, afin de n'avoir point à en poser ultérieurement. Lorsque les fils sont placés en l'air, sur des poteaux, on en accroche un nouveau sans aucune difficulté. Il en est autrement quand les fils sont enterrés. Il faut ouvrir toute une nouvelle tranchée pour poser un nouveau fil, dont l'addition ne se fait point alors sans de grandes dépenses. L'établissement de la télégraphie électrique souterraine a d'ailleurs à peine deux années d'existence, et il est vrai de dire que tout ce qu'on ferait en cette matière ne serait qu'une expérience. Nous n'oserions vous la proposer.

Le passage des fils au travers de Paris méritait une attention

---

[1] La commission a encore visité le télégraphe de M. Pownwal. Elle a entendu M. Chatan, etc., etc.

particulière ; il pouvait y avoir nécessité absolue de les soustraire à l'action du public en les enterrant. L'administration des télégraphes nous avait même proposé, à cet égard, un projet complet, qui s'élevait à un total de 280,000 francs ; mais, plus tard, elle y a renoncé d'elle-même, et sans que la commission le lui eût demandé.

Fallait-il inviter l'administration à revenir à son premier projet? Les devis qui nous avaient été fournis pour l'estimation de la dépense de la ligne souterraine étaient fort considérables. Il eût été possible, assurément, de leur faire subir de notables réductions ; mais, d'un autre côté, eût-on pu s'arrêter à un simple enterrement des fils dans une enveloppe de *gutta-percha*, comme le voulait l'administration ? Les fils électriques qui traversent la ville de Londres, en passant sous la terre, non-seulement sont entourés de *gutta-percha*, mais cette enveloppe est recouverte d'un tube en plomb, qu'une forte filière y a rendu adhérent. Enfin, le tout est disposé dans une série de tuyaux en fonte, placés dans le sol tout exprès pour cet objet.

Les fils qui joignent le télégraphe de Rouen et celui du Nord au ministère de l'intérieur sont suspendus depuis plusieurs années, et fonctionnent très-bien. Un accident se répare avec la plus grande facilité ; tandis qu'on ne saurait où aller chercher une solution de continuité qui viendrait à se produire dans un fil enterré. Il a donc paru à votre commission que, sur ce point encore, elle devait se borner à adopter le projet de l'administration, qui sera toujours libre de transporter, à un moment donné, comme nous l'avons déjà dit, ses points de départ aux gares des chemins de fer.

Il nous reste, messieurs, à vous faire connaître le résultat de l'examen attentif auquel la commission s'est livrée à l'égard des crédits demandés pour l'exécution des différentes lignes, savoir : les lignes du Havre, d'Angers et de Tonnerre, et celles de Dunkerque, Châteauroux, Nevers et Châlons-sur-Marne, M. le ministre de l'intérieur, qui n'avait d'abord proposé que l'exécution des trois premières lignes, se réunit à la commission pour réclamer l'établissement des quatre autres.

Les *premiers* devis présentés par l'administration s'élevaient à une somme de 1,204,905 francs, ainsi répartis entre les différentes lignes :

Ligne d'Angers.	368,880 francs.
Ligne de Tonnerre.	200,760
Ligne du Havre.	116,025
Ligne de Châlons-sur-Marne.	186,160
Ligne de Nevers.	187,190
Ligne de Châteauroux. . . .	89,320
Ligne de Dunkerque. . . .	56,570
Total.	1,204,905 francs.

Ces devis, qui avaient été mal étudiés, n'ont nullement satisfait votre commission. Elle a dû faire, sur nombre de points, des observations, appuyées par des raisons péremptoires, et qui ont amené la remise de devis *rectifiés*, dont voici le résumé :

Ligne d'Angers.	315,147 francs.
Ligne de Tonnerre.	172,350
Ligne du Havre.	88,211
Ligne de Châlons-sur-Marne.	155,767
Ligne de Nevers.	171,270
Ligne de Châteauroux. . . .	86,960
Ligne de Dunkerque. . . .	55,530
Total. . . .	1,045,235 francs.

L'évaluation actuelle présentait, à l'égard de la précédente, une économie de 159,670 francs. Cette économie n'était point suffisante, et il était tout à fait *impossible* que la commission ne fît pas subir aux *devis rectifiés* une réduction nouvelle, ainsi répartie entre les différentes lignes :

Ligne d'Angers.	46,881 francs.
Ligne de Tonnerre.	24,216
Ligne du Havre.	10,823
Ligne de Châlons-sur-Marne.	21,389
Ligne de Nevers.	23,697
Ligne de Châteauroux. . . .	11,226
Ligne de Dunkerque.	6,366
Total. . . .	144,598 francs.

Nous avons donc l'honneur de vous proposer d'affecter à la construction des nouvelles lignes électriques une somme totale de 900,637 francs, savoir :

Ligne d'Angers.	268,266 francs.
Ligne de Tonnerre.	148,134
Ligne du Havre.	77,388
Ligne de Châlons-sur-Marne..	134,378
Ligne de Nevers.	147,573
Ligne de Châteauroux. . . .	75,734
Ligne de Dunkerque.	49,164
Total. . . .	900,637 francs.

Nous devons, Messieurs, vous faire remarquer que les réductions que nous avons l'honneur de vous proposer ne tiennent en aucune façon à ce que nous aurions voulu faire quelque économie sur la solidité des constructions, ou sur leur étendue. Les réductions portent uniquement sur les dépenses nécessaires pour arriver à un même résultat. Lorsque l'administration publique entreprend des travaux, elle doit en faire les devis avec plus de soin que n'en apporterait une entreprise particulière, qui soumissionnerait une adjudication dans ses propres intérêts. Elle arrive ainsi à commander la confiance des contribuables et à faciliter la tâche qu'a le pouvoir législatif de voter les impôts.

PROJET DU GOUVERNEMENT.

ARTICLE 1ᵉʳ. — Il est ouvert au ministre de l'intérieur un crédit de 685,665 francs pour l'établissement des trois lignes de télégraphie électrique suivantes, savoir :

De Paris à Tonnerre.	200,760 francs.
De Rouen au Havre.	116,025
De Paris à Angers.	368,880
Total. . . .	685,665 francs.

ART. 2. — Ce crédit sera imputé sur les ressources affectées aux besoins de l'exercice 1849.

ART. 3.—La portion de ce crédit qui n'aurait pas été employée pendant l'exercice 1849 pourra être reportée sur l'exercice 1850.

AMENDEMENTS DE LA COMMISSION.

ARTICLE 1ᵉʳ. — Il est ouvert au ministre de l'intérieur un crédit de 900,637 francs pour l'établissement des *sept* lignes télégraphiques suivantes, savoir :

De Paris à Angers.	268,266 francs.
De Paris à Tonnerre.	148,134
De Rouen au Havre.	77,388
De *Paris à Châlons-sur-Marne*..	134,378
D'*Orléans à Nevers*.	147,573
D'*Orléans à Châteauroux*. . . .	75,734
De *Lille à Dunkerque*.	49,164
Total. . . .	900,637 francs.

ART. 2. — Ce crédit sera imputé sur les ressources affectées aux besoins de l'exercice 1850.

ART. 3. — La portion de ce crédit qui n'aurait pas été employée pendant l'exercice 1850 pourra être reportée sur l'exercice 1851.

AVIS DE LA COMMISSION DU BUDGET.

La commission du budget de 1850, sur la communication qui lui a été faite, en vertu de l'article 26 du règlement, par la commission chargée de l'examen du projet de loi relatif à l'établissement de trois lignes de télégraphie électrique, des conclusions que ladite commission doit soumettre à l'approbation de l'Assemblée nationale ;

Considérant que ces conclusions tendent à ouvrir à M. le ministre de l'intérieur un crédit de 900,637 francs pour la construction de sept lignes de télégraphie électrique ;

Considérant que, dans le projet du gouvernement, il ne s'agissait que d'un crédit de 685,665 francs, destiné à la construction de trois lignes, à savoir : de Paris à Tonnerre, de Rouen au Havre et de Paris à Angers ;

Considérant que M. le ministre, dans son exposé des motifs, en exprimant le regret de ne pouvoir soumettre un projet embrassant un plus grand nombre de lignes, qui aurait eu notamment pour objet d'en établir sur tous les chemins de fer, avait reconnu que la situation difficile de nos finances exigeait la plus grande circonspection dans l'introduction de nouvelles dépenses, et qu'il fallait, quant à présent, ne s'occuper que des lignes les plus importantes, dont la construction ne pouvait être plus longtemps différée ;

Considérant que la commission s'est assurée, par un très-sérieux examen des devis dont elle a demandé la production, que l'évaluation des dépenses pour la construction des trois lignes comprises dans le projet du gouvernement, était exagérée ; qu'elle devait être réduite de la somme de 193,877 francs ; d'où résultait que le crédit à demander pour la construction des trois lignes de Paris à Tonnerre, de Rouen au Havre et de Paris à Angers ne devait être que de 493,788 francs, sans que cette réduction puisse nuire en quoi que ce soit à l'étendue et à la solidité des travaux ;

Considérant que les quatre lignes proposées par la commission, savoir : de Paris à Châlons-sur-Marne, d'Orléans à Nevers, d'Orléans à Châteauroux et de Lille à Dunkerque, n'ont pas toutes le même degré d'urgence ou d'indispensable nécessité ;

Considérant qu'il n'existe pas de télégraphe aérien sur les lignes de Paris à Orléans, d'Orléans à Nevers et à Châteauroux ; que c'est conséquemment sur ces deux lignes qu'il importe d'établir la célérité des rapports, et que la même urgence n'existe pas pour les lignes de Paris à Châlons-sur-Marne et de Lille à Dunkerque ;

Considérant que les dépenses pour la construction de télégraphes électriques sur les deux lignes d'Orléans à Nevers et d'Orléans à Châteauroux n'est évaluée par la commission qu'à la somme totale de 223,307 francs ;

Considérant que, dans les prévisions de la commission, consenties en partie par M. le ministre, la dépense totale des cinq lignes ne devra pas dépasser la somme de 717,095 francs, soit 31,430 francs en plus du crédit demandé dans le projet précédent de M. le ministre, qui n'avait pour objet que la construction de trois lignes ;

Considérant enfin que M. le ministre reconnaît avec la commission l'urgence des deux lignes d'Orléans à Nevers et d'Orléans à Châteauroux ; qu'il en aurait demandé la construction en même temps que des trois lignes énoncées en son projet, s'il n'avait été arrêté par la dépense, que les premières évaluations portaient au chiffre de 962,175 francs ;

Est d'avis qu'il y a lieu à imputer sur l'exercice 1850 la somme de 717,095 francs, montant des dépenses énoncées en l'article 1er du projet de loi amendé par la commission, pour ce qui est relatif à la construction des cinq lignes de Paris à Tonnerre, de Rouen au Havre, de Paris à Angers, d'Orléans à Nevers et d'Orléans à Châteauroux, sans que cette somme, pour le cas où elle ne serait pas dépensée dans le courant de l'année 1850, puisse être imputée sur l'année 1851, ainsi que l'indique l'article 2 du projet de la commission.

La discussion de cette loi vint à l'ordre du jour de la séance du 8 février.

Le président, M. Dupin, commence par rappeler que les conclusions de la commission, sont d'établir des lignes télégraphiques électriques partout où il y a des chemins de fer en activité.

M. Léon Faucher, membre de la commission, prend la parole et fait observer que la première demande du ministre de l'intérieur portait seulement à 686,000 francs le chiffre du crédit demandé, parce qu'il était imputé sur l'exercice 1849. Mais, après un examen minutieux, on a réduit ce crédit en le reportant à l'exercice suivant, afin d'étendre le réseau. La commission s'étant mise d'accord avec le ministre, la commission du budget a été consultée ; celle-ci a cru que, au lieu de 900,000 francs, il valait mieux réduire à 715,000 francs et écarter les lignes de Paris à Châlons-sur-Marne, tête de la ligue d'Allemagne, et celle de Lille à Dunkerque, qui est une ligne scientifique. La commission persiste dans son appréciation et croit qu'il n'est pas de l'intérêt du pays de réduire le crédit demandé.

M. Druet-Desvaux, au nom de la commission du budget, maintient que la réduction proposée est nécessaire dans l'état actuel des finances. La commission pour la télégraphie a réduit le crédit demandé primitivement à 180,000 francs, mais a reporté le surplus sur de nouvelles lignes où il n'existait pas de télégraphes aériens. Le ministre, en 1849, ne voulait pas proposer de nouvelles lignes ; la commission du budget ne croit pas la situation financière meilleure en 1850, et persiste à demander la réduction.

M. Dufaure explique comment, à l'époque où le projet de loi fut présenté, on avait calculé les dépenses d'après les frais d'installation des lignes de Rouen et de Lille. Depuis, comme on a pu réduire ces dépenses, le surplus du crédit a été porté sur des lignes autres que celles proposées, et il adhère complétement à la proposition de la commission. Les télégraphes aériens sont complétement insuffisants ; on l'a vu lorsqu'il a fallu établir une communication avec Lyon. Il est donc indispensable d'employer un moyen qu'on doit considérer comme plus puissant. Entre Lille et Dunkerque, il n'y a pas de télégraphe aérien, pas plus que sur Bourges et Châteauroux. Les chemins de fer transportent les personnes, mais ne sont pas assez rapides pour transporter des ordres pressants. La commission fait une proposition sage, et à adopter, non-seulement au point de vue du gouvernement, mais de l'exploitation des chemins de fer, pour lesquels la télégraphie électrique est un aide indispensable en cas d'accident. Quelques centaines de mille francs ne sont pas en proportion du bien qu'on produira et de la force qu'on donnera à l'autorité gouvernementale.

M. Druet-Desvaux, revenant sur ses arguments, croit que la commission et le ministre ne sont pas d'accord.

M. Ferdinand Barrot, ministre de l'intérieur, répond que, depuis le rapport, on s'est entendu.

Avant de voter l'article 1er, M. de Mouchy présente une observation tendant à ce que les fils de télégraphes soient placés plus bas, à cause des accidents qui peuvent résulter d'une brusque rupture.

Après quelques réclamations de la Chambre, qui demande le vote, M. Le Verrier combat cette dernière objection, qui a été examinée par la commission et reconnue sans valeur.

L'Assemblée vote les différents articles séparément, puis M. Hovyn de Tranchère demande si, au moment où l'Etat a besoin de toutes ses ressources, il ne serait pas bon de mettre une recette en face d'une dépense. En Angleterre, aux Etats-Unis, l'industrie privée se sert avec avantage de la télégraphie.

L'orateur demande de la manière la plus formelle au gouvernement à quelle époque l'industrie privée pourra se servir des lignes du télégraphe électrique? il croit que ce sera une recette pour le Trésor et un grand avantage pour le commerce. (Marques nombreuses d'assentiment.)

M. Ferdinand Barrot répond à cette interpellation en disant que le gouvernement aurait désiré introduire dans la loi des dispositions relatives à la télégraphie privée, mais que les recherches et les études qu'il a été obligé de faire ont retardé cette question, d'ailleurs tellement grave, qu'elle a dû suivre la filière ordinaire, et le conseil d'Etat est saisi d'un projet de loi qui a été favorablement accueilli. L'Assemblée l'aura entre ses mains prochainement.

La loi fut votée par 523 voix contre 55 et sanctionnée par le président de la République le 13 février.

Dans le rapport de M. Berryer sur le budget des dépenses pour 1850, nous trouvons aux tableaux annexés les chiffres suivants en ce qui concerne l'administration télégraphique, qui comprenait encore le réseau aérien presque tout entier :

Crédits accordés pour 1859 : Dépenses du
personnel des lignes télégraphiques. . . .   993,200 francs.
Crédits demandés pour 1850 : Dépenses du
personnel des lignes télégraphiques. . . .   991,900
1850 : Propositions de la commission.   . 1,025,665 [1]
Crédits accordés pour 1859 : Dépenses du
matériel des lignes télégraphiques. . . .   124,700
Crédits demandés pour 1850 : Dépenses du
matériel des lignes télégraphiques. . . .   124,676
1850 : Proposition de la commission. . .   127,486

Le 1er mars, arrivait enfin à l'Assemblée l'*exposé des motifs* présenté par M. Ferdinand Barrot, ministre de l'intérieur, relatif à une loi sur la correspondance télégraphique privée. Le dépôt en fut accueilli à la séance par des *très-bien*, *très-bien* significatifs, si l'on compare cette approbation au silence qui accueillit d'autres projets de loi présentés en même temps. M. Barrot s'exprimait en ces termes :

Messieurs, une grande invention moderne, celle des chemins de fer, a multiplié les rapports entre les particuliers et ouvert des communications d'une grande rapidité entre les divers pays. Presque en même temps, des découvertes scientifiques du plus haut intérêt ont conduit à la création du télégraphe électrique, et sont venues donner à la pensée humaine des voies nouvelles, dont la célérité dépasse ce qu'on pouvait imaginer. Ainsi, pour régler la marche de ces convois qui s'enfuient avec la rapidité des vents, on a trouvé un instrument qui transmet les ordres avec la vitesse

---

[1] L'ensemble de ce chapitre se compose de 73,700 francs pour le service central, et de 951,965 fr. 25 c. pour le service extérieur. L'augmentation du crédit sur ce dernier article a pour objet, conformément aux propositions nouvelles faites par le ministre de l'intérieur depuis la présentation du budget, l'établissement d'une direction télégraphique à Saint-Brieuc, 9,250 francs; l'établissement de sept postes télégraphiques pour relier les lignes françaises et espagnoles par Bayonne, 9,725 francs. Sur ces dépenses il y a à déduire une économie de 8,068 fr. 75 c. qui résulte de la substitution du service électrique au service aérien sur la ligne de Lille à Calais. Ce chapitre comprend encore l'avance du traitement des surveillants du télégraphe électrique concédé à la Compagnie du chemin de fer du Nord pour son service particulier. Cette avance sera remboursée au Trésor par la Compagnie. Le chapitre suivant est accru de 2,810 francs pour le matériel de la direction de Saint-Brieuc et des postes entre Bayonne et Behobie. (Ajoutons à ces chiffres 380,700 francs qui faisaient partie du budget particulier de l'Algérie.)

de l'éclair. De ces deux grandes inventions attachées l'une à l'autre, et se prêtant un mutuel secours, ressort un nouvel état de choses, qui doit profondément modifier les relations sociales.

Dans presque tous les pays, on a regardé l'établissement des lignes électriques comme le complément obligé de l'existence des chemins de fer. D'une part, la sécurité des voyageurs s'est singu-lièrement accrue, par la possibilité d'annoncer à l'avance tous les accidents arrivés à la voie de fer, et par la faculté de signaler, à chaque instant, tous les incidents de la marche des convois ; d'un autre côté, les administrations des chemins de fer regardent, à bon droit, la correspondance télégraphique comme un moyen assuré d'obtenir et une plus grande régularité dans le service, et une plus grande économie ; et, en fait, les compagnies ont demandé avec instance et obtenu l'établissement de télégraphes électriques.

Mais cette faculté d'une correspondance télégraphique que la force des choses a fait concéder aux compagnies de chemins de fer constituerait un véritable privilége si l'on n'admettait tous les ci-toyens à profiter des avantages réels que le libre usage du télé-graphe électrique présente à l'industrie, au commerce, à toutes les relations sociales. Déjà plusieurs pays sont largement entrés dans cette voie. Aux Etats-Unis, en Angleterre, en Hollande, dans le royaume de Prusse, les particuliers sont admis à transmettre par les lignes électriques.

En présence d'un mouvement aussi général, il paraît impossible que le gouvernement français refuse de faire participer le com-merce et l'industrie de notre pays aux facilités merveilleuses d'une correspondance qui fait gagner du temps, c'est-à-dire l'élément le plus précieux dans les affaires. Toutefois, on ne peut se dissimuler que la concession du libre usage du télégraphe, quelque utile qu'elle soit en général, ne puisse cependant présenter, en certains cas, de véritables dangers.

Depuis 1795, époque à laquelle Claude Chappe a inventé le télégraphe aérien, le gouvernement n'a pas cessé de jouir seul du privilége de ce rapide moyen de correspondre à grandes distances ; et il n'est pas douteux que l'action exécutive n'ait puisé une force nouvelle dans un procédé qui lui faisait gagner des heures, des jours et quelquefois des semaines ; qui lui permettait de parer au mal avant qu'il ne fût connu ; qui lui donnait la faculté de réunir silencieusement toutes les forces de l'Etat contre les attaques qui lui étaient signalées.

Aujourd'hui, non-seulement l'administration est en danger de perdre une partie de ces réels avantages, mais elle va peut-être offrir aux ennemis de la société l'occasion de se faire une nouvelle arme de cette nouvelle liberté. En offrant aux intérêts honnêtes un utile moyen d'accélérer les progrès de la fortune publique, il convient donc de prendre certaines précautions pour conserver la priorité aux dépêches de l'administration, et empêcher, s'il se peut, le mauvais usage qu'on pourrait faire du nouveau droit que l'on concède.

On a essayé d'atteindre ce double but dans les dispositions du projet de loi que M. le présipent de la république nous a chargés de vous présenter.

Pour assurer le service de la correspondance télégraphique privée, il faudrait une augmentation assez considérable du personnel et une dépense assez notable pour l'établissement de nouveaux fils. Il nous a paru plus opportun et plus économique de profiter des établissements actuels, pour ouvrir immédiatement au public les avantages de la correspondance télégraphique, en nous réservant de venir demander à l'Assemblée nationale les accroissements successifs en personnel et en matériel que le développement du nouveau service rendrait nécessaires. Par là, on éviterait la création d'emplois qui pourraient être surabondants, et l'on épargnerait une dépense en capital qui pourrait être exagérée. Les fils et les agents occupés pour la correspondance administrative seraient aussi employés à transmettre les dépêches privées. Mais cette mesure prudente nous oblige à réserver une juste priorité pour les transmissions du gouvernement, et nous trouvons une première garantie dans une réserve qui est commandée aussi bien par le maintien du droit de l'administration que par l'écononome maniement des deniers publics.

A cette première garantie, qui permet d'espérer que le gouvernement sera encore prévenu avant les intérêts individuels, il convient d'ajouter quelques mesures portant soit sur la forme extérieure et apparente des dépêches, soit sur les précautions à prendre contre des publications qui pourraient être dangereuses.

Les dépêches télégraphiques privées devront être signées par les personnes qui les enverront, et remises au directeur du télégraphe par elles, ou par leurs mandataires, pour qu'on puisse retrouver l'expéditeur, et avoir une sorte de garantie dans l'individualité d'une personne responsable. Ces lettres ouvertes, empruntant le concours des agents de l'autorité exécutive, ne pourront contenir rien de contraire à l'ordre public et aux bonnes mœurs. De là naissent l'obligation qu'elles soient écrites en langage ordinaire, et la faculté laissée au directeur du télégraphe de refuser celles qui ne respecteraient ni les lois de la morale, ni celles de l'ordre public. En cas de contestation sur un refus de transmettre, l'expéditeur en réfère au préfet ou au sous-préfet. L'un et l'autre de ces administrateurs statuent d'urgence et sans appel.

Une nouvelle, partie d'un lieu où elle n'aurait aucun inconvénient, parce qu'elle y serait connue, parce que l'ordre y serait assuré, pourrait, en certains cas, avoir de sérieuses conséquences si elle tombait inopinément au milieu d'une population agitée et dans une localité où l'ordre serait compromis. Il faut parer à un semblable danger. Sur l'avis du directeur du télégraphe du lieu de destination, l'autorité administrative pourra donner l'ordre de retarder ou de supprimer la communication de celles des dépêches dont la divulgation pourrait être dangereuse.

De ces justes précautions contre les dangers apparents des transmissions télégraphiques privées, et de la convenance d'assurer la priorité aux dépêches du gouvernement, ressort l'évidente nécessité de décharger l'administration de la responsabilité de tous retards dans les communications.

La prudence exige encore que l'Etat ne puisse être atteint par des actions judiciaires, intentées pour erreurs ou fautes dans les transmissions. Dans ce service qui se fait avec une grande rapidité, il peut se commettre certaines erreurs, dont il est impossible de se garantir d'une manière absolue. Il y aurait danger évident à ne point mettre l'Etat à l'abri d'une responsabilité pécuniaire qu'il encourrait en regard d'une modique taxe, responsabilité qui pourrait avoir de graves conséquences pour le trésor public.

Il sera toutefois offert aux citoyens un moyen d'assurer une plus complète exactitude, en payant une double taxe ; mais, dans ce cas même, la garantie d'exactitude reposera dans les précautions administratives prises pour donner toute certitude à la transmission, et non dans la responsabilité de l'Etat, qui doit toujours être mis à couvert contre des actions dont on ne peut mesurer la portée.

Les dépêches télégraphiques privées seront soumises à une taxe comparativement modérée, et cette perception permettra au trésor public de rentrer dans une partie des frais entraînés par le service télégraphique.

L'ordre de transmission des dépêches sera réglé d'après l'ordre d'inscription dans les bureaux télégraphiques. Il sera fait exception pour celles des dépêches dont le texte dépasserait cent mots, et dont la transmission pourrait absorber un temps qui serait plus utilement occupé à passer des dépêches plus courtes.

Les dépêches télégraphiques privées seront nécessairement connues de toutes les personnes qui prennent part à la transmission ; mais cette correspondance ouverte est confiée à leur honneur. Un article du projet de loi les soumet toutes à garder le secret aussi strictement qu'elles sont obligées à garder celui des dépêches du gouvernement. Un serment professionnel rappellera aux agents télégraphiques la sainteté de cette obligation.

Après avoir pris les précautions suggérées par la prudence, contre ceux des inconvénients de la correspondance télégraphique privée qu'on peut découvrir par des signes extérieurs, on est encore obligé de se ménager des ressources contre les dangers cachés, qui, sans aucun doute, sont beaucoup plus redoutables.

Contre ce péril il n'y a, il le faut avouer, qu'un seul remède, c'est la suspension de correspondance. Quand les complots s'ourdissent dans l'ombre, quand les fils d'une grande conspiration s'étendent sur tout le pays, quand un danger certain, quoique mystérieux, vient mettre en péril la chose publique, le ministre de l'intérieur, dont le devoir est de pénétrer ce mystère, de suivre ce lent travail, de déchirer ce voile, le ministre de l'intérieur fera appel à la sagesse de ses collègues; il soumettra la question au conseil, et un arrêté pris en conseil des ministres viendra, en signalant le danger, appliquer le remède.

Nous nous sommes efforcés, messieurs, de constituer le droit de la correspondance télégraphique privée, parce que nous avons la ferme confiance qu'elle peut ouvrir de nouvelles voies à la prospérité publique, et nous avons essayé en même temps de rechercher les moyens de remédier aux abus réels qui pourraient en résulter.

Dans sa séance du 19 février 1850, le Conseil d'Etat, consulté sur le projet de loi que nous avons l'honneur de vous soumettre, lui a donné un avis entièrement favorable, en adoptant sans aucune modification les dispositions qu'il renferme, et nous serons heureux de voir vos efforts se réunir aux nôtres pour doter notre pays d'une nouvelle liberté, sans courir de nouveaux dangers.

Avant de passer au rapport que M. Le Verrier présenta au nom de la commission de l'Assemblée législative, signalons une adjudication de 560,000 kilogrammes de fil de fer, dont l'avis administratif fut inséré au *Moniteur* du 13 mars. Cet avis, signé le 9 mars, portait que l'adjudication aurait lieu le 10 avril, au rabais et par voie de soumissions cachetées; le fil était de 4 millimètres de diamètre, et la fourniture était divisée en trois lots de 120,000 kilogrammes chaque, destinés à la construction des lignes votées le 8 février précédent.

Dans la séance du 15 avril, l'Assemblée vota les chapitres du budget, relatifs à l'administration télégraphique, sans discussion aucune, et avec les chiffres que nous avons indiqués, page 74, avoir été proposés par la commission.

Le 18 juin, M. Le Verrier déposa son rapport sur la loi relative à la correspondance télégraphique privée, l'un des documents les plus importants qui aient été rédigés sur cette matière, tant par le sujet qu'il traitait que par les détails qui y trouvèrent place :

Messieurs, les essais de télégraphie tentés avant 1794 au moyen du son, de la lumière et de l'électricité, étaient trop incomplets pour assurer une correspondance régulière. L'emploi du son n'a jamais donné de bons résultats, sinon pour des distances très-faibles, et avec l'aide d'un grand nombre de stations intermédiaires. C'est au moyen de la lumière, en recourant à des signaux visibles à de grandes distances, avec le secours des lunettes, qu'on est parvenu pour la première fois à triompher assez complétement des difficultés du problème. Inventée il y soixante ans à peine, la télégraphie aérienne avait reçu de notables perfectionnements, et elle était au moment de voir doubler son utilité et ses services par l'adoption de signaux de nuit, quand la découverte de la télégraphie électrique est venue arrêter ce nouveau développement. A quoi eût-il pu servir désormais? L'électricité offrait un moyen de transmission plus sûr, plus indépendant des conditions de l'atmosphère; un signal qui, dans le système aérien, met plusieurs heures à traverser la France, en passant successivement par toutes les stations, devait parvenir instantanément à sa destination au moyen de l'électricité; l'étendue des dépêches, qui pouvaient être transmises dans un temps donné, se trouvait tout à coup centuplée.

Le télégraphe aérien fut toujours exclusivement réservé au gouvernement. Lorsque, dans des circonstances exceptionnelles, l'administration en accordait l'usage aux particuliers, c'était par une faveur spéciale, nécessitée par quelque événement imprévu, lié à la sécurité ou à l'honneur des familles. Ces faveurs étaient nécessairement trop rares pour donner lieu à des embarras.

Il eût été de toute impossibilité de mettre le télégraphe aérien à la disposition des intérêts privés. Nous n'entendons point parler ici des raisons politiques qui pouvaient faire désirer qu'un moyen d'action si puissant restât en entier dans les mains du gouvernement, et ne perdît pas de sa force en passant dans celles des administrés; mais bien des obstacles matériels s'opposaient à ce qu'on donnât une telle extension au service des télégraphes aériens. Les brumes, les brouillards, les pluies, les neiges interrompent souvent la correspondance aérienne durant le jour; pendant la nuit, c'est-à-dire la moitié du temps, il n'y a aucune transmission possible avec les moyens dont on a disposé jusqu'ici dans la pratique. Comment eût-on pu organiser ainsi un service régulier de correspondance applicable aux intérêts privés? D'ailleurs, dans le système aérien, les signaux se succèdent lentement; encore bien qu'on ne soit pas réduit au langage alphabétique, la transmission d'une dépêche, d'un nombre assez restreint de mots, n'en demande pas moins beaucoup de temps. Aussi les télégraphes aériens pouvaient-ils tout au plus suffire aux besoins de l'administration : aucune part du temps disponible n'eût pu être abandonnée au public sans compromettre le service de l'Etat.

Des lignes de télégraphes aériens auraient pu être organisées, il est vrai, pour le compte des particuliers ; mais les conditions d'irrégularité et de lenteur, inhérentes à ce système, n'auraient point permis à de pareilles lignes de se soutenir et de couvrir leurs frais d'installation et d'exploitation par les ressources d'un service réellement utile à la masse du public. Des lignes de télégraphie aérienne privée se seraient toujours trouvées à la disposition exclusive de quelques spéculateurs et n'auraient trop souvent servi qu'à favoriser de coupables entreprises.

Tous ces obstacles matériels ont disparu par l'invention de la télégraphie électrique, par les perfectionnements qu'elle a déjà reçus, qu'elle reçoit chaque jour, et dont les résultats inattendus obligent à convenir que nul ne saurait prévoir le dernier terme de cette grande découverte. Les brumes et la nuit n'arrêtent pas la transmission des dépêches, qui n'est plus troublée que de loin en loin par les conditions électriques de l'atmosphère ; et encore peut-on, dans ce cas, triompher le plus souvent de cette cause perturbatrice en augmentant à volonté l'intensité de la source à laquelle on puise l'électricité normale. C'est donc avec une certitude presque absolue qu'on peut se confier aujourd'hui au télégraphe électrique. Si, de plus, on considère qu'il est tel appareil de transmission avec lequel la dépêche, écrite au préalable dans un système convenable, est ensuite expédiée à sa destination *en moins de temps qu'il n'en faudrait pour la lire*, et que dès lors un seul suffit à la transmission journalière d'une immense correspondance, on concevra qu'en cet état de la science l'intérêt privé intervienne pour en réclamer les bénéfices en faveur des relations individuelles et des transactions commerciales.

Depuis longtemps déjà, en Angleterre, aux Etat-Unis d'Amérique, le commerce est en possession de l'usage de lignes de télégraphie électrique traversant les Etats de ces puissances d'une extrémité à l'autre, et qui, en ce moment encore, reçoivent aux Etats-Unis de nouveaux développements. La Prusse a suivi cet exemple, mais avec cette différence que, tandis qu'en Angleterre et aux Etats-Unis les lignes télégraphiques sont construites par des compagnies indépendantes de l'administration publique, en Prusse ces lignes appartiennent à l'Etat, et sont mises par lui, sous son contrôle et par son intermédiaire, à la disposition du public. La Hollande et l'Autriche ont également affecté les télégraphes électriques au service de la correspondance des particuliers.

Les circonstances qui ont retardé dans notre pays l'achèvement des voies ferrées ont également entravé le développement des lignes de télégraphie électrique. A l'heure qu'il est, nous ne possédons encore, en lignes de quelque importance, que la ligne de Paris à Rouen, et celle de Paris à Lille et Calais. La mise des télégraphes électriques à la disposition du public n'eût donc point offert jusqu'ici d'avantages réels. Mais cette situation va changer. Au mois d'octobre de l'année dernière, le gouvernement demanda à l'Assemblée les fonds nécessaires pour pourvoir de télégraphes électriques les lignes de Paris à Angers, de Paris à Tonnerre et de Rouen au Havre. La commission que vous chargeâtes d'examiner ce projet le trouva trop restreint. Le télégraphe électrique étant, suivant elle, le complément indispensable des voies ferrées, il en devait suivre le développement. Il était d'ailleurs impossible de priver les chemins de l'Est et du Centre des avantages accordés aux chemins de l'Ouest et du Midi. Après s'être assurée que le ministre n'avait reculé que devant la question d'argent, après avoir reconnu que de notables économies pouvaient être apportées dans les devis des trois lignes projetées, la commission vous proposa d'ordonner également la construction des lignes de Paris à Châlons-sur-Marne, d'Orléans à Nevers, d'Orléans à Châteauroux, et le prolongement jusqu'à Dunkerque de la ligne qui s'arrêtait alors à dix lieues de cette dernière ville. C'est ce que vous avez fait par votre loi du 8 février dernier. En ce moment l'administration travaille activement à l'établissement des nouvelles lignes.

Ainsi le nord de la France va se trouver doté des avantages d'une communication instantanée avec le centre et l'ouest, et ses relations avec l'est et le midi seront rendues plus rapides par les lignes de Châlons-sur-Marne et de Tonnerre. Plus tard, au fur et à mesure de l'achèvement des chemins de fer, les lignes télégraphiques seront prolongées jusqu'à Nantes et Bordeaux d'une part, et de l'autre jusqu'à Strasbourg et Marseille. Le moment est donc venu de faire jouir le commerce français des mêmes avantages qu'on lui a accordés dans les autres pays.

Déjà, dans l'exposé des motifs du projet de loi relatif à la demande du crédit nécessaire à l'établissement des lignes aujourd'hui en construction, le ministre de l'intérieur avait annoncé l'intention de mettre les télégraphes électriques à la disposition du public. Par suite des conférences qui s'établirent à ce sujet entre le ministre et la commission, le ministre prit la résolution de faire étudier cette question à l'étranger, là où le télégraphe est déjà dans les mains des particuliers, et il demanda à la commission de différer la remise de son rapport jusqu'à l'arrivée des renseignements, désireux qu'il était de pouvoir obtenir son concours pour faire un utile règlement de cette nouvelle télégraphie. Plus tard le ministre informa la commission que le nouvel examen auquel il venait de se livrer l'avait amené à considérer la mise du télégraphe électrique à la disposition du public comme assez grave pour faire

6

l'objet d'un projet de loi spécial, qui était déjà préparé, et qui allait être déféré au conseil d'État. C'est ce projet qui nous est soumis aujourd'hui, et dont nous allons étudier le but et les dispositions.

Le principe même de la loi n'a été adopté par la commission qu'après une discussion longue et approfondie : il n'en pouvait être autrement d'une innovation aussi considérable. Est-il convenable, est-il opportun, est-il nécessaire de mettre les télégraphes à la disposition du public? Nous ne saurions dissimuler que des esprits sages, et dont l'opinion a une juste autorité dans cette assemblée, n'envisagent point cette mesure sans un certain regret, et qu'ils eussent préféré qu'on en pût ajourner l'application. L'opportunité a donc dû être envisagée sous toutes ses faces; et s'il est vrai que la commission se soit prononcée à la presque unanimité pour l'adoption du principe du projet de loi, tous ses membres, sans exception, ont été frappés des inconvénients que pourrait présenter son application, si elle n'était réglementée avec sagesse et réserve. Rappelons ici les principaux arguments invoqués contre le principe de la loi; ils sont assurément d'une haute gravité; et si la commission s'est décidée à passer outre, elle entend cependant leur donner satisfaction par les dispositions de la loi elle-même.

« Les télégraphes ont été jusqu'ici exclusivement réservés au gouvernement; et c'était ce privilége même dans lequel résidait toute la puissance de ce moyen d'action. L'administration pouvait connaître les événements survenus sur les points les plus éloignés du territoire, et y envoyer des ordres avant même que la nouvelle s'en fût répandue au loin. Des mesures pouvaient être prises à l'avance pour en amoindrir ou même en annuler le contre-coup fâcheux là où il eût pu se produire. Ces avantages disparaîtront dès qu'on mettra les télégraphes à la disposition de tous; le gouvernement n'aura plus aucun privilége, et les particuliers seront instruits en même temps que lui des événements qui pourront surgir sur le territoire. Pour le gouvernement, le résultat sera à peu près le même que si l'on mettait purement et simplement à néant l'invention des télégraphes.

« Et quel moment choisit-on pour dépouiller ainsi le gouvernement d'un de ses plus puissants organes, pour briser l'un de ses plus énergiques ressorts? Le moment où il en a le plus besoin! Les projets des anarchistes contre la société, projets patents, avoués, dont les auteurs peuvent ajourner, mais dont ils n'abandonneront jamais la réalisation, exigeraient qu'on donnât à l'autorité de nouveaux moyens de prévention et de répression, loin d'énerver ceux qui se trouvent déjà dans ses mains.

« C'est dans ces circonstances qu'on va livrer l'usage du télégraphe aux factions, qui s'en serviront pour ourdir avec plus de facilité et de rapidité leurs détestables complots; pour leur donner, au moment venu, une exécution plus sûre et simultanée. L'expérience a montré qu'un moyen rapide de communication a toujours été la première ressource que les fauteurs de désordre ont cherché à s'assurer. On les a vus essayer d'organiser clandestinement un service de télégraphie aérienne, établir même un service d'estafettes à cheval, et réaliser sur une vaste échelle une prompte correspondance au moyen de pigeons voyageurs ; à ce point que, dans la dernière insurrection qui désola l'une de nos grandes villes, les chefs de l'émeute paraissaient mieux informés que les autorités elles-mêmes des événements qui agitaient alors la capitale. Veut-on donc aujourd'hui régulariser au profit de l'émeute cette rapidité des communications qu'elle regarde comme l'un de ses premiers éléments de succès ? »

Ces considérations et ces objections ont assurément un grand poids ; elles se résument toutes, comme on le voit, dans l'inopportunité de la mesure, en présence de la situation actuelle du pays. Que si la mise à exécution du projet de loi avait dû entraîner les conséquences déplorables qu'on a redoutées, sans qu'il fût possible de les prévenir, votre commission n'eût pas hésité à vous proposer le rejet de ce projet, et à vous demander d'attendre des temps plus tranquilles, plus heureux, pour réaliser ce nouveau progrès ; elle vous l'eût demandé dans l'intérêt du commerce lui-même, qui tient avant tout à la sécurité du présent, à la certitude d'un avenir d'ordre, et qui n'hésiterait pas à acheter ces avantages au prix du sacrifice momentané de quelques facilités données à ses relations. Mais il a paru à votre commission que la paix publique pouvait être garantie contre les inconvénients de la vulgarisation de l'emploi du télégraphe par des mesures convenables, en armant l'autorité de tous les droits nécessaires pour qu'elle puisse exercer un contrôle actif et incessant sur la transmission des dépêches. Nous aurons à vous entretenir de ces dispositions à l'occasion du texte même des articles de la loi : elles vous paraîtront sans doute propres à écarter les dangers qui compromettraient l'expérience que nous voulons faire, sans cependant entraver en rien l'emploi loyal et licite du télégraphe par les commerçants et par les familles.

Dans ces termes il ne serait pas d'une sage administration de priver le pays du bénéfice d'une des plus grandes inventions modernes, invention comparable à celle des chemins de fer par les résultats que le commerce doit en attendre, et qui est destinée à porter dans la correspondance, soit des provinces d'un même État, soit des différentes nations de l'Europe, une révolution plus grande que celle que l'exécution des chemins de fer a produite dans le transport des personnes et des marchandises. Ajoutons que, dans l'état actuel de perfection où la science a amené la télégraphie électrique, le gouvernement pourrait, par le développement du service qui le concerne, assurer à son action une puissance qui lui ferait conserver tous les avantages qu'il possède aujourd'hui.

Jetons cependant un coup d'œil sur la situation de l'industrie télégraphique dans les autres contrées. Le tableau que nous aurons à en faire sera sans doute le meilleur moyen de nous convaincre qu'il est de toute impossibilité de refuser à la France la jouissance de tels avantages. Nous ne devons pas, nous ne pouvons pas rester plus longtemps en arrière de ce mouvement.

Les lignes des télégraphes électriques se développent sur toute l'étendue du territoire des Etats-Unis d'Amérique. L'une d'elles, partant de Burlington-Vermont, sur la frontière du Canada, atteint Boston, New-York, puis Washington, en passant par Baltimore et Philadelphie ; traversant ensuite la Virginie, la Caroline, la Géorgie, elle descend par Richemond, Raleigh, Colombia, Augusta et Mobile jusque vers le golfe du Mexique et jusqu'à l'embouchure du Mississipi, qu'elle atteint à la Nouvelle-Orléans. De la Nouvelle-Orléans repart une seconde ligne principale qui remonte les vallées du Mississipi et de l'Ohio jusqu'à Louisville. D'autres lignes partent des côtes de l'Océan, se dirigent vers le centre du pays ou remontent vers les grands lacs qui le bordent au nord.

La ligne de Burlington-Vermont à la Nouvelle-Orléans n'a pas moins de 2,600 milles de développement (416 myriamètres), savoir : 290 milles (46 myriamètres) entre Burlington-Vermont et Boston ; 250 milles (40 myriamètres) entre Boston et New-York ; 343 milles (55 myriamètres) entre New-York et Washington ; 509 milles (82 myriamètres) entre Washington et Colombia ; 1,207 milles (193 myriamètres) entre Colombia et la Nouvelle-Orléans. La ligne de la Nouvelle-Orléans à Louisville-Kentucky présente, y compris les embranchements, un développement de 1,150 milles (184 myriamètres).

Le caractère principal de ces lignes télégraphiques est leur indépendance des voies ferrées. Elles s'éloignent ou se rapprochent indistinctement des chemins de fer, et ne les suivent sur une étendue notable que par une coïncidence fortuite. Les seules convenances observées dans cet établissement sont celles de la ligne télégraphique elle-même, parce que l'exploitation du chemin de fer n'en fait presque aucun usage, et que, dans les rares circonstances où les chemins de fer ont senti l'utilité de télégraphes, ils en ont établi de spéciaux, uniquement destinés à leur service. La raison de cette différence avec ce qui existe dans les Etats de l'Europe, tient principalement aux grandes distances qui, en Amérique, séparent généralement les stations principales ; distances énormes, eu égard au chiffre des populations intermédiaires.

En Angleterre, en Allemagne, en France, la concentration des populations rend indispensable la fréquence des convois sur les chemins de fer ; et cette multitude de trains pourrait amener de nombreux accidents, si le télégraphe ne fournissait le moyen de donner instantanément tous les ordres nécessaires à la sécurité de la marche, surtout quand il faut tout à coup introduire dans le service quelque changement imprévu. En Amérique, au contraire, le nombre des convois journaliers est extrêmement restreint ; leur rencontre est presque impossible ; et ainsi les administrations n'éprouvent point, comme en Europe, l'indispensable besoin du télégraphe électrique.

Aussi les lignes de télégraphie électrique, construites en Amérique par des compagnies particulières, pour l'usage du commerce, prennent-elles en général la route la plus courte pour aller d'un point à un autre ; ne suivant que fort peu les voies ferrées, empruntant plus souvent les routes ordinaires, ou même se dirigeant tout simplement à travers champs. Comme le bois de sapin n'a presque point de valeur, on s'en sert pour élever des poteaux, qu'on ne prend point la peine de conserver par l'injection, ainsi que nous le faisons en France ; souvent même on utilise les arbres sur pied. Les fils de fer sont suspendus aux poteaux à une douzaine de pieds au-dessus du sol, et isolées par des poulies en verre, recouvertes par de petits toits de fer. Le nombre de ces fils est d'ailleurs réduit au plus strict nécessaire, souvent un ou deux. Quand on se contente d'un fil, on a en outre l'avantage de faire l'économie des appareils de traction. On ne galvanise point les fils, sinon dans le voisinage de la mer, là où ils s'altéreraient trop rapidement. Rencontre-t-on une rivière, un bras de mer qu'on ne peut franchir au moyen d'un pont, on enduit le fil de gutta-percha et on le place simplement sous l'eau. Le télégraphe de New-York à Washington possède ainsi quatre milles de fil placés sous l'eau salée. On voit que toutes ces constructions sont réalisées avec la plus stricte économie possible, ce qui a permis de leur donner une grande étendue dès le premier établissement. Si c'est là un exemple dont on doive profiter en France, il ne serait cependant pas prudent de le copier en tout et pour tout. Ni les matériaux, ni la main-d'œuvre ne sont chez nous à un prix assez vil pour qu'il soit d'une sage économie d'entreprendre des constructions de peu de solidité et qu'il faille fréquemment renouveler.

Le réseau de la télégraphie électrique est à peu près complet en Angleterre, comme celui des chemins de fer auquel il est étroitement lié. Londres est en communication instantanée avec Cambridge, Norwich, Yarmouth ; avec Birmingham, Stratford, Derby, Nottingham, Liverpool, Manchester, Leeds, York, Edimbourg, Glascow, etc. Elle communique encore avec Folkstone et Douvres ; quand le fil sous-marin qui doit l'unir au continent aura été jeté, elle sera en relation de tous les instants avec Paris, et, dans un avenir peu éloigné, avec toutes les capitales de l'Europe. Comme en Amérique, les fils sont suspendus en l'air sur des poteaux de bois de sapin ; mais ils sont établis avec plus de solidité ; ils sont préservés de l'action destructive de l'atmosphère par la galvanisation, et, en outre, ils sont en général très-nombreux. L'usage des fils souterrains commence à s'introduire en Angleterre.

Le système prussien se rapproche du système américain, en ce que les télégraphes destinés à la transmission des dépêches commerciales et gouvernementales y sont en général indépendants des télégraphes destinés à la régularisation des services de chemins de fer. Ces derniers, ne devant pas servir nécessairement à la transmission à très-grandes distances, se contentent d'un fil à section moitié moindre. Aussi les fils des télégraphes ne sont-ils pas astreints à suivre exclusivement les chemins de fer : on les établit le long des routes, sans aucune difficulté. En Amérique, les fils établis en l'air, le long des chemins ou à travers champs, ont besoin d'être surveillés. On a intéressé à leur conservation les propriétaires des terrains traversés, en concédant à ces propriétaires la faculté de transmettre gratis les dépêches qui les concernent. Moyennant cette faveur, dont ils sont très-jaloux, ils surveillent et gardent la portion de ligne établie sur leur propriété. La sécurité d'une grande partie des lignes prussiennes repose sur un autre principe, dans leur mode même d'établissement, qui diffère complétement des systèmes anglais et américain.

Tandis qu'ailleurs les fils ne passent sous terre qu'accidentellement, l'enterrement des fils a servi de base à la construction de plusieurs lignes prussiennes. Au commencement de 1850, il existait en Prusse 250 myriamètres de lignes télégraphiques souterraines, et il y en avait autant en cours de construction. Bien que nous n'ayons point mission de traiter de la construction des lignes télégraphiques, mais seulement de leur usage, cet usage et l'exposé de la loi que nous discutons sont trop intimement liés au développement que peut recevoir le réseau des fils, pour que nous ne nous arrêtions pas quelques instants à signaler à l'attention de l'administration l'urgente nécessité d'examiner définitivement le nouveau mode de construction. Malgré quelques inconvénients inhérents à la nature de ce système, il donne cependant assez de sécurité relative pour qu'on puisse le prolonger le long des routes ; les fils profondément enterrés se trouvent ainsi soustraits à beaucoup de chances d'accident, et la malveillance n'a que difficilement prise sur eux. Or la possibilité d'établir les fils des télégraphes sous le sol de nos grands chemins, permettrait d'étendre la nouvelle télégraphie à toute la surface de la France, et il en résulterait, on n'en peut douter, pour le gouvernement et les particuliers, d'immenses avantages ; pour l'Assemblée, un nouveau et puissant motif d'adopter le projet de loi qui nous est actuellement soumis.

La commission qui fut chargée d'examiner l'an dernier le projet de construction proposé pour les nouvelles lignes, avait dû garder une grande réserve. Les lignes qu'il s'agissait de construire devaient être entièrement placées le long des chemins de fer, et le système aérien paraît, dans ces conditions, offrir toute sécurité. L'administration avait d'ailleurs proposé ce système, et il n'appartenait pas à la commission de se substituer à elle pour vous demander de prendre sous votre responsabilité l'établissement d'un système nouveau. Les données fournies à cette commission étaient enfin insuffisantes.

Mais depuis lors la question a marché, des perfectionnements nombreux ont été introduits, et suivant les renseignements parvenus en France, l'enterrement des fils a déjà reçu de l'expérience une sanction notoire. Nous recommandons à M. le ministre de l'intérieur de prendre en très-sérieuse considération le nouveau système des lignes prussiennes, et d'en faire faire une étude assez approfondie pour qu'il soit possible de décider si ce système doit ou non être introduit en France [1].

La plupart des lignes télégraphiques construites en Amérique sont fort occupées, surtout dans les villes principales. Il n'est pas rare d'avoir à attendre pendant plusieurs heures le tour de la transmission d'une dépêche. Aussi les bureaux doivent-ils être, dans certaines circonstances, ouverts pendant la nuit. Parmi les classes de citoyens qui font usage de la télégraphie, nous citerons principalement : les *commerçants*, qui désirent connaître le départ et l'arrivée des navires, qui veulent se procurer les prix des marchandises, surtout des blés et des cotons, dans les différentes villes des Etats-Unis ; les *producteurs* de l'intérieur, en bestiaux, blés, cotons, fourrures, qui expédient les marchandises par l'Ohio et le Mississipi : au moyen du télégraphe, ils sont tenus au courant de la marche de cette longue navigation, des accidents qui peuvent survenir, de l'arrivée au terme du voyage, des conditions de la vente, et donner leurs ordres en conséquence ; les *familles*, surtout celles des personnes qui sont engagées dans les longs transports par eau ; les *journaux* enfin qui sont excessivement nombreux.

---

[1] Sur un pareil désir, témoigné par la commission de l'an dernier, l'administration avait demandé une somme spéciale pour faire des études de télégraphie souterraine. La commission supprima cette partie du crédit. Il ne s'agit pas en effet d'inventer et de créer de toutes pièces la télégraphie souterraine en France. Il faut, avant tout, étudier à fond ce qui a été fait en Prusse ; se rendre compte des procédés employés pour l'établissement de ces lignes, du prix de revient, de la sécurité et de la régularité qu'elles ont offertes dans le service. Que si, ce travail une fois fait, il est reconnu que des modifications sont désirables sur quelques points ; que des perfectionnements peuvent être introduits, et ont besoin d'être expérimentés, alors on pourra demander pour cet objet un crédit convenable qui ne sera certainement point refusé par l'Assemblée. Mais accorder un crédit d'expérimentation dans des termes aussi vagues était impossible. C'eût été s'exposer à renouveler la faute commise lors de l'établissement de la ligne de Rouen.

Aussi, le produit de ces lignes est-il en général considérable ; parmi les plus productives, il faut placer celle qui va de New-York à Buffalo sur les lacs.

Il paraît qu'aucune remise n'est la plupart du temps faite aux journaux américains, quoiqu'ils soient remplis d'articles, souvent très-longs, transmis au moyen du télégraphe. Le tarif général est assez modéré, et d'habitude plusieurs journaux s'associent pour acquitter en commun les frais de transmission. Si les articles moins importants ne sont expédiés qu'après une réduction convenable, propre à diminuer les frais, on transmet au contraire en leur entier les débats importants du congrès.

Plusieurs entreprises de journaux ont, en Angleterre, des abonnements pour la transmission rapide des nouvelles. C'est un point que nous recommandons à l'attention du gouvernement ; car il est très-certain que là ou la télégraphie électrique a été mise, sur une grande échelle, à la disposition du public, elle a modifié la situation des organes de la publicité, et que cette modification s'est en général effectuée à l'avantage des journaux de province. Ces derniers, mis le jour en possession des nouvelles importantes, pouvant les publier en même temps que les journaux de la capitale, il en résulte pour eux un avantage de priorité qui tourne au profit de leur influence. Rien ne s'opposerait, une fois notre réseau télégraphique établi, à ce que le gouvernement fît connaître chaque soir à toute la France les événements principaux de la journée. En assurant ainsi la vérité des documents qui n'arrivent souvent qu'après avoir été altérés ou mutilés, on produirait dans la presse une grande et morale révolution au profit de la vérité.

Les perfectionnements apportés à l'art de la télégraphie électrique permettraient de réaliser cette pensée. Il faudrait disposer d'un appareil qui permît d'envoyer, en peu de temps, sur toutes les lignes, des dépêches d'une longue étendue. Parmi les appareils qui réalisent cette condition, nous désignerons à l'attention de l'administration celui qui nous a été soumis par M. Bain, et que la commission a expérimenté. Le télégraphe électro-chimique de M. Bain imprime les dépêches au point d'arrivée, avec une incroyable rapidité : il peut transmettre facilement *quinze cents* lettres à la minute. Mais, pour apprécier le mérite de cet instrument et les avantages qu'il présenterait pour la transmission des longues dépêches, il est nécessaire d'entrer dans quelques détails.

Les lettres dont se compose l'écriture n'ont point la forme ordinaire, forme qui ne saurait se prêter à une pareille rapidité. Elles sont composées de points et de trait. Ce sont ces combinaisons qu'il s'agit de reproduire à l'extrémité de la ligne opposée à celle où se trouve l'expéditeur : or l'opération se divise en deux parties bien distinctes : la *composition* et le *tirage* , exactement comme dans nos imprimeries.

La *composition* a pour objet d'écrire la dépêche sur une longue bande de papier, avec les points et traits conventionnels ; seulement, ce n'est point au moyen d'encre que cette écriture doit se tracer. Les points doivent être figurés par des trous ronds percés dans le papier, et les traits par des trous allongés. On se procure ainsi, au point de départ, une *composition* de forme identique à celle qu'on veut reproduire, mais avec une encre convenable au point d'arrivée. Imaginons pour un moment que nous étendions cette bande de papier, percée de trous, sur une autre bande intacte et blanche dans toute son étendue, et que nous venions à passer sur le tout un pinceau plein de couleur, la bande inférieure se trouvera recevoir, au travers des trous, une peinture exactement conforme à la disposition des trous de la bande supérieure. Ce sera un premier tirage de la dépêche, obtenu, comme on le voit, par un procédé pareil à celui dont on se sert pour tracer les adresses des caisses de marchandises ; c'est ce tirage qu'il s'agit d'effectuer, mais à une distance de plusieurs centaines de lieues au besoin, et par l'intermédiaire d'un fil unique.

A cet effet, la bande de papier, convenablement percée, est saisie à son origine entre une roulette métallique et un ressort également métallique qui presse la bande contre la roulette. Si dans cette situation on vient à faire tourner la roulette, elle entraîne, par le seul effet du frottement, la bande dont toutes les parties viennent successivement passer entre le ressort et la roulette. Si le papier était intact et ne contenait aucun trou, le ressort qui le presse serait toujours séparé de la roulette ; mais le papier étant percé de trous, chaque fois que l'un d'eux passe entre la roulette et le ressort, ces deux organes se trouvent momentanément mis en contact ; ce contact cesse dès que le trou est passé, et il ne recommence que lorsqu'un nouveau trou se présente. Ajoutons enfin que la roulette se meut d'un mouvement uniforme, que, par là, le contact du ressort et de la roulette dure moins de temps lors du passage d'un trou rond que lors du passage d'un trou allongé, et le reste de l'opération se comprendra aisément.

La roulette, en effet, est jointe par un conducteur métallique à la source de l'électricité, et le ressort lui-même communique avec le fil métallique qui joint les stations d'arrivée et de départ. Lorsque la roulette et le ressort sont en contact, le circuit est donc complet et l'électricité s'élance d'une station à l'autre. Chacun comprend déjà quel est le rôle joué par la bande de papier interposée et par les trous dont elle est percée. Le papier ne conduisant pas l'électricité, il interrompt le courant par son interposition entre la roulette et le ressort ; mais au passage d'un trou de la bande de papier, le contact entre le ressort et la roulette s'établit pour un moment, et avec lui le courant électrique. Dès que le trou est passé, le courant électrique cesse de nouveau. On voit même qu'à cause du plus ou moins de longueur des trous percés dans le papier, les courants électriques qui s'établissent momentanément durent des temps inégaux. Or, c'est là ce qu'il s'agissait d'obtenir au point de départ ; des courants électriques interrompus, envoyés à l'autre extrémité de la ligne, durant les uns un peu plus, les autres un peu moins de temps, et distribués dans un ordre déterminé à l'avance. Ce fait une fois acquis, oublions le moyen par lequel on l'a acquis au point de départ ; ne retenons que le fait en lui-même, et transportons-nous au point d'arrivée pour voir comment, au moyen de ces courants électriques interrompus, nous allons pouvoir produire l'impression de la dépêche.

A cette autre extrémité, le fil conducteur, par lequel arrive l'électricité à courants intermittents, repose, par une pointe d'acier, sur un papier enduit d'une solution de prussiate de potasse légèrement acidulée. Lorsqu'il n'arrive pas d'électricité par le fil métallique, aucun effet ne se produit ; mais lorsque le courant électrique vient à passer, il se produit, au contact du stylet d'acier et du papier préparé chimiquement, une petite quantité de bleu de Prusse dont la couleur est, comme on sait, fort intense.

Cela étant, imaginons que ce papier chimique se déplace, se meuve sous le stylet. Lorsqu'un courant électrique arrivera par le fil et ne durera qu'un instant, la décomposition chimique ne s'effectuera que sur le point du papier qui sera en ce moment même au contact du fil ; elle cessera immédiatement après ; un point bleu apparaîtra sur le papier. Que si, au contraire, le courant électrique a duré un temps notable, pendant lequel le papier se soit déplacé sous le stylet, il en résultera un trait bleu, ainsi de suite. Et, comme on a réussi à faire que, suivant la volonté de l'expéditeur placé au point de départ, les courants électriques se succèdent avec une durée plus ou moins longue, suivant l'ordre nécessaire à la représentation des lettres dont se composent les mots, on obtiendra ainsi à l'une des extrémités de la ligne un tirage de la composition exécutée à l'autre extrémité.

C'est ce tirage qui marche avec une rapidité prodigieuse. Nous l'avions vu effectuer dans le cabinet avec une vitesse de *quinze cents* lettres à la minute, et nous étions certains qu'il devait conserver tout au moins une partie de ces avantages sur le terrain et à de grandes distances. Sinon, comment la transmission de ces longs articles, envoyés par le télégraphe électrique, et qu'on trouve chaque jour dans les journaux américains, comment l'envoi en leur entier de certains débats judiciaires importants seraient-ils possibles ? Toutefois, nous avons voulu nous en assurer d'une manière positive, par une expérience qui a été faite au ministère de l'intérieur, sur les fils de la ligne de Lille.

A cet effet, les deux fils qui constituent cette ligne ont été réunis

à Lille, de manière à former un circuit non interrompu, commençant et finissant à Paris. Nous obtenions ainsi le double avantage
d'avoir tous nos appareils à Paris, de pouvoir expérimenter sans
nous transporter à Lille, et en outre de faire l'expérience sur un
circuit long de 140 lieues. Nous n'avons pas réussi de prime abord,
mais nous en avons bientôt trouvé la cause. L'appareil télégraphique, employé habituellement par l'administration, est un appareil mécanique dans lequel des pièces matérielles sont déplacées
et mises en jeu par l'action de l'électricité : rien de pareil n'a lieu
dans l'instrument électro-chimique de M. Bain, où l'électricité ne
doit exercer aucune autre action que la décomposition chimique
de la substance qui lui est soumise. Cette différence capitale, à laquelle tient, en majeure partie, l'immense rapidité qu'on obtient
avec le télégraphe Bain, exige aussi que la disposition de la pile
soit modifiée dans ses éléments. Dès que cette remarque eut été
faite, et que la pile fut placée dans des conditions convenables,
nous pûmes obtenir des épreuves très-nettes et bien lisibles, envoyées à 140 lieues de distance, sans que la transmission en ait
été affectée.

On objectera peut être que la *composition* ne marche pas avec la
même vitesse : mais cette difficulté n'est qu'apparente, et elle n'a
pas ici plus de valeur qu'en imprimerie, où elle n'empêche pas
les journaux du soir de paraître. La composition de la dépêche
télégraphique peut, en effet, être exécutée par plusieurs ouvriers
à la fois. Une fois prête, elle peut servir à autant de tirages qu'on
le veut, envoyés à toutes les villes qui peuvent être mises en communication directe avec le point de départ.

Nous avons cru devoir nous étendre sur l'état actuel de la télégraphie électrique et montrer une partie des immenses ressources
qu'elle possède. C'était le meilleur argument par lequel nous pus-
sions engager l'Assemblée à approuver le développement de cette
télégraphie. Nous espérons, en outre, que M. le ministre de l'intérieur voudra faire examiner d'une manière sérieuse, en s'entou-
rant de toutes les lumières de la science et de l'administration,
dans quelles conditions il convient de hâter en France le développement de la télégraphie électrique, qui est déjà un fait accompli
en Amérique, en Angleterre et en Prusse. Ce sont des avantages
qu'on ne doit plus faire attendre au commerce français. Au point
de vue politique, il nous paraît hors de doute qu'une fois le réseau
des fils établi, et nous avons vu qu'il n'est pas nécessaire d'attendre l'entier·développement des chemins de fer, rien ne s'op-
posera à ce que les départements reçoivent, le jour même, à l'heure
à laquelle paraissent les feuilles du soir, la nouvelle des principaux événements arrivés dans la capitale, et les débats de l'Assemblée avec tout le développement qu'on leur voudra donner. Or il
n'est pas nécessaire d'insister pour que chacun comprenne quels

avantages il y aurait pour la vérité, pour la moralité et pour la tranquillité publique, à ce que les faits fussent ainsi connus dans toute leur sincérité, avant que les partis ne puissent venir les dénaturer dans l'intérêt de leurs passions et de leur ambition.

L'article premier du projet de loi était ainsi conçu dans sa première partie : « *Il est permis à toutes personnes de correspondre,* au moyen du télégraphe électrique de l'État, par l'intermédiaire des fonctionnaires de l'administration télégraphique. » Aucune difficulté ne s'est élevée contre l'intervention des agents de l'administration ; il s'agit de la mise en œuvre des appareils appartenant à l'État. La loi n'a point pour objet de permettre aux particuliers d'établir des lignes télégraphiques à leur profit, mais seulement d'user de celles que le gouvernement construit, et sous le contrôle de ses agents. Ces conditions sont de rigueur, et c'est seulement avec leur garantie que nous avons pu passer outre aux objections apportées contre l'opportunité de l'innovation proposée. Une loi qui aurait eu pour résultat de laisser la carrière libre à des spéculations commerciales illicites et aux complots des ennemis de l'ordre, eût été repoussée à l'unanimité dans le sein de la commission.

Les mots : *Il est permis à toutes personnes de correspondre,* ont, au contraire, donné lieu à un sérieux examen. Ils impliquaient en effet, pour tout individu, le droit d'entrer à la station télégraphique et de réclamer l'usage des appareils, la possibilité de le faire sous un nom supposé et de transmettre une nouvelle fausse, avec une certitude presque complète d'échapper à toute poursuite ultérieure. Il ne nous a point paru possible d'organiser un service aussi important dans de telles conditions, et nous vous proposons de rédiger ainsi le commencement de l'article premier : « Il est permis à toutes personnes *dont l'identité est établie* de correspondre... » C'est-à-dire que celui qui se présentera pour faire usage du télégraphe électrique devra justifier de son identité par l'un des moyens dont la désignation est laissée, par l'article 11, aux soins de l'administration.

Cette modification qui a été adoptée à l'unanimité par la commission, est entièrement dans l'intérêt de la sécurité du nouveau mode de correspondance. Lorsque, dans l'état actuel des choses, on reçoit par la poste une dépêche écrite, on a pour garantie l'écriture et la signature, ordinairement connues de celui qui l'adresse, et si la matière est grave, on ne se livre point à une écriture, à une signature suspectes. Il en serait autrement dans le système du projet de loi : la dépêche qu'on recevrait par le télégraphe électrique n'offrirait souvent aucune garantie de sincérité. Sans aucun doute, les commerçants, habituellement en relations d'affaires, adopteraient un signe, une devise caractéristique de leur correspondance, et qui les mettraient à l'abri de la fraude. Mais les dépêches accidentelles entre particuliers, entre les familles, entre gens d'affaires même, manqueraient de tout caractère propre à donner quelque confiance à la vérité de leur origine.

Assurément, la première condition de l'emploi d'un télégraphe est la célérité, et l'on manquerait au principe de la loi en apportant dans un tel service des entraves à la rapidité d'action. Nous n'avons voulu rien de pareil, et c'est pour cela que nous avons complétement laissé à l'administration le droit de caractériser, d'énumérer les différents genres de preuves qui lui paraîtront suffisantes. Ainsi les commerçants qui voudront faire un usage habituel du télégraphe électrique ne regarderaient certainement pas comme une entrave, mais bien plutôt comme une grande garantie, qu'une fois pour toutes il leur ait été délivré par l'administration une pièce probante dont la représentation ultérieure rendrait impossible toute usurpation de leur nom. Les particuliers pourraient obtenir du commissaire de police de leur quartier une attestation d'identité, qui ne devra entraîner aucuns frais, ni aucun retard de quelque importance. Les étrangers aux localités seraient admis à faire usage du télégraphe sur la simple représentation de leurs passe-ports. Il est d'ailleurs entendu que rien dans la clause que nous introduisons ne porterait obstacle au passage ou à la réception des dépêches venant de l'étranger.

L'article 2 n'assurait pas suffisamment la conservation du texte des dépêches transmises. Nous y avons pourvu par la prescription d'un registre à souche sur lequel seront transcrites les dépêches en leur entier, ce qui n'empêchera pas de conserver les pièces originales. Ce registre facilitera et assurera le succès des recherches ultérieures qui pourraient être réclamées par les particuliers ou par l'autorité, dans le cas surtout où des fraudes auraient été commises, si le télégraphe avait servi à des manœuvres coupables, au point de vue de la politique ou de la probité. Les dépêches doivent, il est vrai, être écrites lisiblement, en langage ordinaire et intelligible ; mais cette condition n'empêcherait pas les gens mal intentionnés de faire servir le télégraphe à leurs projets, et de dissimuler, sous les apparences d'un langage innocent, le sens coupable de leurs dépêches ; il était donc nécessaire d'en assurer une conservation authentique.

Cette transcription, qui est en usage en Angleterre, n'apportera aucun retard à l'expédition des dépêches, dont la majeure partie est très-laconique. Il pourrait cependant se présenter quelques difficultés à l'égard de la correspondance des journaux ; correspondance qui prendra, nous le désirons, un grand développement, auquel nous voulons donner toutes les facilités possibles. Nous exemptons donc, par une clause spéciale, les articles de journaux de la transcription sur le registre à souche.

L'article 3 du projet de loi autorise le gouvernement à suspendre la correspondance télégraphique privée, soit sur une ou plusieurs lignes séparément, soit sur toutes les lignes à la fois. Cette condition, considérée comme indispensable par le gouvernement, renferme, au fond, la seule garantie qui puisse être donnée à la sécurité publique, et c'est elle qui nous a permis d'adopter le projet de loi.

Ce droit, dont nous voulons armer l'autorité, lui a été réservé chez nos voisins. En Angleterre, en cas d'événements graves, l'un des secrétaires d'Etat a le droit de s'emparer de tous les télégraphes et appareils aux différentes stations de la compagnie, de leurs licences et délégations, pour une semaine, et d'en retenir la possession de semaine en semaine, si cela est expédient, pour le service public, en payant toutefois une indemnité réglée sur le profit moyen d'une semaine. L'article 15 du règlement prussien porte que, dans les circonstances où, de l'expédition télégraphique des nouvelles pour le public il pourrait résulter un danger pour l'Etat, l'emploi public du télégraphe pourra être entièrement suspendu par ordonnance du ministre du commerce. Il en est de même en Hollande et ailleurs.

Il faut comprendre, en effet, que la nécessité d'écrire les dépêches en langage ordinaire et intelligible est bien une difficulté de plus apportée aux correspondances coupables, mais que ce n'est point un obstacle insurmontable à la rédaction d'une dépêche ayant un sens apparent aux yeux de ceux qui ne sont pas initiés à la clef, mais voulant dire toute autre chose pour les affidés. Il n'en peut point résulter de graves inconvénients pour l'ordinaire : les faiseurs de complots auraient toujours pour s'entendre la correspondance postale, dont la rapidité, égale à celle des chemins de fer, est bien suffisante, et qui n'entraîne pas les frais considérables de la télégraphie électrique. Le danger qu'il y aurait à laisser le télégraphe à la disposition des ennemis de la société ne deviendra réel qu'à la veille d'une révolte ; mais il est trop clair qu'alors ce danger serait immense. Il serait insensé de vouloir laisser aux anarchistes la possibilité de transmettre instantanément, à un moment donné, un mot d'ordre sur tous les points de la France. Et, si la nécessité d'armer le pouvoir contre de telles occurrences a été prévue en Angleterre, combien est-elle malheureusement plus grande en France !

L'emploi des télégraphes électriques ayant été concédé aux entreprises de chemins de fer, auxquelles il est indispensable pour leur exploitation, nous avons dû examiner si l'administration avait fait telles réserves qu'il était nécessaire pour empêcher ces concessions de devenir, entre les mains des entreprises, un monopole abusif aux termes des traités, les compagnies ne pouvant transmettre que les dépêches qui intéressent leur service. Dans les stations principales, les employés préposés à la transmission sont nommés par l'administration centrale des télégraphes, et payés par les compagnies. Enfin, en cas d'usage illicite, la suspension du service peut être prononcée sans indemnité. Ce règlement, dont on trouvera les termes précis dans les pièces annexées à ce rapport, nous paraît avoir réservé à l'autorité les moyens nécessaires pour prévenir et pour réprimer les abus, à la condition d'une surveillance rigoureuse, dans le cas surtout où la sécurité publique exigerait qu'on supprimât l'usage de la télégraphie privée.

Les articles 4 et 5 du projet de loi nous paraissent également susceptibles d'être admis sans modifications.

L'article 6 du projet, devenu l'article 7 de la commission, article qui règle les tarifs, a été longuement discuté et complétement modifié.

Le prix du transport d'une même dépêche à différentes distances peut être rigoureusement proportionnel à ces distances ; ou bien, tout en élevant le tarif à mesure que la distance augmente, on peut cependant suivre une proportion moins rapide que celle de la distance, ou bien enfin on pourrait recevoir une taxe uniforme, quelle que fût la distance.

Le système d'une taxe uniforme, applicable à toutes les distances, tel, en un mot, qu'il est établi pour le transport des dépêches par la poste, est complétement inapplicable au service de la télégraphie électrique. Rien de pareil n'a été essayé nulle part. L'Angleterre, à laquelle nous avons emprunté le système de l'uniformité de la taxe postale, s'est bien gardée de l'étendre au service privé des télégraphes. C'est que, en effet, les conditions sont ici complétement différentes.

La malle qui fait aujourd'hui le service de Tonnerre ne voit, en aucune façon, ses dépenses accrues par l'obligation où elle est d'emporter les dépêches de Dijon ; on peut considérer ces dernières comme n'occasionnant d'autres frais que ceux de leur transport de Tonnerre à Dijon. Par la même raison, les dépêches de Lyon, transportées jusqu'à Dijon en même temps que celles de cette dernière ville n'occasionnent réellement une dépense nouvelle que depuis Dijon jusqu'à Lyon. On peut donc soutenir, même par ces seules considérations, que chaque dépêche ne devant payer que sa quote-part des frais généraux, plus le léger surcroît de dépense afférent au surcroît de chemin que cette dépêche oblige à parcourir, la taxe peut être la même, quelle que soit la distance du point de départ au point d'arrivée.

Les dépêches télégraphiques entre deux stations ne peuvent au contraire être transmises que par ordre successif, les unes après les autres. Imaginons qu'un particulier réclame l'envoi d'une dépêche de Paris à Lyon. Toute la ligne sera monopolisée à son profit pendant le temps que durera la transmission de cette dépêche. Tandis que s'il se fût borné à demander la correspondance jusqu'à Tonnerre, rien ne se fût opposé à ce que deux autres dépêches fussent transmises pendant le même temps, l'une de

Tonnerre à Dijon, l'autre de Dijon à Lyon. Il est donc vrai que celui qui réclame l'emploi de l'ensemble de la ligne à son profit s'empare d'une portion plus considérable du service total dont cette ligne est susceptible, que s'il s'était borné à correspondre entre deux stations intermédiaires. Dans le système d'une taxe uniforme, l'administration aurait avantage à transmettre les dépêches dans l'ordre des moindres distances et à ne faire passer celles qui intéresseraient les stations extrêmes qu'à défaut de dépêches concernant les stations intermédiaires. Pour la transmission d'une dépêche de Paris à Lyon, on ne percevrait qu'une taxe, tandis que trois dépêches transmises dans le même temps, l'une de Paris à Tonnerre, l'autre de Tonnerre à Dijon, l'autre enfin de Dijon à Lyon, donneraient lieu à la perception de trois taxes, c'est-à-dire à un bénéfice trois fois plus considérable pour le trésor.

A ce dernier point de vue, la proportionnalité de la taxe avec la distance serait la seule combinaison qui fût susceptible de maintenir les droits du trésor, et de garantir les stations extrêmes contre les chances de voir accorder aux transmissions intermédiaires un tour de faveur, justifié par le plus grand avantage qu'elles offriraient au trésor.

Le tarif prussien est proportionnel à la distance parcourue. Aussi n'a-t-on en Prusse aucun intérêt à écarter les dépêches à grande distance; loin de là, l'article 10 du règlement de la télégraphie prussienne porte que, parmi les dépêches ayant une même direction, celles partant des points extrêmes de la ligne auront le pas sur celles provenant des stations intermédiaires.

Telle était aussi la base du tarif proposé par le gouvernement. La transmission d'une dépêche de vingt mots devait coûter *dix* francs pour une distance de 50 myriamètres, et *vingt* francs pour une distance de 100 myriamètres. La commission a cru devoir, à l'exemple de l'Amérique et de l'Angleterre, tempérer ce tarif en faveur des grandes distances. L'article 7 du projet de la commission porte qu'il sera perçu, pour une dépêche de *un à vingt mots*, un droit fixe de trois francs, plus douze centimes par myriamètre. Sur cette base, une dépêche de vingt mots payera *neuf* francs au lieu de *dix* pour un parcours de 50 myriamètres, et *quinze* francs au lieu de *vingt* pour un parcours de 100 myriamètres. Nous renvoyons, pour toutes les comparaisons analogues qu'on voudrait établir, aux tableaux A et B annexés à ce rapport.

Suivant le projet du gouvernement, il devrait être payé pour chaque *vingtaine* de mots, au delà de vingt mots, 35 centimes par myriamètre, de telle sorte qu'il serait perçu 80 centimes par myriamètre pour une dépêche de cent mots, c'est-à-dire *huit dixièmes* de centime par mot. Mais au delà de cent mots la proportion de la taxe changerait brusquement : il devrait être perçu *deux* centimes par myriamètre pour chaque mot excédant. Dans ce sys-

tème, les cent premiers mots d'une dépêche envoyée à cent myriamètres de distance coûteraient 80 francs, et chaque centaine de
mots au delà coûterait la somme exorbitante de 200 francs.

Une pareille mesure équivaudrait évidemment à la prohibition
absolue de toute dépêche dont l'étendue excéderait cent mots.
Quel pourrait être le but d'une telle prohibition ? Serait-ce d'empêcher un spéculateur ou une entreprise de nouvelles d'accaparer
à un moment donné l'emploi de la ligne par la transmission d'une
longue dépêche, au détriment de nouvelles plus courtes, et d'une
urgence plus notoire ? Nullement : l'article 9 du projet du gouvernement a prévu cet inconvénient, et a sauvegardé les intérêts
du public par cette clause que nous maintenons : « Toutefois, la
transmission des dépêches dont le texte dépasserait cent mots peut
être retardée pour céder la priorité à des dépêches plus brèves,
quoique inscrites postérieurement. » La prohibition portée contre
les dépêches de plus de cent mots n'aurait donc d'autre objet que
d'éviter à l'administration les embarras que pourrait lui causer la
transmission de ces dépêches.

La grande majorité des dépêches renferme, dans les pays étrangers, une quinzaine de mots ; ce sera sans doute aussi leur étendue en France. En tous cas, il est très-certain que les dépêches
excédant cent mots ne pourront être que des nouvelles envoyées
pour le service des journaux. On proscrirait donc purement et
simplement l'emploi du télégraphe par les entreprises de journaux, si l'on frappait les longues dépêches d'une taxe extraordinaire et prohibitive. La commission n'a aucune raison d'entrer
dans ce système. La télégraphie électrique est aujourd'hui assez
perfectionnée pour que l'administration du télégraphe ne puisse
craindre d'être encombrée par les demandes et de ne pouvoir
y satisfaire. L'intérêt du trésor serait évidemment sacrifié par
l'exclusion des longues dépêches, si par malheur on parvenait à
la réaliser. Nous avons dit enfin pourquoi nous croyons qu'une
administration vigilante doit encourager par tous les moyens les
organes de la publicité à puiser directement leurs nouvelles aux
sources les plus promptes et les plus sûres. C'est dans ce but que,
loin de vouloir entraver l'emploi du télégraphe pour les journaux,
nous vous proposons d'autoriser l'administration à leur concéder
des abonnements pour la transmission des nouvelles à prix réduit.
Cette faveur tournera sans aucun doute au profit de la vérité.

L'article 8 du projet de loi ne constituait pas pour l'administration d'autre obligation, lorsque le destinataire ne résidera pas au
lieu d'arrivée, que celle de porter la dépêche au bureau de la
poste aux lettres. Mais la dépêche, ainsi jetée à la poste, peut ne
parvenir que le lendemain, même à une distance de quelques
kilomètres de la station télégraphique. Nous avons pensé qu'il
fallait, autant qu'il était possible, appeler les pays circonvoisins à

7

jouir des avantages concédés aux stations qui sont en communication directe ; dans ce but nous vous demandons d'autoriser l'expéditeur d'une dépêche à la faire porter par exprès ou estafette au destinataire, lorsque celui-ci ne réside pas au lieu d'arrivée.

Nous nous sommes enfin demandé si la mise du télégraphe à la disposition du public ne donnerait pas lieu à des spéculations illicites sur les fonds publics, et s'il serait possible d'introduire dans la loi quelques conditions restrictives propres à garantir le public contre tous abus. Après une longue discussion sur ce sujet, après avoir entendu M. le syndic des agents de change, nous sommes arrivés à penser avec lui qu'il n'était point nécessaire d'introduire dans la loi aucune clause relative à la transmission du cours des fonds publics par les particuliers, et que même cela était à peu près impraticable. Déjà le gouvernement transmet chaque jour à Rouen et à Lille le cours des fonds publics. Son premier soin, à mesure que la ligne télégraphique atteindra nos villes de commerce, sera de les faire jouir de la même faveur. Les honorables commerçants de ces villes comprendront que la prudence la plus vulgaire voudra qu'ils attendent chaque jour ce bulletin pour régler le cours de leurs opérations.

On trouvera, après le texte du projet de loi et les amendements de la commission, plusieurs annexes ou pièces à l'appui, savoir :

A. — Tarif suivant le projet de loi.

B. — Tarif proposé par la commission.

C. — Extrait de l'acte d'incorporation relatif à la compagnie du télégraphe électrique en Angleterre, avec les tarifs.

D. — Tarifs américains sur les lignes de Washington à New-York, et de Washington à la Nouvelle-Orléans.

E. — Télégraphie prussienne. Règlement pour la mise à la disposition du public de la télégraphie électro-magnétique de l'Etat. Tarif des lignes de Berlin à Aix-la-Chapelle, et de Berlin à Hambourg.

F. — Arrêté du gouvernement hollandais relatif à l'établissement de télégraphes électriques.

G. — Extrait du traité passé entre l'administration télégraphique et les compagnies d'Orléans et du Centre pour l'établissement d'une ligne électrique.

Voici le projet de loi, tel qu'il fut amendé par la commission et approuvé par le gouvernement.

(Les caractères italiques appartiennent à cette dernière rédaction.)

Art. 1er. *Art. 1er. Il est permis à toutes personnes dont l'identité est établie de correspondre, au moyen du télégraphe électrique de* l'Etat, par l'intermédiaire des fonctionnaires de l'administration télégraphique.

La transmission de la correspondance télégraphique privée est toujours subordonnée aux besoins du service télégraphique de l'Etat.

ART. 2. *Art. 2.* Les dépêches, écrites lisiblement, en langage ordinaire et intelligible, datées et signées des personnes qui les envoient, sont remises par elles ou par leurs mandataires au directeur du télégraphe, *et transcrites dans leur entier, avec l'adresse de l'expéditeur, sur un registre à souche. Cette copie est signée par l'expéditeur ou par son mandataire, et par l'agent de l'administration télégraphique.*

Sont exemptés de la transcription sur le registre à souche les articles destinés aux journaux.

Art. 3. Le directeur du télégraphe peut, dans l'intérêt de l'ordre public et des bonnes mœurs, refuser de transmettre les dépêches. En cas de réclamation, il en est référé, à Paris, au ministre de l'intérieur, et, dans les départements, au préfet ou au sous-préfet, *ou à tout autre agent délégué par le ministre de l'intérieur.* Cet agent, sur le vu de la dépêche, statue d'urgence.

Si, à l'arrivée au lieu de destination, le directeur estime que la communication d'une dépêche peut compromettre la tranquillité publique, il en réfère à l'autorité administrative, qui a le droit de retarder ou d'interdire la remise de la dépêche.

ART. 3. *Art. 4.* La correspondance télégraphique privée peut être suspendue par le gouvernement, soit sur une ou plusieurs lignes séparément, soit sur toutes les lignes à la fois.

ART. 4. *Art. 5.* Tout fonctionnaire public qui viole le secret de la correspondance télégraphique est puni des peines portées en l'article 187 du Code pénal.

ART. 5. *Art. 6.* L'Etat n'est soumis à aucune responsabilité à raison du service de la correspondance privée par la voie télégraphique.

ART. 6. *Art. 7.* Les dépêches télégraphiques privées sont soumises à la taxe suivante, qui est perçue au départ :

De 1 à 20 mots, 20 c. par myr.   *Pour une dépêche de un à vingt*
   21 à 40 — 35 —   *mots, il est perçu un droit fixe de*
   41 à 60 — 50 —   *3 francs, plus 12 centimes par my-*
   61 à 80 — 65 —   *riamètre.*
   81 à 100 — 80 —   *Au-dessus de vingt mots, la taxe*
Au-dessus de 100 mots, les dé-   *précédente est augmentée d'un quart*
pêches payent, en sus de la taxe   *pour chaque dizaine de mots ou frac-*
ci-dessus, 2 centimes par myria-   *tion de dizaine excédant.*
mètre pour chaque mot excédant.

Sont comptées dans l'évaluation des mots l'adresse, la date et la signature.

Les chiffres sont comptés comme s'ils étaient écrits en toutes lettres.

Toute fraction de myriamètre est comptée comme un myriamètre.

Lorsqu'il sera établi un service de nuit, la taxe sera augmentée de moitié pour les dépêches transmises la nuit.

Le ministre de l'intérieur est autorisé à concéder des abonnements à prix réduit, pour la transmission des nouvelles destinées aux journaux.

ART. 7. *Art.* 8. En payant double taxe, les particuliers ont la faculté de recommander leurs dépêches. Toute dépêche recommandée est vérifiée par une répétition de la dépêche faite par le directeur destinataire.

ART. 8. *Art.* 9. Indépendamment des taxes ci-dessus spécifiées, il est perçu, pour le port de la dépêche, soit au domicile du destinataire, s'il réside au lieu de l'arrivée, soit au bureau de la poste aux lettres, un droit de 50 centimes dans les départements, et de 1 franc pour Paris.

Si le destinataire ne réside pas au lieu d'arrivée, la dépêche lui sera transmise, sur la demande et aux frais de l'expéditeur, par exprès ou estafette. Les conditions de ce service seront fixées par le règlement à intervenir en vertu de l'article 11 de la présente loi.

ART. 9. *Art.* 10. Les dépêches sont transmises selon l'ordre d'inscription pour chaque destination.

L'ordre des transmissions entre les diverses destinations est réglé de manière à les servir utilement et également.

Toutefois, la transmission des dépêches dont le texte dépasserait cent mots peut être retardée pour céder la priorité à des dépêches plus brèves, quoique inscrites postérieurement.

ART. 10. *Art.* 11. La présente loi recevra son exécution à partir du .... 1850.

Le service de la correspondance télégraphique privée, *les conditions nécessaires pour constater l'identité des personnes*, et les dispositions réglementaires de la comptabilité seront réglés par un arrêté concerté entre le ministre de l'intérieur et le ministre des finances.

Cet arrêté sera converti en un règlement d'administration publique dans l'année qui suivra la promulgation de la présente loi.

ETAT A.

Tarif suivant le projet de loi.

DISTANCE EN MYRIAMÈTRES.	1 à 20 mots.	21 à 40 mots.	41 à 60 mots.	61 à 80 mots.	81 à 100 mots.	120 mots.	140 mots.	160 mots.	180 mots.	200 mots.
	fr. c.	fr. c.	fr. c.	fr. c.	fr. c.	fr. c.	fr. c.	fr. c.	fr. c.	fr. c.
0	» »	» »	» »	» »	» »	» »	» »	» »	» »	» »
10	2 »	3 50	5 »	6 50	8 »	12 »	16 »	20 »	24 »	28 »
20	4 »	7 »	10 »	13 »	16 »	24 »	32 »	40 »	48 »	56 »
30	6 »	10 50	15 »	19 50	24 »	36 »	48 »	60 »	72 »	84 »
40	8 »	14 »	20 »	26 »	32 »	48 »	64 »	80 »	96 »	112 »
50	10 »	17 50	25 »	32 50	40 »	60 »	80 »	100 »	120 »	140 »
60	12 »	21 »	30 »	39 »	48 »	72 »	96 »	120 »	144 »	168 »
70	14 »	24 50	35 »	45 50	56 »	84 »	112 »	140 »	168 »	196 »
80	16 »	28 »	40 »	52 »	64 »	96 »	128 »	160 »	192 »	224 »
90	18 »	31 50	45 »	58 50	72 »	108 »	144 »	180 »	216 »	252 »
100	20 »	35 »	50 »	65 »	80 »	120 »	160 »	200 »	240 »	280 »

ETAT B.

Tarif proposé par la commission.

DISTANCE EN MYRIAMÈTRES.	1 à 20 mots.	21 à 30 mots.	31 à 40 mots.	41 à 50 mots.	51 à 60 mots.	61 à 70 mots.	71 à 80 mots.	81 à 90 mots.	91 à 100 mots.	200 mots.
	fr. c.	fr. c.	fr. c.	fr. c.	fr. c.	fr. c.	fr. c.	fr. c.	fr. c.	fr. c.
0	3 »	3 75	4 50	5 25	6 »	6 75	7 50	8 25	9 »	15 »
10	4 20	5 25	6 30	7 35	8 40	9 45	10 50	11 55	12 60	21 »
20	5 40	6 75	8 10	9 45	10 80	12 15	13 50	14 85	16 20	27 »
30	6 60	8 25	9 90	11 55	13 20	14 85	16 50	18 15	19 80	33 »
40	7 80	9 75	11 70	13 65	15 60	17 55	19 50	21 45	23 40	39 »
50	9 »	11 25	13 50	15 75	18 »	20 25	22 50	24 75	27 »	45 »
60	10 20	12 75	15 30	17 85	20 40	22 95	25 50	28 05	30 60	51 »
70	11 40	14 25	17 10	19 95	22 80	25 65	28 50	31 35	34 20	57 »
80	12 60	15 75	18 90	22 05	25 20	28 35	31 50	34 65	37 80	63 »
90	13 80	17 25	20 70	24 15	27 60	31 05	34 50	37 95	41 40	69 »
100	15 »	18 75	22 50	26 25	30 »	33 75	37 50	41 25	45 »	75 »

Etat C.

ANGLETERRE.

*Extrait de l'article d'incorporation relatif à la compagnie
du télégraphe électrique.*

La compagnie du télégraphe électrique (*the electric telegraph
company*) a été autorisée (*incorporated*) par un acte du parlement
passé le 18 juin 1846.

La compagnie est obligée d'accorder à toute personne désignée
par le conseil privé, la faculté d'établir des lignes télégraphiques,
et d'en faire usage pour le service du gouvernement de la reine.
En outre, la compagnie doit recevoir dans tous les bureaux télégraphiques, et transmettre, quand elles sont présentées en temps
convenable, toutes dépêches pour le service de Sa Majesté. Toutes
dépêches envoyées pour le service de Sa Majesté doivent avoir la
priorité, soit pour la transmission, soit pour la réception et l'expédition, sur toutes autres dépêches quelconques, et il est ordonné
à la compagnie, à ses employés (*officers*) ou agents de transmettre,
de recevoir et d'expédier de telles dépêches immédiatement, et de
suspendre la transmission de toutes autres dépêches, jusqu'à ce
que les dépêches pour le service de Sa Majesté ou relativement à
ce service aient été transmises, le tout sauf une rémunération convenable.

Enfin, en cas d'événements graves (*in times of emergency*), l'un
des secrétaires d'Etat a le droit de s'emparer de tous les télégraphes
et appareils aux différentes stations de la compagnie, de leurs
licences ou délégations (*their licenses and assings*) pour une semaine,
et d'en retenir la possession de semaine en semaine, si cela est expédient pour le service public, en payant toutefois une indemnité,
réglée sur le profit moyen d'une semaine.

TARIFS.

Taxe pour 20 mots.

Un penny par *mile* pour les premiers 50 *miles*. 62,5 centimes
par myriamètre pour les premiers 80 kilomètres.

1/2 penny par *mile* pour les seconds 50 *miles*. 31,2 centimes par
myriamètre pour les seconds 80 kilomètres.

1/4 de penny pour toute distance au delà de 100 *miles*. 15,6 centimes par myriamètre pour toute distance au delà des 161 premiers
kilomètres.

N. B. Aucune taxe ne peut être au-dessous de 2 shel. 6 (3 fr. 10 c.).

La taxe est augmentée de moitié en sus pour chaque dizaine de
mots ou fraction de dizaine de mots au-dessus de 20 mots.

Le port des dépêches est taxé à 1 shelling par *mile*. Il n'est
jamais au-dessous d'un shelling.

Il s'en faut, au reste, beaucoup que ce tarif soit invariable et uniforme pour toutes les lignes. Il change au contraire, non-seulement d'une ligne à l'autre, mais encore pour une même ligne, suivant les circonstances. Voici quel était, au commencement de l'année, le prix de la transmission des dépêches sur quelques lignes télégraphiques principales.

DE LONDRES à	DISTANCE.	PRIX par mot pour toute la distance.	PRIX par mot et par kilomètres.
	kilomètres.	centimes.	centimes.
Douvres.................	142	44	0,310
Birmingham............	180	39	0,217
Stafford	211	39	0,185
Derby..................	211	42	0,199
Norwich	202	42	0,208
Nottingham............	212	42	0,198
Yarmouth	233	42	0,180
Liverpool	336	51	0,152
Leeds.................	211	51	0,242
Manchester...........	315	51	0,162
York..................	352	54	0,153
Edinburgh	650	78	0,120
Glasgow...............	658	84	0,128

ETAT D.

TARIFS AMÉRICAINS.

The magnetic telegraph company.

De Washington à New-York.

Le dollar vaut 5 fr. 42 c. et le cent 0 fr. 0542 c.

DE WASHINGTON à	DISTANCE.	PREMIERS dix mots.	CHAQUE mot en plus.
	milles.	cents.	cents.
Baltimore....................	40	10	1
Philadelphie.................	156	30	3
Trenton (New-Jersey).........	184	45	4
Princetown (id.).............	194	50	5
New-York	343	50	5

Washington and New-Orleans telegraph company.

DE WASHINGTON à	DISTANCE.	PREMIERS dix mots.	CHAQUE mot en plus.
	milles.	cents.	cents.
Georges-Town................	2	15	1
Alexandria (Virginie)	10	16	1
Frédéricksbourg (id.)........	60	21	1
Richemond (id.)........	121	27	1
Petersburg (id.)........	143	29	1
Raleigh (Caroline du Nord)....	292	44	2
Fayetteville (id.)...........	349	50	3
Cheraw (Caroline du Sud)......	419	57	3
Cambden (id.)..........	476	63	3
Columbia (id.)..........	509	66	3
Charles-Town (id.)..........	644	79	4
Augusta (Géorgie)...........	782	93	5
Savannah (id.)...........	914	106	5
Macan (id.).............	1,107	126	6
Columbus (id.).............	1,200	135	7
Montgommery (Alabama)......	1,299	145	7
Cabawba (id.)........	1,351	150	8
Mobile (id.)........	1,523	167	8
New-Orléans (Louisiane).....	1,716	200	10

ETAT E.

TÉLÉGRAPHIE PRUSSIENNE.

RÈGLEMENT

*pour la mise à la disposition du public de la télégraphie
électro-magnétique de l'Etat.*

§ 1ᵉʳ. Il sera permis d'utiliser pour les communications privées du public celles des lignes électro-magnétiques de l'Etat déjà terminées, ci-après :

A. — A partir du 1ᵉʳ octobre courant, celle de Berlin, par Brunswick, Hanovre et Cologne, sur Aix-la-Chapelle, avec l'embranchement de Dusseldorf sur Elberfeld ;

B. — A partir de la même époque, celle de Berlin, par Wittenberg et Hagenow, sur Hambourg ;

A partir du 15 octobre courant, celle de Berlin sur Stettin ; et à partir du 27 octobre courant, celle de Berlin sur Francfort-sur-le-Mein.

Tant pour l'aller que pour le retour.

§ 2. Néanmoins cet emploi desdites lignes électriques par le public ne pourra avoir lieu qu'autant que la transmission régulière des différentes dépêches du gouvernement et de l'administration du chemin de fer le permettra.

§ 3. Sont susceptibles d'être expédiées par le télégraphe électrique de l'Etat toutes les communications appropriées à une correspondance, et ne sont exclus de cette faculté que les seuls articles qui porteraient atteinte aux lois, ou qui, par des considérations de haute politique ou de bien public, seraient jugés non-susceptibles de ce mode de transmission.

Si un doute vient à s'élever sur la question de savoir si une nouvelle est susceptible ou non de l'envoi par voie télégraphique, la difficulté sera soumise à l'appréciation de la direction télégraphique dont le jugement sera sans appel.

§ 4. Chaque dépêche à expédier doit être signée du nom de l'expéditeur *et être écrite en langage intelligible et sans abréviations.*

Des dépêches qui ne rempliraient pas ces conditions seraient rendues aux expéditeurs, afin qu'ils les complètent ou les refondent.

Dans le cas où des dépêches, après avoir été transmises télégraphiquement à une distance partielle, devraient, à partir de la dernière station télégraphique, continuer jusqu'à leur destination finale, par estafette, par exprès ou par la poste (§ 13), la désignation d'un tel mode d'expédition devra être expressément spécifiée par l'expéditeur sur sa dépêche.

§ 5. Afin d'empêcher l'emploi abusif de la télégraphie de l'Etat, et de la rendre accessible à autant de correspondances que possible, pendant qu'un seul fil conducteur établira la communication des appareils entre eux, une dépêche télégraphique ne devra pas contenir plus de cent mots, et ne devra entraîner, de la part du correspondant, qu'une seule réponse immédiate. De plus longues dépêches ou plusieurs dépêches successives d'un même expéditeur ne pourront être transmises que dans le seul cas où l'appareil ne serait pas requis par d'autres correspondants, soit dans la station même, soit dans les autres stations de la ligne.

§ 6. Jusqu'à ce qu'une station centrale soit établie à Berlin, à laquelle aboutiraient les diverses lignes télégraphiques, le dépôt des dépêches aura lieu en cette capitale, aux stations télégraphiques établies dans les gares de chemin de fer respectives. Il en sera de même à Magdebourg, Brunswick, Hanovre, Mindz, Dusseldorf, Cologne, Aix-la-Chapelle, Elberfeld, ainsi qu'à Wittenberg, Hagenow et Hambourg.

§ 7. Les bureaux télégraphiques sont ouverts régulièrement au public tous les jours, à l'exception des dimanches et jours de fête, savoir :

Du 1er avril au 30 septembre, de sept heures du matin à neuf heures du soir ;

Du 1er octobre au 31 mars, de huit heures du matin à neuf heures du soir.

Dans des cas urgents, les lignes télégraphiques pourront être utilisées de nuit, sous les conditions mentionnées an paragraphe 9.

§ 8. La déclaration des dépêches à expédier a lieu entre les mains du chef de la station télégraphique ou, à son défaut, entre celles de son suppléant. L'un ou l'autre de ces derniers calcule, d'après le tarif, les frais d'expédition, les perçoit de l'expéditeur, les inscrit dans un journal de recette à ce spécialement destiné, et remet à l'expéditeur, avec la quittance de la somme perçue, un certificat de réception.

En même temps que les frais d'expédition on percevra :

A. — Les frais de commission de 5 silbergroschen (62 c. 1/2) (§ 14), et;

B. — En ce qui est des dépêches à expédier, en partie seulement, par le télégraphe (§§ 14 et 13), les frais d'estafette, d'exprès ou de port dont le montant pourra être connu.

Si le chef de la station télégraphique est en doute sur le montant des frais mentionnés en B, il pourra recueillir des renseignements au bureau de poste de la gare respective.

Dussent ces frais ne pouvoir être évalués exactement, l'expéditeur aura pour les couvrir à déposer à la station télégraphique une somme proportionnée.

§ 9. L'évaluation des frais d'expédition est basée sur le nombre des mots, et c'est dans ce sens que le tarif a été établi. L'adresse, la signature et la date sont soumis à la taxe. Les chiffres isolés, les chiffres simples sont calculés aussi bien que les chiffres additionnés ou groupés. Par contre, il n'est pas tenu compte de la ponctuation. Ce sera au chef de la station télégraphique à décider ce qui devra être considéré comme un mot, sans qu'il y ait à en appeler de cette décision.

Le double des évaluations portées au tarif sera perçu pour des dépêches à expédier de nuit, c'est-à-dire de neuf heures du soir jusqu'au moment de la reprise du travail.

§ 10. L'expédition des dépêches a lieu d'après leur ordre de succession, eu égard au moment de leur première remise à la station télégraphique.

Une commande préalable ne sera pas prise en considération.

Lorsqu'il arrivera des communications télégraphiques de divers points, celles privées alterneront entre elles de telle façon que, par exemple, à une dépêche de Berlin pour Hambourg, il en succédera une de Hambourg pour Berlin ; à celle-ci, une de Berlin pour Hambourg, etc.

Parmi les dépêches ayant une même direction, celles partant des points extrêmes de la ligne auront le pas sur celles provenant des stations intermédiaires.

§ 11. Tous les employés télégraphiques sont astreints au plus strict secret quant aux dépêches télégraphiques.

L'accès des chambres de travail des stations télégraphiques n'est permis que sur autorisation expresse soit de la direction, soit du chef de la station respective ou de son suppléant, et seulement lorsque l'on ne télégraphiera pas.

§ 12. La dépêche télégraphique, aussitôt après son arrivée et sa transcription intégrale et lisible, sera scellée du cachet de la station télégraphique et envoyée au destinataire par un messager télégraphique assermenté ou, dans le cas du paragraphe 8 lettre B, par un facteur ou un courrier de la poste.

La remise exacte, avec indication du temps auquel elle aura eu lieu, sera certifiée par le destinataire sur un livre à quittance ou sur un récépissé spécial.

§ 13. Les dépêches dirigées sur des points avec lesquels il n'existera aucune communication télégraphique directe seront recueillies par la dernière station qu'elles auront à toucher ; là, elles seront convenablement traduites, scellées du cachet administratif de la station et réexpédiées à destination, conformément au vœu du destinataire, par la poste locale.

§ 14. Pour la remise de chaque dépêche télégraphique, que cette remise se fasse directement par la station télégraphique, ou qu'elle ait lieu par l'intermédiaire du bureau du poste local, il sera porté en compte une surtaxe de 5 silbergroschen (62 c. 1/2), qui sera perçue au moment de la remise de la dépêche.

Ce droit de commission sera également prélevé au profit du trésor royal, dans le cas où les expéditeurs attendraient en personne et recevraient à la station télégraphique même les réponses à des demandes en renseignements télégraphiques.

§ 15. Dans des circonstances où, de l'expédition télégraphique de nouvelles par le public, il y aurait à craindre un danger pour l'Etat, l'emploi public du télégraphe pourra être entièrement suspendu par ordonnance du ministre soussigné.

Berlin, le 6 août 1849.

EXTRAIT DU TARIF PROVISOIRE (PRUSSE).

DÉSIGNATION des TRAJETS.	DISTANCES en kilomètres.	1 à 20 mots.	21 à 30 mots.	31 à 40 mots.	41 à 50 mots.	51 à 50 mots.	61 à 70 mots.	71 à 80 mots.	81 à 90 mots.	91 à 100 mots.
		fr. c.	fr. c.	fr. c.	fr. c.	fr. c.	fr. c.	fr. c.	fr. c.	fr. c.
Berlin à Aix-la-Chapelle	705	19 32	24 15	28 98	33 81	38 64	43 47	48 30	53 13	57 96
— Cologne........	635	17 34	21 67	26 01	30 34	34 67	39 »	43 33	47 65	52 »
— Elberfeld......	628	17 09	21 36	25 63	29 90	34 17	38 44	42 71	46 98	51 25
— Dusseldorf.....	598	16 35	20 43	24 52	28 60	32 68	36 76	49 85	44 96	49 04
— Minden........	373	10 15	12 69	15 23	17 77	20 31	22 85	25 39	27 93	30 47
— Hanovre.......	317	8 42	10 52	12 63	14 74	16 84	18 95	21 05	23 17	25 28
— Brunswick.....	249	6 93	8 67	10 40	12 13	13 86	15 60	17 33	19 06	20 80
— Magdebourg....	146	3 95	4 95	5 94	6 93	7 92	8 91	9 90	10 89	11 88
— Hambourg.....	285	7 43	9 28	11 14	12 99	14 86	16 71	18 58	20 43	22 29
— Hagenow......	191	5 57	6 96	8 35	9 74	11 14	12 53	13 92	15 32	16 71
— Wittemberg....	126	3 71	4 64	5 55	6 50	7 43	8 35	9 27	10 20	11 14
Hambourg à Hagenow.	94	2 47	3 09	3 71	4 33	4 95	5 57	6 19	6 81	7 43
— Wittemberg....	161	4 33	5 40	6 47	7 54	8 67	9 84	10 83	11 91	13 »
Hagenow à Wittemberg	66	1 85	2 30	2 78	3 25	3 71	4 17	4 63	5 09	5 56

Etat F.

Copie d'un arrêté du gouvernement hollandais relatif à l'établissement des télégraphes électriques.

Nous, Guillaume II....., etc.,

Considérant qu'en même temps que l'introduction des télégraphes électriques, comme moyen rapide de communications, mérite à tous égards d'être encouragée, il n'est pas moins important que le service de ces télégraphes soit soumis à des conditions propres à prévenir, dans l'intérêt général, les abus résultant de l'emploi de ce moyen de communication;

Avons arrêté et arrêtons :

ARTICLE 1er. Aucun télégraphe électrique ne pourra être établi ou mis en usage, soit sur la ligne des chemins de fer, soit sur les routes ordinaires, ou de toute autre manière, sans avoir obtenu auparavant notre approbation, sur la demande qui nous en aura été faite.

ART. 2. Les conditions suivantes sont attachées à la concession des télégraphes électriques, savoir :

1° Le tarif des prix pour le transport des nouvelles sera envoyé aux départements de l'intérieur et des finances et soumis par ces départements à notre approbation ;

2° Les nouvelles et les communications provenant de l'administration générale et des administrations provinciales et communales, ainsi que les nouvelles et communications qui leur seraient adressées, seront transmises de préférence à celles des particuliers ;

3° En temps de guerre, les télégraphes électriques seront placés sous la direction immédiate du département de la marine et de la guerre ;

4° En outre, chaque fois que des circonstances particulières pourront l'exiger, l'emploi de ces télégraphes pour le service particulier, par ordre ou sous la surveillance du gouvernement ou des chefs des administrations communales, sera interdit provisoirement, et même entièrement suspendu, à l'exception des communications qui ont rapport directement au service de chemins de fer ;

5° Dans toutes les stations des chemins de fer, il sera tenu des registres pour ces télégraphes, lesquels seront cotés et parafés par le chef de l'administration communale, et établis d'après les modèles annexés à cet arrêté : toutes les nouvelles expédiées ou reçues devront, sans aucune exception, êtres inscrites sur ces registres;

6° S'il arrivait que plus tard l'usage multiplié fait par le public des télégraphes électriques portât préjudice aux intérêts financiers de l'administration des postes, la rétribution d'une juste indemnité au profit de cette administration, et réglée concurremment par les départements de l'intérieur et des finances, sera exigée des propriétaires des télégraphes électriques ;

7° En tant qu'il s'agit d'établir des télégraphes en dehors des chemins de fer, les personnes qui auront obtenu des concessions seront tenues de s'entendre avec les administrations communales et les propriétaires des terrains, routes, digues, etc., pour la direction des lignes télégraphiques et l'établissement des stations nécessaires à ce service, et de se soumettre aux indications données par le gouvernement relativement à la direction de ces lignes.

Art. 3. Les contraventions au présent arrêté seront punies conformément aux dispositions de la loi du 6 mars 1818.

Etat G.

ADMINISTRATION DES LIGNES TÉLÉGRAPHIQUES.

Extrait du traité passé entre l'administration télégraphique et les compagnies d'Orléans et du Centre pour l'établissement d'une ligne électrique.

Article 1er. Les compagnies d'Orléans et du Centre concèdent à l'Etat le droit d'établir sur les chemins dont elles sont concessionnaires une ligne télégraphique électrique composée d'autant de fils qu'il jugera utile à son service.

Art. 2. Les travaux de premier établissement et d'entretien seront exécutés aux frais de l'Etat et par ses soins, en se concertant avec les compagnies pour que leur exécution ne gêne en rien la marche des trains.....

Art. 3. Les compagnies feront surveiller, mais sans qu'il puisse en résulter aucune responsabilité pour elles, les fils télégraphiques par leurs poseurs et leurs gardes. Elles donneront connaissance aux employés télégraphiques des accidents qui pourraient survenir à ces fils. En cas de rupture des fils, les gardes ou poseurs raccrocheront provisoirement les bouts séparés, en se conformant aux instructions qui leur seront données à cet effet. Pour l'exécution de cet article, les Compagnies ne pourront être obligées à augmenter le nombre de leurs agents ni à faire aucune dépense.

Art. 4. Comme compensation des droits et avantages concédés par les compagnies à l'Etat dans les trois articles qui précèdent, celui-ci concède, de son côté, aux deux compagnies précitées, le droit d'établir sur leurs chemins et sur les embranchements de ces chemins qui sont ou seront exploités par les compagnies un télégraphe électrique composé du nombre de fils nécessaires pour leur propre usage, limité à la transmission des dépêches intéressant leur service, soit sur leur ligne, soit sur les lignes en prolongement, et ce, aux conditions déterminées par les articles suivants.

Le nombre de ces fils est, quant à présent, limité à deux. Les fils supplémentaires ne seront établis que d'après les indications de l'administration, pour assurer le parfait isolement.

L'un de ces fils servira à faire communiquer entre elles les stations. Il sera fourni et posé par l'administration télégraphique et à ses frais. L'autre, qui sera à courant continu, servira à mettre un train arrêté sur la voie en communication avec les dépôts ou les stations ; il sera fourni, ainsi que les appareils en porcelaine et les appareils de traction, par les compagnies, et posé par l'administration télégraphique et à ses frais. Tous les fils seront entretenus par l'administration télégraphique, sauf le cas du remplacement de ces fils et de leurs accessoires.

Art. 7. Les compagnies auront la libre jouissance, soit de jour, soit de nuit, des fils qui leur sont concédés pour la transmission des dépêches ayant pour objet leur service.

Art. 8. Les compagnies feront établir les appareils destinés à la transmission de leurs dépêches, soit avec des signes alphabétiques, soit avec tous autres signes. Elles devront seulement soumettre ces appareils à l'acceptation de l'administration télégraphique.

Elles pourront disposer leurs appareils de manière à communiquer directement avec telle station intermédiaire qui leur conviendra, sans être obligées de faire passer par toutes les stations intermédiaires les dépêches à transmettre entre deux directions consécutives. Il sera établi des directions à Orléans, Bourges, Châteauroux et Nevers.

Art. 9. Les compagnies demeurent libres de faire manœuvrer leurs appareils par leurs employés dans toutes les stations autres que celles de Paris, Orléans, Bourges, Châteauroux et Nevers.

Dans chacune de ces dernières gares, les deux employés préposés au service spécial des compagnies seront payés par elles et nommés néanmoins par l'administration télégraphique, sauf leur remplacement s'il est demandé par les compagnies. S'il est reconnu que ces deux employés sont insuffisants, l'administration pourra demander l'adjonction d'un troisième employé. Ils recevront un traitement de 90 francs par mois.

Art. 10. Toutes les dépêches transmises par les compagnies seront inscrites sur des registres avec numéro d'ordre et par date.

Ces registres seront toujours à la disposition des agents de l'administration, qui pourront les examiner et les contrôler.

Art. 11. Si les compagnies font un usage illicite du télégraphe pour la transmission de dépêches autres que celles spécifiées aux articles 4 et 7, le ministre de l'intérieur pourra, après enquête, prononcer la suspension du service tel qu'il a été établi ci-dessus, sans aucune indemnité.

Dans le cas de suspension, le ministre de l'intérieur réglera, par l'arrêté qui les prononcera, les mesures à prendre pour que le service soit continué sans interruption par les agents de l'État sur les points par lui déterminés, et aux frais des deux compagnies, mais seulement pour les transmissions concernant la sécurité des voyageurs, l'exploitation du chemin et son entretien.

Art. 12. En cas cas d'accidents dans les fils du service de l'État, l'administration du télégraphe pourra faire usage des fils concédés aux compagnies.

Pendant la durée des réparations, la priorité appartiendra au service du gouvernement.

Art. 13. Les compagnies donneront pour les administrateurs et inspecteurs des lignes télégraphiques quatre cartes de libre circulation dans les voitures de première classe.

Elles accorderont également la circulation gratuite dans les voitures de première classe aux directeurs attachés aux lignes télégraphiques établis sur les chemins d'Orléans et du Centre, et sur les chemins qui en sont le prolongement.

Elles accorderont, en outre, sur la demande de l'administrateur en chef des lignes télégraphiques, des permis pour voyager dans les voitures de deuxième et troisième classe aux agents préposés à l'entretien des télégraphes électriques, mais seulement sur la portion de ligne comprise entre les deux directions où ils seront employés.

Les compagnies transporteront enfin gratuitement les employés, ouvriers et matériaux de toute nature qui seront employés à l'établissement et à l'entretien du télégraphe électrique, non-seulement sur les chemins, mais aussi sur les chemins en prolongement de ceux dont elles sont concessionnaires.

Art. 14. Si les compagnies réclament le service à grandes distances, c'est-à-dire de direction à direction, l'administration télégraphique fournira et posera un deuxième fil pour cet usage. Ce fil arrivera dans les bureaux des gares où seront les autres appareils des compagnies, et le service sera fait par des agents désignés au deuxième paragraphe de l'article 9. Dans ce cas, les compagnies devront fournir aux directeurs d'Orléans, de Châteauroux et de Nevers un logement convenable accepté par l'administration ; ou bien elles payeront une indemnité de logement de 1,200 francs pour chacune de ces trois directions ci-dessus désignées. Les appareils seront fournis par la compagnie et acceptés par l'administration.

Après ce rapport, nous reproduisons, sans désemparer, les discussions qui suivirent. Le 3 juillet, la première délibération eut lieu, renvoyant le projet à une seconde délibération, qui vint à l'ordre du jour le 18 novembre seulement.

Les articles 1, 2, 3, 4, 5, 6 furent adoptés sans discussion. Après l'article 7, M. Baroche, ministre de l'intérieur, d'accord avec la commission, proposa d'ajouter à la fin du dernier paragraphe ceci : « *Et pour celles qui se rapportent au service des chemins de fer.* » Car, dit-il, ces lignes suivront les chemins de fer, et la concession de l'abonnement paraît naturelle.

M. Leverrier, rapporteur, y adhère, tout en faisant observer qu'il ne sera pas obligatoire que les lignes télégraphiques suivent constamment les chemins de fer. L'article 7 est adopté avec l'amendement, ainsi que les articles 8 et 9.

L'article 10 motive une réclamation de la part du ministre, qui demande que l'on adjoigne après le premier paragraphe la phrase suivante : « Néanmoins les dépêches relatives au service des chemins de fer, et qui intéresseraient la sécurité des voyageurs pourront obtenir la priorité sur les dépêches inscrites antérieurement, » car cela intéresse la sécurité des voyageurs.

L'article 10 est mis aux voix par le président avec l'addition suivante :

« § 4. Les dépêches expédiées par les administrations des chemins de fer auront la priorité sur toutes les autres transmissions. »

M. Baroche ajoute alors : « Excepté celles du gouvernement ; » il n'est fait aucune observation à cet égard.

M. le président donne lecture d'un article 11 présenté par MM. Cavaignac et de Lamoricière :

« Les trois quarts des emplois créés en exécution de la présente loi ne pourront être accordés qu'aux citoyens qui auront fait sept années de service effectif sous les drapeaux.

« Le bénéfice de cette disposition ne sera applicable qu'à ceux qui auront quitté les rangs de l'armée comme officiers ou sous-officiers, ou qui, ayant été congédiés en qualité de caporaux, brigadiers ou soldats, justifieront qu'ils étaient liés au service comme enrôlés volontaires ou appelés en vertu de la loi du recrutement. »

Le ministre, sans contester le principe de l'amendement, fait observer que, dans le budget et dans la loi votée sur la proposition de M. Mortimer-Ternaux, des dispositions assurent aux anciens militaires une certaine quantité des places vacantes ; qu'ainsi il y aurait double emploi.

M. de Lamoricière dit qu'il connaît les dispositions précitées, mais que ces lois ayant été votées avant celle sur la télégraphie électrique, on pourrait ne pas les lui appliquer.

Le ministre combat de nouveau l'amendement, se fondant sur ce que la télégraphie existe déjà comme service de l'Etat, et que la loi en discussion a pour but de la mettre à la disposition des particuliers. La loi votée le 5 juillet 1850, sur la proposition de M. Ternaux, est antérieure à la télégraphie électrique, puisque celle-ci existait déjà sur plusieurs lignes. Du reste, la loi rendue sur la proposition de de M. Ternaux doit être l'objet de règlements qui ne sont pas encore faits.

M. de Lamoricière persiste, se fondant précisément sur ce que ces règlements ne sont pas faits, que d'après les calculs, il y aura bien deux ou trois cents places à donner après l'adoption de la loi actuelle, et ces emplois seront certainement donnés pour les neuf dixièmes hors de l'armée, si l'Assemblée ne fixe pas la proportionnalité à l'avance.

M. Foy, commissaire du gouvernement, répond que le général de Lamoricière est dans l'erreur, car, dans le commencement au moins, on organisera le service avec le personnel existant, quelques commis tout au plus y seront adjoints. Si l'abondance des dépêches privées oblige à étendre le service, on le fera dans la mesure des moyens et des crédits qui seront alloués. Le corps télégraphique se recrute dans l'Ecole polytechnique, et on ne peut admettre les premiers venus, quoique gens très-honorables. S'il y a quinze ou vingt places d'expéditionnaires à donner, et il faut supposer une extension considérable du service, on se souviendra de la recommandation de l'honorable général.

Ce dernier reprend la parole pour faire remarquer qu'à l'étranger la télégraphie privée a pris tout à coup une extension considérable, et qu'on peut affirmer que, avant un an, il faudra deux ou trois cents employés de plus ; qu'ainsi, ou l'augmentation sera minime, et la proposition ne doit pas contrarier beaucoup, ou, dans le cas contraire, elle doit intéresser vivement l'armée.

Le ministre de l'intérieur se défend de repousser un amendement présenté comme favorable à l'armée, et la loi du 5 juillet 1850, dit-il, suffit parfaitement à satisfaire le vœu de l'Assemblée, en assurant aux anciens militaires une certaine quotité des places à accorder.

M. Larabit appuie l'amendement proposé, afin d'améliorer autant que possible le recrutement et d'apprendre aux familles que si les enfants consacrent sept années au service du pays, ils en seront récompensés plus tard. On ne saurait trop multiplier les occasions de faire sentir les avantages qui seront réservés aux anciens militaires.

M. Le Verrier, interpellé sur l'avis de la commission, commence par dire que l'adoption de l'amendement rendrait l'exécution de la loi impossible, car ce qu'il faudra augmenter, ce sera le nombre des employés chargés de faire marcher les manivelles.

Or, loin de demander d'anciens militaires, je ferai observer au ministre que même les employés de la télégraphie aérienne ne sont pas parfaitement propres au nouveau service ; en Angleterre, on les prend encore enfants, afin qu'à treize ans ils puissent bien fonctionner, ce qui est indispensable pour assurer convenablement un service public.

Le général Cavaignac réduit la proposition aux deux tiers au lieu des trois quarts, mais l'amendement n'est pas adopté.

L'article 11 du projet est complété par le ministre, qui fixe la mise à exécution de la loi au 1er mars 1851, à cause des dispositions à prendre pour appliquer la loi.

L'article 11 fut adopté, et l'Assemblée décida qu'elle passerait à une troisième délibération.

Nous n'avons point mentionné les marques d'approbation ou d'improbation que contient le compte rendu, mais nous croyons devoir faire remarquer ici, que le général de Lamoricière siégeait à gauche, et que, à cette époque de notre histoire parlementaire, les témoignages pour ou contre les orateurs se faisaient souvent jour, même au milieu des discussions en apparence les plus simples et les plus pacifiques.

La troisième délibération fut mise à l'ordre du jour le 27 novembre : ici nous sommes en présence de plusieurs amendements importants qui ne s'étaient présentés ni à la première ni à la deuxième délibération. Aussi, comme de l'adoption de cette première loi naquit la télégraphie privée, et que ce droit nouveau fut discuté dans les deux séances des 27 et 29 novembre, nous reproduisons complétement le texte du *Moniteur* :

M. LE PRÉSIDENT. — « ART. 1ᵉʳ. Il est permis à toutes personnes dont l'identité est établie de correspondre, au moyen du télégraphe électrique de l'Etat, par l'entremise des fonctionnaires de l'administration télégraphique.

« La transmission de la correspondance télégraphique privée est toujours subordonnée aux besoins du service télégraphique de l'Etat. » (Maintenu.)

« ART. 2. Les dépêches écrites lisiblement, en langage ordinaire et intelligible, datées et signées des personnes qui les envoient, sont remises par elles, ou par leurs mandataires, au directeur du télégraphe, et transcrites dans leur entier, avec l'adresse de l'expéditeur, sur un registre à souche. Cette copie est signée par l'expéditeur ou par son mandataire, et par l'agent de l'administration télégraphique.

« Sont exemptés de la transcription sur le registre à souche les articles destinés aux journaux. »

M. BAROCHE, *ministre de l'intérieur*. — Je demande, d'accord avec M. le rapporteur, qu'au dernier paragraphe de l'article 2, qui est ainsi conçu :

« Sont exemptés de la transcription sur le registre à souche les articles destinés aux journaux ; »

On ajoute ces mots :

« Et les dépêches intéressant les chemins de fer. »

L'Assemblée se rappelle que dans divers articles on a accordé une certaine faveur, relativement à la rapidité de la transmission, aux dépêches relatives au service des chemins de fer, par ce motif qu'elles pouvaient quelquefois intéresser la sûreté des voyageurs.

Je demande que, de même qu'on exempte de la transcription sur un registre à souche, ce qui peut quelquefois entraîner des délais, les articles de journaux, on en dispense également les dépêches relatives au service des chemins de fer. (Appuyé !)

M. LE PRÉSIDENT. — Je mets aux voix l'article 2 avec cet amendement.

(L'article 2 ainsi amendé est adopté.)

« ART. 3. Le directeur du télégraphe peut, dans l'intérêt de l'ordre public et des bonnes mœurs, refuser de transmettre les dépêches. En cas de réclamations, il en est référé, à Paris, au ministre de l'intérieur, et, dans les départements, au préfet ou au sous-préfet, ou à tout autre agent délégué par le ministre de l'intérieur. Cet agent, sur le vu de la dépêche, statue d'urgence.

« Si, à l'arrivée au lieu de destination, le directeur estime que la communication d'une dépêche peut compromettre la tranquillité publique, il en réfère à l'autorité administrative, qui a le droit de retarder ou d'interdire la remise de la dépêche. » (Maintenu.)

« ART. 4. La correspondance télégraphique privée peut être suspendue par le gouvernement, soit sur une ou plusieurs lignes séparément, soit sur toutes les lignes à la fois. » (Maintenu.)

« ART. 5. Tout fonctionnaire public qui viole le secret de la correspondance télégraphique est puni des peines portées en l'article 187 du Code pénal. » (Maintenu.)

« ART. 6. L'Etat n'est soumis à aucune responsabilité à raison du service de la correspondance privée par la voie télégraphique. »

M. LE PRÉSIDENT. — Sur cet article, il y a un amendement de M. Savoye.

M. Savoye a la parole.

M. SAVOYE. — Je propose de substituer à cet article l'article suivant :

« L'État garantit l'exactitude dans la transmission des dépêches qui lui sont confiées.

« En cas d'empêchement, sauf les cas de force majeure, il remboursera à l'expéditeur le prix perçu pour cette transmission. »

Vous voyez, citoyens, ce que je demande ; c'est simplement de mettre le droit commun à la place d'un droit exorbitant et privilégié. Il est évident que le service par la voie télégraphique n'est autre chose qu'une extension du service postal. Or, comprendrait-on qu'une loi sur la poste, par exemple, statuât de cette façon : L'administration ne répond en aucune façon de la transmission des dépêches, et en cas d'impossibilité ne restitue pas même le prix payé pour cette transmission ?

En elle-même, cette proposition est tellement simple, qu'il ne me semble vraiment pas nécessaire de la motiver. J'ai donc cherché quelles sont les objections qu'on pourrait faire valoir contre cette proposition. Dira-t-on que les agents du gouvernement ne peuvent pas remplir leur mission et faire le service convenablement ? Ce ne serait pas là évidemment une raison ; il faudrait alors plutôt renoncer à l'établissement d'un nouveau service.

Veut-on dire que les appareils dont on se servira ne sont point d'un effet assez certain ? que le service ne présentera pas assez de sûreté ? C'est encore un reproche à faire à l'administration, et nous lui dirons : Attendez au moins que vos machines soient assez perfectionnées pour que vous puissiez vous en servir avec certitude ; faites attention de ne pas faire peser sur le gouvernement même une grave responsabilité ; cela deviendrait une espèce de mystification pour le public qui apporterait ses dépêches, et qui, le lendemain, le surlendemain, apprendrait qu'elles n'ont pas pu partir, et qui n'aurait aucune espèce de recours contre l'administration.

Je crois que ces simples paroles suffiront pour faire sentir la gravité de cet amendement. Il y a eu là évidemment une omission, une négligence dans la rédaction de la loi ; il est impossible que vous laissiez ainsi porter atteinte aux plus simples notions de justice.

M. LE MINISTRE DE L'INTÉRIEUR. — Je repousse l'amendement présenté par M. Savoye, et je pense que l'Assemblée n'hésitera pas à le repousser.

L'article 6 du projet porte :

« L'État n'est soumis à aucune responsabilité à raison du service de la correspondance privée par la voie télégraphique. »

M. Savoye propose de mettre, au contraire :

« L'État garantit l'exactitude dans la transmission des dépêches qui lui sont confiées. »

M. Savoye a commencé par faire cette observation, que puisque l'Etat est responsable (c'est une question qui a été débattue, mais enfin admettons que cette responsabilité existe), puisque l'Etat est responsable relativement au service de la poste, il doit être responsable relativement à la transmission des dépêches par la voie de la télégraphie électrique. Je comprends, sauf les difficultés qui se sont élevées, la responsabilité de l'Etat relative à la transmission d'un paquet par la poste qui, par ses agents, doit être transmis à un lieu déterminé. Mais quand il s'agit d'une situation semblable à celle où nous nous trouvons encore relativement à la transmission d'une dépêche par la télégraphie électrique, il est impossible de rendre l'Etat responsable de toutes les circonstances imprévues qui peuvent retarder la transmission d'une dépêche. Je crois donc que c'est avec raison que, dans ses précédentes délibérations, l'Assemblée a adopté ce principe, que l'Etat n'est aucunement responsable, et je demande qu'elle veuille bien l'adopter encore en rejetant l'amendement.

M. SAVOYE. — Je demande à répondre à un seul mot ; j'ai eu bien soin d'excepter les cas de force majeure. La poste elle-même n'est pas responsable lorsqu'il y a empêchement absolu. Mais je reviens à ce principe qui est incontestable. A quoi voulons-nous arriver ? A perfectionner le service de la poste au moyen d'un nouveau mode de transmission. Il est évident que si vous voulez amener le public à se servir de la télégraphie électrique, il faut que le public trouve dans cette voie de transmission une certitude morale, et que, à moins d'un empêchement de force majeure, il doit être placé dans la même position que pour le service des postes, service qui, assurément, deviendrait illusoire s'il n'y avait pas cette garantie.

Au surplus, nous ne proposons pas une innovation ; nous demandons l'application des principes de justice, d'équité à ce nouveau mode de transmission des dépêches.

M. LE PRÉSIDENT. — L'amendement est-il appuyé ?.(Oui ! oui ! — Non ! non !)

Je le mets aux voix.

(L'amendement de M. Savoye n'est pas adopté.)

M. LE PRÉSIDENT. — L'article 6 demeure donc voté.

« Art. 7. Les dépêches télégraphiques privées sont soumises à la taxe suivante, qui est perçue au départ :

« Pour une dépêche de *un* à *vingt* mots, il est perçu un droit fixe de 3 *francs*, plus 12 *centimes* par myriamètre.

« Au-dessus de *vingt mots*, la taxe précédente est augmentée *d'un quart* pour chaque dizaine de mots ou fraction de dizaine excédant.

« Sont comptées dans l'évaluation des mots l'adresse, la date et la signature.

« Les chiffres sont comptés comme s'ils étaient écrits en toutes lettres.

« Toute fraction de myriamètre est comptée comme un myriamètre.

« Lorsqu'il sera établi un service de nuit, la taxe sera augmentée de moitié pour les dépêches transmises la nuit.

« Le ministre de l'intérieur est autorisé à concéder des abonnements à prix réduit, pour la transmission des nouvelles destinées aux journaux et de celles qui se rapportent au service des chemins de fer.»

M. Savoye a proposé de changer le tarif.

M. SAVOYE. — Voici comment je proposerais à l'Assemblée de modifier l'article 7 :

1° De porter à trente mots au lieu de vingt les dépêches moyennes que le gouvernement ne porte qu'à vingt mots.

En voici la raison. En tenant compte de la date, de la signature et de l'adresse, il faut que vous ôtiez au moins huit mots. Il vous en reste douze. ce qui est évidemment insuffisant pour écrire la moindre dépêche, la moindre lettre qui ait un sens complet et de quelque importance.

Je vous propose, en second lieu, de réduire le prix de ces dépêches moyennes à un droit fixe de 2 francs au lieu de 3. Et enfin, en troisième lieu, je propose de supprimer les 12 centimes par myriamètre, et de ne percevoir que 10 centimes par chaque mot au-dessus de trente mots.

Si vous prenez comme droit fixe 3 francs, plus les 12 centimes par myriamètre, ce n'est plus une taxe que vous percevrez, c'est une prohibition absolue ; car, pour peu que vous ayez une dépêche de quelque étendue, qui aille à une distance de 70, 80, 90 myriamètres, elle pourrait, avec la réponse, et surtout si elle est faite la nuit, vous coûter de 90 à 100 francs.

Je demande la permission à l'Assemblée, comme il s'agit ici de chiffres, de les lire. Voici le calcul qu'on a fait et qui n'a pas été contredit :

Je suppose qu'une personne qui habite Paris envoie à Marseille, c'est-à-dire à la distance de 84 myriamètres de Paris, une lettre ainsi conçue :

« Paris, le 24 novembre 1850.

« Comment mon père a-t-il passé la journée ? Que disent les médecins ?

« HENRI DUBREUIL,
« demeurant dans telle rue, tel numéro. »

Cette dépêche renferme 43 mots : d'après le tarif de l'article 7, les 20 premiers coûtent 3 francs, les 23 suivants, 2 fr. 25 c., plus les 12 centimes par myriamètre, soit 10 fr. 08 c. ; en tout, 15 fr. 33 c.

Supposez que cette lettre soit recommandée, qu'elle parte la nuit, et que la réponse vienne dans les mêmes conditions, avec le même nombre de mots, vous arriverez à un compte de 93 fr. 50 c.

Vous le voyez, messieurs, ce n'est plus là un établissement de service public pour le pays ; c'est une chose tellement privilégiée, qu'elle devient absolument inabordable pour le grand public.

Il y a une mesure beaucoup plus choquante dans le système de la commission, et qui paraît devoir être adoptée par le gouvernement : c'est qu'une correspondance qui consisterait en un seul mot, du nom de celui qui écrit et du nom de celui qui répond, reviendrait à peu près à 60 francs.

A ce propos, je vous rappellerai la singulière correspondance qui a eu lieu entre deux Anglais. Vous connaissez cet exemple. Un Anglais, qui habite la campagne, écrit à son correspondant à Londres ; pour épargner à la fois son temps, son encre et son papier, il prend une feuille de papier blanc, et trace au beau milieu un point d'interrogation qui veut dire : Quoi de nouveau ? Le correspondant à Londres lui répond par le même procédé ; il lui envoie une feuille de papier blanc qui ne contient qu'un zéro, lequel veut dire : Rien.

Eh bien ! cette correspondance ne tombe pas sous la loi, puisque la loi n'a pas prévu un pareil cas. Elle n'a prévu ni les signes de l'écriture, ni les points d'interrogation ; mais j'admets enfin qu'on puisse envoyer de semblables dépêches en écrivant en entier les mots, vous aurez là une somme de 60 francs à peu près à verser pour cette correspondance très-laconique, et, dans tous les cas, très-spirituelle. Cela ne peut pas être ; il vaudrait alors mieux dire : La télégraphie privée n'est point accordée au grand public, puisque le public ne pourra jamais la payer.

J'ai à répondre à une dernière objection, c'est celle qui pourrait être tirée de ce qui se passe en Angleterre.

Là, en effet, les tarifs sont très-élevés. Mais que le gouvernement et la commission me permettent de le leur dire : la télégraphie, en Angleterre, n'est pas une affaire de la nation entière ; elle est réservée uniquement aux grands capitalistes, aux grandes fortunes, aux grands banquiers; cela est tellement vrai que l'exploitation de la télégraphie est abandonnée à des compagnies privées. Ainsi cela ne ressemble en rien à ce qui se passe chez nous; l'Angleterre est un pays de privilége, d'aristocratie, de luxe et de grandes fortunes, et cela n'a rien de commun avec la France, surtout pour le but auquel nous voulons tendre dans notre pays. Puisque le gouvernement et la commission ont voulu que le public participât aux bienfaits de cette nouvelle institution, il faut que les conditions ne soient pas trop onéreuses.

Il y a dans l'article, tel qu'il est proposé, une dernière disposition sur laquelle j'appellerai encore l'attention de l'Assemblée. Pour le service de nuit, la commission a demandé une augmentation de moitié du prix. Nous croyons qu'elle sera suffisamment réduite à un quart.

En effet, cette augmentation de moitié ne repose sur aucun motif raisonnable. Le service de la poste se fait aussi la nuit; et cependant personne n'a songé à augmenter le tarif des lettres, parce qu'elles parcourent une certaine distance pendant la nuit. Vous n'avez pas dans le service nocturne du télégraphe électrique des augmentations de frais qui puissent être comparées à celles que subit le service des postes pendant la nuit. En tout cas, ou bien les raisons invoquées pour la télégraphie militeraient également pour le service de la poste ordinaire, ou bien elles ne peuvent s'appliquer au service de la télégraphie privée. Mais, parce qu'au commencement vous avez eu des frais de premier établissement, nous avons accordé un quart en sus pour le service de nuit, et nous sommes convaincus que cela suffira et au delà pour couvrir les frais occasionnés par le service particulier.

Un dernier mot qui me paraît grave, et que je veux d'ailleurs toucher avec toute la délicatesse possible.

Le dernier paragraphe dit : « Le ministre de l'intérieur est autorisé à concéder des abonnements à prix réduit pour la transmission des nouvelles destinées aux journaux. » Et M. le ministre de l'intérieur, lors de la deuxième délibération, a fait adopter le paragraphe que voici : « Et pour celles qui se rapportent au service des chemins de fer. »

J'appelle toute l'attention de l'Assemblée sur cette disposition. Que le gouvernement ait un privilége, qu'il accorde encore pour la transmission des nouvelles des journaux une diminution de tarif, je le comprends ; mais que vous ouvriez aux grandes compagnies des chemins de fer la facilité de faire, sous le couvert de leur service, toutes les transmissions possibles, c'est ce que je ne comprends plus. Or, jamais vous ne pourriez empêcher la fraude. Faites-y attention, messieurs, c'est chose fort grave. En voulez-vous un exemple ? Je vais vous le citer.

Le gouvernement, en ce moment, reçoit les nouvelles de Berlin au moyen des télégraphes électriques de Prusse et de France, non pas de Belgique, car, en Belgique, il n'y en a pas encore ; il les reçoit de Berlin en huit heures, et les particuliers ne peuvent les avoir qu'en vingt-six, trente et trente-six heures.

C'est un privilége exhorbitant pour le gouvernement. Mais si vous donnez aux compagnies particulières, à une compagnie de chemin de fer, par exemple, sous le prétexte de recevoir et de transmettre des nouvelles pour son service particulier, la possibilité de transmettre et de recevoir des nouvelles politiques, vous ouvrez la porte à tous les abus. Je n'accuse aucune administration, aucune personne en particulier ; j'avertis seulement l'Assemblée qu'il y a là un danger, un abîme dans lequel notre bonne foi ne doit pas tomber.

Voilà les motifs que j'ai dû faire valoir en faveur de mon amendement.

M. LE VERRIER, *rapporteur*. — Messieurs, le caractère particulier de l'amendement déposé par M. Savoye, caractère sur lequel il n'a insisté en aucune façon, c'est de ne tenir aucun compte de la distance. M. Savoye veut qu'on applique à la transmission des dépêches par la télégraphie électrique les mêmes règles qu'à la poste ordinaire. Il voudrait qu'une dépêche coûtât le même prix, quelle que fût la distance à laquelle elle serait transmise. Ainsi, une dépêche de 1 à 30 mots, suivant lui, coûterait 2 francs, quelle que fût la distance à laquelle elle serait envoyée. Un tel mode de tarif n'a été employé nulle part jusqu'ici, pas même en Angleterre, pas même en Amérique, où nous sommes devancés dans l'emploi de la télégraphie électrique; nulle part on n'a eu la prétention de transmettre les dépêches par le télégraphe électrique sans tenir compte de la distance.

Effectivement, lorsqu'on transmet des dépêches au moyen d'un service de poste, on comprend qu'on puisse soutenir que le prix de chaque dépêche doit être le même, quelle que soit la distance, parce que la dépense du courrier n'est pas augmentée en raison du nombre de lettres qu'il emporte avec lui. Mais, pour la télégraphie électrique, il n'en est pas ainsi. Vous n'avez qu'un fil, qu'une ligne ; vous pouvez n'employer qu'une certaine partie de cette ligne, ou bien la monopoliser complétement à votre profit, et empêcher qu'une autre dépêche puisse passer sur la ligne.

Voyez la situation dans laquelle vous placeriez ceux qui ont des dépêches à envoyer, si vous vouliez que le prix fût invariable. Divisons la ligne de Paris à Lyon en trois parties, de Paris à Tonnerre, de Tonnerre à Dijon et de Dijon à Lyon ; il arriverait que le gouvernement aurait intérêt à arrêter une dépêche qui devrait passer de Paris à Lyon pour transmettre des dépêches entre les lieux intermédiaires, car ainsi le télégraphe pourrait rapporter trois fois plus à l'administration. En un mot, celui qui demande l'emploi du télégraphe de Paris à Lyon arrête toute transmission intermédiaire à son profit. Celui, au contraire, qui ne l'emploie que de Paris à Tonnerre, laisse subsister la ligne pour ceux qui veulent la faire fonctionner de Tonnerre à Dijon ou de Dijon à Lyon.

C'est là ce qui différencie complétement la transmission des dépêches par le télégraphe électrique de la transmission par la poste, et cela seul suffirait pour prouver que l'amendement est inadmissible. Je répète qu'il n'y a pas un seul lieu, soit en Amérique, soit en Europe, où l'on ait adopté un pareil système.

Je ferai remarquer maintenant, quant au tarif en lui-même, que le nôtre est excessivement modéré, relativement à tous les tarifs existants. Le tarif d'Angleterre est le plus cher de tous ; après le tarif anglais venait le tarif de Prusse ; après le tarif de Prusse, celui que le gouvernement nous avait proposé. Mais ce n'est pas même de ce tarif primitif du gouvernement que M. Savoye demande aujourd'hui la réduction ; c'est du tarif de la commission. Or ce tarif de la commission, il faut que vous le sachiez, est déjà beaucoup moindre que le tarif du gouvernement. Permettez-moi de vous en citer quelques chiffres. Je prends pour exemple une dépêche de 91 à 100 mots envoyée à 100 myriamètres, c'est-à-dire dans toute l'étendue de la France ; elle aurait coûté 80 francs suivant le tarif primitif du gouvernement ; beaucoup plus en Prusse ou en Angleterre. Eh bien, d'après le tarif de la commission, elle ne coûtera que 45 francs. Vous voyez combien nous avons baissé les prix, et, véritablement, il est tout à fait impossible à la commission d'admettre une nouvelle réduction.

M. SAVOYE. — Je demande la parole.

M. LE RAPPORTEUR. — M. Savoye se fait une idée complétement inexacte du rôle que la télégraphie électrique est appelée à jouer. La commission veut aussi qu'elle soit développée sur une grande échelle. D'après les ordres qu'elle avait donnés à son rapporteur, j'ai dû demander à M. le ministre de l'intérieur d'étudier par tous les moyens possibles le développement de la télégraphie en France, et d'examiner si l'on ne pourrait pas étendre les télégraphes sur les lignes autres que les voies ferrées ; et vous avez entendu le rapporteur, l'autre jour, protester contre une parole de M. le ministre qui aurait pu laisser croire que les télégraphes électriques étaient nécessairement rivés aux chemins de fer. Mais avant de pousser le gouvernement dans une voie, il faut voir si cette voie est praticable, s'il est possible d'y entrer. Eh bien ! la télégraphie électrique, il faut le reconnaître, ne servira pas à ces correspondances de points d'interrogation, de zéros, ni même à ces correspondances de famille dont nous parlait l'honorable M. Savoye. Effectivement, vous allez avoir un chemin de fer sur la ligne de Lyon qui y conduira en dix heures; croyez-vous que, même en adoptant le tarif de M. Savoye, ces communications insignifiantes de famille, ou faites à plaisir, seront portées au télégraphe électrique ? En aucune façon; elles suivront naturellement la voie ordinaire du chemin de fer. La télégraphie électrique sera réservée à des intérêts considérables. J'ajoute que, si vous vouliez, en diminuant considérablement le tarif, charger à la fois la télégraphie électrique de toutes ces communications de détail et des dépêches du gouvernement, elle ne pourrait pas y suffire ; la loi deviendrait complétement inexécutable.

Une dernière remarque sur cet article 7. Je veux parler de la concession d'abonnements, à prix réduits, aux compagnies de chemins de fer, concession que M. le ministre a réclamée à la commission dans la dernière séance, et que la commission s'est empressée d'accorder.

Je crois que l'honorable M. Savoye ne connaît pas la situation des choses, et que de là viennent les objections qu'il a faites. En effet, il ne faut pas croire que les télégraphes électriques des compagnies soient exclusivement dans leurs mains; il n'en est rien. Il faut distinguer ici entre les communications à petites distances et les communications à grandes distances. Pour les communications à petites distances, les compagnies ne doivent absolument rien au gouvernement; elles usent en effet, en libre disposition, de leurs télégraphes; vous ne pourriez pas les leur enlever, par la raison que leur voie leur appartient, et qu'elles n'ont consenti à y laisser poser les fils qu'à la condition qu'on leur donnerait un de ces fils pour leur usage. Les administrations de chemins de fer ne doivent donc aucune rétribution pour les communications à petites distances. Mais, remarquez-le bien, dans ce cas même ce ne sont pas des agents des administrations des chemins de fer qui transmettent leurs nouvelles. La commission a voulu assurer au gouvernement le droit exclusif, dans les traités qui devront intervenir, de nommer les agents chargés de la transmission, et rien ne pourra passer que par l'intermédiaire de ces agents.

L'amendement qu'a demandé l'autre jour M. le ministre de l'intérieur est tout à fait dans l'intérêt du public, et non pas dans celui des compagnies.

Serait-ce, je vous le demande, la transmission d'une nouvelle de bourse devant amener ces bénéfices énormes dont M. Savoye a parlé, qui pourrait être arrêtée par un tarif élevé? Je vous demande si la nécessité de payer 40 francs pour une nouvelle de bourse qui pourrait rapporter, que sais-je? un bénéfice de 40,000 francs peut-être, je vous demande, dis-je, si ces 40 francs pourraient arrêter une compagnie? En aucune façon. Mais savez-vous ce que cela arrêterait? le service courant de la compagnie. Si l'usage du télégraphe devait être payé un prix exhorbitant, la compagnie regarderait de près à son emploi, et peut-être qu'en adoptant la mesure que vous propose M. Savoye, vous assumeriez sur vous la responsabilité de quelque catastrophe due aux difficultés que vous auriez créées à l'exploitation.

M. SAVOYE. — Un seul mot. (Aux voix! aux voix!) Lorsque vous envoyez une estafette, c'est pour votre service particulier, et le cheval que monte le courrier ne va pas de Paris jusqu'à Marseille; il faut qu'il soit relayé. Les frais se multiplieront donc en proportion du nombre des stations. Au contraire, sur la ligne où le fil est établi, vous n'avez pas de frais à renouveler à chaque nouvelle fois que vous vous en servez pour le service du télégraphe électrique.

Cet exemple, selon moi, que M. le rapporteur me permette de le lui dire, corroborait donc, au contraire, mon argument.

Mais il y a une raison plus forte que celle qui précède. Il est évident que, quoi que vous fassiez pour modifier les calculs tels qu'ils sont adoptés par le gouvernement, la moindre dépêche coûtera au public 4, 5 et 6 francs. Je défie la commission de prouver le contraire. Je vous demande si ce n'est pas là un tarif exorbitant pour un service public. Vous en exclurez absolument le public, si vous adoptez le tarif du gouvernement et de la commission.

Qu'est-ce qu'on nous répond? C'est qu'il n'y a jusqu'à présent qu'un seul fil. Mais ceci accuse l'imperfection de l'établissement, et ne prouve rien de plus. Le gouvernement ne pourra pas se dispenser, et je ne pense pas qu'il soit en désaccord avec moi là-dessus, s'il veut tirer quelque utilité de l'établissement de la télégraphie électrique, de placer, dans le plus bref délai, un double fil, et, par ce double fil, toutes les objections qui m'ont été faites jusqu'ici tomberont d'elles-mêmes.

M. LE VERRIER. — Il y en a déjà trois.

M. SAVOYE. — Sur la dernière partie de l'article, qu'est-ce que disait l'honorable M. Le Verrier ? Les compagnies de chemins de fer pourront, attendu qu'elles gagnent des millions, ne pas regarder à une si mince différence de prix. J'accepte l'argument ; je ne demande pas qu'elles n'aient pas le droit de se servir comme les autres citoyens du télégraphe électrique ; je demande qu'elles ne s'en servent pas au détriment des particuliers qui n'ont pas à leur disposition ces grands capitaux dont on parle ; ce que je demande, c'est qu'elles ne soient pas injustement privilégiées.

M. Le Verrier. — C'est la vie des voyageurs que vous discutez.

M. Savoye. — Permettez ! Vous avez déjà obtenu un privilége pour les administrations des chemins de fer. C'est ainsi que vous leur avez accordé la faveur de pouvoir, en cas d'accident, avertir la station suivante ; je ne combats pas cette faveur ; mais ce que je combats, c'est que, comme organisation de service, l'administration du chemin de fer, sur la propriété de laquelle se trouve le fil, ait un privilége semblable à celui du gouvernement. Voilà contre quoi je m'élève ; je ne veux pas que le gouvernement ait le droit de faire cette faveur exorbitante aux administrations des chemins de fer, parce que cette faveur peut les conduire, cela est possible et cette possibilité suffit, à des prévarications, aux fraudes de l'agiotage. (Aux voix ! aux voix !)

M. le président. — Je mets aux voix l'amendement de M. Savoye.

(L'amendement, mis aux voix, n'est pas adopté.)

M. le président. — M. Charras a proposé un autre amendement. A la suite du paragraphe portant : « Le ministre de l'intérieur est autorisé à concéder des abonnements à prix réduit, pour la transmission des nouvelles destinées aux journaux et de celles qui se rapportent au service des chemins de fer, » M. Charras propose de mettre : « Le bénéfice de l'abonnement appartiendra de droit à tous les journaux qui le réclameront, au prix une fois consenti. »

M. Charras. — Comme le paragraphe additionnel que je présente ne change en rien les dispositions précédentes, si vous vouliez avoir la bonté de le mettre aux voix, on voterait ensuite sur mon amendement.

M. le Président. — Elles restent votées de droit ; les amendements que propose M. Savoye sont seuls rejetés, et l'article demeure voté.

Maintenant vous y proposez une modification, je la mettrai aux voix quand vous l'aurez développée.

M. Charras. — L'article additionnel que j'ai l'honneur de proposer à l'Assemblée ne change en rien le système adopté par la commission, et auquel le gouvernement a adhéré ; il a seulement pour but de faire traiter toutes les administrations de journaux également par l'administration des lignes télégraphiques, c'est-à-dire que si un journal a obtenu un abonnement à tel prix, tout les autres journaux auront le droit de réclamer le même prix et les mêmes conditions. En un mot, je veux arriver à ce résultat, que les administrations de journaux soient égales devant l'administration des lignes télégraphiques. Je ne crois pas que ce soit demander beaucoup ; je veux seulement aussi empêcher l'administration de favoriser un journal, deux journaux, aux dépens des autres journaux.

M. LE PRÉSIDENT. — Cet amendement n'a donc pas été supprimé. Je consulte l'Assemblée pour savoir si elle le prend en considération.

A gauche. — L'avis du gouvernement !

M. LE MINISTRE DE L'INTÉRIEUR. — Je ne puis répondre ; il s'agit d'une prise en considération.

M. LE PRÉSIDENT. — Je consulte l'Assemblée.

(L'Assemblée, consultée, prend l'amendement en considération.)

M. LE PRÉSIDENT. — L'amendement est renvoyé à la commission. Demain, l'Assemblée statuera sur cet amendement.

M. LE MINISTRE DE L'INTÉRIEUR. — Il y a encore un article additionnel de M. Savoye. (A demain ! à demain !)

Le 29 novembre la discussion continue :

M. LE PRÉSIDENT. — Est-ce qu'il n'y a pas ici un seul membre de la commission de la loi sur la télégraphie privée qui puisse dire ce qui s'y est passé ?

M. BAROCHE, ministre de l'intérieur. — La commission qui examine le projet sur la télégraphie privée est réunie en ce moment, et je viens de la faire prévenir que l'Assemblée l'attendait.

M. LE PRÉSIDENT. — Alors suspendons la séance.

(La séance est suspendue pendant quelques minutes.)

SUITE DE LA TROISIÈME DÉLIBÉRATION SUR LE PROJET DE LOI RELATIF A LA CORRESPONDANCE TÉLÉGRAPHIQUE PRIVÉE. (M. LE VERRIER, RAPPORTEUR.)

M. LE PRÉSIDENT. — Nous prenons la troisième délibération de la loi sur la télégraphie privée.

M. le rapporteur a la parole pour s'expliquer, au nom de la commission, sur l'amendement de M. Charras.

M. LE VERRIER, rapporteur. — La troisième délibération relative à la loi sur la télégraphie privée a été suspendue par suite d'un amendement proposé par M. Charras, qui a pour but d'ajouter à l'article 7, qui donne la faculté à M. le ministre de l'intérieur de concéder des abonnements à prix réduits aux journaux, une disposition ainsi conçue :

« Le bénéfice de l'abonnement appartiendra de droit à tous les journaux qui le réclameront, au prix une fois consenti. »

La commission a pensé que l'amendement était inutile, attendu que l'article 3 arme M. le ministre de l'intérieur d'un droit tel qu'il ne peut pas avoir besoin d'une arme pareille à celle dont on suppose qu'il ferait là usage.

En effet, M. le ministre de l'intérieur, en vertu de l'article 3, est autorisé à intercepter toute dépêche à laquelle il trouve un inconvénient.

M. Charras. — Je demande la parole.

M. le rapporteur. — Par conséquent il peut ne pas transmettre, à aucun prix que ce soit, une dépêche qu'il trouve dangereuse. Dès lors, il nous a semblé que la mention de la clause introduite par M. Charras pouvait être inutile.

Cependant, pour donner satisfaction à toutes ces difficultés, la commission vous propose de rédiger le dernier paragraphe de la manière suivante, ce qui répond à la pensée de M. Charras, quoique la commission pense que ce soit à peu près inutile :

« Le ministre de l'intérieur est autorisé à concéder, sous toutes réserves des garanties stipulées par l'article 3, des abonnements suivant un tarif à prix réduits, pour la transmission des articles destinés aux journaux et des nouvelles qui se rapportent aux chemins de fer. »

En introduisant ces mots, *suivant un tarif à prix réduits*, il est entendu qu'il sera le même pour toutes les feuilles qui seront dans les mêmes conditions.

Voix diverses à gauche. — Alors il faut le dire.

M. le président. — Dites un tarif *uniforme*.

M. le rapporteur. — Le mot *tarif* veut le dire évidemment. Qui dit *tarif*, veut dire *uniformité*.

M. le président. — Il est évident qu'on ne fera pas un tarif pour chaque journal.

M. le rapporteur. — Si vous voulez mettre le mot *uniforme* ici, il faut le mettre aussi dans le tarif pour les particuliers. Vous n'avez pas élevé de difficulté alors; pourquoi en élever maintenant? Encore une fois, qui dit *tarif*, dit *prix uniforme*.

M. Baroche, *ministre de l'intérieur*. — Je demande à l'Assemblée la permission de lui faire remarquer que la rédaction qui est proposée par la commission change complétement le caractère du paragraphe amendé par M. Charras. Ainsi, voici ce qui avait été dit dans le projet de loi présenté par la commission elle-même, d'accord avec le gouvernement.

« Le ministre de l'intérieur est autorisé à concéder des abonnements à prix réduits, pour la transmission des nouvelles destinées aux journaux. »

Évidemment, ce mot *abonnements* n'impliquait pas cette pensée d'uniformité qui se trouve maintenant dans la rédaction que vous apporte la commission.

M. LE RAPPORTEUR. — *Prix réduits* est au pluriel, (Exclamations à gauche.) Il y a uniformité dans les mêmes conditions; c'est un tarif.

M. LE MINISTRE. — Voici la rédaction de la commission, je la relis :

« Le ministre de l'intérieur est autorisé à concéder, sous toutes réserves des garanties stipulées par l'article 3, des abonnements suivant un tarif à prix réduits, pour la transmission des articles destinés aux journaux et des nouvelles qui se rapportent au service des chemins de fer. »

Il me semble que ce qui résulte de la rédaction de la commission, c'est que le ministre pourra, c'est facultatif, faire un tarif dont les prix soient inférieurs à ceux qui ont été fixés par la loi, et que le tarif ainsi réduit sera mis à la disposition de tous les journaux. Ainsi, au lieu de 3 francs, ce sera 2 francs ; au lieu de 12 centimes par myriamètre, ce sera quelques centimes de moins.

Voilà, ce me semble, ce que la commission entend. Il y a un tarif légal qui est le tarif que vous avez adopté dès à présent, et puis il y aura un tarif réduit facultatif, que le ministre pourra faire ou ne pas faire. Mais une fois que le tarif aura été fait, tous les journaux devront en profiter.

M. OSCAR LAFAYETTE. — Dans les mêmes conditions !

M. LE MINISTRE. — Dans les mêmes conditions, dans les conditions de l'article 3.

M. LEFEBVRE-DURUFLÉ. — Non pas ! Tous les journaux qui seront dans les mêmes conditions auront droit au même tarif.

M. OSCAR LAFAYETTE. — Il est bien entendu que si un journal paraît une fois par mois, il ne payera pas le même tarif que celui qui paraîtra dix fois par mois. (Bruits divers.)

M. LE MINISTRE. — Je comprends l'observation de M. Lafayette. Ainsi ce sont les journaux qui seront dans les mêmes conditions qui jouiront de la même réduction de tarif.

Eh bien, je prie l'Assemblée de remarquer que la rédaction première, présentée par le gouvernement et adoptée par la commission, était beaucoup plus claire, et je crois même beaucoup plus logique. Veuillez le remarquer, dans cette première rédaction le ministre de l'intérieur était autorisé à concéder des abonnements à prix réduits pour la transmission des nouvelles destinées aux journaux. Qu'est-ce que cela voulait dire ? Pourquoi avait-on admis cette faculté d'abonnement ? On avait pris probablement pour point de départ ce qui se passe dans beaucoup d'industries. Ainsi, permettez-moi cet exemple, les entreprises de messageries font des abonnements avec certaines maisons de commerce ou avec certaines maisons de banques, pour le transport de marchandises ou pour le transport de groups de monnaies. On fait ces abonnements ; sur quelles bases ? Une maison de commerce s'engage à faire transporter par une entreprise de messageries ou de roulage, telle quantité de marchandises par semaine ou par mois, et à raison du nombre plus ou moins considérable de marchandises qu'on transportera, à raison du poids, à raison de ce qu'on est assuré d'avoir toujours un certain chargement fourni par la même maison, on lui accorde ces avantages qu'on n'accordera pas à une autre maison qui voudra par hasard faire transporter un simple colis.

Voilà ce qu'on appelle des abonnements ; des abonnements sont des conventions particulières basées sur la situation particulière de chaque individu ; on accorde à chaque individu, en raison de ce qu'il prend l'engagement, par exemple, de donner un minimum de marchandises, et en raison de ce qu'on est assuré d'avoir une quantité minimum de marchandises à transporter, on accorde une remise sur le prix du transport des marchandises.

Voilà ce qu'on avait entendu, voilà ce que j'avais entendu par ce mot *abonnement*. J'avais compris qu'un journal qui, tous les jours, prendrait l'engagement de faire parvenir par la voie télégraphique une certaine quantité de mots, de lignes, qui, tous les jours, par conséquent, s'engagerait à faire faire à l'entreprise privée une recette déterminée, pourrait obtenir une certaine bonification, une certaine remise sur le tarif auquel cette transmission a lieu, bonification ou remise qui ne serait pas faite à un autre journal qui ne s'adresserait qu'une fois par mois, ou une fois tous les quinze jours, pour faire transmettre une dépêche.

Voilà le système des abonnements. Vous le comprenez, messieurs, c'est une convention particulière faite avec chaque journal, convention basée sur la situation particulière dans laquelle se trouve ce journal et surtout sur l'importance des communications télégraphiques qu'il aura occasion de faire.

Eh bien, le système qui parait résulter de la rédaction de la commission est tout différent.

Quelques voix à droite. — Non ! non !

M. LE MINISTRE. — Eh bien, s'il n'est pas différent, laissez l'article comme il est ; maintenez notre première rédaction. Cette rédaction a le mérite, à mes yeux, d'être beaucoup plus franche, ou du moins beaucoup plus claire : franches, elles le sont toutes deux, mais celle que l'on propose aurait l'air de dire ce qu'en réalité elle ne dirait pas ; car je comprends, d'après l'observation que vient de présenter M. Lafayette, que ce tarif à prix réduits ne serait accordé qu'aux journaux qui seraient dans la même condition, c'est-à-dire qui feraient le même nombre de transmissions de nouvelles par jour, par semaine, par mois. Dans ce cas, c'est l'abonnement ; alors revenons à notre première rédaction, que je maintiens, que je vous prie d'adopter, et disons :

« Le ministre de l'intérieur est autorisé à concéder des abonnements à prix réduits pour la transmission des nouvelles destinées aux journaux et de celles qui se rapportent au service des chemins de fer. »

Je crois, je le répète, que cela rendrait mieux la pensée de la commission elle-même, et, dans tous les cas, elle rendrait mieux celle du gouvernement.

M. LE PRÉSIDENT. — Ainsi vous repoussez l'amendement.

M. LE MINISTRE. — Oui, je repousse l'amendement.

M. CHARRAS. — Messieurs, ce que demande M. le ministre de l'intérieur, c'est la faculté de traiter avec un journal, suivant les conditions qu'il lui plaira de fixer ; en d'autres termes (et je prie l'Assemblée, comme je le fais moi-même, de mettre de côté pour un instant l'administration actuelle), en d'autres termes, c'est la faculté pour le ministre de l'intérieur de subventionner tel ou tel journal qu'il lui plaira de subventionner.

Voici, par exemple, une affaire importante qui se passe en Allemagne : un conflit peut éclater. Supposez qu'il éclate ; les journaux qui auront un traité avantageux avec l'administration ne regarderont pas à recevoir des nouvelles deux, trois et quatre fois par jour, afin de les avoir plus fraîches, et de les servir, passez-moi l'expression, plus fraîches à leurs abonnés ; de là une augmentation de vente assurée. Ainsi, vous le voyez, par le seul fait que l'administration veut se réserver de traiter à prix réduits et secrètement avec les journaux sur telle ou telle base qu'il lui plaira de fixer, suivant la couleur du journal, il peut en résulter un bénéfice considérable pour tel ou tel journal.

Je demande que l'administration n'ait pas cette latitude ; je demande, en un mot, que l'égalité devant la loi soit assurée à tous les journaux.

Maintenant, comme l'a fait observer M. le rapporteur, s'il y a des nouvelles dont la publication présente quelque danger, le cas est prévu par l'article 3, et la rédaction dont il vient de lire la modification reproduit cet article ; par conséquent, les droits du gouvernement sont parfaitement réservés.

M. le ministre de l'intérieur a parfaitement expliqué ce que c'était que l'abonnement ; je n'ai rien à ajouter à ce qu'il a dit, sa définition est très-juste ; mais je demande précisément que lorsqu'un journal aura traité avec l'administration dans des conditions déterminées, et qu'ensuite un autre viendra lui dire, quelle que soit sa couleur, quelles que soient ses opinions : Je veux traiter à ces mêmes conditions, je désire qu'on me fasse jouir des mêmes avantages, l'administration ne puisse pas le lui refuser.

Je suppose qu'un journal vous ait dit qu'il s'engage à faire transmettre 10,000 mots, et que vous ayez traité avec lui dans ces conditions-là. Je demande que, lorsqu'un autre journal prendra ce même engagement, de faire transmettre par le télégraphe électrique des dépêches qui contiendront 10,000 mots, il puisse jouir aussitôt du même avantage que son concurrent. Quoi de plus juste que de lui accorder les mêmes bénéfices ?

Eh bien, mon amendement ne signifie pas autre chose; ce que je demande, c'est l'égalité pour tout le monde. Est-ce exiger trop ? Que M. le ministre de l'intérieur nous le dise, nous saurons à quoi nous en tenir.

M. LE MINISTRE DE L'INTÉRIEUR. — Vous n'arriverez jamais à cette parité de situation entre deux journaux.

M. CHARRAS. — Pourquoi n'y arriverait-on pas si on l'acceptait ?

M. SAINTE-BEUVE. — Messieurs, je crois que la proposition qui est faite par M. Charras est tellement conforme à la justice, qu'il suffit de bien l'expliquer à l'Assemblée pour qu'elle soit acceptée et adoptée à l'unanimité.

Dans la loi que vous venez de voter, vous avez établi un tarif applicable pour tous, et il n'y aurait aucune difficulté si, dans l'article maintenant en discussion, l'honorable rapporteur de la commission n'avait laissé à entendre que M. le ministre de l'intérieur aurait le droit d'accorder aux journaux, pour la transmission des nouvelles qui les intéressent, une réduction de prix. Ainsi il pourra y avoir deux tarifs, un tarif uniforme applicable à tous les citoyens, et un tarif réduit que M. le ministre de l'intérieur pourra consentir au profit des journaux.

Eh bien, la question extrêmement simple qui s'élève est celle-ci : Lorsque M. le ministre de l'intérieur aura jugé à propos d'accorder une réduction au profit d'un journal, cette réduction profitera-t-elle à tous les journaux sans aucune distinction de nuance ni de couleur politique? Voilà la question. Ainsi, si le prix de transmission, par exemple, est de 2 francs, et que M. le ministre accorde une réduction d'un tiers ou d'un quart, cela constituera-t-il un tarif nouveau applicable à tous les journaux, quelle que soit leur couleur, et, en même temps, quel que soit le nombre des communications qu'ils reçoivent ou qu'ils fassent transmettre par le télégraphe électrique?

Je crois, messieurs, que, pour qu'il y ait une véritable égalité dans la loi, il faut que ce second tarif soit égal et uniforme comme le premier, sans distinction de journaux, et également sans droit exceptionnel de faire entrer en considération l'importance et le nombre des communications faites par le télégraphe électrique. (Bruit).

C'est pourtant ici, messieurs, une des questions les plus graves pour la liberté de la presse. Si l'Assemblée n'avait pas l'esprit préoccupé par une question d'ordre du jour qui, je ne crains pas de le dire, est beaucoup moins importante que la question que je soulève, elle me donnerait quelque attention. (Parlez!)

Si vous voulez régler l'ordre du jour avant, je suis prêt à quitter la tribune ; on écoutera peut-être après avec un peu plus de calme. (Le bruit continue.)

M. LE PRÉSIDENT. — J'engage l'Assemblée à s'occuper de la loi qui est en discussion.

M. LARABIT. — C'est très-important ; il y a beaucoup de portée dans la loi.

M. SAINTE-BEUVE. — En Amérique, malgré l'énormité des distances que parcourt le fil électrique, le tarif uniforme est fort inférieur à celui que vous a proposé la commission, et que vous avez adopté.

M. LE RAPPORTEUR. — Il n'est pas uniforme.

M. SAINTE-BEUVE. — Je dis qu'il est le même pour tous.

De telle sorte qu'il arrive que le lendemain d'un débat au congrès américain, les journaux fondés dans les villes les plus importantes de l'Union peuvent avoir communication des discours prononcés le jour, et les distribuer à leurs abonnés. Vous comprenez que, si ces journaux recevaient du ministère de l'intérieur un tarif différent ; que si, par exemple, l'on pouvait recevoir communication d'une séance à un prix moitié moindre que celui payé par son concurrent, on donnerait ainsi au journal favorisé une subvention énorme au moyen de laquelle il écraserait son concurrent.

Eh bien, pareille chose pourrait se produire en France, et l'arbitraire que la commission propose de laisser au ministre serait entre ses mains une sorte de fonds secret analogue à l'autorisation qu'il accorde ou refuse pour la vente des journaux sur la voie publique. Est-ce là ce que vous voulez donner ? (Bruit sur plusieurs bancs.)

M. EMMANUEL ARAGO. — Monsieur le président, faites décider d'abord la petite question qui occupe ces messieurs, nous pourrons ensuite discuter celle qui est en délibération.

M. LE PRÉSIDENT. — Ce n'est pas en attaquant personnellement l'Assemblée que vous obtiendrez le silence ; réclamez-le par la véritable raison : c'est que, lorsqu'on vote une loi, il faut écouter et comprendre.

M. SAINTE-BEUVE. — Il est incontestable que, si le droit de vendre les journaux sur la voie publique pouvait s'acheter à deniers comptants par les propriétaires de journaux, beaucoup d'entre eux l'achèteraient fort cher ; de telle sorte que, lorsque le ministre accorde ce droit à l'un et le refuse à l'autre, il est certain qu'il fait à l'un un avantage énorme qui pourrait se représenter par un chiffre très-gros, qui, par conséquent, pour l'appeler d'un nom français, n'est qu'une allocation indirecte, qu'un fonds secret déguisé. Voulez-vous qu'une pareille subvention se produise dans la réduction de prix ? Voulez-vous que M. le ministre de l'intérieur puisse consentir aux journaux qui ont le privilége de vente sur les places publiques le droit de correspondre par le télégraphe, et qu'il puisse le refuser aux journaux qui n'ont pas le droit de paraître sur la voie publique ? Voilà la véritable question. Eh bien, c'est une question de justice. La loi doit être la même pour tout le monde, ou ce n'est pas la loi. Que M. le ministre applique le tarif à tous les journaux comme à tous les citoyens, rien de mieux ; mais si le ministre, par faveur, par sympathie pour la liberté de la presse, pour faciliter les communications, pour rapprocher les citoyens, veut consentir, au profit des journaux, une réduction, alors il faut que cette réduction, pour être juste, pour n'être pas suspecte, pour n'être pas taxée d'allocation de fonds secrets, de subvention déguisée, il faut que cette réduction soit la même pour tous.

Ainsi l'idée de l'amendement que je défends est celle-ci : Si le ministre juge à propos d'accorder une réduction, le tarif réduit s'appliquera à tous les journaux, sans distinction de couleur, et en même temps sans aucune obligation de transmettre une quantité égale de dépêches télégraphiques.

Enfin vous voyez que cette dernière condition, si le ministre y persévérait, n'amènerait pas l'égalité, la justice ; car il pourrait se faire qu'entre divers journaux, les plus riches profiteraient d'un moyen de communication qui appartient au gouvernement, dont le gouvernement ne peut pas tirer un profit auquel un commerçant peut prétendre.

L'assimilation, cherchée par M. le ministre de l'intérieur, du commerce de la messagerie, me paraît avoir bien peu d'application lorsqu'il s'agit d'un moyen de communication qui est entre les les mains du gouvernement. Ce que le gouvernement a à voir ici, ce n'est pas l'intérêt de la spéculation ; ce n'est pas un profit mercantile qu'il cherche ; ce n'est pas pour remplir les caisses du trésor que nous avons fait les télégraphes électriques, c'est pour que la pensée voyage plus rapidement d'un bout de la France à l'autre. Si riche que soit un journal, que ce soit le plus riche des journaux, le *Journal des Débats*, ou le plus pauvre, tous ont droit d'obtenir du gouvernement ce moyen si rapide de communication, ce moyen par lequel la pensée vole dans toute la France.

M. le ministre dit : Je vous ferai une concession, à la condition que vous me ferez transmettre un certain nombre de dépêches.

Vous créeriez ainsi un privilége pour les plus riches; vous donneriez ainsi une force nouvelle à ceux qui sont les plus forts. Cela n'est pas juste. Ou le tarif doit être appliqué à tout le monde, ou la réduction doit être applicable à tout le monde.

Voilà l'idée de l'amendement. (Marques nombreuses d'approbation.)

M. LE MINISTRE DE L'INTÉRIEUR. — Messieurs, j'ai l'honneur de faire remarquer d'abord à l'Assemblée que M. Sainte-Beuve va beaucoup plus loin que l'auteur de l'amendement ; car M. Charras expliquait tout à l'heure qu'il entendait que l'uniformité des tarifs n'existât qu'entre les journaux qui se placeraient dans des conditions identiques. Ainsi, pour rappeler un chiffre qu'il avait donné lui même, il disait : Si vous avez traité avec un journal qui s'engage à transmettre 10,000 mots par mois, et qu'un autre journal vienne vous proposer de prendre les mêmes engagements, vous devez admettre ce journal à la jouissance d'un tarif identique à celui que vous avez accordé à l'autre, tandis que M. Sainte-Beuve ne veut pas que même il y ait identité entre la situation des deux journaux ; et il veut qu'un journal qui ne transmettra qu'une seule dépêche par mois jouisse de la même réduction de tarif que celui qui en transmettra tous les jours et qui n'aura obtenu son abonnement qu'à cette condition. (Très-bien !)

M. PASCAL DUPRAT. — Il a raison.

M. LE MINISTRE. — Soit ; mais c'était mon droit de constater que les deux orateurs contre lesquels je parle n'étaient pas tout à fait d'accord entre eux.

Maintenant, M. Saint-Beuve a cité l'exemple de l'Amérique et l'uniformité qui y existe en faveur des journaux. Mais M. Sainte-Beuve sait très-bien qu'en Amérique il n'y a qu'un tarif.

M. SAINTE-BEUVE. — Précisément, c'est ce que j'ai dit, le tarif est le même pour tout le monde.

M. LE PRÉSIDENT. M. le ministre répète ce que vous avez dit ; il est inutile de l'interrompre.

M. LE MINISTRE DE L'INTÉRIEUR. Il n'y a qu'un tarif, en ce sens qu'en Amérique il n'y a pas de faculté pour le gouvernement de concéder un abonnement en faveur d'aucun journal. Or il faut que l'Assemblée sache ceci.

Dans le projet de loi que j'ai présenté, ou plutôt qui a été présenté par mon prédécesseur, et que j'ai maintenu devant la commission, cette faculté d'abonnement, de réduction de prix en faveur des journaux, n'existait pas. Nous avions purement et simplement proposé un tarif uniforme pour toutes les transmissions, les transmissions privées comme les transmissions des journaux. Maintenant, la commission a proposé, pendant le cours des conférences que j'ai eues avec elle, elle a proposé, à raison de la situation, de l'importance des communications que certains journaux pourraient faire, car on comprend que les communications pour les journaux pourront être beaucoup plus développées, pourront prendre un bien plus grand nombre de mots que les communications du commerce que les relations privées pourront amener ; la commission a proposé d'accepter ce paragraphe additionnel que j'ai déjà eu l'honneur de vous lire, c'est-à-dire ce paragraphe additionnel qui donnait au ministre la faculté de concéder des abonnements à prix réduits pour la transmission des nouvelles destinées aux journaux. J'ai dit : Je veux bien ; parce qu'on permettra au ministre de prendre en considération, comme je le disais tout à l'heure, la première fois que je suis monté à cette tribune, non pas la situation politique, mais la situation commerciale, pour ainsi dire, de chacun des journaux. Et ne vous y trompez pas, messieurs, si vous croyez que c'est un instrument politique, vous allez au delà des prévisions mêmes que vous voulez atteindre, ou plutôt vous ne parez pas au danger que vous avez voulu éviter ; car l'Assemblée a voté ceci, et je ne pense pas qu'elle ait regret de ce vote : « Le directeur des télégraphes peut, dans l'intérêt de l'ordre public et des bonnes mœurs, refuser de transmettre les dépêches ; » et, au cas de difficulté, à qui en référera-t-on ? Au ministre de l'intérieur.

Ainsi vous le voyez, messieurs, il a été question, et l'Assemblée l'a bien compris, de mettre à la disposition du public, et plus encore de mettre à la disposition des journaux, un instrument de communication exceptionnelle, le télégraphe électrique. Le gouvernement, la commission et l'Assemblée ensuite ont très-bien compris que l'on ne pouvait pas laisser la même faculté, la même liberté pour ces communications que pour les communications par la voie ordinaire. En conséquence, vous avez voté à la troisième lecture, comme aux deux premières, la faculté illimitée pour le gouvernement d'arrêter les dépêches, quand, dans un intérêt d'ordre public, il ne paraîtrait pas qu'elles pussent être transmises. Ainsi, vous le voyez, l'uniformité de tarifs même, quand vous l'auriez fait admettre, comme le propose soit M. Charras, soit M. Sainte-Beuve, n'empêcherait pas encore que le gouvernement ne fût et ne dût être, dans ma pensée du moins, armé de cette faculté qui résulte de l'article 3.

Ce n'est donc pas une question de liberté de presse ; elle n'est pas intéressée là-dedans ; c'est une question d'administration. (Réclamations à gauche.) Je maintiens ou qu'il ne faut rien faire, ou qu'il faut laisser un seul tarif pour les communications des journaux, pour les uns comme pour les autres ; ou, si l'on veut admettre, dans l'intérêt de la presse, des abonnements, il faut admettre qu'il y aura autant de conventions qu'il y a de situations individuelles, puisque c'est en vue de ces situations individuelles que ces abonnements doivent être faits.

Je persiste à soutenir la rédaction que j'avais proposée, mais je repousse la nouvelle rédaction de la commission. (Aux voix ! aux voix !)

M. SAINTE-BEUVE. — Messieurs, à cause de la difficulté qu'une rédaction puisse être adoptée par la commission, ou par le gouvernement, ou par moi, il y a un moyen plus simple et plus franc de trancher la question : c'est de supprimer l'abonnement. (Marques générales d'adhésion. — Appuyé ! appuyé !)

M. LE PRÉSIDENT, *à M. le rapporteur.* — Vous retirez votre amendement ?

M. LE RAPPORTEUR. — Oui, monsieur le président.

M. LARABIT, *élevant la voix au milieu des conversations particulières.* — Messieurs, je regretterais que l'Assemblée renonçât à l'amendement et à la disposition d'égalité qui vous était proposée. Il faut envisager la question d'un point de vue plus élevé, plus libéral et plus gouvernemental...

M. LE RAPPORTEUR. — Je demande la parole.

M. LARABIT. — Je dis que, dans la disposition qui vous était proposée, il y a une grande force pour le gouvernement, et c'est à cause de cette grande force que la disposition donnerait au gouvernement, que j'appuie l'amendement ou toute autre rédaction qui serait équivalente.

Remarquez, messieurs, que l'article 3 donne au gouvernement la faculté de supprimer ou de suspendre les dépêches. Mais il y a une faculté infiniment préférable et qui donne encore plus de force au gouvernement. Il sera présent au bureau de la télégraphie ; il y sera présent par son agent, par son directeur et au besoin par un homme politique. Eh bien, là, le gouvernement connaîtra toutes les nouvelles, tous les articles que les journaux pourront transmettre dans les départements ; le gouvernement présent aura le droit de faire une dénégation contre les nouvelles fausses, de faire des réfutations contre les articles dangereux, et pourra exiger, dans la même feuille, soit la dénégation, soit la réfutation. Le gouvernement aura donc une grande force et un grand avantage. C'est une faculté qui serait féconde en heureux résultats. Voilà pourquoi j'aurais voulu qu'on adoptât l'amendement ou toute autre rédaction équivalente.

M. LE RAPPORTEUR. — M. le ministre de l'intérieur vous a fait une remarque parfaitement juste quand il a dit que dans cette question, à laquelle je ne comprends pas, pour mon compte, qu'on donne de si grandes proportions, la politique était tout à fait désintéressée. En effet, si vous aviez voulu élever une question, j'aurais compris que vous le fissiez à l'occasion de l'article 3 ; à l'occasion de cet article il y avait une question politique à élever. Mais cet article 3 voté, il n'y a plus lieu de revenir à cet égard. Eh bien, vous croyez que, lorsque le ministre de l'intérieur est armé d'un droit tel que celui du refus absolu, contre lequel vous n'avez rien à dire, pas de réclamation possible, M. le ministre de l'intérieur va de gaieté de cœur se créer les embarras de tarifs différentiels ! Ainsi la question politique n'est pour rien là-dedans. Cela étant bien établi, que reste-t-il ? Une question d'exécution. Il est très-vrai que dans le projet de loi présenté successivement par trois ministres de l'intérieur, pas un seul n'avait introduit la condition de l'abonnement. C'est la commission qui a invité M. le ministre à entrer dans cette voie. Je dois dire que M. le ministre ne l'a fait qu'avec répugnance, et je comprends aujourd'hui cette répugnance.

Il nous a prédit qu'il en résulterait des difficultés considérables.

Suivant nous, si on avait voulu accepter simplement l'article de la commission, il n'en serait pas résulté de difficulté, parce que je réponds que cet article n'aurait pas servi dans le sens où M. Charras le croyait, attendu que l'article 3 empêche cet usage.

Ainsi donc il n'y aurait pas eu cet inconvénient; mais la commission, voyant tous les embarras qu'on va créer au gouvernement par suite de l'abonnement des journaux, la commission, venant d'en délibérer, déclare que cet abonnement qu'elle avait demandé au gouvernement, et que celui-ci avait consenti, par égard pour une commission de l'Assemblée, cette commission retire ce qui concerne l'abonnement.

M. LE MINISTRE DE L'INTÉRIEUR. — Excepté pour les chemins de fer.

M. LE RAPPORTEUR. — Il faut donc réduire l'amendement à ce qui concerne les chemins de fer, parce qu'ici, comme nous l'avons expliqué dans la dernière séance, c'est la vie des voyageurs qui est en question ; il est donc indispensable que les chemins de fer aient une communication libre, et qu'on leur donne toutes les facilités ; il faut donc réserver cette partie de l'amendement.

M. LE MINISTRE DE L'INTÉRIEUR. — Dans le dernier paragraphe de l'article 7, on supprimerait alors ces mots : « Pour la transmission des nouvelles destinées aux journaux, » et l'on mettrait seulement : « Le ministre de l'intérieur est autorisé à concéder des abonnements à prix réduits pour la transmission des nouvelles qui se rapportent au service des chemins de fer. »

M. LE PRÉSIDENT. — Je mets aux voix le paragraphe réduit à ces termes.

(Le paragraphe, ainsi réduit, est adopté.)

M. LE PRÉSIDENT. — Ainsi le droit commun est dans la négation. Je mets aux voix l'article 7 dans son ensemble.

(L'article 7 dans son ensemble est adopté.)

M. LE PRÉSIDENT. — Il n'y a pas d'amendements sur les articles suivants :

« ART. 8. En payant double taxe, les particuliers ont la faculté de recommander leurs dépêches. Toute dépêche recommandée est vérifiée par une répétition de la dépêche faite par le directeur destinataire. » (Maintenu.)

« Art. 9. Indépendamment des taxes ci-dessus spécifiées, il est perçu, pour le port de la dépêche, soit au domicile du destinataire, s'il réside au lieu de l'arrivée, soit au bureau de la poste aux lettres, un droit de 50 centimes dans les départements, et de 1 franc pour Paris.

« Si le destinataire ne réside pas au lieu d'arrivée, la dépêche lui sera transmise, sur la demande et aux frais de l'expéditeur, par exprès ou estafette. Les conditions de ce service seront fixées par le règlement à intervenir en vertu de l'article 11 de la présente loi. » (Maintenu.)

« Art. 10. Les dépêches seront transmises selon l'ordre d'inscription pour chaque destination.

« L'ordre des transmissions entre les diverses destinations est réglé de manière à les servir utilement et également.

« Toutefois la transmission des dépêches dont le texte dépasserait 100 mots, peut être retardée pour céder la priorité à des dépêches plus brèves, quoique inscrites postérieurement.

« Les dépêches relatives au service des chemins de fer, qui intéresseraient la sécurité des voyageurs, pourront, dans tous les cas, obtenir la priorité sur les autres dépêches. » (Maintenu.)

M. Savoye propose, après l'article 10, un article additionnel qui deviendrait l'article 11, et qui serait ainsi conçu :

« Le service de la télégraphie privée devra s'étendre, dans le plus bref délai, à tous les chefs-lieux de département et d'arrondissement. »

M. Savoye a la parole pour développer son amendement.

M. SAVOYE. — L'article additionnel que je propose à l'Assemblée est d'une excessive gravité, et l'Assemblée, évidemment, est distraite. Si elle voulait bien remettre la discussion jusqu'à ce que son ordre du jour fût réglé, nous reprendrions la discussion après. (Allons donc!)

Je ne sais si j'interprète bien les sentiments de l'Assemblée, mais il y a eu, dans la dernière délibération, des articles votés qui ont évidemment introduit dans cette loi une telle inégalité de droits et de charges, que l'adoption de ces articles ne m'a paru explicable que par un moment de distraction qui peut arriver aux assemblées comme aux individus.

Il est certain que l'article 6, par l'adoption définitive du projet, devient loi ; les particuliers sont à la merci de l'administration du télégraphe. Ce n'est pas là une stérile récrimination. Il y a encore un moyen de remédier au mal par le rejet de la loi, ou au moins de le diminuer, par l'adoption de l'article additionnel que j'ai l'honneur de soumettre à l'Assemblée.

Messieurs, la vapeur a évidemment changé, bouleversé les conditions de notre économie sociale, sous le rapport de la locomotion.

Nous avons aujourd'hui, pour le transport des personnes et des marchandises, un mode de transmission tellement rapide, que, il y a quelques années encore, on l'eût considéré comme fabuleux. Mais veuillez faire attention au système d'inégalité qui existe encore aujourd'hui. Pour le transport des personnes et des marchandises vous avez la vitesse de la flèche, et vous allez la donner aussi pour la pensée et l'intelligence. Loin de moi la pensée de vouloir m'y opposer.

Mais tout ceci, vous le donnez à une population privilégiée sur quelques points isolés, seulement dans la proportion de 6 millions à 36 millions; ne serait-il pas juste d'arriver, sinon à une égalité parfaite, elle n'est pas possible, du moins à un commencement de compensation pour les populations déshéritées? Lorsque vous avez établi les chemins de fer, vous n'avez pas supprimé les routes nationales, les chemins vicinaux, les canaux, etc.; au contraire, et vous avez bien fait, vous les avez améliorés, augmentés, perfectionnés, pour que les populations qui, par leur situation physique ou tout autre empêchement, ne peuvent pas jouir des chemins de fer, aient au moins une espèce de compensation dans leurs intérêts.

Eh bien, qu'est-ce que nous vous demandons aujourd'hui? Nous ne vous demandons pas d'établir dès à présent, ce serait une chimère et une impossibilité, la télégraphie électrique partout, et notamment où il n'y a pas de chemins de fer. Avant que les chemins de fer sillonnent la France sur tous les points, il se passera beaucoup de temps; mais faut-il que d'ici là les trois quarts de la France restent privés du privilége que vous accordez à l'autre quart? Voilà la question réduite à sa plus grande simplicité.

Eh bien, comment pouvez-vous y arriver? Vous y arriverez par le perfectionnement du télégraphe aérien, et c'est dans ce sens que je vous demande, dans tous les cas, de vouloir bien ordonner qu'une commission spéciale sera nommée à l'effet d'examiner quel est le système le plus propre à atteindre le but que j'ai exprimé dans mon article principal, soit sous le rapport des instruments, soit surtout sous le rapport de la langue télégraphique.

Assurément le télégraphe électrique est une chose admirable comme la science d'où il sort. Il faut même espérer que l'électricité produira, par la suite, des résultats beaucoup plus admirables encore que ceux qu'elle a déjà produits; mais enfin nous ne les avons pas. En attendant, pourquoi ne pas faire un pas en avant, en améliorant le système des télégraphes aériens que nous possédons déjà?

Le télégraphe aérien, nous objecte-t-on, est une chose excessivement imparfaite, trop lente, et ne pouvant pas servir la nuit.

C'est là un reproche que nous faisons au gouvernement. Le télégraphe dont il se sert, oui, c'est une chose fort imparfaite, attendu qu'il en est resté à la même position où il se trouvait lorsque les frères Chappe l'ont proposé à la Convention nationale, et depuis pas un progrès n'a été fait.

Mais est-il donc vrai que nous soyons réduits à nous servir indéfiniment de ce seul télégraphe aérien, tel qu'il est pratiqué aujourd'hui et tel que le gouvernement s'obstine à le garder ? N'y a-t-il pas eu des expériences faites, qui nous ont montré un progrès immense, et qu'il ne dépendrait que de l'Assemblée de voir ? Nommez la commission que j'ai proposée, et si les expériences ne répondent pas à l'assertion que j'émets ici, si ces expériences connues, si je ne me trompe, d'un grand nombre de membres de cette Assemblée, si ces expériences sont trompeuses, si c'est là une assertion fausse, audacieuse, vous en ferez justice. Mais s'il est vrai, et j'affirme qu'il existe un télégraphe aérien perfectionné, celui de M. Gonon, dont les expériences ont été faites ici... (Interruption.)

M. MORTIMER TERNAUX. — C'est une réclame.

M. SAVOYE.— J'ai proposé une expérience à faire, pour prouver un progrès dans la télégraphie aérienne, et M. Mortimer Ternaux, avec une parfaite aménité, me dit que c'est une réclame. C'est une réclame en faveur de la justice, monsieur! je n'en fais pas d'autres. Je ne connais pas M. Gonon, et je trouve parfaitement inconvenant qu'on me jette à la face une pareille injure.

J'ai proposé à l'Assemblée de faire une expérience sur un télégraphe perfectionné, qui répond à toutes les exigences, pouvant servir la nuit comme le jour, avec un dictionnaire approprié à toutes les langues, avec une orthographe parfaite, et la possibilité de pouvoir établir une correspondance avec les différentes lignes ; toutes choses que vous n'avez pas avec le télégraphe du gouvernement. On vous offre la preuve de ces perfectionnements en présence d'une commission ; vous pourrez examiner, et si vous ne trouvez pas l'épreuve satisfaisante, vous rejetterez ; mais si vous la trouvez concluante, vous avez le moyen de donner au reste de la France ce que vous n'accorderiez par votre loi qu'à une population excessivement minime et privilégiée ; nous voulons le progrès comme vous, mais nous voulons avant tout la justice et l'égalité.

Maintenant, est-ce une proposition hasardée ? Voici, messieurs, le résultat d'une expérience qui a été faite tout récemment en Angleterre, en présence de tous les inventeurs anglais et en présence de M. Gonon.

Voici le résultat de cette expérience :

Pour une dépêche de 25 mots que MM. Cooke et Weathstone ont transmise avec 270 signes, M. Gonon n'a employé que 140 signes ; c'est une différence de 130 signes en moins en faveur de M. Gonon. Encore M. Gonon ne s'est-il pas servi de ses propres instruments, mais de ceux de ses concurrents. Rien que son dictionnaire et son système d'alphabet lui ont donné cette supériorité.

Cette expérience, M. Gonon est prêt à la renouveler aujourd'hui si vous voulez ; je ne vois aucune raison plausible puisée dans la justice et l'égalité, pour la refuser, c'est-à-dire pour rejeter un article additionnel à la loi sur la télégraphie privée. (Aux voix !)

M. LE PRÉSIDENT. — Je relis l'amendement :

« Le service de la télégraphie privée devra s'étendre, dans le plus bref délai, à tous les chefs-lieux de département et d'arrondissement ;

« Une commisssion spéciale sera nommée à l'effet d'examiner quel est le système le plus propre à atteindre ce but, soit sous le rapport des instruments, soit sous le rapport... »

Je ferai remarquer que cette addition de la nomination d'une commission d'études vient d'être ajoutée en formule manuscrite. Comme cette addition n'est pas imprimée, j'aurai à consulter l'Assemblée pour savoir si elle entend la prendre en considération.

Il serait plus simple de commencer par voter sur ce qui est imprimé et connu.

M. LE MINISTRE DE L'INTÉRIEUR. — Le gouvernement et la commission repoussent l'amendement de M. Savoye.

M. LE PRÉSIDENT. — Je mets aux voix le paragraphe de l'amendement de M. Savoye, qui est imprimé, et dont j'ai donné lecture.

(Ce paragraphe n'est pas adopté.)

M. LE PRÉSIDENT. — Le premier paragraphe n'est pas adopté ; par conséquent, celui qui en était le complément n'a pas besoin d'être mis aux voix.

M. SAVOYE. — Monsieur le président, je vous prierai de vouloir bien mettre aux voix la prise en considération de la proposition additionnelle.

M. LE PRÉSIDENT. — Voici la proposition additionnelle et manuscrite de M. Savoye. Je vais consulter l'Assemblée sur la question de savoir si elle entend la prendre en considération.

« Une commission spéciale sera chargée d'examiner quel est le système le plus propre à atteindre ce but (le but de la communication dans les départements et arrondissements), soit sous le rapport de la langue, soit sous le rapport des instruments... »

M. SAVOYE. — Monsieur le président, je retire ma proposition. (Ah ! ah ! — Bruit.)

M. LE PRÉSIDENT. — « ART. 11. La présente loi recevra son exécution à partir du 1er mars 1850.

« Le service de la correspondance télégraphique privée, les conditions nécessaires pour constater l'identité des personnes, et les dispositions réglementaires de la comptabilité seront réglées par un arrêté concerté entre le ministre de l'intérieur et le ministre des finances. Cet arrêté sera converti en un règlement d'administration publique dans l'année qui suivra la promulgation de la présente loi. » (Maintenu.)

M. LE PRÉSIDENT. — Je mets aux voix l'ensemble de la loi.
(L'ensemble de la loi est adopté.)

Le *Moniteur* du 8 décembre inséra en tête de sa partie
officielle la loi dont on vient de lire la discussion ; elle porte
en tête la formule ordinaire de l'époque : *Au nom du peuple
français*, et se trouve signée de MM. Dupin, président de l'Assemblée nationale, Arnaud, Chapot, Bérard, de Heeckeren,
Peupin, secrétaires ; du président de la République, et
de M. Rouher, ministre de la justice, comme garde des
sceaux.

Après les lois dont nous venons de donner tous les détails, il faut remonter au commencement de l'année 1850, et
passer en revue les faits importants signalés par le *Moniteur*.
Le 6 janvier il y a un extrait du *Morning-Chronicle* relatif à
la constitution de la société Brett pour l'exploitation du
câble sous-marin de la Manche.

Cette société française, sous la raison Jacob Brett, Toché
et Ce, est constituée au capital de 750,000 livres, au moyen
de 6,000 actions de 125 livres. M. Brett transfère à la compagnie : 1° le droit d'employer sur cette ligne les moyens
spéciaux pour lesquels il a obtenu des brevets en France et
en Angleterre ; 2° le décret du gouvernement français qui
lui accorde le droit exclusif, soumis à certaines conditions,
de transmettre par le télégraphe électrique, tous messages à
travers le canal, pendant dix ans, à partir du temps où la
ligne sera achevée ; 3° l'autorisation obtenue du gouvernement anglais d'établir le télégraphe de notre côté du canal.

M. Brett se charge d'établir la ligne pour le prix de
450,000 francs ; elle se composera de sept fils métalliques
séparés. Le brevet garantit la transmission de 100 messages
de 15 mots, imprimés sur papier en lettres romaines,
par chaque 100 minutes consécutives. La somme de
450,000 francs sera payée à l'entrepreneur ; 62,000 francs
au commencement des travaux, le reste un mois après l'a-

chèvement complet de la ligne. L'administration de la compagnie sera en France. Les recettes nettes serviront à payer 6 pour 100 d'intérêt aux actionnaires, et au remboursement annuel de 10 pour 100 du capital. De plus, on allouera 3 pour 100 à chacun des administrateurs, et 5 pour 100 lorsque les bénéfices s'élèveront à 300,000 francs. Le surplus sera divisé en 14,000 parts ou actions, dont 6,000 pour les souscripteurs et 8,000 pour M. Brett.

Le journal anglais ajoute quelques considérations sur les chances probables de l'entreprise qui doit être achevée le 1er septembre 1850, selon le terme accordé par le gouvernement français. La ligne doit être établie entre Douvres et Folkestone, en Angleterre, et sur le cap Grinez, en France.

Le 31 août, on annonçait la pose du câble, opérée avec le succès le plus complet par le *Goliath*, qui était parti d'Angleterre le mercredi 28, à dix heures et demie, marchant sur le cap Grinez à raison de 3 à 4 milles à l'heure ; à huit heures du soir, le fil était posé, et la communication établie entre les Iles-Britanniques et le continent.

Un avis du *Moniteur* du 16 octobre annonce que dorénavant les cours de la Bourse seront transmis à Tours par le télégraghe électrique, ainsi qu'ils le sont sur les lignes de Rouen et du Nord. Quelques jours après, on annonce que les télégraphes électriques du royaume Lombardo-Vénitien sont en pleine activité, et une notification de Vérone, en date du 21 octobre, concède les lignes à la télégraphie privée, avec l'usage de la langue italienne sur tout le territoire lombardo-vénitien.

Le rapport fait par M. Berrier, au nom de la commission du budget pour l'exercice 1851, présenté à la séance du 27 juin 1850, contient les chiffres suivants, en ce qui concerne l'administration des télégraphes, le service en Algérie y étant posté au chapitre XXIX du ministère de la guerre, pour 418,862 francs :

Crédits accordés pour l'exercice 1850 : Personnel.   1,025,665 fr.
Crédits demandés pour l'exercice 1851 : Per-
sonnel.   1,080,105
Proposition de la commission.. . . . . . .   1,080,100 [1]
Crédits accordés pour l'exercice 1850 : Matériel.   127,486
Crédits demandés pour l'exercice 1851 : Matériel.   134,055
Proposition de la commission.   134,055

Ce dernier document était, comme on le voit, antérieur à la loi sur la télégraphie privée; l'année 1850 n'offre, en outre, qu'une expérience faite à Bordeaux, entre cette ville et Pauillac, par suite de la concession de la ligne du Verdon. Le premier essai eut lieu le 25 octobre.

Le *Moniteur* enregistre aussi, d'après le *Moniteur belge*, un arrêté royal instituant une commission des télégraphes; de plus, une convention conclue entre la Belgique et la Prusse. Ces deux documents importants sont datés l'un du 20, l'autre du 30 juin. Dans notre seconde étude sur la télégraphie à l'étranger, ils trouveront leur place toute marquée. Ici nous devons plus spécialement borner nos recherches à ce qui concerne la télégraphie en France, et nous donnons d'abord le résumé des actes officiels du bulletin des lois dans cette première période.

Les règlements définitifs des budgets forment un tableau qui est placé à la fin du volume.

---

[1] La substitution des lignes électriques aux lignes aériennes présente en elle-même une économie considérable par suite de la suppression des stationnaires placés sur les lignes aériennes de 12 en 12 kilomètres; mais, dans le besoin de multiplier sur les divers points de chaque ligne électrique les avantages de la rapidité des communications, le gouvernement a établi des directeurs intermédiaires qui reçoivent et traduisent les dépêches. La télégraphie devient ainsi un moyen de transmission de la correspondance dans les divers centres administratifs. M. le ministre a annoncé qu'il allait présenter prochainement à l'Assemblée un projet de loi pour régler l'emploi des télégraphes électriques pour les besoins du commerce et des particuliers. Ce projet rend indispensable la création de directeurs sur les points principaux de chaque ligne électrique. La création de directeurs, ainsi faite dans l'intérêt de l'administration et du public, absorbe l'économie qui résulte de la suppression des stationnaires sur les lignes aériennes abandonnées.

EXTRAITS DU BULLETIN DES LOIS DE 1844 A 1851.

1844. T. II, B. n° 1155, p. 971. *Ordonnance du 23 novembre 1844.* (Ouverture de crédit). Voir p. 6.

1845. T. I, B. n° 1203, p. 537. *Ordonnance du 11 août 1844.* (Portant que les 4/5ᵉˢ des places vacantes d'élèves inspecteurs des lignes télégraphiques seront accordés à des élèves de l'Ecole polytechnique.)

1845. T. I, B. n° 1211, p. 633. *Loi du 20 juin 1845.* (Crédits supplémentaires et extraordinaires des exercices 1844 et 1845.)

1844. Ministère de l'intérieur, chap. xliv : télégraphes électriques.............................. 165,000 francs.
1845. Ministère de l'intérieur, chap. xli : télégraphes électriques..................... 75,000

1845. T. II, B. n° 1224, p. 249. *Loi du 19 juillet 1845.* (Portant fixation du budget des dépenses de l'exercice 1846.)

Ministère de l'intérieur, chap. vi : personnel.. 976,900 francs.
— chap. vii : matériel... 137,300

1846. T. II, B. n° 1310, p. 123. *Loi du 3 juillet 1846.* (Crédits supplémentaires et extraordinaires des exercices 1845 et 1846).

1846. Ministère de l'intérieur, chap. vi : personnel de la télégraphie électrique...................... 17,495 francs.
1846. Ministère de l'intérieur, chap. vii : matériel de la télégraphie électrique......... 6,320

1846. T. II, B. n° 1311, p. 225. *Loi du 3 juillet 1846.* (Portant fixation du budget des dépenses de l'exercice 1847.

Ministère de l'intérieur, chap. vi : personnel. 994,395 francs.
— chap. vii : matériel.. 143,620

1846. T. II, B. n° 1312, p. 303. *Loi du 3 juillet 1846.* (Etablissement d'une ligne de télégraphie électrique de Paris à la frontière de Belgique).

Art. 1ᵉʳ. Il est ouvert au ministre de l'intérieur, sur l'exercice 1846, un crédit extraordinaire de 489,650 francs pour l'établissement d'une ligne de télégraphie électrique de Paris à Lille et à la frontière de Belgique, et de Douai à Valenciennes, savoir :

Ligne électrique de Paris à Lille.. . . 381,150 francs.
Ligne de Lille à la frontière. 21,000
Ligne de Douai à Valenciennes. . . . 60,000
Travaux pour faire arriver cette ligne au ministère de l'intérieur. 27,500
Total égal. . . . 489,650 francs.

Art. 2. Les portions de ce crédit qui n'auraient pas été employées dans l'exercice 1846 pourront être reportées, par ordonnance royale, sur l'exercice 1847.

ART. 3. Il sera pourvu aux dépenses autorisées par la présente loi au moyen des ressources accordées, pour l'exercice 1846, par la loi du 19 juillet 1845. (Voir p. 14 et suiv.)

1846. T. II, B. n° 1337, p. 803. *Ordonnance du 16 octobre 1846.* (Ouverture de crédit pour l'établissement d'une ligne de télégraphie aérienne de Bayonne à la frontière d'Espagne).

Sur le rapport du ministre de l'intérieur et de l'avis du conseil des ministres ; — Vu la loi du 19 juillet 1845, portant fixation du budget des dépenses de l'exercice 1846 ; — les articles 4 et 6 de la loi du 24 avril 1833, et l'article 12 de celle du 23 mai 1834 ; — les articles 26, 27 et 28 de notre ordonnance du 31 mai 1838, portant règlement général sur la comptabilité publique.

ART. 1er. Il est ouvert au ministre de l'intérieur, sur l'exercice 1846, un crédit extraordinaire de 25,000 francs pour l'établissement d'une ligne télégraphique de Bayonne à la frontière d'Espagne.

ART. 2. La régularisation de ce crédit sera proposée aux chambres lors de leur prochaine session.

1847. T. I, B. n° 1355, p. 1. *Ordonnance du 22 décembre 1846.* (Report de crédit).

Vu l'article 2 de la loi du 3 juillet 1846, portant que les portions du crédit spécial de 489,650 francs pour l'établissement de la ligne électrique du Nord, énoncées dans l'article 1er, qui n'auront pas été employées dans le courant de ladite année 1846, pourront être reportées par ordonnance royale sur l'exercice suivant ; — Vu la situation des crédits et des dépenses au 31 décembre courant ;

Considérant que, pour assurer le payement des dépenses qui pourront être faites dans le commencement de 1847, il est nécessaire de reporter dès à présent sur cet exercice la portion des fonds de l'exercice 1846 restant disponibles ;

Sur le rapport du ministre de l'intérieur et de l'avis du conseil des ministres.

ART. 1er. Il est ouvert au ministre de l'intérieur un crédit de 313,650 francs sur l'exercice 1847.

Pareille somme de 313,650 francs demeure annulée sur le crédit du chapitre XLVIII du budget spécial du ministère de l'intérieur pour l'année 1846.

ART. 2. La légalisation de la présente ordonnance sera présentée aux Chambres dans la prochaine session.

1847. T. II, B. n° 1397, p. 1. *Loi du 12 juillet 1847.* (Portant règlement définitif du budget de l'exercice 1844.) Voir le tableau général.

1847. T. II, B. n° 1410, p. 457. *Loi du 8 août 1847.* (Portant fixation du budget de l'exercice 1848.)

Ministère de l'intérieur, chap. VI : personnel. 1,010,700 francs.
— chap. VII : matériel.. 144,800

1848. T. I, B. n° 1446, p. 50. *Ordonnance du 25 décembre 1847.* (Report de crédit.)

Vu l'article 1er de la loi du 3 juillet 1846 qui ouvre un crédit extraordinaire de 489,650 francs pour l'établissement d'une ligne de télégraphie électrique ; — Vu l'article 2 de la même loi, portant que les portions de ce crédit qui n'auraient pas été employées dans l'exercice 1846 pourront être reportées, par ordonnance royale, sur l'exercice 1847 ; — Vu la loi du 8 août 1847, qui ouvre, sur l'exercice 1847, un crédit de 313,650 francs, représentant la portion non employée de l'exercice 1846 ; — Vu l'aperçu des dépenses au 31 décembre courant qui établit qu'il y aura, sur le crédit de 1847, un restant de 80,000 francs;

Considérant que, pour assurer le payement des dépenses qui pourront être faites en 1848, il est nécessaire de reporter sur cet exercice la portion du fonds de l'exercice 1847 restant disponible ;

Sur le rapport du ministre de l'intérieur et de l'avis du conseil des ministres.

ART. 1er. Il est ouvert au ministre de l'intérieur un crédit de 80,000 francs sur l'exercice 1848.

Pareille somme de 80,000 francs demeure annulée sur le crédit du chapitre XLVI du budget spécial du ministère de l'intérieur pour l'année 1847.

La régularisation de la présente ordonnance sera présentée aux chambres dans la prochaine session.

1848. T. II, B. n° 57, p. 79. *Décret du 20 juillet 1848.* (Portant règlement définitif du budget de l'exercice 1845.) Voir le tableau général.

1848. T. II, B. n° 72, p. 387. *Décret du 16 septembre 1848.* (Crédits supplémentaires et extraordinaires de l'exercice 1847 et des exercices clos.)

Ministère de l'intérieur, chap. XLVI : établissement d'une nouvelle ligne de télégraphie électrique de Paris a Lille et à la frontière de Belgique (*loi du 3 juillet 1846*).. 80,000 francs.

1848. T. II, B. n° 85, p. 560. *Arrêté du 12 octobre 1848.* (Ouverture de crédit supplémentaire au ministère de l'intérieur pour des créances consenties sur des exercices clos.)

Exercice 1845, chap. XLII : travaux et fournitures relatifs à l'établissement de la ligne électrique de Paris à Rouen.................... 5,692 fr. 22 c.

1848. T. II, B. n° 102. p. 737. *Loi du 8 décembre 1848.* (Portant règlement définitif du budget de l'exercice 1846.) Voir le tableau général.

1848. T. II, B. n⁰ 107, p. 869. *Loi du 12 décembre* 1848. (Budget rectifié de l'exercice 1848.)

Ministère de l'intérieur, chap. VI : personnel.. 999,784 francs.
— chap. VII : matériel.. 144,800
— chap. XLIV : établissement d'une ligne de télégraphie électrique de Paris à Lille........................ 80,000

1849. T. I, B. n⁰ 148, p. 337. *Loi du 4 avril* 1849. (Portant fixation du budget des dépenses du ministère de l'intérieur, exercice 1849.)

Chap. VI : personnel........................ 993,200 francs.
Chap. VII : matériel........................ 124,700

1849. T. I, B. n⁰ 163, p. 471. *Loi du 19 mai* 1849. (Portant fixation du budget général pour l'exercice 1849.) A ajouter aux chiffres précédents : un crédit sur le chapitre VI de 1,066 francs, résultant des dépenses faites dans les mois écoulés avant les votes de réductions.

1849. T. II, B. n⁰ 189, p. 185. *Loi du 10 août* 1849. (Crédit supplémentaire sur l'exercice 1848.)

ART. 1er. Il est ouvert au ministre de l'intérieur, sur l'exercice 1848, un crédit supplémentaire de ... destiné à subvenir à l'ordonnancement de dépenses imputables aux chapitres ci-après de ce département , savoir : Chap. VI : dépenses du personnel des lignes télégraphiques. 7,000 francs.

ART. 2. Ce crédit sera imputé sur les ressources affectées aux besoins de l'exercice 1848.

1849. T. II, B. n⁰ 223, p. 603. *Décret du 24 décembre* 1849. (Portant répartition du crédit provisoire de ... ouvert aux ministres sur l'exercice 1850.)

Ministère de l'intérieur, chap. VI : personnel.. 248,270 francs.
— chap. VII : matériel... 31,273

1850. T. I, B. n⁰ 235, p. 109. *Loi du 8 février* 1850. (Ouverture de crédit.) Voir p. 69.

1850. T. I, B. n⁰ 243, p. 183. *Décret du 15 mars* 1850. (Portant répartition du crédit provisoire ouvert pour les dépenses des mois d'avril et mai 1850.)

Ministère de l'intérieur, chap. VI : personnel. 165,513 francs.
— chap. VII : matériel.. 20,848

1850. T. I, B. n⁰ 244, p. 201. *Loi du 8 mars* 1850. (Portant règlement définitif du budget de l'exercice 1847.) Voir le tableau général.

1850. T. I, B. n⁰ 259, p. 477. *Loi du 15 mai* 1850. (Portant fixation du budget des dépenses de l'exercice 1850.)

Ministère de l'intérieur, chap. VI : personnel. 1,025,665 francs.
— chap. VII : matériel. 127,486

1850. T. I, B. n⁰ 260, p. 558. *Décret du 11 mai* 1850. (Autorisation d'établissement d'une ligne de télégraphie électrique entre Bordeaux et le Verdon).

Sur le rapport du ministre de l'intérieur ;—Vu la loi du 2 mai 1837 ; — Vu la demande du sieur Colombier, offrant d'établir, à ses frais, une ligne télégraphique électrique entre Bordeaux et le Verdon ; — Vu les avis favorables du préfet de la Gironde, de la chambre du commerce de Bordeaux et du conseil d'administration des lignes télégraphiques.

ART. 1ᵉʳ. M. Colombier est autorisé à établir, à ses frais, une ligne télégraphique électrique entre Bordeaux et le Verdon, pour la transmission des nouvelles exclusivement relatives au commerce maritime, en se conformant au cahier des charges et conditions arrêté par le ministre de l'intérieur, et annexé au présent décret.

CAHIER DES CHARGES.

ART. 1ᵉʳ. Le sieur Colombier s'engage à établir, dans le délai d'une année à partir de la date du décret de concession, une ligne télégraphique électrique entre Bordeaux et le Verdon.

Si, dans le délai ci-dessus fixé, la ligne n'avait pas été construite, l'autorisation accordée par ledit décret serait regardée comme nulle et non avenue, sauf les cas de force majeure légalement constatés.

ART. 2. Cette ligne sera, à la volonté du concessionnaire, soit souterraine, soit à découvert et sur poteaux.

Si la ligne est souterraine, le fil sera en cuivre ; il aura 2 millimètres de diamètre, et toutes les précautions possibles seront prises pour qu'il soit parfaitement isolé.

Si la ligne est placée au-dessus du sol, les poteaux destinés à la supporter, plantés de 50 mètres en 50 mètres au plus, et enfoncés de 1ᵐ,30 dans le sol, auront 6 mètres de longueur totale, 12 centimètres au moins de diamètre à 1 mètre de la base, et 8 centimètres à l'extrémité supérieure. Aux passages à niveau, il sera planté des poteaux ayant 9ᵐ,50 au moins de hauteur, 20 centimètres de diamètre à 1 mètre de la base ; ils seront enfoncés de 2 mètres dans le sol. Tous ces poteaux seront en bois de brin injectés de matières conservatrices.

Les fils seront en fer galvanisé ou plombé d'un diamètre de 3 millimètres au moins, et seront isolés.

Le concessionnaire sera tenu d'entretenir la ligne en bon état pendant toute la durée de la concession.

ART. 3. Le concessionnaire est substitué aux droits et soumis aux obligations qui dérivent pour l'administration des lois sur l'expropriation pour cause d'utilité publique.

ART. 4. Le concessionnaire ne pourra faire transmettre que des dépêches relatives au commerce maritime.

La transmission de nouvelles politiques est interdite, sous peine de déchéance.

ART. 5. Les employés préposés au service du télégraphe à Bordeaux et au Verdon seront payés par le sieur Colombier, et néanmoins nommés et révoqués par l'administrateur en chef des lignes télégraphiques. Il est réservé au sieur Colombier d'en demander le remplacement, si ces employés ne faisaient pas un bon service.

Le nombre des employés sera proportionné aux besoins des transmissions : il sera au moins de deux pour chaque poste, si le service a lieu le jour et la nuit.

Les employés du poste du Verdon recevront un traitement de 1,200 francs par an, lequel sera élevé à 1,500 francs pour les agents faisant le service de nuit. Les appointements des employés de Bordeaux seront, dans tous les cas, de 1,500 francs.

Le sieur Colombier est autorisé à établir, s'il le juge convenable, des postes aux mouillages de Margaux, Pauillac, Tromploup et Richard.

Les employés du poste de Pauillac seront nommés, révoqués et payés comme ceux du poste du Verdon.

ART. 6. Toutes les dépêches transmises seront inscrites sur des registres avec des numéros d'ordre et par date. Ces registres seront toujours soumis à la surveillance des agents de l'administration, qui pourront les examiner et les contrôler.

En outre, le bulletin des dépêches transmises sera envoyé quotidiennement et franco, par toutes les postes de la ligne, au directeur du télégraphe à Bordeaux.

ART. 7. Aucune dépêche ne pourra être reçue, si elle n'est signée d'une personne qui demeure responsable de son contenu.

Les dépêches seront transmises, selon leur ordre de présentation, constaté par un numéro.

Le secret de la correspondance télégraphique sera religieusement gardé.

ART. 8. Le sieur Colombier choisira les appareils destinés à la transmission des dépêches ; il devra seulement soumettre ces appareils à l'acceptation de l'administration des lignes télégraphiques.

ART. 9. Pour indemniser le concessionnaire des travaux et dépenses qu'il s'engage à faire par le présent cahier des charges, et sous la réserve expresse qu'il en remplira exactement toutes les conditions, le gouvernement lui concède, pour le laps de trente années, à dater de la mise en activité de la ligne, l'autorisation de percevoir les droits de transmission ci-après fixés :

Il sera perçu une somme de 10 francs pour toute dépêche annonçant l'entrée ou la sortie d'un navire.

Il sera perçu 1 centime par lettre pour les communications ordinaires entre Bordeaux et Margaux et 2 centimes pour celles entre Bordeaux et Pauillac, ou au delà jusqu'au Verdon.

Sont comptées, pour l'évaluation des mots, l'adresse, la date et la signature. Les chiffres sont comptés comme s'ils étaient transmis en toutes lettres. La taxe sera augmentée de moitié pour les dépêches de nuit. En payant double taxe, tous les particuliers ont la faculté de recommander leurs dépêches. Toutes dépêches recommandées sont vérifiées par une répétition faite par l'agent destinataire. Indépendamment des taxes ci-dessus spécifiées, il est perçu, pour le port de la dépêche, soit au domicile du destinataire, s'il réside au lieu de l'arrivée, soit au bureau de la poste aux lettres, 50 centimes.

ART. 10. La transmission de toutes les dépêches relatives au service du gouvernement se fera gratuitement, et ces dépêches auront la priorité.

ART. 11. Il y aura lieu à la révision du tarif au bout de chaque période de dix années.

ART. 12. En cas de trouble, le préfet de la Gironde pourra suspendre temporairement le service de la ligne concédée, ou en restreindre l'usage par un arrêté ; le tout sans indemnité.

ART. 13. Au bout de dix années, le gouvernement aura le droit de racheter la ligne, en payant au concessionnaire, pendant le restant de la durée de la concession, une annuité égale au bénéfice net des cinq dernières années, ou si le sieur Colombier le préfère, en lui payant un capital fixé à dire d'experts et représentant la valeur matérielle de la ligne, ce capital ne pouvant pas dépasser 400 francs par kilomètre.

ART. 14. Dans le cas où le préfet de la Gironde le jugerait indispensable, le concessionnaire sera tenu d'établir une communication entre la Tour de Cordouan et le Verdon, au moyen de télégraphes ordinaires ou de signaux sémaphoriques. Dans ce cas, les employés de ces postes seront payés par le concessionnaire, mais nommés par l'administrateur en chef des lignes télégraphiques. Pour indemniser le concessionnaire de ce surcroît de dépenses, il lui sera accordé une augmentation de la durée de la concession d'un cinquième du temps qui restera à courir. Mais dans tous les cas, la prolongation ne pourra être moindre de trois années.

ART. 15. A l'expiration de la présente concession, et par le seul fait de cette expiration, le gouvernement sera subrogé à tous les droits du concessionnaire et entrera immédiatement en jouissance de la ligne et de ses produits, et cela sans aucune indemnité.

ART. 16. Dans le cas de déchéance, le concessionnaire sera forcé de cesser le service et d'enlever le matériel, si mieux n'aimait l'Etat le racheter à dire d'experts.

ART. 17. Dans le cas où le gouvernement ordonnerait ou autoriserait la construction de routes nationales, départementales ou vicinales, canaux ou chemins de fer, le concessionnaire ne pourrait mettre obstacle à ces travaux ; mais toutes dispositions seraient prises pour qu'il n'en résulte aucun obstacle à la construction ou au service de la ligne électrique, ni aucuns frais pour le concessionnaire.

ART. 18. Toute exécution par l'Etat ou toute autorisation ultérieure de lignes électriques ne pourra donner ouverture à aucune demande en indemnité de la part du concessionnaire.

Art. 19. Dans le cas où la proximité de la mer rendrait impossible un service régulier par le système électrique, le concessionnaire serait autorisé à lui substituer des télégraphes aériens ou sémaphoriques, partout où besoin serait, et cela sous les mêmes réserves stipulées plus haut en faveur de l'État.

Art. 20. Le concessionnaire ne pourra céder les droits qu'il tient du présent cahier des charges qu'en demeurant solidairement responsable de l'exécution des conditions.

Il déposera un cautionnement de 3,000 francs, qui lui sera remis aussitôt après l'achèvement des travaux, et qui fera retour au trésor, en cas d'inexécution, dans le délai marqué à l'article 1er du présent cahier des charges.

Art. 21. Le traitement des agents de l'administration télégraphique payés par le sieur Colombier sera versé dans la caisse du receveur de la Gironde.

Art. 22. Les contestations qui s'élèveraient entre le concessionnaire et l'administration, au sujet de l'exécution ou de l'interprétation des clauses du présent cahier des charges, seront jugées administrativement par le conseil de préfecture, sauf recours au Conseil d'État.

1850. T. II, B. n° 300, p. 217. *Loi du 29 juillet* 1850. (Portant fixation du budget des dépenses de l'exercice 1851.)

    Minsitère de l'intérieur, chap. VI : personnel. 1,080,105 francs.
         —   chap. VII : matériel.   134,055

1850. T. II, B. n° 303, p. 277. *Loi du 7 août* 1850. (Portant fixation du budget des recettes de l'exercice 1851.) Il n'est point fait mention de recettes possibles, à provenir des taxes de la télégraphie privée qui débuta le 1er mars 1851.

1850. T. II, B. n° 327, p. 661. *Décret du 12 novembre* 1850. (Autorisation d'établissement d'une ligne de télégraphie électrique entre Nantes et le Croisic.)

Sur le rapport du ministre de l'intérieur ; — Vu la loi du 2 mai 1837 ; — Vu la demande formée par les sieurs Aristide et Adrien Dumont et Montgolfier-Bodin ; — Vu les avis du préfet de la Loire-Inférieure, de la chambre de commerce de Nantes et du conseil d'administration des lignes télégraphiques ; — Vu aussi le procès-verbal dressé, le 2 novembre 1850, entre l'administrateur en chef des lignes télégraphiques et les sieurs Dumont et Montgolfier-Bodin.

Art. 1er. Les sieurs Aristide Dumont, Adrien Dumont et Montgolfier-Bodin, sont autorisés à établir, à leurs frais, une ligne télégraphique électrique entre Nantes, Paimbœuf, Saint-Nazaire et le Croisic, pour la transmission des dépêches exclusivement relatives au commerce maritime, aux charges et conditions du cahier des charges arrêté par le ministre de l'intérieur et annexé au présent décret.

PROCÈS-VERBAL.

Le 2 novembre 1850, se sont présentés, dans le cabinet de M. Alphonse Foy, administrateur en chef des lignes télégraphiques, MM. Aristide Dumont, Adrien Dumont et Montgolfier-Bodin, demandeurs d'une concession pour l'établissement et l'exploitation d'une ligne télégraphique électrique entre Nantes, Paimbœuf, Saint-Nazaire et le Croisic, lesquels ont déclaré avoir pris une pleine et entière connaissance du cahier des charges dont la teneur suit :

Art. 1er. Les sieurs Aristide Dumont, Adrien Dumont et Montgolfier-Bodin s'engagent à établir, dans le délai d'une année, à partir de la date du décret de concession, une ligne télégraphique électrique entre Nantes, Paimbœuf, Saint-Nazaire et le Croisic.

Si, dans le délai ci-dessus fixé, la ligne n'avait pas été construite, l'autorisation accordée par ledit décret serait nulle et regardée comme non avenue.

Art. 2. Cette ligne sera, à la volonté des concessionaires, soit souterraine, soit à découvert et sur poteaux.

Si la ligne est souterraine, le fil sera en cuivre, aura deux millimètres au moins de diamètre, et sera recouvert d'une matière parfaitement isolante.

Si la ligne est placée au-dessus du sol, les poteaux destinés à la supporter, plantés de 50 mètres en 50 mètres, et enfoncés de 1m,50 c. dans le sol, auront 6 mètres au moins de longueur totale, 12 centimètres au moins de diamètre à 1 mètre de la base, et 8 centimètres à l'extrémité supérieure. Aux passages à niveau, il sera planté des poteaux ayant 9m,50 c. au moins de hauteur, 20 centimètres de diamètre à 1 mètre de la base ; ils seront enfoncés de 2 mètres dans le sol. Toutefois, dans certaines parties du parcours, et eu égard à la disposition naturelle du terrain, il sera permis aux concessionnaires de dépasser, pour l'espacement des poteaux, la limite de 50 mètres ; mais alors ils seront tenus de leur donner toute la force nécessaire pour assurer la permanence du service de la ligne. Tous les poteaux seront en bois de brin injectés de matières conservatrices.

Les fils de fer, d'un diamètre de 3 millimètres au moins, seront isolés et recouverts d'une peinture conservatrice. Les concessionnaires s'engagent, au reste, à l'expiration de la concession, à remettre au gouvernement la ligne en bon état, et, par suite, à remplacer, soit en totalité, soit en partie, les fils qui se trouveraient oxydés.

La traversée de la Loire se fera au point et par les moyens que choisiront les concessionnaires, après avoir obtenu les autorisations nécessaires de M. le ministre des travaux publics.

Les concessionnaires seront tenus d'entretenir la ligne en bon état pendant toute la durée de la concession.

ART. 3. Les concessionnaires seront substitués aux droits et soumis aux obligations qui dérivent, pour l'administration, des lois sur l'expropriation pour cause d'utilité publique.

ART. 4. Les concessionnaires ne pourront faire transmettre que des dépêches relatives au commerce maritime de Nantes.

La transmission de nouvelles politiques est interdite, sous peine de déchéance.

ART. 5. Les employés préposés au service du télégraphe, à Nantes, et dans l'un des postes intermédiaires de Paimbœuf, de Saint-Nazaire et du Croisic, seront payés par les concessionnaires, et, néanmoins, nommés et révoqués par l'administrateur en chef des lignes télégraphiques. Il est réservé aux concessionnaires de demander le remplacement de ces employés, s'ils ne faisaient pas un bon service. L'administration des lignes télégraphiques désignera celui des deux postes de Saint-Nazaire ou de Paimbœuf, où sera établi le poste surveillant intermédiaire.

Le nombre des employés sera proportionné aux besoins des transmissions ; il sera au moins de deux pour chaque poste, si le service a lieu le jour et la nuit.

Les employés des postes du Croisic et de Saint-Nazaire ou Paimbœuf recevront un traitement de 1,200 francs par an, lequel sera élevé à 1,500 francs pour les agents faisant le service de nuit. Les appointements des employés de Nantes seront, dans tous les cas, de 1,500 francs.

Les concessionnaires sont autorisés à établir, s'ils le jugent convenable, des postes au Pont-Rousseau, à Indret, au Pellerin, au Migron, à la Pointe-de-Chemoulin et à la tour de Batz.

ART. 6. Toutes les dépêches transmises seront transcrites sur des registres avec des numéros d'ordre et par date ; ces registres seront toujours soumis à la surveillance des agents de l'administration, qui pourront les examiner et les contrôler.

En outre, les bulletins des dépêches transmises seront envoyés tous les huit jours, et *franco*, par le poste surveillant intermédiaire et par celui du Croisic, au directeur du télégraphe, à qui le procès-verbal du poste de Nantes sera, en outre, remis chaque jour.

ART. 7. Aucune dépêche ne pourra être reçue si elle n'est signée d'une personne dont l'identité devra être constatée, et qui demeurera responsable de son contenu.

Les dépêches seront transmises selon leur ordre de présentation, constaté par un numéro.

Le secret de la correspondance télégraphique sera religieusement gardé.

ART. 8. Les concessionnaires choisiront les appareils destinés à la transmission des dépêches ; ils devront, toutefois, soumettre ces appareils à l'acceptation de l'administration des lignes télégraphiques.

Art. 9. Pour indemniser les concessionnaires des travaux et dépenses qu'ils s'engagent à faire par le présent cahier des charges, et sous la réserve expresse qu'ils en rempliront exactement toutes les conditions, le gouvernement leur concède, pour le laps de trente années, à dater de la mise en activité de la ligne, l'autorisation de percevoir les droits de transmission ci-après fixés.

Il sera perçu une somme de 25 francs pour l'annonce de l'arrivée d'un navire au long cours de grande navigation ou de grande pêche, et une somme de 10 francs pour l'annonce de l'arrivée d'un navire de grand ou de petit cabotage.

Les dépêches autres que celles concernant l'annonce de l'arrivée d'un navire seront soumises à la taxe qui sera fixée par la loi sur la télégraphie privée, et, dans le cas où le vote de cette loi n'aurait lieu qu'après la mise en activité de la ligne actuellement concédée, le tarif serait provisoirement celui marqué à l'article 6 du projet de loi du gouvernement ; seraient également applicables les dispositions contenues dans les articles 7, 8 et 9 du même projet.

Art. 10. La transmisssion de toutes les dépêches relatives au service du gouvernement se fera gratuitement, et ces dépêches auront la priorité.

Art. 11. Il y aura lieu à la révision du tarif au bout de chaque période de dix années.

Art. 12. En cas de trouble, le préfet de la Loire-Inférieure pourra prendre un arrêté pour suspendre temporairement le service de la ligne concédée, ou en restreindre l'usage, le tout sans indemnité.

Art. 13. Au bout de dix années, le gouvernement aura le droit de racheter la ligne, en payant aux concessionnaires, pendant le restant de la durée de la concession, une annuité égale au bénéfice net des cinq dernières années ; ou, si les concessionnaires le préfèrent, en leur payant un capital fixé à dire d'experts, et représentant la valeur matérielle de la ligne ; ce capital ne pourra dépasser 400 francs par kilomètre.

Art. 14. À l'expiration de la présente concession, et par le seul fait de cette expiration, le gouvernement sera subrogé à tous les droits des concessionnaires, et entrera immédiatement en jouissance de la ligne et de ses produits, et cela sans aucune indemnité.

Art. 15. Dans le cas de déchéance, les concessionnaires seront forcés de cesser le service et d'enlever le matériel, si mieux n'aime l'Etat le racheter à dire d'experts.

Art. 16. Dans le cas où le gouvernement ordonnerait ou autoriserait la construction de routes nationales, départementales ou vicinales, de canaux ou chemins de fer, les concessionnaires ne pourront mettre obstacle à ces travaux ; mais toutes dispositions seront prises pour qu'il n'en résulte aucun inconvénient permanent pour la construction ou le service de la ligne électrique, ni aucun frais pour les concessionnaires.

ART. 17. Toute exécution par l'Etat, ou toute autorisation ultérieure de lignes électriques, ne pourra donner ouverture à aucune demande en indemnité de la part des concessionnaires.

ART. 18. Les concessionnaires ne pourront céder les droits qu'ils tiennent du présent cahier des charges, qu'en demeurant solidairement responsables de l'exécution des conditions.

Ils déposeront, dans le délai de trois mois, à partir du décret de concession, un cautionnement de 4,000 francs, qui leur sera remis aussitôt après la réception des travaux par les agents de l'administration télégraphique, et qui fera retour au Trésor, dans le cas d'inexécution, dans le délai marqué à l'article 1er du présent cahier des charges.

La présente concession serait nulle, de plein droit, si le dépôt du cautionnement n'était pas fait dans le délai de trois mois.

Les concessionnaires seront tenus solidairement entre eux de toutes les obligations portées au présent cahier des charges.

ART. 19. Le traitement des agents de l'administration télégraphique payés par les concessionnaires sera versé dans la caisse du receveur général de la Loire-Inférieure.

ART. 20. Les contestations qui s'élèveraient entre les concessionnaires et l'administration, au sujet de l'exécution ou de l'interprétation des clauses du présent cahier des charges, seront jugées administrativement par le conseil de préfecture, sauf recours au Conseil d'Etat.

Après nouvelle lecture de ce document, M. l'administrateur en chef a demandé à MM. Aristide Dumont, Adrien Dumont et Montgolfier-Bodin s'ils donnaient leur adhésion pure et simple aux clauses, charges et conditions contenues au cahier des charges ci-dessus transcrit ; les trois demandeurs en concession susnommés ont déclaré, alors, qu'ils acceptaient entièrement et sans réserve toutes les clauses, charges et conditions qui y étaient inscrites, et ont dit qu'ils entendaient se soumettre à toutes les obligations qui leur étaient imposées par cet acte. En foi de quoi ils ont signé le présent procès-verbal.

1850. T. II, B. n° 330, p. 685. *Loi des 3 juillet, 18 et 29 novembre* 1850. (Sur la correspondance télégraphique privée.) Voir p. 74 à 143.

1850. T. II, B. n° 336, p. 762. *Décret du 19 novembre* 1850. (Autorisation d'établissement d'un télégraphe électrique sous-marin entre la France et l'Angleterre.)

Sur le rapport du ministre de l'intérieur ; — Vu la loi du

2 mai 1837; — Vu le décret du 10 août 1849 [1]; — Vu la délibération du conseil d'administration des lignes télégraphiques, en
date des 30 août, 2, 17 et 18 septembre, 14 et 30 nouembre 1850;
— Vu la convention passée, le 30 novembre 1850, entre l'administrateur en chef des lignes télégraphiques et M. Jacob Brett, approuvée par le ministre de l'intérieur.

ART. 1er. M. Jacob Brett est autorisé à établir un télégraphe
électrique sous-marin entre les côtes de France et d'Angleterre, et
pouvant aboutir aux villes de Calais et de Boulogne.

ART. 2. L'exploitation de cette entreprise, à l'exclusion de toute
autre du même genre, est concédée à M. Jacob Brett pour dix années, à partir du 1er octobre 1851, et sous les clauses et conditions
contenues dans l'acte passé, le 30 novembre 1850, entre l'administrateur en chef des lignes télégraphiques et M. Jacob Brett.

ART. 3. Le décret du 10 août 1849 est rapporté en ce qu'il a de
contraire au présent décret.

---

[1] Il s'agit du décret signalé page 50.

ANNÉE 1851.

———

Le premier document que l'on rencontre en 1851 est un exposé des motifs relatif à une loi de crédit.

Le 20 janvier, M. Baroche, ministre de l'intérieur, présentait à l'Assemblée nationale un projet de loi ayant pour objet de reporter sur l'exercice 1851 une somme de 300,000 francs, non employée, sur le crédit voté par la loi du 8 février 1850. (Voir p. 69.)

Messieurs, disait-il, l'article 3 de la loi du 8 février 1850 pour la création de nouvelles lignes de télégraphie électrique a déclaré que la portion du crédit qui n'aurait pas été employée pendant l'exercice 1850 pourrait être reportée sur l'exercice 1851. Il a été dépensé, pendant l'année 1850, une somme de 600,637 francs, et nous venons demander le vote de l'Assemblée pour reporter une somme de 300,000 francs sur l'exercice 1851.

Nous avons l'espoir fondé que le crédit voté sera parfaitement suffisant pour achever tous les travaux commencés, et il ne nous reste qu'à prier l'Assemblée de consentir le plus tôt possible à ce report, qui a un grand caractère d'urgence; car, à partir du 1er février, l'administration perd toute disposition de la somme à reporter.

Le 25 février M. Hervé de Saint-Germain, au nom de la commission des crédits supplémentaires, présentait en outre les considérations suivantes, après avoir exposé la demande du ministre :

... Presque toutes les lignes votées sont en ce moment achevées et fonctionnent, ou n'attendent plus pour fonctionner que l'exécution de quelques travaux d'aménagement.

Ce n'est que sur la ligne du Havre que les travaux se trouvent peu avancés. C'est surtout à l'exécution de cette ligne qu'un retard dans le vote du report du crédit qui vous est demandé pourrait être préjudiciable.

Il nous a donc été démontré que le crédit primitif ne serait, dans aucun cas, dépassé, si même il était atteint.

L'espérance donnée à cet égard par M. le ministre de l'intérieur dans son exposé des motifs nous a été confirmée de la manière la plus explicite par M. le directeur de l'administration des télégraphes.

Cet heureux résultat est dû au concours de l'administration et de la commission appelée à voter la loi du 8 février 1850. Des devis exagérés ou incomplets furent alors réduits d'un commun accord de 1,204,905 francs à 900,637 francs, et, grâce à une active surveillance, l'exécution est venue justifier les prévisions qui servirent de base au projet.

Cet exemple ne peut qu'engager les commissions chargées de préparer des lois de travaux publics à ne pas craindre d'entrer résolûment dans l'examen des devis et de tous leurs détails. Elles trouveront souvent dans cet examen le moyen d'assurer de notables économies, et d'encourager l'administration à ne pas se départir d'une stricte et rigoureuse surveillance.

Votre commission vous propose d'adopter le projet de loi suivant :

Art. 1er. La somme de 300,000 francs dont il n'a pas été disposé sur le crédit de 900,637 francs, ouvert par la loi du 8 février 1850 pour l'établissement de diverses lignes de télégraphie électrique, sera annulée sur l'exercice 1850 et reportée sur l'exercice 1851.

Art. 2. Ce crédit sera imputé sur les ressources affectées aux besoins de l'exercice 1851.

Cette loi était votée sans discussion le 28 février, et promulguée le 6 mars.

Avant et en même temps que cette loi secondaire, on trouve plusieurs exposés et rapports plus importants. Voici l'exposé des motifs présenté par M. Vaïsse, ministre de l'intérieur, le 4 février, et tendant à ouvrir les crédits nécessaires à l'exécution de la loi du 29 novembre 1850 :

Messieurs, l'exécution de la loi du 29 novembre 1850 sur la correspondance télégraphique privée donnera origine à deux natures de dépenses qui n'ont pu être prévues au budget de 1851, et pour lesquelles nous venons vous demander des crédits extraordinaires qui seraient imputés sur les ressources affectées aux besoins de l'exercice 1851.

Ces dépenses se rapportent, les unes à l'entretien du personnel nécessaire à la mise en activité du nouveau service, les autres au matériel.

L'administration a la croyance, du moins pour les premières années, que le service des transmissions de la télégraphie privée pourra se faire sans augmentation de personnel par les employés chargés actuellement du service des transmissions gouvernementales, et elle ne demandera de nouveaux crédits à cet effet qu'autant que l'expérience en aura démontré l'absolue nécessité.

Mais, en dehors du service des transmissions, il est un nouvel ordre de travaux que la loi du 29 novembre a imposés à l'administration, et qui consistent dans la perception de la taxe, l'inscription des dépêches sur un registre à souche, leur expédition, et enfin dans la constatation de l'identité.

· Ces différentes opérations exigent la présence d'un nouveau personnel, et justifient la demande de crédit que nous avons l'honneur de vous présenter.

La loi du 29 novembre ayant fixé l'époque du 1er mars 1851 pour l'ouverture du service de la correspondance télégraphique privée, nous ne doutons pas, Messieurs, que vous ne reconnaissiez l'urgence d'une prompte décision sur le projet de loi que nous soumettons à votre examen.

Article premier. Il est ouvert au ministre de l'intérieur :

1° Un crédit extraordinaire de 18,500 francs pour l'entretien, pendant l'année 1851, du personnel nécessaire à l'ouverture, à Paris, du service de la correspondance télégraphique privée ;

2° Un autre crédit extraordinaire de 35,834 francs pour port de dépêches, frais d'estafettes et de messagers, et autres frais matériels relatifs au même service dans tous les bureaux.

Art. 2. Ces deux crédits seront imputés sur les ressources affectées aux besoins de l'exercice 1851.

Art. 3. Le crédit de 35,834 francs sera porté dans la nomenclature des services pour lesquels est accordée, par l'article 3 de la loi du 24 avril 1833, la faculté d'ouvrir, par décrets du président de la République, des crédits supplémentaires pour subvenir à l'insuffisance dûment justifiée des services votés.

Art. 4. Pour tous frais de perception et de bureau, il sera accordé en province aux directeurs du télégraphe chargés du service de la correspondance télégraphique privée, 3 centimes par franc sur les premiers 50,000 francs, 2 centimes sur les seconds 50,000 francs, et 1 centime sur les autres.

Dans la séance du 20 février, M. Larabit, rapporteur, déposait son rapport et demandait la discussion d'urgence, la loi devant être mise à exécution le 1er mars.

Messieurs, la commission que vous avez nommée pour examiner les crédits extraordinaires demandés par M. le ministre de l'intérieur pour organiser la correspondance télégraphique privée, désire que l'exécution de la loi du 29 novembre dernier ne soit pas retardée.

Il ne peut être question dans ce rapport de discuter les avantages nouveaux et multipliés que la correspondance télégraphique privée doit donner à la société, ni les inconvénients qu'elle peut présenter pour l'ordre, pour le gouvernement et pour les familles. Tous les progrès de l'esprit humain sont compliqués de bien et de mal, d'avantages et d'inconvénients. Ceux-ci ont été comparés avec soin par les commissions qui, en 1850, ont posé les règles de cette nouvelle correspondance. L'Assemblée législative les a connus, les a appréciés; elle a voté la loi du 29 novembre 1850, en laissant au gouvernement le droit de suspendre à sa volonté cette correspondance; à défaut de suspension, il pourra faire rejeter les dépêches qui lui paraîtraient dangereuses à un titre quelconque; il pourra toujours donner la préférence à ses propres dépêches. Ainsi, tous les dangers sont évités, autant que possible; la force même du gouvernement en est augmentée, et il ne nous reste plus qu'à faire exécuter la loi à partir du 1er mars prochain, c'est-à-dire dans huit jours.

La commission a dû commencer par se rendre compte des préparatifs commencés à l'administration des lignes télégraphiques pour l'exécution de la loi, et du détail des dépenses pour lesquelles des crédits extraordinaires vous sont demandés.

Elle a cru devoir, avant tout, prendre connaissance de l'arrêté concerté entre MM. les ministres de l'intérieur et des finances, conformément à l'article 11 de la loi du 29 novembre, pour régler les détails de ce service. Cet arrêté se compose: 1° de douze articles relatifs aux heures d'ouverture du bureau, et aux formalités nécessaires pour la constatation de l'identité des expéditeurs, pour l'expédition des dépêches, pour l'ordre des transmissions, et pour l'exactitude des communications à faire aux destinataires; 2° de neuf autres articles relatifs à la perception de la taxe des dépêches, suivant le tarif de la loi du 29 novembre, et à la tenue de la comptabilité.

Les dispositions diverses de cet arrêté nous ont paru sagement combinées, et nous croyons devoir le faire imprimer à la suite de ce rapport, pour faire connaître à l'Assemblée l'ordre et le mécanisme de ce nouveau service public. L'approbation que nous donnons ainsi à cet arrêté ne peut être considérée comme une obligation législative, qui engage les deux ministres compétents : ils doivent rester maîtres d'y faire les modifications qui seront indiquées par l'expérience. Enfin, dans l'année, à partir du 29 novembre dernier, cet arrêté devra être converti en un règlement d'administration publique, ainsi que le veut la loi.

La commission a invité l'administration à lui faire connaître les diverses directions ou stations télégraphiques où elle veut établir, dès le 1er mars prochain, des bureaux de correspondance privée. Le tableau qu'elle nous a remis est imprimé à la suite de l'arrêté ministériel, avec les distances télégraphiques.

Nous y remarquons que la ligne du Nord va être pourvue de six bureaux, savoir : Amiens, Arras, Valenciennes, Lille, Calais, Dunkerque ; que le centre de la France en possédera six, savoir : Orléans, Tours, Angers, Bourges, Nevers et Châteauroux ; qu'il y en aura deux sur la ligne du Havre ; un seul, Châlons, sur la ligne de Strasbourg ; aucun sur la ligne de Lyon, malgré la grande importance de cette ligne, dont le service par chemin de fer va être organisé dans quelques mois jusqu'à Châlon-sur-Saône.

Mais l'administration nous a déclaré qu'elle serait en mesure d'organiser des bureaux sur ces deux lignes aussitôt que les lignes électriques seraient montées ; nous l'avons engagée à les distribuer dans la même proportion que sur la ligne du Nord et sur celle du Centre ; elle pourra demander, à cet effet, les crédits supplémentaires qui lui sont nécessaires ; la commission n'a pas cru devoir les ajouter à la loi qui vous est proposée, parce que l'administration n'est pas encore prête pour ces divers services ; mais nous espérons que ces bureaux se multiplieront, quand le public aura pris le goût et l'habitude de ce nouveau mode de correspondance, qui va permettre de donner des nouvelles et de recevoir des réponses, à la minute pour ainsi dire, pour les plus grandes distances.

Pour donner à l'Assemblée la facilité de se rendre compte du prix des dépêches pour les villes où des bureaux de correspondance télégraphique privée vont être immédiatement établis, la commission croit devoir donner ici l'application de la taxe de la loi du 29 novembre, telle qu'elle sera établie d'après l'arrêté des deux ministres.

Pour une dépêche de 20 mots, y compris l'adresse du destinataire et le nom de l'expéditeur, il en coûtera :

De Paris à Amiens.	4 fr.	80 c.
à Arras.	5	64
à Valenciennes.	6	36
à Lille.	6	36
à Calais.	7	56

à Dunkerque.	7	32
à Orléans.	4	56
à Tours.	5	88
à Angers.	7	60
à Bourges.	5	88
à Nevers..	6	72
à Châteauroux.	6	24
à Châlons-sur-Marne.	5	10
à Rouen..	4	68
au Havre.	5	76

Pour connaître les taxes des dépêches de 20 mots expédiés d'une ville à l'autre sur la même ligne, il suffit de prendre la différence des taxes de Paris à ces deux villes, et d'y ajouter la somme constante de 3 francs ; ainsi, d'Amiens à Arras la taxe sera de 3 fr. 84 c., d'Arras à Lille, elle sera de 3 fr. 72 c.

Pour les dépêches de plus de 20 mots, on ajoutera un quart par dizaine de mots, de sorte que les taxes ci-dessus indiquées se trouveront doublées par 60 mots.

La commission s'est informée si l'administration s'était rendue compte des recettes probables, d'après l'expérience de l'Angleterre, des Etats-Unis ou de la Prusse. Mais l'absence de documents financiers pour ces services étrangers, et l'incertitude des analogies qu'on pourrait établir, n'ont pas permis de donner des chiffres probables. L'administration s'est bornée à répondre qu'elle croyait pouvoir espérer une recette de 300,000 francs dans la première année, ce qui peut répondre, pour Paris seul, à 100 ou 150 dépêches reçues ou parties chaque jour. Chacun des membres de l'Assemblée, d'après ses dispositions particulières, pourra se rendre compte de la probabilité de cette recette ; mais nous pensons que dans cette grande ville de Paris, qui renferme tant de richesses et qui fait tant d'affaires, il se trouvera au moins cent correspondants par jour, qui auront à donner ou recevoir, à la minute, des nouvelles urgentes de leurs familles ou de leurs affaires, et consentiront volontiers à cette faible dépense pour un important résultat.

L'administration, consultée sur la création de nouveaux bureaux de correspondance électrique privée sur les lignes de Lyon et de Strasbourg, a répondu que chaque bureau nouveau pourrait exiger une dépense de 10,000 francs en traitements de directeurs, receveurs et expéditionnaires. Sur les observations de la commission on a reconnu la possibilité de réduire cette dépense à 8,000 francs ; à ce compte, toutes les fois qu'il y aurait certitude d'avoir, dans une ville, 3 ou 4 dépêches par jour, ou 1,000 ou 1,200 par an, il pourrait y avoir avantage à créer le bureau. Pour 5 bureaux de plus, savoir : 3 sur la ligne de Lyon, 2 sur celle de Strasbourg, il faudrait une dépense de 40,000 francs ;

mais cette dépense amènerait une recette qui serait sans doute supérieure; il n'y a pas de raison pour qu'elle soit moindre sur ces lignes télégraphiques que sur la ligne du Nord; au reste, l'administration ne peut avoir aucun intérêt à restreindre ce service; elle se rendra compte des nécessités et, plus tard, elle vous demandera elle-même ce qui sera nécessaire pour son développement progressif.

L'attention spéciale de la commission devait se porter sur le chiffre des dépenses extraordinaires qui vous sont demandées aujourd'hui pour l'établissement du service au 1er mars prochain.

L'administration ne vous demande de nouveaux traitements annuels que pour les employés à établir dans la direction de Paris. Dans les départements, il sera pourvu à la dépense par les directeurs eux-mêmes, au moyen d'une remise sur les recettes.

L'administration fera partout le service de la transmission avec son personnel actuel, sans aucune augmentation de traitements; mais, pour les formalités nécessaires à la constatation de l'identité des expéditeurs, pour l'examen et l'expédition des dépêches, pour leur transcription à l'arrivée, pour l'application et la perception des taxes, il est nécessaire d'établir à Paris un personnel nouveau.

L'administration vous demande un directeur suppléant, vérificateur de l'exactitude des transmissions, au traitement annuel de. . . . .   3,600 francs.
Deux inspecteurs chargés de la surveillance du poste de Paris, à 3,000 francs.   6,000
Deux commis employés à la perception à 2,400 francs.   4,800
Quatre expéditionnaires à 1,500 francs. . . .   6,000
Deux garçons de bureau à 900 francs.   1,800

Total pour l'année.   22,200
Le service ne devant s'établir qu'au 1er mars, on doit déduire, pour l'année 1851, un sixième de ces traitements annuels, savoir :.   3,700

Elle vous demande donc pour dix mois de 1851 un crédit de.   18,500

La commission a discuté avec soin ces chiffres et ce personnel; après de nombreuses réductions proposées, elle a reconnu que le personnel demandé était nécessaire, qu'en supposant que, dans les premiers mois, il dépassât les nécessités du service, nous devions compter sur des développements ultérieurs qui le rendraient indispensable, peut-être même insuffisant; que la loi n'aurait pas ordonné l'établissement de la correspondance télégraphique privée, si elle n'en avait pas prévu le développement dans l'intérêt de la société; que le chiffre des recettes en fera bientôt apprécier l'importance, et justifiera plus tard les crédits supplémentaires, s'ils deviennent nécessaires ; mais que, pour favoriser ce développement, il faut avoir dès l'origine les moyens suffisants pour répondre à toutes les exigences du public.

Ainsi la commission a reconnu que l'administrateur en chef et l'administrateur adjoint de Paris étant chargés du service général de toute la France, et de la centralisation de toutes les dépêches, il fallait pour Paris un directeur suppléant, vérificateur de l'exactitude de toutes les transmissions.

Elle a reconnu que le service journalier étant continu et d'une durée de quatorze heures, il était nécessaire d'avoir deux inspecteurs, pour qu'un des deux fût toujours présent dans le bureau de départ et d'arrivée, et pût présider à l'ordre et à l'exactitude du service.

L'Assemblée peut voir, à l'article 1er de l'arrêté ministériel, que la durée du service diurne sera de treize ou quatorze heures sans discontinuité, suivant les saisons ; plusieurs membres de la commission avaient proposé de le prolonger plus avant dans la nuit ; mais la commission n'a pas voulu accepter le changement des heures indiquées par l'administration, attendu que ces heures sont celles en usage en Allemagne, et pourront suffire pour la correspondance instantanée avec une partie de l'Europe.

La commission a reconnu la nécessité de deux commis employés à la perception, et pouvant se relayer pendant le service continu de quatorze heures.

Enfin, elle a reconnu la nécessité de quatre expéditionnaires, se relayant deux à deux, pour le double service de la transcription de toutes les dépêches, à leur départ et à leur arrivée.

Ainsi le bureau ouvert au public à Paris sera toujours occupé par un receveur et deux expéditionnaires. Le receveur constatera l'identité des expéditeurs, lira les dépêches, et donnera l'ordre de les transmettre. Elles seront à l'instant transcrites sur le registre à souche, remises au bureau des transmissions, et il en sera donné récépissé à l'expéditeur ; le receveur encaissera et tiendra la comptabilité.

A la réception des dépêches, formalités analogues, savoir : dépêche écrite au bureau de la machine, transcription au bureau public sur le registre à souche d'arrivée, lecture par l'inspecteur, et, si rien ne s'y oppose, communication par message au destinataire, ou à lui-même, s'il attend.

Animée d'un esprit bien décidé d'économie, la commission, après avoir reconnu la nécessité du personnel demandé, a voulu néanmoins faire une économie sur les traitements proposés ; elle a pensé qu'il était sage d'établir des traitements modérés pour un service tout à fait nouveau, dans lequel il n'y a pas encore ni engagement ni habitude. Le directeur nouveau ayant une grande responsabilité morale, et devant être choisi avec un grand soin, la commission n'en a pas voulu réduire le traitement au-dessous de 3,600 francs.

Quant aux traitements de 3,000 francs demandés pour deux inspecteurs, elle n'a pas voulu admettre l'égalité; elle a voulu établir une hiérarchie, en mettant l'un à 3,000 francs, et l'autre à 2,400 francs; elle a pensé que quand le premier des deux aurait plus tard son avancement dans l'administration, l'autre recevrait un avancement équitable par l'augmentation de son traitement.

La commission a réduit les deux receveurs à 1,800 francs au lieu de 2,400 francs, attendu qu'ils n'ont qu'une responsabilité ordinaire de bonne comptabilité.

Elle pense que les quatre expéditionnaires peuvent être appointés, deux à 1,500 francs, et deux à 1,200 francs.

D'après ces règles, la commission vous propose d'admettre un personnel ainsi composé :

Un directeur suppléant, vérificateur de l'exactitude des transmissions.	3,600 francs.
Deux inspecteurs chargés de la surveillance du poste de Paris, l'un à 3,000 francs, l'autre à 2,400 francs.	5,400
Deux commis employés à la perception, à 1,800 francs..	3,600
Quatre expéditionnaires à 1,500 francs et 1,200 francs.	5,400
Deux garçons de bureau, à 900 francs. . . .	1,800
Total pour une seule année. .	19,800
A déduire un sixième pour deux mois. . . .	3,300
Reste pour dix mois.	16,500

La seconde partie du crédit extraordinaire demandé n'a pas paru susceptible de réduction; il se compose de deux sommes, savoir : 3,000 francs pour papiers à dépêches, registres à souches dans tous les bureaux; l'autre, 40,000 francs pour ports de dépêches, frais d'estafettes et de messagers. Cette somme répond à des avances qui seront faites dans les bureaux d'arrivée pour les transports de dépêches, d'après la volonté des expéditeurs, et qui sont remboursées par les mêmes sommes qu'ils ont déposées d'avance au bureau du départ. Ces frais seront portés en recette et en dépense ; mais, pour qu'ils puissent être payés au bureau d'arrivée, il faut que l'administration soit pourvue d'un crédit sur le Trésor. Cette dépense, compensée par des recettes équivalentes, sera d'autant plus grande que la correspondance télégraphique privée sera plus active ; mais l'administration a cru devoir se contenter d'un crédit de 40,000 francs qui se trouve en rapport avec la recette totale de 300,000 francs indiquée précédemment comme présumable.

Le crédit de 43,000 francs admis par la commission doit être réduit du sixième, comme le crédit relatif au personnel de Paris.

Ces crédits ont dû être demandés comme crédits extraordinaires pour commencer ce service nouveau ; mais à l'avenir ce service sera classé en recette et en dépense dans le budget ordinaire. Les recettes dépendront de l'usage que le public voudra faire de ce nouveau mode de correspondance ; les dépenses s'accroîtront naturellement suivant le nombre des bureaux nouveaux que l'administration croira utile d'établir, et suivant l'accroissement que prendra ce service ; mais les accroissements de dépenses devront avoir lieu dans un rapport plus faible que les accroissements de recettes. Ce service étant éventuel, il conviendra à l'avenir de le comprendre dans la nomenclature des services pour lesquels l'article 3 de la loi du 24 avril 1833 permet d'ouvrir des crédits supplémentaires, quand l'insuffisance des crédits votés est dûment justifiée ; c'est ce qui fait l'objet de l'article 3, dont nous avons légèrement modifié la rédaction pour la rendre plus claire.

L'article premier n'ayant ouvert aucun crédit pour l'augmentation du personnel dans les bureaux des départements, parce qu'il est encore plus impossible que pour Paris de prévoir l'importance de leur travail, l'administration y supplée par l'article 4, qui accorde aux directeurs des bureaux de départements une remise sur leurs recettes. Avec cette remise, qui doit être de 3 centimes par franc sur les premiers 50.000 francs, 2 centimes sur les seconds 50,000 francs, et 1 centime sur les autres, les directeurs devront pourvoir à l'accroissement du travail, et, s'il y a lieu, au payement des expéditionnaires qui leur seront nécessaires. L'expérience seule pourra montrer si ces remises sont suffisantes, et s'il est nécessaire d'attacher à certains bureaux de nouveaux employés. La commission vous propose d'adopter l'article 4 pour l'année 1851 ; elle se borne à substituer le mot *département* à celui de province, qui ne doit plus s'employer dans le langage législatif.

D'après ces observations, la commission rédige ainsi qu'il suit le projet de loi, et vous en propose l'adoption.

Et comme, d'après la loi du 29 novembre dernier, le service doit être commencé le 1er mars, c'est-à-dire dans huit jours, et que l'administration est prête, la commission vous propose, conformément à la demande du ministre, de prononcer l'urgence.

PROJET DE LA COMMISSION.

Article premier. Il est ouvert au ministre de l'intérieur :

1° Un crédit extraordinaire de 16,500 francs pour l'entretien, pendant l'année 1851, du personnel nécessaire à l'ouverture, à Paris, du service de la correspondance télégraphique privée ;

2° Comme au projet du gouvernement. (Voir page 161.)

ART. 2. *Id.* (*Id.*)

ART. 3. Les services pour lesquels les crédits précédents sont ouverts seront ajoutés, à l'avenir, aux services énumérés dans l'article 9 de la loi des dépenses du 29 juillet 1850, pour lesquels est accordée, conformément à l'article 3 de la loi du 24 avril 1833, la faculté d'ouvrir, par décrets du président de la République, des crédits supplémentaires pour subvenir à l'insuffisance dûment justifiée des services votés.

ART. 4. Pour tous frais de perception et de bureau, il sera accordé, dans *les départements,* aux directeurs, etc. Comme au projet du gouvernement.

ADMINISTRATION DES LIGNES TÉLÉGRAPHIQUES.

Paris, le 18 février 1851.

LE MINISTRE DE L'INTÉRIEUR,

Vu la loi du 27 novembre 1850, sur l'établissement du service de la correspondance télégraphique électrique privée ;

Vu le rapport de l'administrateur en chef des lignes télégraphiques sur les mesures à prendre pour l'exécution de ladite loi, et après s'être concerté avec M. le ministre des finances ;

Arrête ce qui suit :

Ouverture des bureaux.

ARTICLE PREMIER. Les bureaux télégraphiques seront ouverts tous les jours, y compris les fêtes et dimanches : du 1er avril à la fin de septembre, de sept heures du matin à neuf heures du soir ; du 1er octobre à la fin de mars, de huit heures du matin à neuf heures du soir.

L'heure de tous les bureaux télégraphiques sera l'heure du temps moyen pris à l'Observatoire de Paris.

ART 2. Jusqu'à nouvel ordre, aucune dépêche ne pourra être envoyée hors des heures du bureau qu'autant qu'elle aura été déclarée avant neuf heures du soir, et que la transmission en aura été acceptée par le bureau du départ.

Formalités relatives à l'enregistrement des dépêches.

Toute personne qui voudra faire usage de la correspondance télégraphique devra d'abord faire constater son identité.

L'identité pourra être établie d'après les manières suivantes : Toute personne domiciliée dans la commune où est situé le bureau télégraphique aura la faculté d'apposer sa signature sur un registre à souche, et, après vérification faite de l'identité du signataire, le feuillet contenant le double de la signature et détaché de la souche, lui sera remis pour qu'il puisse le joindre à toute dépêche qu'il voudrait expédier. La présentation du feuillet et la conformité des signatures sur la dépêche, le feuillet et le registre à souche formeront la constatation de l'identité. L'identité de la signature pourra encore être certifiée par un visa des préfets, sous-préfets, maires et commissaires de police ; elle pourra l'être encore, en matière civile, par le visa du président du tribunal de première instance, du juge de paix et par tous les notaires ; en matière commerciale, par le visa du président et des juges du tribunal de commerce, par les agents de change, les courtiers d'assurances et de commerce.

Elle pourra enfin être établie par des pièces telles que passeports, acte de naissance, acte de notoriété, jugement et autres actes et papiers dont la réunion prouverait l'identité de la personne qui les posséderait.

ART. 4. Les dépêches écrites lisiblement, en langage ordinaire et intelligible, sans aucune abréviation de mots ou caractères écrits dans le texte, datées et signées, seront remises au directeur du télégraphe, qui vérifiera si les désignations de l'adresse sont assez précises pour qu'on puisse avoir l'espoir fondé de la faire parvenir à la personne à qui elle est destinée, et s'il n'y a rien dans le texte qui puisse porter atteinte à l'ordre public ou aux bonnes mœurs.

Si le directeur refuse de transmettre la dépêche, soit parce que l'identité n'est pas constatée, soit par tout autre motif, il écrira sur la minute la cause de son refus, et signera.

Si rien ne s'oppose à la transmission, le directeur fera transcrire en entier la dépêche sur un registre à souche. Au bas de la dépêche, on ajoutera le nom et l'adresse du signataire, le nom et l'adresse de la personne qui l'aura apportée, le nombre de mots que la dépêche contient, la ville pour laquelle elle est destinée, et la somme perçue. On fera signer le tout par l'expéditeur ou son mandataire, à qui sera délivré une quittance avec talon de la somme qu'il aura déboursée.

ART. 5. La dépêche recevra un numéro d'ordre, et l'on inscrira en marge, et au-dessous du numéro, l'heure à laquelle elle aura été remise au stationnaire de service, qui devra la transmettre immédiatement, si la ligne est libre. Si la ligne est occupée, la dépêche prendra son rang et sera transmise à son tour.

On inscrira sur les dépêches transmises l'heure de l'arrivée à destination. Toutes les dépêches seront remises, le soir, au directeur, qui en fera un paquet scellé du cachet de la direction.

Ordre de la transmission des dépêches.

ART. 6. Il sera tenu dans chaque bureau télégraphique un rôle des dépêches d'après l'ordre de leur dépôt, et chacune d'elles sera expédiée dans chaque bureau, selon le rang qu'elle occupera sur le rôle. Toutefois, les dépêches du gouvernement et les dépêches relatives au service des chemins de fer qui intéresseraient la sécurité des voyageurs, pourront avoir la priorité sur les dépêches privées.

La transmission des dépêches privées dont le texte dépasserait 100 mots, pourra être retardée pour céder la priorité à des dépêches plus brèves, quoique inscrites postérieurement.

Art. 7. Chaque jour, au moment de l'ouverture du service, chaque bureau, en se mettant en communication avec Paris, indiquera le nombre des dépêches qu'il a à transmettre pour Paris ; puis, l'administration centrale commencera la transmission et fera la distribution du temps du service entre tous les bureaux pour la correspondance avec Paris. L'administration indiquera, à chaque fois, le bureau qui devra se mettre en travail, et le temps qui lui sera accordé. Les transmissions se feront alternativement dans un sens et dans l'autre. Le temps accordé à chaque bureau, sur chaque ligne, ne pourra pas dépasser une demi-heure. Toutefois, une dépêche commencée devra être achevée.

Autant que possible, la transmission se fera directement entre les deux lieux qui doivent entrer en correspondance. Pendant la transmission directe entre Paris et les bureaux successivement désignés, les autres bureaux, partout où il y aura un troisième fil disponible, se transmettront entre eux les dépêches pour les villes intermédiaires. Les bureaux les plus rapprochés de Paris commenceront la transmission, qui alternera de dépêche en dépêche avec la transmission des bureaux les plus éloignés. Chaque transmission de bureau à bureau ne pourra durer qu'une demi-heure.

Chaque bureau destinataire accusera réception définitive de la dépêche envoyée, aussitôt qu'il l'aura comprise.

Art. 8. Aucune dépêche déposée à un bureau télégraphique ne pourra être retirée de la transmission que par la personne même qui l'aura envoyée. Dans tous les cas, la somme payée ne sera pas rendue.

Communication des dépêches.

Art. 9. Au bureau d'arrivée, la dépêche reçue sera visée par le directeur qui, si rien ne s'oppose à la communication, y inscrira la mention *bon à communiquer*. La dépêche visée sera remise à un expéditionnaire, qui en fera la copie.

Si le directeur juge qu'une dépêche reçue ne saurait être communiquée sans danger pour la tranquillité publique, il en enverra copie à l'autorité administrative, et attendra sa décision. Si la communication est interdite, il en sera donné connaissance au directeur qui l'a expédiée, pour qu'il puisse en faire rembourser la taxe perçue.

Art. 10. Si rien n'empêche la communication, la dépêche copiée sera timbrée du sceau de l'administration et signée du directeur. Elle sera remise immédiatement à un piéton, chargé de la porter à l'adresse indiquée ou au bureau de poste. A la dépêche sera joint un reçu qui devra être signé, soit de la personne à qui la dépêche est adressée, soit d'une personne attachée à son service ou à sa famille.

Si l'on ne trouve à l'adresse indiquée ni le destinataire, ni personne qui le connaisse, la dépêche sera rapportée au bureau d'arrivée, et la déclaration du piéton sera inscrite sur la dépêche.

S'il est demandé que la dépêche reste au bureau d'arrivée, elle sera déposée dans un coffre ou tiroir solidement établi et fermant à clef, jusqu'à ce qu'on la vienne réclamer.

Art. 11. Les dépêches adressées à des personnes se trouvant hors de la commune où est situé le bureau télégraphique d'arrivée, seront envoyées à destination par la poste ou par un messager exprès, selon que la demande en aura été faite dans la dépêche elle-même.

Quand aucune disposition particulière n'aura été prise pour une dépêche à envoyer hors de la commune où est situé le bureau, elle sera remise au bureau de poste.

Art. 12. Il sera tenu, dans chaque bureau, un registre où seront inscrites par premier et dernier mot toutes les dépêches reçues. On y mentionnera le nombre de mots, l'heure de la réception et celle de la remise au destinataire ou au bureau de poste, les décisions qui ont ordonné la non-communication, et les autres incidents de la dépêche.

Perception.

Art. 13. La taxe pour la transmission des dépêches sera perçue d'après la longueur totale des lignes télégraphiques réunissant les lieux de départ et d'arrivée. Toutefois, lorsque les lignes télégraphiques ne se dirigeront pas directement d'un lieu à un autre, et que la route ferrée sera plus courte que la ligne électrique, on prendra la distance sur le chemin de fer pour base de la taxe.

Les distances entre les divers bureaux télégraphiques seront calculées d'après le tableau joint au présent arrêté.

Art. 14. Les mots seront comptés de la manière suivante : les mots composés seront comptés pour le nombre de mots qu'ils contiendront ; les traits d'union, les signes de ponctuation ne le seront point ; mais tous les autres signes seront comptés pour le nombre de mots qu'il aura été nécessaire d'employer pour les exprimer.

Art. 15. Les dépêches qui devront être communiquées en plusieurs copies en un même lieu ne payeront qu'une taxe, mais le droit pour port de la dépêche sera répété autant de fois qu'il y aura de copies.

Les dépêches qui devront être envoyées en différents lieux sur le même trajet ne payeront la taxe proportionnelle que sur le plus long trajet, mais la taxe fixe sera répétée autant de fois qu'il y aura de lieux différents.

Art. 16. Quand l'expéditeur demandera que la dépêche soit envoyée au destinataire par exprès, il devra déposer au bureau du départ une somme de 1 *franc* pour le premier kilomètre de distance entre le bureau d'arrivée et le lieu de destination, et de 50 centimes pour les autres.

Dans tous les cas où un exprès sera envoyé, il y aura lieu à une liquidation supplémentaire.

Le choix des exprès sera fait par les directeurs du télégraphe.

Art. 17. Quand une dépêche dont la transmission aura été acceptée n'aura pu être communiquée au destinataire en temps opportun, soit parce que les lignes télégraphiques auraient éprouvé un accident, soit parce que des fautes en auraient altéré le texte, soit enfin parce que l'autorité administrative du lieu de destination se serait refusée à permettre la communication, la taxe sera remboursée à l'expéditeur.

La taxe ne sera remboursable que partiellement lorsque la dépêche, arrêtée par un accident sur la ligne, a pu être réexpédiée à destination par la poste, et qu'elle a pu gagner sur le courrier ordinaire.

Comptabilité.

Art. 18. Il sera tenu dans chaque bureau télégraphique deux registres à souche, l'un pour les dépêches à transmettre, l'autre pour les dépêches à communiquer.

(Suit un modèle de registre divisé en deux colonnes semblables.)

Dans la première partie A, on inscrira la dépêche *in extenso*, telle qu'elle aura été remise ; on y ajoutera la somme perçue. Dans la seconde partie B, on écrira la date et l'adresse de la dépêche, le premier et le dernier mot, le nombre des mots, la distance sur laquelle on a perçu, et elle contiendra quittance de la somme perçue. La partie B sera détachée et remise à l'expéditeur.

Le registre des dépêches à communiquer sera dans la même forme que celui des dépêches à transmettre. Dans la partie A on inscrira la dépêche *in extenso*. Dans la partie B la dépêche sera rappelée par son adresse et par son premier et son dernier mot. On y inscrira la date et l'heure de la réception, la date et l'heure de la remise au destinataire ; le feuillet B sera enlevé chaque jour dans toute la partie remplie, et envoyé à l'administration centrale.

Art. 19. Il sera ouvert à l'administration centrale, et pour chaque bureau, un compte qui sera clos chaque mois.

Art. 20. Toutes les fois que la recette d'un bureau aura dépassé

1,000 francs, elle devra être versée, le lendemain matin, dans la caisse du receveur des finances, par le directeur, qui donnera immédiatement avis de ce versement à l'administration centrale. Dans tous les cas, le versement sera toujours fait le 1er et le 15 de chaque mois, quelle que soit la somme en caisse.

ART. 21. Il sera alloué au directeur du télégraphe, pour tous frais de perception et de bureaux, 3 centimes par franc sur les premiers 50,000 francs, 2 centimes par franc sur les seconds 50,000 francs, et 1 centime par franc sur les autres.

ART. 22. L'administrateur en chef des lignes télégraphiques est chargé de l'exécution du présent arrêté.

Paris, le 18 fevrier 1851.

Signé : VAISSE.

TABLEAU DES DISTANCES QUI SERVIRONT DE BASE AU TARIF DE LA CORRESPONDANCE TÉLÉGRAPHIQUE PRIVÉE.

Ligne du Havre.

De Paris à Rouen.	140kil.,5
De Rouen au Havre.	89 »
De Paris au Havre.	229 »

Ligne du Centre.

De Paris à Orléans.	122 »
D'Orléans à Bourges.	112 »
De Bourges à Nevers.	69 »
De Paris à Nevers.	303 »
D'Orléans à Châteauroux. . . .	143 »
De Paris à Châteauroux. . . .	265 »
De Bourges à Châteauroux. . . .	95 »
De Nevers à Châteauroux. . . .	164 »

Ligne de Strasbourg.

De Paris à Châlons-sur-Marne. . . .	172 »

Ligne de Nantes.

De Paris à Orléans.	122 »
D'Orléans à Tours.	115 »
De Tours à Angers.	108 »
De Paris à Angers.	345 »

Ligne du Nord.

De Paris à Amiens.	147	5
D'Amiens à Arras.	67	5
D'Arras à Lille.	59	2
De Lille à Calais.	103	5
De Paris à Calais.	377	7
D'Arras à Valenciennes.	62	»
De Paris à Valenciennes.	277	»
De Lille à Dunkerque.	82	»
De Paris à Dunkerque.	356	2
De Valenciennes à Lille.	69	2
De Dunkerque à Calais.	102	3

La discussion de cette loi vint à l'ordre du jour à la
séance du 25 février. M. Sautayra prend la parole sur l'article 1er pour faire remarquer qu'il y a contradiction entre
la demande de crédit et les termes de l'exposé des motifs,
ainsi que du rapport de la commission, où il est dit que
l'administration des télégraphes pourra satisfaire à l'accroissement du service, sans augmenter le personnel, pour
lequel pourtant on demande deux crédits supplémentaires.
L'orateur demande des explications, quoiqu'il soit porté à
.considérer ce nouveau mode de transmission comme utile.

M. Larabit, *rapporteur,* répond qu'il y a confusion en ce
que le personnel de transmission n'est pas augmenté : il
s'agit seulement de celui qui doit recevoir les dépêches du
public ou les lui expédier. Il faut des employés pour constater l'identité des expéditeurs, ce qui a une grande importance ; la remise accordée aux directeurs est afin qu'ils
puissent payer des expéditionnaires. En somme, il n'y a
pas augmentation de personnel.

M. Etienne objecte que M. Berryer, dans le rapport du
budget de 1851, disait « que le gouvernement a établi des
directeurs intermédiaires qui reçoivent et traduisent les
dépêches. » (Voir la note, p. 145.) Il y a donc augmentation de personnel, quoique l'on ait abandonné un certain
nombre de lignes aériennes.

L'orateur demande, en outre, si le ministre a l'intention d'établir des lignes électriques au delà Châlon-sur-Saône, ainsi que sur les chemins de fer de Strasbourg, et de même sur la route de Marseille. Il serait désirable que l'on activât aussi les travaux jusqu'à Bar-le-Duc.

M. Vaïsse, ministre de l'intérieur, répond aux deux propositions que, en ce qui concerne la remise faite aux directeurs de province, c'est simplement une expérience que l'on tente, et que ce n'est donc pas une création d'emplois nouveaux, quoiqu'il semble y avoir contradiction entre les projets actuels et le budget de 1851. Quant à la ligne de Châlon-sur-Saône, elle est décidée par le gouvernement, ainsi que celle de Bar-le-Duc.

M. Larabit, *rapporteur*, fait remarquer que non-seulement la commission a invité le ministre à procéder à l'exécution de ces deux lignes, mais qu'elle s'en rapporte à la sollicitude du gouvernement pour qu'il crée de nouvelles lignes lorsque la nécessité le commandera.

Pour les directions de provinces, il n'y a pas augmentation de personnel sur le budget de 1851 ; on se borne à une remise qui permettra de satisfaire aux besoins d'expédition.

Les articles 1 et 2 sont adoptés.

M. Etienne, sur l'article 3, fait remarquer que la commission déroge aux usages reçus en enlevant à la commission du budget de 1851 le droit de mettre un service parmi ceux qui sont ou ne sont pas votés. C'est un précédent qu'il regrette.

Le rapporteur répond que la commission n'a pas empiété sur celle du budget, attendu qu'il s'agit d'un service nouveau et inconnu. Pour le budget de 1852, ce sera différent : la commission pourra y pourvoir. On demande l'ouverture de nouveaux bureaux ; il faut que l'administration puisse ouvrir des crédits supplémentaires. Les mots *à l'avenir* sont relatifs seulement à la fin de l'exercice 1851.

Une observation de M. Victor Lefranc amène à remplacer les mots *à l'avenir* par ceux-ci : *pour l'exercice* 1851.

L'article 3 est voté, puis le rapporteur, avant la mise aux voix de l'article 4, fait remarquer que la mise à exécution de la loi devant se faire sous trois jours, on invite l'administration à donner la plus grande publicité possible à la création de ce nouveau service par l'affichage de la loi du 29 novembre 1850 et les arrêtés des ministres.

L'ensemble de la loi fut adopté par 574 voix contre 6. La promulgation en fut faite le 1er mars, et insérée au *Moniteur* du 2.

Le 11 mars, une note ainsi conçue est *communiquée* au *Moniteur* :

Quelques journaux ont publié sur la correspondance télégraphique privée, des articles dans lesquels ils exagèrent les formalités exigées par la loi pour la constatation de l'identité des expéditeurs. La loi a voulu, dans l'intérêt de tous, remplacer la lettre écrite, et offrir au destinataire une garantie morale qui l'assure que la dépêche qu'il reçoit est émanée de l'expéditeur. Il est facile de comprendre que sans cette certitude, en matière commerciale surtout, aucune opération ne pourrait être tentée sur la foi d'une pièce dont la réalité ne serait pas garantie par le contrôle désintéressé de l'administration.

Pour faciliter la constatation de l'identité, l'administration a indiqué plusieurs moyens dont la plupart ne demandent ni perte de temps ni dépense. C'est ainsi, par exemple, qu'on peut à loisir, et une fois pour toutes, obtenir un bulletin dont la présentation suffit pour constater l'identité de toutes les dépêches envoyées par la même personne.

Depuis le 1er de ce mois, le service de la télégraphie privée fonctionne de la manière la plus satisfaisante sur toutes les lignes électriques, et l'administration n'a encore reçu aucune réclamation sur les prétendues difficultés qu'entraînerait la constatation de l'identité. (*Communiqué.*)

On trouve au *Moniteur* du 27 mars un article nécrologique sur Oersted, qui était mort le 16. Nous croyons devoir enregistrer cette date mémorable en l'honneur de l'un des plus savants électriciens du dix-neuvième siècle.

Ses funérailles eurent lieu le 24 mars à Copenhague, au

milieu de la plus nombreuse affluence et de la présence des princes de la famille royale, ainsi que de toutes les illustrations du royaume. Les étudiants avaient placé sur le catafalque une plaque en argent, au milieu de laquelle était fixée une aiguille aimantée avec l'inscription : « Oersted m'a appris à obéir. » Tous les habitants de la capitale avaient pris le deuil pour cette solennelle circonstance.

Quelques jours plus tard, *l'Indépendance belge* constate la progression des dépêches en Belgique. Les lignes y avaient été ouvertes le 15 mars, et l'on s'attendait à un mouvement d'ascension plus marqué aussitôt après l'ouverture des lignes frontières de Valenciennes et Quiévrain.

Le 19 avril il s'agit d'une erreur commise dans la transmission d'une dépêche télégraphique officielle, et le *Moniteur* insère en tête de son numéro le document ci-dessous :

Nous publions le rapport suivant adressé à M. le ministre de l'intérieur par M. l'administrateur en chef des lignes télégraphiques au sujet d'une erreur qui avait été commise dans la transmission d'une dépêche adressée à MM. les préfets le 11 avril.

TÉLÉGRAPHIE. — *Paris le 18 avril* 1851. Monsieur le ministre, les causes de l'erreur qui a été commise dans la transmission de la dépêche du 11 avril courant, annonçant le vote de l'Assemblée sur la proposition de M. Sainte-Beuve, sont uniquement télégraphiques, et je m'empresse de vous en faire connaître l'origine.

Je commencerai par vous donner l'assurance, monsieur le ministre, que le chiffre de 327, indiquant la majorité et porté dans votre ordre de transmission daté du 11 courant, à six heures et demie du soir, a été fidèlement reproduit par les signaux télégraphiques à leur départ de Paris, et qu'il a été ainsi transmis régulièrement sur toutes les lignes ; malheureusement, entre Tours et Bordeaux, un signal fautif a donné lieu, de la part du directeur du télégraphe de Bordeaux, à une interprétation erronée, qui a produit le chiffre de 388 au lieu de 327. Ce fonctionnaire, pour ne pas retarder la transmission, en réclamant, comme il aurait dû le faire, la rectification du signal fautif, a fait suivre le chiffre inexact de 388 sur les deux lignes de Bayonne et de Toulouse.

A Narbonne, la dépêche inexacte, venant de Bordeaux par Agen et Toulouse, a rencontré la dépêche correcte qui venait de Paris par la ligne de Lyon, Avignon, Montpellier ; et le directeur de Narbonne a cru devoir prendre pour exact le chiffre qu'il recevait en dernier lieu de Bordeaux ; c'est ainsi qu'il a communiqué ce chiffre aux autorités, et l'a fait remonter sur toute la ligne du Midi jusqu'à Toulon, où la dépêche régulière avait déjà été publiée.

Telles sont, monsieur le ministre, les explications que je devais vous fournir sur une faute dont on ne peut être entièrement à l'abri dans un service qui exige une grande célérité.

Je rappelle le directeur de Bordeaux à l'exécution des règlements : leur stricte application aurait pu lui faire éviter cette déplorable erreur. Je suis, etc.

Le directeur en chef des lignes télégraphiques,
ALPHONSE FOY.

On sait qu'il s'agissait dans ce vote d'une motion d'ordre où l'Assemblée nationale aurait blâmé le ministère.

A la même époque, le journal officiel annonce les bons résultats de la télégraphie ; il constate que, dans le mois de mars, on a transmis 301 dépêches ayant produit une recette de 3,031 francs, la première quinzaine y était comprise seulement pour 300 francs. En outre, on a pris des arrangements avec la Belgique pour recevoir directement les dépêches de plusieurs bureaux.

Plus tard on écrit de Vienne que, dès le commencement de 1849, l'Autriche possédait 1,400 kilomètres de lignes électriques ; et en 1851 elle a déjà un réseau de 3,500 kilomètres, comprenant depuis la Lombardie jusqu'à la Pologne. Le public peut transmettre des dépêches, quoique avec un tarif assez élevé. L'administration télégraphique dépend du ministère du commerce, et les fils ont été jusqu'alors fournis par la Prusse.

Le *Journal du Havre* du 14 mai indique, contrairement à ce que disait le *Morning-Chronicle* du 6 janvier 1850, que la société du câble sous-marin de Douvres à Calais est constituée au capital de 50,000 livres sterling (1,250,000 fr.), et divisé en actions de 1 livre.

Un avis du 5 juin porte que la convention provisoire arrêtée entre la Belgique et la France est exécutoire d'après les tarifs annoncés ; suit une liste des bureaux belges et français avec les taxes à percevoir.

Le **14** septembre un article du *Times* donne des détails très-complets sur la disposition de l'établissement du câble sous-marin de la Manche entre Douvres et Calais; sur la fabrication du câble et sa composition ; sur la position topographique des points où il sera immergé; la composition du sol sous-marin et des grèves, etc. Peu de temps après, le *Morning-Chronicle* revient sur ce sujet avec de nouveaux renseignements, en annonçant que le conducteur est achevé : il pèse 200 tonneaux, et sa fabrication a demandé trois semaines d'un travail continu. Le **25** on décrit, avec un grand enthousiasme, les détails de la pose qui se prolonge pendant plusieurs jours.

Le **16** novembre, les journaux anglais annoncent le succès de l'entreprise, les prix que l'on doit payer pour les dépêches entre Londres et les villes du continent; les mesures à prendre pour éviter que les dépêches soient retardées par la vérification ; les expériences faites entre Calais et Douvres au moyen de canons déchargés par une étincelle électrique.

Les rapports sur le budget pour **1852** présentent les considérations suivantes :

CHAPITRE VI. — PERSONNEL DES LIGNES TÉLÉGRAPHIQUES.

Le remplacement du service aérien par le service électrique et l'ouverture de la correspondance télégraphique privée rendent indispensable l'établissement d'une surveillance continue au poste de Paris, point central d'où rayonnent toutes les lignes.

L'administration demande une somme de 6,000 francs pour le traitement de deux inspecteurs chargés de la direction et de la surveillance du poste central.

Les développements successifs et rapides qu'a reçus, depuis quelques années, le service des télégraphes en France et en Algérie, ont fait sentir la nécessité de porter de quatre à six le nombre des élèves inspecteurs pour satisfaire au recrutement annuel du corps télégraphique. L'entretien de deux élèves en plus coûtera 2,400 francs en plus.

L'adoption de l'article 14 de la loi de finances du 15 mai 1850 qui prescrit le retour au Trésor de tous les crédits ou portions de crédits restant disponibles par suite de vacances d'emploi, en ôtant à l'administration la faculté d'appliquer à ses dépenses éventuelles les économies qu'elle pourrait faire, la place dans la nécessité de demander, en sus du fonds alloué chaque année pour cette nature de dépenses, une somme de 7,500 francs.

| | | CRÉDITS | |
		demandés pour 1852.	accordés pour 1851.
Service central à Paris..... { Traitement des administrateurs, etc................. }		87,700	73,300
	fr.		
Service extérieur....... { 43 Directeurs.... 206,000			
36 Inspecteurs... 104,400			
938 Stationnaires.. 604,180			
31 Surveillants... 33,800			
17 Piétons....... 10,200		1,008,290	1,006,805
Dépenses éventuelles............ 26,850			
Dépenses remboursables......... 22,860 }			
Totaux.......		**1,095,990**	**1,080,105**

CHAPITRE VII. — MATÉRIEL DES LIGNES TÉLÉGRAPHIQUES.

L'entretien des nouvelles lignes télégraphiques établies exige une augmentation de 39,965 francs, mais il faut supprimer dans le chapitre VII deux crédits, l'un de 39,460 francs pour travaux faits à Paris, et l'autre de 7,500 francs pour installation dans la préfecture du Rhône. Il en résulte une diminution réelle de 9,995 francs sur le chapitre VII.

| | | CRÉDITS | |
		demandés pour 1852.	accordés pour 1851.
Service central { Eclairage, impressions, papeterie, etc............. }		20,000	20,000
Dépenses communes...... { Approvisionnement du magasin, etc............... }		37,086	36,725
	fr.		
Service extérieur....... { Frais de bureau.... 6,036			
Chauffage.......... 15,288			
Entretien des stations............ 40,770			
Loyer de nouvelles directions....... 6,600		74,094	77,330
Entretien des nouvelles divisions électriques....... 5,400 }			
Totaux.......		**131,180**	**134,055**

DÉVELOPPEMENTS DU CHAPITRE VI.

Administration Centrale.

1 Administrateur en chef..	9,000	⎫ 16,000 fr.
1 Administrateur adjoint..	7,000	⎭

Cabinet des dépêches.

1 Traducteur en chef, administrateur deuxième adjoint.	6,500	
1 Traducteur adjoint.	5,000	
2 Directeurssuppléants,traducteurs, à 3,600 francs.	7,200	24,700
2 Secrétaires à 3,000 francs.. . . .	6,000	

Bureau du personnel.

1 Chef de bureau.	4,000	
1 Commis principal..	2,000	13,500
1 Expéditionnaire..	1,500	
5 Vérificateurs à 1,200 francs. . . .	6,000	

Les vérificateurs ont été compris jusqu'à présent parmi les stationnaires des diverses lignes ; mais ils appartiennent réellement à l'administration centrale où se fait la vérification des procès-verbaux. Leur traitement, porté ici, au lieu de l'être au budget spécial des lignes, n'est qu'une rectification qui n'augmente en rien le chiffre total du budget.

Bureau du matériel et de la comptabilité.

1 Chef de bureau, agent spécial. . .	5,500	
1 Commis principal faisant fonctions de sous-chef.	2,800	
1 Commis rédacteur.	2,200	
1 Commis rédacteur teneur de livres..	2,000	17,600
1 Commis d'ordre.	1,800	
1 Garde magasin.	1,800	
1 Expéditionnaire..	1,500	

A reporter. 71,800

Report. . . . . 71,800 fr.

Elèves inspecteurs.

4 Élèves inspecteurs, à 1,200 francs.   4,800

Gens de service.

2 Garçons de bureau à 900 francs..   1,800 ⎫
1 Concierge. . . . .   900 ⎬   2,700

Personnel à l'extérieur.

43 Directeurs : 8 de 1ʳᵉ classe, à		
5,500 francs.. .	44,000	
14 de 2ᵐᵉ classe, à		
5,000 francs.. .	70,000	206,000
16 de 3ᵐᵉ classe, à		
4,500 francs. .	72,000	
5 de 4ᵐᵉ classe, à		
4,000 francs.. .	20,000	
36 Inspecteurs : 19 de 1ʳᵉ classe, à		
3,600 francs.. .	32,400	
12 de 2ᵐᵉ classe, à		
3,000 francs...	36,000	104,400
15 de 3ᵐᵉ classe, à		
2,400 francs..	36,000	

Télégraphe aérien.

865 Stationnaires : 135 de 1ʳᵉ classe,		
à 822 francs.	110,970	
110 de 2ᵐᵉ classe,		
à 639 francs.	70,290	521,020
620 de 3ᵐᵉ classe,		
à 548 francs.	339,760	

Télégraphe électrique.

73 Stationnaires : 11 à 1,600 francs.	17,600	
18 à 1,200 francs.	21,600	
22 à 1,000 francs.	22,000	83,160
24 à 915 francs.	21,960	

A reporter. . . . . 993,880 fr.

Report.			993,880 fr.
31 Surveillants,	14 à 1,200 francs.	16,800	33,800
	17 à 1,000 francs.	17,000	
17 Piétons à 600 francs.			10,200

Pour tenir montée et prête à travailler la ligne aérienne de Paris à Orléans, moitié de la dépense moyenne ordinaire..   10,500

Agents de l'administration faisant sous sa surveillance le service du télégraphe électrique du chemin de fer du Nord. (Une somme égale, à verser par la Compagnie du chemin de fer du Nord dans la caisse du receveur central, figure au budget des recettes).   22,860

Éventuel.

Supplément de traitement aux inspecteurs chargés de l'instruction des élèves inspecteurs et stationnaires et de la vérification du matériel.   1,200

Secours aux stationnaires réformés, pour cause d'infirmités ou de trop grand âge, après 20 ans de service.. .   1,800   8,850

Frais d'inspection générale, appointements; frais de vacations et de voyage; remplacement de directeurs, inspecteurs et stationnaires malades alités; frais de voyage aux remplaçants des directeurs et inspecteurs en congé.   5,850

Augmentation au budget de 1852.

L'administration regarde comme une mesure indispensable d'entretenir en permanence, au poste central, où viennent aboutir toutes les lignes électriques, un inspecteur chargé de surveiller le travail des stationnaires et d'empêcher toute transmission de dépêche, autres que celles qu'elle aura autorisées.

Deux inspecteurs à 3,000 francs devraient alterner pour le service.   6,000

Les besoins du service, résultant de l'augmentation du nombre des lignes, nécessiteront

A reporter. . . . . . 1,086,090 fr.

Report.		1,086,090 fr.

l'entretien de deux élèves inspecteurs au moins, en sus de quatre portés sur le budget précédent à 1,200 francs chacun. 2,400

L'adoption de la loi de finances du 15 mai 1850, dont l'art. 14, titre III prescrit le retour au Trésor de tous les crédits ou portions de crédits restant disponibles par suite des vacances d'emplois, met l'administration, qui n'aura plus la faculté d'appliquer les économies qu'elle pourrait faire sur ce fonds à ses dépenses éventuelles, dans la nécessité de demander, en sus du fonds réservé en 1851, pour cette nature de dépense, qui s'élève annuellement, terme moyen des six années précédentes, à plus de 14,000 fr. la somme de. 7,500

Total général du chapitre VI. . . .   1,095,990 fr.

DÉVELOPPEMENTS DU CHAPITRE VII.

DÉPENSES DU MATÉRIEL A PARIS.

Frais administratifs.	16,000	
Chauffage de l'administration , des bureaux, du poste et du concierge. .	4,000	57,086 fr.
Approvisionnement du magasin. . .	33,386	
Frais généraux.	3,700	

SERVICE EXTÉRIEUR.

Frais de bureaux des directeurs, des inspecteurs et menus frais des stationnaires.

43 Directeurs à 36 francs.	1,548	
36 Inspecteurs à 24 francs.	864	6,036
453 Stations à 8 francs.	3,624	

Chauffage.

43 Directeurs à 96 francs.	4,128	
435 Stations aériennes à 24 francs. . .	10,440	15,288
18 Stations électriques à 40 francs. . .	720	

A reporter. . . . . .   78,410 fr.

Report. . . . . . .   78,410 fr.

Entretien des stations.

453 Stations à 90 francs.   40,770
     Loyers des nouvelles directions. .   6,600
     Entretien des nouvelles divisions
       électriques; 1,080 kilomètres à   }   12,000
       5 francs par kilomètre. . . .   5,400

         Total général du chapitre VII. . . .   131,180 fr.

ALGÉRIE. — SERVICE TÉLÉGRAPHIQUE.

CHAPITRE XXIX, ARTICLE 3. — § 1. *Personnel.*

  1 Directeur de 2ᵉ classe.   6,667
  2   —   suppléants à 4,000 francs.   8,000
  3 Traducteurs et inspecteurs, de
     2ᵐᵉ classe à 4,000 francs. . . .   12,000
 19   —   3ᵉ classe à 3,200.   60,800
 60 stationnaires de 1ʳᵉ classe à 1,300.   78,000   }   306,400
 63   —   2ᵉ   —   à 1,100.   69,300
 67   —   3ᵉ   —   à   900.   60,300
     Traitement temporaire des sta-
       tionnaires surnuméraires. . .   11,333

§ 2. — *Matériel du service établi.*

   Location d'immeubles.   13,500
   Indemnité de logement à des agents
de différents grades, ...   5,000
   Frais de bureaux, chauffage des postes
et graissage des machines.   6,500   }   55,000
   Entretien des postes, mobilier et ma-
chines.   24,000
   Impressions, transport du matériel et
menues dépenses.   6,000

   Remboursement au service des transports de
la guerre des frais de transport des vivres destinés aux stationnaires..   22,000
   Achat en France de mécanismes et
lunettes pour l'installation des postes. .   7,500   }   33,000
   Achat en Algérie de matériel pour les
postes entrepris et terminés en 1852.. .   3,500

         A reporter. . . . .   394,400 fr.

Report. . . . .   394,400 fr.

§ 3.

Construction de nouveaux postes sur la ligne
de l'Est.   70,000

Au moyen des suppléments de crédits compris
dans les prévisions du budget de 1851, et qui ont
été alloués par la loi de finances du 29 juillet 1850,
7 nouveaux postes télégraphiques doivent êtres construits en 1851. Sur la ligne d'Alger à Constantine, l'augmentation demandée a pour objet de
pourvoir à l'installation et au ravitaillement de ces
nouveaux postes. Voici d'ailleurs la décomposition
de la dépense.

Personnel. 1 Traducteur.	3,200	
— 1 Inspecteur..	3,200	
— 18 Stationnaires de 900 à		27,300
1,300 francs.	19,800	
— 2 Surnuméraires.	1,100	
Location d'immeubles.	1,200	
Entretien des postes, du mobilier et des machines.	6,538	
Frais de transport nécessités par le ravitaillement des divers postes télégraphiques.	10,000	18,238
Achat de mécanismes et lunettes.. .	500	

Total.. . . . .   509,938 fr.

Si ces allocations n'étaient pas accordées, les dépenses déjà
faites pour la construction des postes télégraphiques dont il s'agit
demeureraient improductives.

M. Vaïsse, ministre de l'intérieur, présente, à la séance
du 26 mars, un projet de loi ayant pour objet l'établissement de sept nouvelles lignes de télégraphie électrique.

Messieurs, l'utilité des lignes télégraphiques électriques est uni-
versellement reconnue. De toutes parts, les conseils municipaux,

les chambres de commerce, les conseils généraux, les préfets, les populations, réclament l'établissement de ces télégraphes, qui répandent les nouvelles avec la rapidité de l'éclair et réunissent entre elles toutes les parties du pays. La loi du 29 novembre 1850, en donnant au public l'usage de la correspondance télégraphique, va accroître encore les avantages produits par ces merveilleuses communications, et fait espérer que, en offrant des voies nouvelles à l'activité commerciale et de nouvelles ressources aux relations privées, l'État pourra encore retrouver une partie de ses dépenses annuelles dans la juste rétribution du travail qu'il fera pour les citoyens.

Pour suivre un plan déterminé et ne point disséminer les travaux, nous avons l'honneur de vous demander, en ce moment, un crédit de 656,409 francs, pour prolonger ou étendre le système des lignes votées dans la loi du 8 février 1850.

Les nouvelles lignes seraient celles :

De Tonnerre à Dijon et Châlon–sur–Saône ;

De Tours à Poitiers ;

D'Angers à Nantes ;

De Châlons-sur-Marne à Bar-le-Duc ;

De Metz à Nancy ;

De Sarrebourg à Strasbourg ;

D'Amiens à Boulogne et de Rouen à Dieppe.

Elles répondent toutes à des sections de chemins de fer déjà en activité, ou qui seront achevées dans le courant de l'année 1851.

Ligne de Tonnerre à Dijon et à Châlon-sur-Saône.

La communication télégraphique avec Lyon, Marseille et le sud-est de la France, a lieu au moyen d'une ligne aérienne dont les portions, situées au nord du département du Rhône, sont dans les mois d'hiver paralysées par des brumes tenaces qui s'étendent dans les bassins de la Saône, de l'Yonne et de la Seine. Déjà les communications télégraphiques ont beaucoup gagné par l'établissement de la section électrique de Paris à Tonnerre. On réaliserait une amélioration bien plus grande encore par la prolongation de la ligne électrique jusqu'à Châlon-sur-Saône. Cette ligne mettrait la ville importante de Dijon en communication électrique directe avec Paris, et faciliterait toutes les relations télégraphiques avec Besançon et la Suisse. La ligne de Tonnerre à Châlon coûtera 183,195 francs ; l'entretien annuel en personnel s'élèverait à 18,000 francs ; en matériel, à 2,474 francs. La suppression des lignes aériennes supprimées amènerait une économie de plus de 27,000 francs.

Ligne de Tours à Poitiers.

Le chemin de fer d'Orléans à Bordeaux, qui s'arrête en ce moment à Tours, atteindra, dans le courant de l'année prochaine, la ville de Poitiers. C'est une heureuse occasion pour faire avancer vers Bordeaux la ligne électrique du sud-ouest, qui se termine aujourd'hui à la ville de Tours. La dépense d'établissement coûtera 97,175 francs ; l'entretien sera de 7,800 francs pour le personnel ; de 1,628 francs pour le matériel. Il y aura une diminution de 20,284 francs amenée par la suppression de la ligne aérienne.

Ligne d'Angers à Nantes.

La compagnie du chemin de fer de Tours à Nantes a pris l'engagement d'ouvrir la section d'Angers à Nantes dans le mois d'août 1851. Il sera possible de prolonger la ligne électrique arrêtée à Angers jusqu'à Nantes, le grand port de la Bretagne. Or, comme de cette dernière ville part une ligne télégraphique aérienne qui traverse la Bretagne et met Nantes en communication avec Rennes, Avranches, Cherbourg, Saint-Brieuc et Brest, on pourra supprimer entièrement la ligne aérienne qui va directement de Paris à Avranches. La section d'Angers à Nantes coûtera 72,933 francs d'établissement, 7,800 francs d'entretien en personnel, et 1,578 francs en matériel. La mise en non-activité de la ligne aérienne de Paris à Avranches permettra de faire une économie de 45,551 francs sur l'entretien du personnel.

Ligne de Châlons-sur-Marne à Bar-le-Duc.

Dans les premiers jours du mois de juin, la route ferrée de Paris à Strasbourg atteindra Bar-le-Duc. En prolongeant jusqu'à cette ville la ligne électrique arrêtée en ce moment à Châlons-sur-Marne, l'administration y trouvera l'avantage de mettre en communication télégraphique avec Paris le chef-lieu du département de la Meuse, et de préparer l'achèvement si important de la ligne électrique de Paris à Strasbourg. En faisant ce travail, l'administration satisfera aussi aux réclamations réitérées de la compagnie du chemin de fer de Paris à Strasbourg, qui attend de l'existence de cette ligne électrique une augmentation de sécurité pour les voyageurs et une plus grande facilité d'exploitation.

Cette ligne, d'une longueur de 82,900 mètres, coûterait 64,330 francs. L'entretien s'élèverait à 12,400 francs en personnel, et à 1,392 francs 50 c. en matériel.

Ligne de Metz à Nancy.

La compagnie du chemin de fer de Strasbourg a obtenu l'autorisation d'établir une ligne télégraphique électrique sur la voie de fer existant entre Metz et Nancy, sous la condition que l'administration des télégraphes aurait la faculté de poser sur les poteaux plantés par la compagnie les fils nécessaires au service de l'État. Cet avantage diminuera considérablement les frais d'établissement, entre ces deux villes, de la ligne de l'Etat qui rattachera Nancy au système télégraphique de l'est de la France et ne coûtera que 27,393 francs ; l'entretien annuel s'élèvera, pour le personnel, à 12,200 francs, et pour le matériel à 660 francs.

Ligne de Sarrebourg à Strasbourg.

La ligne aérienne de Paris à Strasbourg éprouve de grandes difficultés au passage des Vosges, dont les cîmes boisées arrêtent les brumes et les rendent permanentes. On apporterait une énorme amélioration dans le système des relations télégraphiques entre la France et l'Allemagne, en supprimant les obstacles que présente la traversée des montagnes. On y parviendra facilement en profitant de la mise en activité, dans le courant de 1851, de la section du chemin de fer entre Sarrebourg et Strasbourg. Les frais d'établissement ne dépasseraient pas 65,611 fr. 50 c. ; l'entretien en personnel serait de 7,800 francs ; en matériel, de 883 francs. L'économie faite par la suppression de la ligne aérienne de Sarrebourg à Strasbourg s'élèverait à 8,020 francs.

Ligne d'Amiens à Boulogne.

Lorsque la correspondance télégraphique sera permise aux particuliers, les dépêches venant d'Angleterre arriveront avec autant d'abondance à Boulogne qu'à Calais. Il paraît donc avantageux et juste de donner à ces deux villes les mêmes facilités pour correspondre télégraphiquement avec Paris. Les chambres de commerce d'Amiens et de Boulogne ont demandé avec instance l'établissement de cette ligne, dont la construction sera favorisée par l'existence d'un chemin de fer entre ces deux villes. Cette ligne coûterait 92,633 fr. 50 c. L'entretien annuel, en personnel, 7,800 francs ; en matériel, 1,768 francs.

Ligne de Rouen à Dieppe.

Les motifs qui déterminent le gouvernement à vous proposer

l'établissement de la ligne d'Amiens à Boulogne, existent en faveur de la ligne de Rouen à Dieppe. Les chambres de commerce et le conseil général l'ont plusieurs fois demandé depuis la mise en activité du chemin de fer qui relie ces deux villes. La construction coûterait 53,138 francs. L'entretien annuel, en personnel, 11,600 francs ; en matériel, à 1,433 francs.

En résumé, Messieurs, les huit lignes que nous vous proposons d'établir auraient ensemble 775 kilomètres de longueur, et coûteraient 656,409 francs. Leur entretien annuel s'élèverait, en personnel, à 85,600 francs ; en matériel, à 13,017 francs. La suppression des lignes aériennes correspondantes produirait une diminution de dépense de 106,949 francs, laissant une économie effective de 32,949 francs.

Le rapport de M. Leverrier, au nom de la commission, fut présenté à la séance du 22 juillet.

Messieurs, la question qui vous est aujourd'hui présentée n'est pas nouvelle pour vous. Déjà, à deux reprises, vous avez porté votre attention sur la télégraphie électrique : l'année dernière, lorsque vous décidâtes qu'on procéderait immédiatement à la construction des lignes d'Angers, de Tonnerre, de Rouen au Havre, de Châlons-sur-Marne, de Nevers, de Châteauroux et de Lille à Dunkerque ; cette année même, quand vous avez ordonné que l'usage des télégraphes électriques serait mis à la disposition du public. Le projet de loi actuel a pour objet de donner à la pensée qui vous a suggéré les deux premières résolutions, les développements que comportent et que permettent les circonstances. Les questions générales qu'il soulèverait, au point de vue de son utilité, ayant été traitées dans les précédents rapports, et vidées par les votes antérieurs de l'Assemblée, nous croyons devoir éviter d'y revenir et nous borner à examiner présentement les conditions particulières et spéciales au projet actuel.

Le projet déposé dans la séance du 26 mars, par M. le ministre de l'intérieur, comprend les lignes de Paris à Dijon et à Châlons-sur-Marne, de Tours à Poitiers, d'Angers à Nantes, de Metz à Nancy, de Sarrebourg à Strasbourg, de Châlons-sur-Marne à Bar-le-Duc, d'Amiens à Boulogne, de Rouen à Dieppe. Des devis supplémentaires ont plus tard été adressés à la commission, dans le but de faire jouir immédiatement des avantages du télégraphe électrique les sections des chemins de fer de l'Ouest et du Sud-Ouest, qui s'étendent depuis Paris jusqu'à La Loupe et d'Angoulême à Bordeaux. Enfin, l'Assemblée a renvoyé à l'examen de la commission une proposition de notre honorable collègue M. Collas, ayant pour objet de donner, dès à présent, aux télégraphes électriques une

extension plus considérable que celle qui est, en ce moment, réclamée par le gouvernement.

Lignes de Tonnerre à Dijon et à Châlon-sur-Saône, de Tours à Poitiers,
d'Angers à Nantes, de Metz à Nancy, de Sarrebourg à Strasbourg,
et d'Amiens à Boulogne.

L'utilité de la construction de ces lignes n'a point été contestée
dans le sein de la commission. Les unes ont pour but de prolonger,
vers les extrémités de la France, le réseau télégraphique au fur et
à mesure de l'extension des voies ferrées ; les autres satisfont à *des*
nécessités particulières.

La ligne de Tonnerre à Châlon-sur-Saône est le prolongement
prévu de la section de Paris à Tonnerre. Elle est nécessaire au succès
de la télégraphie privée, dont les avantages pour le public sont
d'autant plus sensibles que les distances sont plus considérables ;
elle est indispensable à l'exploitation de la voie ferrée qui est encore entre les mains de l'Etat ; enfin elle imprimera aux communications de l'autorité centrale avec Lyon et le sud-est de la France
une nouvelle rapidité. La communication de Paris avec Lyon, par
la voie des télégraphes aériens, est, en effet, trop souvent arrêtée,
en hiver surtout, par les brumes qui couvrent les bassins de la
Seine, de l'Yonne et de la Saône ; on n'a dans ce cas d'autre ressource que de faire faire aux dépêches un long circuit, et de les
expédier par la voie détournée d'Orléans, Tours, Poitiers, Angoulême, Bordeaux, Agen, Toulouse, Narbonne, Montpellier, Avignon, Valence et Lyon ; c'est-à-dire qu'elles n'arrivent à leur
destination qu'après avoir fait le tour de la France. Lorsque le télégraphe électrique s'étendra jusqu'à Châlon-sur-Saône, la majeure
partie des obstacles provenant des brumes et des brouillards se trouveront évités.

Les communications avec Besançon, dont la ligne s'embranche à
Dijon, seront également rendues plus faciles et plus sûres. Il sera
nécessaire d'établir à Dijon un raccordement de la ligne électrique
avec la ligne aérienne de Besançon ; un autre raccordement de la
ligne électrique avec la ligne aérienne sera nécessaire à Châlon-
sur-Saône, tant que la ligne électrique elle-même n'aura pas été
poussée plus avant vers le midi.

La ligne dont nous nous occupons ici est pourvue de trois fils, de
Paris à Tonnerre. Suivant les devis présentés à la commission, trois
fils seront également installés de Tonnerre à Dijon ; mais de Dijon à
Châlon, les devis comportaient l'établissement de quatre fils. D'après
les explications qui nous ont été données par l'administration, ce
quatrième fil serait demandé en prévision du grand développement
que pourra acquérir la télégraphie privée, et il servirait à la correspondance des villes intermédiaires, tandis que deux des autres fils

seraient employés à la correspondance à grande distance, et le dernier au service du chemin de fer. Votre commission a pensé qu'il n'y avait pas urgence dans l'établissement d'un quatrième fil, et qu'il convenait de se borner, pour le moment, à installer trois fils sur toute l'étendue de la ligne. Il est très-douteux, en effet, que ce quatrième fil soit de longtemps indispensable ; et il paraît qu'on pourrait, avec trois fils, conduire un service même fort actif. Admettons, cependant, que l'emploi du télégraphe électrique passe tellement dans les usages et les besoins du commerce, qu'il devienne impossible, sur quelques points, de se priver d'un quatrième fil, alors il sera temps de l'établir, et on aura d'autant plus de facilité à le faire que, ce complément étant devenu nécessaire par suite de l'activité du service, les produits de la ligne couvriront la nouvelle dépense.

Le chemin de fer d'Orléans à Bordeaux, qui s'arrêtait à Tours, vient d'atteindre la ville de Poitiers. Nul doute qu'il ne faille en profiter pour prolonger la ligne électrique du sud-ouest.

Le projet de l'administration portait l'établissement de quatre fils. Les mêmes raisons qui nous ont fait rejeter l'installation d'un quatrième fil entre Dijon et Châlon-sur-Saône, ne nous permettent pas d'en accorder un entre Tours et Poitiers. Sur les trois autres fils, il y en a un qui, suivant les notes de l'administration, est destiné au service de la compagnie du chemin de fer d'Orléans à Bordeaux, à qui il a été accordé par le traité qui a permis à l'Etat d'établir un télégraphe électrique sur la voie ferrée. Votre commission a dû examiner avec soin si les concessions ainsi faites aux compagnies par les traités passés avec elles, avaient réservé à l'Etat les avantages qu'il était en droit d'attendre, et si, en particulier, il convenait que l'Etat fît les frais d'un fil dont la jouissance était réservée aux compagnies. Dans le cas spécial dont il s'agit en ce moment, la compagnie de Bordeaux, en retour du fil qu'on lui concède, donne la circulation gratuite aux agents faisant le service de surveillance de la ligne électrique, et elle s'est engagée à transporter gratuitement les matériaux nécessaires à l'établissement et à l'entretien, non-seulement de la ligne de Tours à Bordeaux, mais encore des lignes adjacentes. L'Etat d'ailleurs ne doit le fil qu'une fois pour toutes : en cas de remplacement total ou partiel du fil ou des accessoires nécessaires pour le fixer aux poteaux, la compagnie fournira les fils et les accessoires nouveaux. Ils seront posés par les soins et aux frais de la compagnie sur les poteaux de l'Etat. Cette convention, intervenue entre l'Etat et la compagnie de Bordeaux, a paru convenable à votre commission, notamment à cause de l'étendue du service que la compagnie s'est engagée à faire pour le compte de l'Etat ; et, en conséquence, nous vous proposons d'accorder sur cette ligne l'établissement de trois fils, dont deux pour le service de l'Etat, et un pour le service de la compagnie.

La voie ferrée qui relie Angers à Nantes va bientôt être ouverte. Il sera donc possible de prolonger la ligne électrique jusqu'à Nantes. Ce grand port de la Bretagne se trouvera ainsi relié par une suite de lignes non interrompues avec les principaux ports marchands de la Manche.

« D'un autre côté, est-il dit dans l'exposé des motifs, comme de Nantes part une ligne télégraphique aérienne qui traverse la Bretagne et met Nantes en communication avec Rennes, Avranches, Cherbourg, Saint-Brieuc et Brest, on pourra supprimer entièrement la ligne aérienne qui va de Paris à Avranches. »

L'administration, en effet, présente l'économie qui résultera de la suppression des lignes aériennes comme un puissant motif à l'appui de l'établissement des lignes électriques. Nous ne saurions, messieurs, donner notre approbation à cette économie qu'avec une grande réserve. On ne peut, sous aucun prétexte, priver la France de l'établissement des télégraphes électriques ; il faut que le gouvernement les construise, ou qu'il permette à l'industrie privée de les établir ; mais, cela fait, s'ensuit-il qu'il soit prudent de détruire les télégraphes aériens partout où l'on est arrivé à installer les télégraphes électriques ? Nous ne le pensons pas, et nous engageons l'administration et l'Assemblée à ne pas chercher à réaliser, dès à présent, des économies qui pourraient être pleines de dangers.

La compagnie du chemin de fer de Strasbourg a obtenu l'autorisation d'établir une ligne électrique sur la voie de fer existant entre Metz et Nancy, sous la condition que l'administration des télégraphes aurait la faculté de poser, sur les poteaux plantés par la compagnie, les fils nécessaires au service de l'Etat. Cet avantage diminuera considérablement les frais d'établissement entre ces deux villes. C'est une des considérations qui ont décidé votre commission à accorder la construction immédiate de cette ligne, encore bien que cette section ne doive, pour le moment, faire suite à aucune autre, et qu'il faille éviter, dans l'établissement des lignes électriques, de procéder par tronçons isolés les uns des autres. Une autre raison nous a également frappés. Il nous a paru que l'administration avait les plus graves raisons de désirer que l'importante ville de Nancy fût reliée au chef-lieu de la troisième division militaire.

La ligne aérienne qui va de Paris à Strasbourg, en passant par Metz, éprouve, par l'effet des brumes que les cimes boisées des Vosges rendent permanentes, les mêmes embarras que la ligne aérienne de Lyon éprouve par l'effet des brumes de la Saône.

Ces difficultés seraient en partie évitées, si l'on établissait, dès à présent, le télégraphe électrique sur la section de la voie ferrée qui s'étend de Sarrebourg à Strasbourg, section pour l'achèvement complet de laquelle vous avez, l'année dernière, voté un supplément de crédits, et qui, en ce moment même, est livrée à la circulation.

Votre commission vous propose donc d'accorder la construction immédiate de la ligne de Sarrebourg à Strasbourg. Chacun comprendra quels intérêts de tout ordre nous commandent d'assurer la rapidité des communications de Paris avec cette ville frontière, capitale de l'Alsace et chef-lieu de la quatrième division militaire.

Sur la ligne de Paris à Strasbourg, la compagnie exploitante fait elle-même les frais du fil qui lui est nécessaire. Néanmoins, les devis supposaient ici l'établissement de trois fils pour le service de l'administration. Les raisons déjà données à l'occasion de l'établissement de la section de Dijon à Châlon-sur-Saône, nous commandent de réduire ces fils à deux.

Boulogne est un des points les plus importants de la côte de la Manche pour les communications avec l'Angleterre. Il importe au gouvernement d'y pouvoir exercer une surveillance et un contrôle incessants, non pas pour entraver la libre circulation, mais pour lui laisser, au contraire, la plus grande liberté, sans qu'il en résulte d'inconvénients pour l'ordre et la sécurité. Aujourd'hui que la correspondance télégraphique est permise aux particuliers, la construction de la ligne de Boulogne devient plus nécessaire, parce que les dépêches venant d'Angleterre arriveront avec autant d'abondance par cette voie que par celle de Calais. Les chambres de commerce d'Amiens et de Boulogne ont demandé avec instance l'établissement de cette ligne ; et il y a lieu d'espérer que les dépenses de son installation et de son entretien seront, en partie du moins, couvertes par les produits de la télégraphie privée. Joignons à ces motifs que la compagnie du chemin de fer d'Amiens à Boulogne a consenti au gouvernement, ainsi qu'on le verra plus loin, des conventions plus justes que celles que paraissent avoir faites d'autres compagnies.

Ligne de Châlons-sur-Marne à Bar-le-Duc.

Dans les premiers jours de juin, est-il dit dans l'exposé du projet de loi, la route ferrée de Paris à Strasbourg atteindra Bar-le-Duc. En prolongeant jusqu'à cette ville la ligne électrique arrêtée en ce moment à Châlons-sur-Marne, l'administration y trouvera l'avantage de mettre en communication télégraphique avec Paris le chef-lieu du département de la Meuse, et de préparer l'achèvement si important de la ligne électrique de Paris à Strasbourg.

Votre commission a éprouvé des doutes sérieux sur l'utilité qu'il pouvait y avoir, au point de vue des intérêts de l'Etat, à construire *immédiatement* la section de Châlons-sur-Marne à Bar-le-Duc. S'il est bon, en thèse générale, de développer les lignes télégraphiques, il est, d'un autre côté, indispensable de considérer que l'état de nos finances commande les plus grands ménagements ; et, avant de décider de l'établissement d'une ligne, on doit examiner si les services qu'on a lieu d'en attendre seront en rapport avec la dépense à effectuer. Or, quel intérêt l'État a-t-il à pousser la ligne électrique de Châlons-sur-Marne à Bar-le-Duc ? Aucun autre, tant que la voie ferrée ne sera pas prolongée de Bar-le-Duc à Nancy, que celui de la communication de Paris avec Bar-le-Duc même. Il faut, en effet, bien considérer que la ligne télégraphique aérienne qui va de Paris à Strasbourg ne suit pas partout la voie ferrée ; elle la quitte à Châlons pour se diriger vers Metz, d'où elle redescend sur Strasbourg. Il en résulte que le fil conduit de Châlons par Bar-le-Duc n'ajoutera absolument rien à la rapidité des communications de Paris avec l'Alsace, communications qui devront abandonner la voie électrique pour la voie aérienne, depuis Châlons-sur-Marne jusqu'à Sarrebourg, où elles retrouveront la ligne électrique que nous vous proposons de construire de Sarrebourg à Strasbourg. Il est donc bien vrai que la ligne construite en ce moment au delà de Châlons ne servirait qu'aux communications avec Bar-le-Duc, qu'elle pourrait abréger de deux heures, et il ne paraît pas que ce soit là un motif suffisant de hâter la construction d'une ligne qui n'aurait momentanément d'autre objet. Ajoutons que la construction anticipée d'une ligne entraîne, pour le gouvernement, la création anticipée d'un personnel pour l'entretien de la ligne et la direction des postes télégraphiques ; pour la ligne de Châlons-sur-Marne à Bar-le-Duc, la dépense annuelle d'entretien en personnel et matériel s'élèvera à 14,192 francs.

L'administration ne dispose que d'un personnel assez restreint pour la construction des lignes télégraphiques, construction qui demande des précautions spéciales et qu'on ne peut confier à tous les ouvriers indistinctement. Il lui sera impossible d'exécuter en 1851 même, et simultanément, toutes les lignes dont nous vous demandons de décider l'exécution. Cette situation indique ce qu'il convient de faire pour la ligne de Bar-le-Duc. Les conditions en ont été étudiées, les devis préparés, et il est certain qu'elle devra être exécutée dans un avenir prochain. Il ne peut donc y avoir aucun inconvénient à la voter en principe, ainsi que les dépenses, sauf à réserver l'imputation des crédits pour l'époque où la voie ferrée qui reliera Bar-le-Duc à Nancy sera assez avancée pour que l'installation du télégraphe puisse également s'y effectuer.

Sur cette section, comme sur celle de Sarrebourg à Strasbourg, nous réduirons à deux le nombre des fils destinés au service de l'administration.

Ligne de Rouen à Dieppe.

« Les motifs, est-il dit dans l'exposé du projet de loi, qui déterminent le gouvernement à vous proposer l'établissement de la ligne d'Amiens à Boulogne, existent en faveur de la ligne de Rouen à Dieppe. » Cette assimilation n'a point paru parfaitement fondée à plusieurs membres de la commission. « Dieppe, ont-ils dit, est loin d'avoir, comme point de communication avec l'Angleterre, la même importance que Boulogne, et s'il est vrai que le gouvernement doive tenir à avoir avec tous les ports d'embarquement des moyens prompts de correspondance, ne suffisait-il pas, pour un point secondaire tel que Dieppe, d'expédier les dépêches par le télégraphe jusqu'à Rouen et de les envoyer de Rouen à Dieppe par le chemin de fer, sur lequel le trajet s'exécute en deux heures? Le service d'un chemin de fer à une voie exige, il est vrai, au point de vue de la sécurité des voyageurs et de l'économie de l'exploitation, un télégraphe électrique; mais était-ce donc à l'administration publique à doter d'un télégraphe le chemin de Rouen à Dieppe, et n'était-ce pas bien plutôt à la compagnie de pourvoir à la sécurité et à l'économie de son service? »

A ces objections on répondait que l'établissement de cette ligne était regardé comme indispensable par le gouvernement, qui n'a aucun autre service télégraphique dans cette direction ; qu'on ne pouvait songer à laisser construire ce télégraphe par la compagnie, sauf à en réclamer l'usage pour le gouvernement, la situation financière de la compagnie ne permettant pas d'espérer qu'on dût ainsi aboutir à rien. On représentait enfin que les relations commerciales du port de Dieppe sont considérables ; qu'une population étrangère fort nombreuse y afflue en été, et qu'il y avait lieu de croire, par cette double considération, que les produits de la télégraphie privée seraient assez considérables sur cette ligne pour couvrir les frais d'établissement et d'entretien.

La majorité de votre commission a été d'avis d'autoriser la construction de la ligne, mais sous certaines réserves. L'administration vous demande trois fils, dont l'un pour le service de la compagnie. Nous ne croyons pas pouvoir accorder la dépense de ce dernier fil. La ligne de Rouen à Dieppe n'est certes pas aussi utile à l'État que celle d'Amiens à Boulogne, et sur cette dernière, cependant, la compagnie paye la moitié du fil destiné à son usage. Nous vous proposons donc d'allouer seulement les deux fils nécessaires au service de l'administration.

Lignes d'Angoulême à Bordeaux et de Paris à La Loupe.

La commission, saisie d'une proposition de notre honorable collègue M. Collas, dont l'objet était de donner, dès à présent, aux télégraphes électriques une extension plus considérable que celle réclamée par le gouvernement, crut devoir demander à M. le ministre de l'intérieur de vouloir bien examiner si, en dehors des lignes réclamées dans le projet primitif de l'administration, il en existait d'autres qui pussent être utilement entreprises dès aujourd'hui. M. le ministre de l'intérieur a répondu à la commission par l'envoi des devis de la ligne d'Angoulême à Bordeaux, et de celle de Paris à La Loupe.

L'utilité de la ligne d'Angoulême à Bordeaux n'a pas été contestée : elle contribuera à continuer la ligne du sud-ouest dont l'achèvement doit être poursuivi dans le plus bref délai et par tous les moyens possibles. Sous ce rapport, il a été proposé, dans la Commission, de décider que, non-seulement la ligne d'Angoulême à Bordeaux serait construite sur la voie ferrée, mais encore que la ligne télégraphique serait établie immédiatement entre Angoulême et Poitiers. Ce qu'on demandait donc, c'était, entre ces deux villes, la construction du télégraphe à travers champs, et en se rapprochant le plus possible de la voie ferrée qui sera ultérieurement construite. Cette proposition n'a paru acceptable ni au gouvernement, ni à la commission. La direction que suivra la voie ferrée d'Angoulême à Poitiers est parfaitement connue ; et s'il avait été possible de placer dès aujourd'hui le télégraphe électrique sur la voie même, on aurait pu effectivement hasarder sa construction actuelle, encore bien qu'il eût dû rester pendant quelques années sans protection contre les entreprises de la malveillance. Mais l'on sait à quels immenses ouvrages d'art donne lieu la construction des chemins de fer ; le niveau naturel du sol est bien rarement celui de la voie ferrée ; comment y pourrait-on poser à l'avance les poteaux du télégraphe électrique ?

Ainsi, la construction du télégraphe lui-même serait impossible.

On doit ajouter que, de l'avis des ingénieurs, la pose des poteaux télégraphiques avant l'entier achèvement de la voie constituerait de grands embarras pour la bonne direction des travaux. Resterait la construction en dehors de la voie ferrée, soit qu'on l'effectuât avec l'intention de laisser à toujours la ligne télégraphique dans cette situation, soit qu'on se réservât de reporter plus tard cette ligne sur la voie ferrée après son achèvement. Dans la première hypothèse, on se trouverait avoir établi, en dehors de toute protection, une construction fragile qui serait à la merci du premier venu, et il n'a pas paru que les lignes du gouvernement pussent être avantageusement placées dans de telles conditions. Dans la seconde hypothèse, on aurait considérablement augmenté les frais de construction, puisque le matériel, établi aujourd'hui à travers des propriétés particulières, ce qui pourrait donner lieu à des contestations, devrait être déplacé dans deux ans et reporté ailleurs. Il est donc sage d'attendre que les travaux d'art aient été entrepris et achevés sur la section qui s'étend d'Angoulême à Poitiers, avant d'y commencer la pose du télégraphe électrique.

Nous vous proposons, messieurs, d'accorder trois fils à la ligne d'Angoulême à Bordeaux, et d'ajourner sa construction à l'année prochaine.

L'établissement de la ligne de l'Ouest, de Paris à la Loupe, paraît urgente, l'administration ne disposant, dans cette direction, d'aucun moyen rapide de correspondance. Nous demandons d'en entreprendre immédiatement la construction, et d'autoriser la pose de deux fils pour le service de l'administration. La demande d'un troisième fil nous paraît prématurée.

DÉPENSE.

L'appréciation de la dépense repose principalement sur le prix de revient par kilomètre d'une ligne électrique établie dans de bonnes conditions pour la régularité du service, pour la durée et pour l'entretien de la ligne elle-même. La commission de 1850 étudia à fond cette partie de la question. Après avoir entendu l'administration, pris connaissance du prix des matériaux et de la main-d'œuvre, consulté les ingénieurs compétents, elle fixa ainsi qu'il suit le prix de revient du kilomètre d'une ligne électrique à trois fils établis sur poteaux, situés à 50 mètres les uns des autres :

Poteaux, injectés et plantés.	140 fr.	» c.
Supports, poulies, vis	64	»
Peinture	33	»
Fer galvanisé.	262	50
Pose des fils.	30	»
Prix estimé de revient par kilomètre.	529	50

L'administration nous ayant remis le tableau complet de la dépense effectuée ou restant à effectuer sur quelques points pour la construction de 958 kilomètres de ligne télégraphique, votre commission actuelle se trouve à même d'apprécier d'une manière sûre le prix réel de revient par kilomètre. Il se décompose comme il suit :

Poteaux, injectés et plantés	123 fr.	77 c.
Supports, poulies, vis	60	14
Peinture	35	43
Fer galvanisé.	261	73
Pose des fils	23	80
Total.	504	87

En comparant ce tableau au précédent, on aperçoit immédiatement qu'aucun des prix estimés par la commission de 1850 n'était trop bas, si ce n'est celui de la peinture. La dépense en fer galvanisé avait été rigoureusement prévue. Au total, la commission de 1850 avait alloué 530 francs par kilomètre, et le *dixième* en sus, tandis que l'expérience, fondée en grande partie sur le résultat d'adjudications, a donné une dépense de 505 francs seulement. Pour apprécier ce résultat, il faut se rappeler que la commission de 1850 vous proposa de réduire de 620 francs à 530 francs, c'est-à-dire d'une somme de 90 francs, le prix du kilomètre de ligne télégraphique. L'administration des télégraphes n'était pas convaincue, au moment du rapport de la commission, de l'utilité de cette réduction, dont elle ne consentait encore que la moitié, et à laquelle M. le ministre de l'intérieur donna son adhésion entière dans la discussion de la loi.

Aujourd'hui l'expérience a prononcé : il a été reconnu qu'un kilomètre d'une ligne à trois fils pouvait être établi pour 504 fr. 87 c. Il conviendra toutefois d'ajouter aux devis établis sur cette base 10 pour 100 pour parer à toutes les éventualités ; en sorte que nous fixerons définitivement à 555 fr. 36 c. le chiffre de la dépense à effectuer par kilomètre pour une ligne à trois fils.

Les mêmes données portent à 126 fr. 75 c. la dépense nécessaire pour la pose d'un fil unique, et à 428 fr. 61 c. le prix de revient d'une ligne à deux fils par kilomètre.

Le passage à travers les tunnels demande des précautions particulières qui augmentent la dépense sur cette portion du parcours, et la portent à 1,050 francs par kilomètre de ligne à *trois* fils, et à 725 francs par kilomètre de ligne à *deux* fils.

Sur ces bases, nous fixerons ainsi qu'il suit la dépense afférente à chaque ligne dont nous vous proposons de décider la construction :

Ligne de Tonnerre à Dijon.

5 kilomètres en tunnel et à trois fils. . .	5,250 fr.	» c.
115 kilomètres à trois fils.	63,866	40
Trajet dans Dijon, raccord avec la ligne aérienne de Besançon.	8,000	»
Direction, postes.	7,000	»
Un truck	500	»
Surveillance des travaux, 5 pour 100 . .	4,230	82
Total.	88,847 fr.	22 c.

Ligne de Dijon à Châlon.

70 kilomètres à trois fils.	38,875 fr.	20 c.
Trajet en ville, raccordement avec la ligne aérienne.	16,000	»
Direction, postes	7,000	»
Surveillance des travaux	3,093	76
Total.	64,968 fr.	96 c.

Ligne de Tours à Poitiers.

100 kilomètres à trois fils.	55,536 fr.	»
Trajet dans Poitiers, raccordement avec la ligne aérienne de Bordeaux.	6,000	»
Direction de Poitiers et deux postes. . .	7,000	»
Un truck.	500	»
Surveillance des travaux	3,451	80
Total.	72,487 fr.	80 c.

Ligne d'Angers à Nantes.

25 mètres de tunnel	262 fr.	50 c.
89 kilomètres 75 mètres à trois fils. . .	49,982	40
Trajet en ville, raccordement avec la ligne aérienne	4,000	»
Direction de Nantes et deux postes . . .	7,000	»
Surveillance des travaux.	3,062	25
Total.	64,307 fr.	15 c.

Ligne de Châlons-sur-Marne à Bar-le-Duc.

82 kilomètres 9 mètres à deux fils . . .	35,531 fr.	77 c.
Trajet en ville	1,500	»
Direction de Bar-le-Duc et deux postes. .	7,000	»
Un truck	500	»
Surveillance des travaux..	2,226	59
Total.	46,758 fr.	36 c.

Ligne de Metz à Nancy.

57 kilomètres à deux fils.	14,449 fr.	50 c.
Deux trajets en ville	2,000	»
Une direction et deux postes	7,000	»
Direction et surveillance	1,172	48
Total	24,621 fr.	98 c.

Ligne d'Angoulême à Bordeaux.

1 kilomètre 524 mètres de viaducs et ponts ; passage sur colonnes en fonte, trois fils.	3,440 fr.	» c.
3 kilomètres 650 mètres en tunnel, trois fils.	3,832	50
127 kilomètres 826 mètres à trois fils . .	70,989	45
Trajet dans les villes et raccordement avec la ligne aérienne.	8,000	»
Postes et direction . . . . . · . . .	10,000	»
Un truck.	500	»
Surveillance des travaux	4,838	10
Total.	101,600 fr.	05 c.

Ligne de Paris à La Loupe, avec station à Versailles.

124 kilomètres 7 mètres à deux fils. . .	53,447 fr.	67 c.
6 kilomètres 47 mètres de l'administration centrale à la gare du chemin de l'Ouest.	1,640	15
Trajets dans Chartres et Versailles . . .	2,000	»
Direction et trois postes.	12,000	»
Un truck.	500	»
Surveillance des travaux	3,479	39
Total.	73,067 fr.	21 c.

Ligne de Sarrebourg à Strasbourg.

4 kilomètres 342 mètres de tunnel, deux fils, à 725 francs..	3,147 fr.	95 c.
66 kilomètres 658 mètres à deux fils. . .	28,570	29
Trajet en ville et raccordement avec la ligne aérienne.	7,000	»
Direction de Strasbourg et deux postes . .	8,000	»
Un truck.	500	»
Surveillance des travaux	2,360	91
Total.	49,579 fr.	15 c.

Ligne d'Amiens à Boulogne.

773 mètres de tunnel	811 fr.	65 c.
123 kilomètres 227 mètres à trois fils . .	68,435	35
Trajet en ville	2,000	»
Direction de Boulogne et deux postes. . .	7,000	»
Un truck.	500	»
Surveillance des travaux	3,937	35
Total.	82,684 fr.	35 c.

Ligne de Rouen à Dieppe.

4 kilomètres 763 mètres en tunnel, à deux fils.	3,453 fr.	17 c.
7 kilomètres 480 mètres à deux fils, à 253 fr. 50 c.	1,896	18
48 kilomètres 757 mètres à 428 fr. 61 c. .	20,897	74
Trajet en ville et un truck.	3,500	»
Direction et postes	7,000	»
Surveillance	1,837	35
Total	38,584 fr.	44 c.

Récapitulation de la dépense :

Ligne de Tonnerre à Dijon.	88,847 fr.	22 c.
Ligne de Dijon à Châlon-sur-Saône. . .	64,968	96
Ligne de Tours à Poitiers.	72,487	80
Ligne d'Angers à Nantes.	64,307	15
Ligne de Châlons-sur-Marne à Bar-le-Duc.	46,758	36
Ligne de Metz à Nancy.	24,621	98
Ligne d'Angoulême à Bordeaux.	101,600	05
Ligne de Paris à La Loupe.	73,067	21
Ligne de Sarrebourg à Strasbourg. . .	49.579	15
Ligne d'Amiens à Boulogne.	82,684	35
Ligne de Rouen à Dieppe.	38,584	44
Total.	707,506 fr.	67 c.

Imputation des crédits.

Conformément à l'exposé qui précède, nous demandons la construction immédiate de ces lignes (celles de Châlons-sur-Marne à Bar-le-Duc, et d'Angoulême à Bordeaux exceptées), et par conséquent, l'imputation de la dépense qui y est afférente, savoir : 559,148 fr. 26 c. sur l'exercice 1851, avec faculté de report sur l'exercice 1852 de la portion de crédit qui n'aurait pas été employée en 1851. La commission du budget de 1851 a donné sur ces conclusions un avis favorable, que nous transcrivons à la suite de ce rapport, suivant les prescriptions du règlement.

Quant aux lignes d'Angoulême à Bordeaux, et de Châlons-sur-Marne à Bar-le-Duc, nous proposons d'imputer les dépenses de leur construction, savoir : 148,358 fr. 36 c. sur l'exercice 1852. La commission du budget de 1852 a également donné un avis favorable à ces conclusions.

PROPOSITION DE M. COLLAS.

Notre honorable collègue a proposé à l'Assemblée d'affecter, sur les ressources de l'exercice 1851, un crédit de 1,044,600 fr., à la construction de 1,741 kilomètres de télégraphes électriques distribués comme il suit :

1° De Tonnerre à Lyon, en passant par Dijon, Châlon et Mâcon, avec embranchement de Lyon sur Saint-Etienne, soit 364 kilomètres ;

2° De Lyon à Toulon, par Vienne, Valence, Montélimart, Avignon, Tarascon, Arles, Aix et Marseille, soit 394 kilomètres.

3° D'Angers à Nantes, soit 84 kilomètres.

4° De Tours à Bordeaux, par Châtellerault, Poitiers, Ruffec, Angoulême, Barbezieux et Libourne, soit 326 kilomètres ;

5° De Bordeaux à Tarascon, par Agen, Toulouse, Carcassonne, Narbonne, Béziers, Cette, Montpellier, Nîmes et Beaucaire, soit 573 kilomètres.

Suivant le projet de M. Collas, ces télégraphes auraient été placés sur le parcours des chemins de fer terminés, en construction ou en projet ; d'Agen à Cette, ils auraient été établis sur le bord des canaux.

Votre commission est unanime, messieurs, pour reconnaître, avec celles qui l'ont précédée, la double nécessité de donner à notre réseau télégraphique un grand développement, et d'arriver à ce résultat dans le plus bref délai possible. Tel est le but vers lequel tend aussi l'administration. Les lignes qu'elle a proposées jusqu'ici font partie d'un projet qui aurait pour but de relier :

Marseille à Paris ;

Bordeaux à Paris, à Marseille et à Bayonne ;

Strasbourg à Paris ;

Brest à Paris, par Nantes ;

Des embranchements réuniraient Besançon à Dijon et à Strasbourg ; Lyon à Saint-Etienne ; Valence à Grenoble et à Chambéry; Marseille à Toulon.

Ce projet de l'administration renferme toutes les lignes demandées par notre collègue, à l'exception de la communication directe entre Bordeaux et Tarascon ; mais en revanche il ne néglige pas la ligne de l'Est, qui est loin d'avoir une moindre importance que les autres. Quoi qu'il en soit, la loi que nous vous proposons aujourd'hui de voter remplit une partie des intentions de M. Collas ; pour leur donner une complète satisfaction il resterait à construire, dès à présent, le prolongement de la ligne du sud jusqu'à Marseille, et à établir une communication directe de Bordeaux avec le littoral de la Méditerranée jusqu'à Tarascon. Ces deux entreprises demandant à être considérées séparément.

La ligne de Châlon-sur-Saône à Marseille doit, sans nul doute, être construite un jour par l'Etat ; et cela dès que le chemin de fer qui s'arrête en ce moment à Châlon-sur-Saône aura pu être prolongé jusqu'au littoral de la Méditerranée. C'est donc une question d'opportunité que, dans ce cas, il s'agit de vider ; elle se représente ici la même, mais dans de plus grandes proportions que pour la section non encore construite du chemin de fer du sud-ouest, entre Poitiers et Angoulême. Or, nous avons dit, à l'occasion de cette section, pourquoi nous ne pouvons proposer à l'Assemblée de faire précéder la construction du chemin de fer par celle du télégraphe électrique. Il faudrait établir ce télégraphe à travers les propriétés particulières, et nous ignorons à quelles difficultés, à quelles contestations, à quelles indemnités disproportionnées au résultat qu'on peut légitimement attendre, l'Etat se trouverait entraîné. La plupart du temps, il est vrai, on suivrait le bord des routes ordinaires ; mais les lignes, dénuées ainsi de toute protection sérieuse, se trouveraient, on doit le craindre, souvent mises hors de service par la malveillance, et, en cas de troubles, elles ne serviraient plus à rien. En outre, la réparation des accidents est rendue commode et prompte le long des chemins de fer, à cause de la facilité de locomotion dont on dispose ; le long des routes, à moins de multiplier les agents de surveillance, la réparation des accidents se ferait longtemps attendre, à cause de la difficulté des transports, et le prix quotidien de ces transports deviendrait pour l'Etat une charge énorme. Enfin on serait sans doute conduit à reporter la ligne électrique sur la voie ferrée dès que celle-ci aurait été construite, et ainsi la majeure partie de la dépense se trouverait avoir été faite par anticipation et en pure perte. Si l'on veut hâter le moment où Marseille jouira d'une communication électrique avec Paris, c'est donc la construction si désirable du chemin de fer du Midi qu'il importe de presser.

La difficulté des réparations, les excessives dépenses qu'entraînerait une surveillance efficace, seraient les mêmes pour la ligne directe de Bordeaux à Tarascon : du moins, cette ligne, une fois construite, n'aurait de longtemps besoin d'être déplacée. Mais on doit remarquer qu'une ligne directe n'est pas indispensable aux communications commerciales de Bordeaux avec Marseille ; ces communications pourront très-bien s'effectuer par l'intermédiaire de Paris. Si l'on objecte qu'avec une telle disposition, les populations situées entre les points extrêmes se trouveront privées des bienfaits de la communication télégraphique, on devra, d'un autre côté, considérer que ce ne peut être une obligation pour l'Etat de construire toutes les lignes qui seraient d'une utilité même minime pour le public. L'Etat doit se borner à construire les lignes dont leur situation rend la possession indispensable pour lui, sauf à faire jouir le public de leur usage ; et quant aux lignes secondaires et aux lignes commerciales, le gouvernement ne peut avoir l'obligation de les entreprendre ; ce serait à l'industrie privée à construire celles qui offriraient au commerce des avantages assez grands pour assurer aux fonds engagés dans ces entreprises un placement avantageux.

La commission, qui comptait l'honorable M. Collas parmi ses membres, s'est donc, en définitive, bornée à émettre ce vœu : que le gouvernement permette à l'industrie privée de construire les lignes télégraphiques qu'elle croirait utiles au commerce, et que l'État ne voudrait pas entreprendre lui-même. M. le ministre de l'intérieur, que nous avions déjà entendu sur d'autres points, a bien voulu conférer avec nous sur ce nouvel objet. Convaincu, comme la commission, qu'il n'est pas possible d'entraîner le gouvernement dans la construction des lignes secondaires, le ministre de l'intérieur est, au contraire, disposé à en permettre la construction par l'industrie privée, si elle croit y trouver des avantages. Il se réserve d'examiner avec maturité les propositions de cette nature qui pourraient lui être soumises, et d'appeler, s'il y avait lieu, l'Assemblée à résoudre avec lui des questions qui ne se présenteront jamais sans une certaine gravité.

Il nous resterait, messieurs, à vous parler de la disposition additionnelle, formulée comme amendement par notre honorable collègue M. Mathieu Bourdon, et ainsi conçue :

« Lorsqu'une ville ayant une population d'au moins 10,000 habitants demandera à être reliée à une station de l'une des lignes télégraphiques électriques établies ou à établir, le gouvernement pourra l'autoriser à cet effet, après avoir pris l'avis du conseil d'État, si cette ville s'engage elle-même à subvenir aux frais de premier établissement de la ligne de jonction, soit sur les ressources ordinaires de son budget, soit au moyen de souscriptions particulières.

« Un règlement d'administration publique déterminera les autres conditions auxquelles pourra être accordée l'autorisation demandée, et la part contributive de la ville dans les dépenses d'entretien et d'exploitation, jusqu'à ce que les produits provenant de la télégraphie privée aient été reconnus suffisants pour couvrir ces mêmes dépenses. »

Mais notre honorable collègue a renoncé à son amendement, sur l'observation qui lui a été faite que le gouvernement n'avait nul besoin d'une autorisation législative pour accorder une concession qui ne devait pas être à charge au budget de l'État ; et qu'en fait, le gouvernement avait déjà usé de son droit en concédant à des entreprises particulières l'établissement de télégraphes électriques de Bordeaux et de Nantes jusqu'à la mer. Le premier de ces télégraphes a été exécuté et fonctionne chaque jour.

Nous devons mentionner, en terminant ce rapport, que la commission avait reçu d'une société, formée pour la construction et l'exploitation d'un réseau télégraphique destiné au service des communications dans la capitale et sa banlieue, et de l'invention de M. A. Dumont, une demande tendant à obtenir l'autorisation de cette construction et de son exploitation. Votre commission a pensé qu'elle ne pourrait être régulièrement saisie d'une telle proposition, qu'autant qu'elle lui aurait été régulièrement renvoyée par l'assemblée, dans les formes prescrites par le règlement. Elle l'a, en conséquence, écartée, malgré l'intérêt qui pouvait s'y attacher.

PROJET DU GOUVERNEMENT.

Art. 1er. Il est ouvert au ministre de l'intérieur un crédit de 603,631 francs pour l'établissement des huit lignes de télégraphie électrique suivantes, savoir :

De Paris à Dijon et Châlon-sur-Saône. .	183,195 fr.	» c.
De Tours à Poitiers.	97,175	»
D'Angers à Nantes.	72,933	»
De Metz à Nancy.	27,393	»
De Sarrebourg à Strasbourg.	65,611	»
De Châlons-sur-Marne à Bar-le-Duc. .	64,330	»
D'Amiens à Boulogne.	92,633	50
De Rouen à Dieppe.	53,138	»
	656,409 fr.	» c.

Art. 2. Ce crédit sera imputé sur les ressources affectées aux besoins de l'exercice 1851.

Art. 3. La portion de ce crédit qui n'aurait pas été employée pendant l'exercice 1851 pourra être reportée sur l'exercice 1852.

AMENDEMENTS DE LA COMMISSION.

Art. 1er. Il est ouvert au ministre de l'intérieur un crédit de 559,148 fr. 26 c. pour l'établissement des *huit* lignes de télégraphie électrique suivantes :

De Tonnerre à Châlon-sur-Saône . . .	153,816 fr.	18 c.
De Tours à Poitiers.	72,487	80
D'Angers à Nantes	64,307	15
De Metz à Nancy.	24,621	98
De Sarrebourg à Strasbourg.	49,579	15
D'Amiens à Boulogne	82,684	35
De Rouen à Dieppe.	38,584	44
De Paris à La Loupe.	73,067	21
Total. . .	559,148 fr.	26 c.

ART. 2. Ce crédit sera imputé sur les ressoures affectées à l'exercice 1851 ; la portion qui n'aurait pas été employée pendant cet exercice pourra être reportée sur l'exercice 1852.

ART. 3. Il est ouvert au ministre de l'intérieur un crédit de 148,358 fr. 41 c., pour l'établissement des deux lignes télégraphiques suivantes :

De Châlons-sur-Marne à Bar-le-Duc. . .   46,758 fr. 36 c.
D'Angoulême à Bordeaux.   101,600   05
                                 Total. . .   148,35 fr. 841 c.

ART. 4. Ce crédit sera imputé sur les ressources affectées à l'exercice 1852.

AVIS DE LA COMMISSION DU BUDGET DE 1851.

La commission du budget, sur la communication qui lui a été faite, en vertu de l'article 26 du règlement par la commission chargée de l'examen du projet de loi relatif à l'établissement de sept nouvelles lignes de télégraphie électrique, des conclusions que ladite commission doit soumettre à l'approbation de l'Assemblée nationale ;

Considérant que ces conclusions tendent à réduire le crédit de 656,409 francs, porté au projet de loi, de la somme de 123,569 fr. 59 c., soit par une réduction dans le nombre des fils demandés pour les lignes, soit par une évaluation plus exacte du prix des fers ; qu'elles tendent aussi à ne faire d'imputation sur l'exercice 1851 que pour sept des premières lignes télégraphiques proposées ; et à ce que les 45,758 fr. 46 c. demandés pour la huitième ligne ne reçoivent pas d'imputation ; d'où il résulte une réduction de 170,327 fr. 95 c. sur l'imputation demandée par le ministre ;

Considérant que ces conclusions tendent, d'autre part, à un accroissement de dépenses de 174,667 fr. 26 c., par suite de la proposition, faite directement par le ministre de l'intérieur, d'ajouter deux nouvelles lignes télégraphiques électriques au projet déjà présenté ; que sur ces deux lignes pour lesquelles la commission admet le crédit général, elle ne propose d'imputation que pour une seule, dont la dépense s'élèvera à la somme de 73,067 fr. 21 c. ;

Considérant que la demande d'une imputation totale de 559,148 fr. 26 c. sur l'exercice 1851, dont le déficit est dès ce moment prévu, se fonde sur l'urgence qu'il y a à donner une plus grande sécurité à la circulation par les chemins de fer, et aussi parce qu'une partie de la dépense sera couverte par les produits de l'usage de la télégraphie électrique pour les correspondances privées ;

Considérant, qu'en prévision de l'impossibilité que la dépense totale demandée pour 1851 soit faite pendant cet exercice, l'on propose un report sur 1852, de la partie du crédit qui ne sera pas employée, report qui, borné à ce seul exercice et pour une allocation définitive, est conforme aux termes du deuxième paragraphe de l'article 8 de la loi du 8 août 1847 ;

Considérant que toute proposition faite directement par un ministre ordonnateur à une commission de l'Assemblée, fait tomber la garantie que la loi du 15 mai 1850 a placée dans l'intervention du ministre des finances pour toute demande de dépense ;

Considérant que l'ouverture de crédits généraux, alors qu'aucune imputation n'est proposée, est un système dont le passé a fait reconnaître le danger ;

Est d'avis :

1° Qu'il y a lieu d'imputer sur l'exercice 1851 la somme de 559,148 fr. 26 c. ;

2° D'admettre le report, sur 1852, de la portion de ce crédit dont il ne pourra être fait emploi en 1851 ;

3° Et de rappeler que les propositions de dépense faites par un ministre ordonnateur ne doivent être admises dans une commission de l'Assemblée qu'autant qu'elles ont été soumises aux formalités prescrites par les lois des 15 mai 1850 et 16 mai 1851.

AVIS DE LA COMMISSION DU BUDGET DE 1852.

La commission du budget, après avoir pris connaissance de la demande formée par la commission des lignes de télégraphie électrique, à l'effet d'autoriser l'imputation sur l'exercice de 1852 d'une somme de 148,358 francs, destinée aux lignes de Châlons à Bar-le-Duc, et d'Angoulême à Bordeaux, est d'avis qu'il y a lieu d'imputer sur l'exercice 1852 la somme ci-dessus mentionnée.

A la suite de ces documents on trouve diverses propositions, parmi lesquelles celle de M. Sautayra relative à l'insertion au *Moniteur* des dépêches destinées à être rendues publiques.

Art. 1er. Toutes les dépêches télégraphiques destinées à être publiées ou affichées en totalité ou en partie, devront être textuellement insérées dans le *Moniteur* paraissant le lendemain du jour où elles auront été expédiées.

Art. 2. Il est interdit à tout fonctionnaire public de rien ajouter, sous quelque forme que ce soit, aux dépêches qu'il reçoit, pour appuyer, corroborer, ou pour compléter les nouvelles ou les avis qu'elles énoncent.

M. de Castillon, au nom de la 20ᵉ commission d'initiative, présente un rapport sur cette question le 13 juin.

Messieurs, notre honorable collègue, M. Sautayra, a déposé une proposition dans laquelle il demande que toutes les dépêches télégraphiques destinées à être rendues publiques soient inscrites au *Moniteur* le lendemain du jour où elles auraient été expédiées. M. Sautayra veut, en outre, qu'il soit interdit à tous les fonctionnaires publics de rien ajouter aux dépêches qui leur sont transmises pour appuyer, corroborer, ou pour compléter les nouvelles ou avis qu'elles énoncent.

Votre vingtième commission d'initiative n'a pas cru pouvoir vous proposer de prendre en considération la proposition de M. Sautayra; elle m'a chargé de vous faire connaître les motifs qui ont déterminé sa résolution.

C'est une pensée de défiance contre le gouvernement et l'administration, que l'on vous propose de consacrer par une loi; c'est la mise en suspicion, aux yeux du pays, des hauts fonctionnaires qui, chargés de veiller au vaste ensemble de son administration, ont le plus besoin de trouver dans l'opinion publique l'appui moral et la considération qui font la force et l'autorité des gouvernements.

Dans des temps de trouble et d'agitation comme ceux où nous vivons, l'exercice du pouvoir est environné de trop de difficultés pour que vous puissiez consentir à les augmenter encore, en semant autour de lui les défiances et les préventions.

En présence du droit qui appartient à chacun des membres de cette assemblée, de demander compte au gouvernement, dans toutes les circonstances, à propos de chacun de ses actes, de l'usage qu'il croit devoir faire des pouvoirs qui lui sont confiés, votre commission a pensé, messieurs, que vous deviez éviter d'apporter à son action des entraves inutiles. Sous la garantie de sa responsabilité, cette action doit demeurer entièrement libre.

La commission n'a pas à s'expliquer sur les faits invoqués par M. Sautayra dans le développement des motifs de sa proposition; ils ont été l'objet d'interpellations récentes au sein de cette Assemblée, et ne sauraient, en aucun cas, vous déterminer à adopter les dispositions qu'il propose. De cela qu'un abus est possible il ne suit pas que cet abus doive nécessairement se produire, et, armés comme vous l'êtes des droits les plus étendus de contrôle et de surveillance, pouvant, lorsque vous le jugez nécessaire, demander compte au gouvernement de tous ses actes, il ne ne vous appartient en aucun cas de vous immiscer dans des détails d'administration. Si ces actes étaient de nature à être blâmés, votre blâme saurait les atteindre; si, plus coupables encore, ils devaient être punis, la constitution a mis dans vos mains des moyens suffisants, et vous pouvez, dans des cas graves, décréter la mise en accusation des ministres qui auraient, à ce point, oublié leurs devoirs.

Lorsque des considérations générales qui se rattachent à la proposition de M. Sautayra, votre commission d'initiative est entrée dans l'examen des dispositions législatives du projet, elle ne l'a pas jugé plus admissible.

En effet, messieurs, si les dépêches télégraphiques transmises par le gouvernement sont d'un intérêt général, il ne manquera pas de donner lui-même à ces dépêches la publicité qu'il prescrit à ses agents de leur donner, et, dans ce cas, il les fera insérer au *Moniteur*. Si, au contraire, elles n'ont trait qu'à des intérêts spéciaux ou de localité, une publicité restreinte à ces localités mêmes est suffisante, et vous penserez sans doute, comme votre commission, qu'il est parfaitement inutile qu'une loi en ordonne la publication au *Moniteur*. Telle dépêche transmise par le télégraphe peut avoir un immense intérêt pour certaine ville, pour certain département, et n'en avoir aucun pour le reste du pays. De quelle utilité pourrait être leur insertion dans le journal officiel, alors que cette publication aurait le double inconvénient d'entraîner avec elle une dépense qui ne laisserait pas d'être considérable, et d'imposer au gouvernement et à l'administration une formalité restrictive de ses droits et de sa liberté d'action ?

M. Sautayra voudrait encore qu'il fût interdit aux fonctionnaires qui reçoivent des dépêches destinées à être rendues publiques, de les faire suivre d'aucun commentaire. A côté de cette défense il n'indique pas de pénalité; de telle sorte qu'en cas de violation de la loi qu'il propose, la responsabilité morale du fonctionnaire se trouverait seule engagée ! Or, messieurs, c'est ce qui existe aujourd'hui, et votre commission n'a pas pensé qu'il y eût lieu pour cela d'édicter une loi nouvelle. Par ces motifs, elle a l'honneur de vous proposer de ne pas prendre en considération la proposition de M. Sautayra.

Une autre proposition du colonel de Lespinasse est relative à la téléphonie. Cette question étant presque en dehors de notre sujet, nous nous bornons à analyser le rapport annexé et la discussion.

Art. unique. Il est alloué à M. Sudre, à titre de *récompense nationale*, une somme de 50,000 francs, pour prix de la cession, *déjà effectuée,* de la méthode téléphonique dont il est l'auteur, ainsi que des ouvrages et vocabulaires qui ont servi à l'appliquer et à la développer.

Dans son rapport sur cette proposition, M. de Castillon commence par faire l'historique de la question. Ainsi que nous l'avons dit page 54, le 24 novembre 1849, l'invention de M. Sudre avait déjà été présentée sous forme de pétition à l'Assemblée nationale, et y avait été l'objet d'une longue discussion, où M. Rigal expliqua avec beaucoup de détails en quoi consistait la téléphonie, ce langage par les sons de trompettes, destiné surtout à rendre de grands services dans les camps. Cette méthode de télégraphie acoustique avait fait le sujet de plusieurs communications à l'Académie des sciences dès 1827, 1828, 1832, et d'expériences de commissions militaires en 1829, 1841. On reprochait à l'inventeur de n'avoir pas de système définitif, quoique les procédés fussent facilement exécutables. La commission chargée de traiter avait offert 50,000 francs, on les lui devait donc.

Le rapporteur s'éleva contre M. Rigal, qui donnait à la pétition plus d'importance qu'elle ne s'en attribuait, puisque l'inventeur demandait simplement un renvoi au ministère de la guerre.

Après plusieurs observations de divers membres, la pétition était divisée : le renvoi aux ministres de la guerre et de la marine était ordonné pour la question scientifique ; l'ordre du jour prononcé sur la question financière de l'indemnité de 50,000 francs.

Le 5 juillet 1851, M. de Castillon aborde la proposition de M. de Lespinasse, en constatant que le droit d'initiative devrait appartenir au gouvernement, mais que M. de Lespinasse a suffisamment étudié la question pour pouvoir déroger aux principes ordinaires.

Le rapporteur revient sur la question historique et cite

les rapports des différentes commissions scientifiques chargées d'apprécier la valeur de la méthode de M. Sudre, qui est analogue aux signaux de nuit au moyen de trois fanaux colorés.

Le seul point qui reste à traiter est de savoir s'il y a eu un contrat entre le gouvernement et M. Sudre, et ce n'est pas prouvé. Ce serait une simple récompense à accorder à l'inventeur si l'intérêt public était suffisamment engagé.

La discussion des deux propositions de M. Sautayra et de M. de Lespinasse vinrent à l'ordre du jour le 26 juillet.

On sait déjà, par le rapport de M. de Castillon, que la première de ces deux questions était toute politique. Il s'agissait en effet, dit M. Sautayra, d'une dépêche du ministre de l'intérieur adressée à un sous-préfet. L'orateur rappelle un autre fait antérieur où l'assemblée avait blâmé une dépêche ministérielle publiée par un préfet.

M. Sautayra continue la discussion qui est tout à fait politique. Il revient sur plusieurs faits analogues, celui cité page 178. Plusieurs orateurs présentent quelques observations, après quoi l'Assemblée, consultée, ne prend pas la proposition en considération.

Aussitôt après il s'agit de M. Sudre. M. de Lespinasse développe longuement le projet de récompenser M. Sudre de ses nombreuses recherches et des travaux qu'il a faits dans un but d'intérêt public. Il cite de nouveau les rapports des commissions militaires.

Après deux épreuves, l'Assemblée passe outre.

Le 1er août on vote sans discussion la loi citée page 201, et sa promulgation est insérée au *Moniteur* du 9 août.

Un document encore officiel est présenté par M. de Thorigny, ministre de l'intérieur, le 21 novembre. Une partie seulement de cet exposé des motifs était relative à la télégraphie.

Messieurs, disait-il, depuis la présentation du budget général de l'exercice 1852, deux services nouveaux, dont l'Assemblée, par diverses lois, a voté le principe, ont été régulièrement institués : ces services, se rattachant au département de l'intérieur, n'ont pu être inscrits dans le projet de budget des dépenses de ce ministère ; il y aurait lieu de les y introduire aujourd'hui. Dans ce but, et pour les motifs dont l'exposé suit, nous avons l'honneur de vous soumettre le projet de loi ci-joint.

Par une loi du 29 novembre 1850, l'usage de la télégraphie électrique, réservé jusque-là aux correspondances du gouvernement, a été mis à la disposition des intérêts privés. Une autre loi du 25 février 1851 a ouvert au ministre de l'intérieur des crédits s'élevant ensemble à 52,334 francs pour le service nouveau de la télégraphie privée pendant les dix derniers mois de 1851.

Les crédits nécessaires pour l'exercice 1852 n'ayant pu être portés dans les prévisions du budget de cet exercice, établi avant le vote de la loi du 29 novembre 1850, nous venons aujourd'hui vous prier, messieurs, de vouloir bien les y inscrire. Le projet de loi ci-joint, que nous avons l'honneur de soumettre à votre délibération, propose un crédit de 26,200 francs, jugé nécessaire, en 1852, d'après les résultats obtenus pendant les dix derniers mois de 1851.

Il est presque certain que l'importance de la télégraphie privée prendra pendant longtemps encore un accroissement progressif, tant par suite de son application de plus en plus fréquente à des besoins nouveaux, que par suite de l'extension du service à de nouveaux points.

C'est afin de permettre à l'administration de parer à ces éventualités que la loi du 25 février a inscrit le service télégraphique dans la nomenclature des *services votés* pouvant donner lieu à l'ouverture de crédits par décrets du président de la république, en cas de prorogation de l'Assemblée nationale.

Nous vous demandons, en conséquence, messieurs, de vouloir bien assurer le service de la télégraphie privée, en 1852, par l'allocation de crédits basés sur les faits accomplis en 1851, et par son inscription dans la nomenclature des *services votés* pour l'exercice qui va s'ouvrir.....

Enfin, un dernier document est inséré au *Moniteur* du 29 décembre. Nous donnons le rapport adressé au président de la République par M. de Morny, ministre de l'intérieur, et le décret en date du 27 décembre, régissant les contraventions en matière de voirie, pour ce qui concerne les lignes télégraphiques.

RAPPORT AU PRÉSIDENT DE LA RÉPUBLIQUE.

Monsieur le Président,

La télégraphie électrique, dont l'usage se généralise chaque jour et qui occupe déjà une place si importante dans les services publics, tant pour la correspondance de l'Etat que pour celle des particuliers ou pour l'exploitation des lignes de chemins de fer, a besoin d'être garantie d'une manière efficace contre les entreprises de la malveillance et contre les attaques de toute nature qui peuvent interrompre les transmissions en compromettant les intérêts les plus graves ou même l'existence des citoyens.

L'article 257 du code pénal, qui punit ceux qui ont détruit ou dégradé des monuments ou autres objets destinés à l'utilité publique et élevés par l'autorité ou avec son autorisation, est le seul qui, jusqu'à présent, ait protégé les lignes télégraphiques électriques, et néanmoins plusieurs tribunaux ont déjà jugé qu'il n'était pas applicable aux contraventions ou délits commis contre ces lignes.

Le décret que j'ai l'honneur de soumettre à votre approbation, et qui est la reproduction d'un projet de loi déjà revêtu de la sanction du conseil d'Etat, a pour but principal de remédier à l'incertitude de la jurisprudence adoptée sur cette matière, et d'infliger une pénalité en rapport avec les conséquences fâcheuses que peuvent entraîner, au point de vue de la sûreté de l'Etat, des intérêts privés ou de la sécurité des personnes, les atteintes portées au service de la télégraphie électrique.

Le gouvernement a pensé que les mêmes considérations qui avaient fait instituer des peines sévères pour protéger les chemins de fer devaient faire adopter des dispositions analogues pour les télégraphes électriques, qui servent à régulariser l'exploitation de ces chemins et à garantir la vie des voyageurs contre les dangers auxquels la plus active surveillance ne saurait obvier sans un moyen de communication aussi rapide.

Le titre Ier du projet est relatif à l'établissement et à l'usage des lignes télégraphiques : il consacre d'une manière générale et absolue le principe reconnu par la loi du 2 mai 1837, mais qui pouvait ne paraître applicable qu'à la télégraphie aérienne. Le conseil d'Etat admettant, d'après cette dernière interprétation, qu'il était surabondant de parler des lignes aériennes, et que la télégraphie électrique devait, seule, être désignée dans la loi nouvelle, avait modifié en conséquence l'article 1er du projet qui lui était soumis. Je n'ai pas partagé cette opinion, et, sur l'avis conforme du conseil d'administration des lignes télégraphiques, j'ai adopté la rédaction primitive ; il m'a paru, en effet, qu'une loi sur la police des lignes télégraphiques devait comprendre toutes les dispositions réglementaires communes aux différents systèmes employés pour ce mode de correspondance, et j'ai voulu que le décret organique dont l'adoption vous est proposée fût une sorte de code de la télégraphie, dans lequel se trouverait incorporée la législation antérieure sur cette matière.

Après avoir posé le principe du monopole attribué à l'Etat pour l'établissement et l'exploitation des lignes télégraphiques, le projet s'occupe dans le titre II des contraventions, délits et crimes relatifs à ces lignes.

L'article 2 concerne les contraventions simples qui n'impliquent avec elle aucune intention malveillante de la part de leur auteur et qui ne sont que le résultat de l'imprudence ou de l'incurie. Le conseil d'Etat avait restreint ces contraventions aux seuls dégradations ou détériorations exercées sur les appareils ou machines télégraphiques ; mais le conseil d'administration des lignes télégraphiques a pensé que cette disposition était insuffisante pour prévoir tous les cas où le service de la télégraphie électrique serait compromis par des faits qui ne constituent ni une dégradation, ni une détérioration des appareils des machines. Ainsi la simple interposition d'un fil métallique ou de tout autre objet conducteur de l'électricité placé par inattention près d'une ligne électrique, ne peut être considérée comme une dégradation ni une détérioration des appareils, et cependant le préjudice qui peut en résulter sera beaucoup plus grave que telle dégradation occasionnée à un poteau, puisqu'elle interrompra nécessairement les transmissions. Il était donc essentiel de combler cette lacune ; c'est ce que fait le projet en introduisant une disposition générale qui s'applique à tout fait matériel pouvant, par l'imprudence de son auteur, compromettre le service de la télégraphie électrique.

L'amende fixée de 16 à 300 francs laisse une latitude suffisante pour graduer la peine suivant la gravité des faits.

En assimilant les contraventions commises sur les lignes électriques aux contraventions en matière de grande voirie, et en les soumettant à la même juridiction, le but du projet a été d'amener une répression plus prompte et plus efficace qu'en suivant la voie des tribunaux ordinaires. L'analogie qui existe entre ces deux grands services indiquait, d'ailleurs, une exception qui est particulièrement justifiée, pour la télégraphie électrique, par la nature même des communications qu'elle est destinée à entretenir.

Les articles 3 et 4 établissent une pénalité proportionnelle pour tous les faits qui peuvent interrompre le service de la télégraphie et qui ont été commis avec une intention coupable. Cette pénalité a été établie assez sévèrement pour inspirer une retenue salutaire à ceux qui seraient tentés de porter atteinte au service de la télégraphie.

L'article 5, en conférant à certains employés des lignes télégraphiques le caractère d'agents de l'autorité, donne à l'administration une force nouvelle pour faire exécuter et respecter ses ordres plus exactement.

Le titre III est relatif aux contraventions commises par les concessionnaires ou fermiers de chemins de fer et de canaux. Les peines portées contre ces derniers devaient être plus sévères, puisqu'ils ont des obligations plus rigoureuses à remplir vis-à-vis de l'Etat ; l'amende fixée de 300 à 1,000 francs offre une garantie sérieuse de la part des compagnies pour l'observation des règlements qui concernent le service télégraphique.

Le titre IV du projet est uniquement consacré à certaines dispositions particulières qui concernent les télégraphes aériens, et vient fournir à l'autorité les moyens qui lui manquaient jusqu'alors pour faire disparaître promptement les objets portant obstacle à la transmission des signaux de la télégraphie aérienne. La consignation préalable de l'indemnité fixée par le juge de paix pour le dommage résultant de l'enlèvement de l'objet interposé est une disposition qui doit rassurer sur l'usage du pouvoir discrétionnaire laissé à l'autorité administrative en cette circonstance.

Enfin le titre V comprend pour l'exécution de la loi plusieurs dispositions générales, parmi lesquelles la plus importante est celle qui attribue aux inspecteurs et aux agents de surveillance des lignes télégraphiques, le droit de constater les crimes, délits ou contraventions relatifs à ce service par des procès-verbaux qui font foi en justice jusqu'à preuve contraire. Pour assurer une répression prompte et directe, il est indispensable d'étendre aux employés du télégraphe les garanties que le code pénal donne aux agents de la police administrative ou judiciaire agissant pour l'exécution des lois ; et dans le but de faire concourir à cette répression les autres agents de l'autorité qui, par la nature de leurs fonctions, peuvent y être utilement appelés, il a paru convenable de comprendre les commissaires et sous-commissaires préposés à la police des chemins de fer, que la spécialité de leur service place dans une situation très-favorable pour exercer une surveillance de tous les instants sur les lignes électriques.

Tel est, monsieur le Président, l'ensemble des mesures que j'ai l'honneur de vous proposer sur la police des lignes télégraphiques et dont je viens réclamer l'adoption au nom des intérêts importants qui se rattachent à l'un des grands services publics. Vous jugerez sans doute comme moi, monsieur le Président, combien il est désirable que la législation vienne promptement étendre sur ce nouveau moyen de correspondance une protection qui lui est nécessaire, et dont il a été privé jusqu'à présent.

J'ai l'honneur, etc.

Sur le rapport du ministre de l'intérieur,

Vu l'avis du conseil d'Etat, en date du 30 juillet 1851.

TITRE Iᵉʳ. — ÉTABLISSEMENT ET USAGE DES LIGNES DE TÉLÉGRAPHIE.

ART. 1ᵉʳ. Aucune ligne télégraphique ne peut être établie ou employée à la transmission des correspondances que par le gouvernement ou avec son autorisation.

Quiconque transmettra, sans autorisation, des signaux d'un lieu à un autre, soit à l'aide de machines télégraphiques, soit par tout autre moyen, sera puni d'un emprisonnement d'un mois à un an, et d'une amende de 1,000 à 10,000 francs.

En cas de condamnation, le gouvernement pourra ordonner la destruction des appareils et machines télégraphiques.

TITRE II. — DES CONTRAVENTIONS, DÉLITS ET CRIMES RELATIFS AUX LIGNES TÉLÉGRAPHIQUES.

ART. 2. Quiconque aura, par imprudence ou involontairement, commis un fait matériel pouvant compromettre le service de la télégraphie électrique ;

Quiconque aura dégradé ou détérioré, de quelque manière que ce soit, les appareils des lignes de la télégraphie électrique ou les machines des télégraphes aériens, sera puni d'une amende de 16 à 300 francs.

La contravention sera poursuivie et jugée comme en matière de grande voirie.

ART. 3. Quiconque, par la rupture des fils, par la dégradation des appareils ou par tout autre moyen, aura volontairement causé l'interruption de la correspondance télégraphique électrique ou aérienne, sera puni d'un emprisonnement de trois mois à deux ans et d'une amende de 100 à 1,000 francs.

ART. 4. Seront punis de la détention et d'une amende de 1,000 à 5,000 francs, sans préjudice des peines que pourrait entraîner leur complicité avec l'insurrection, les individus qui, dans un mouvement insurrectionnel, auront détruit ou rendu impropres au service un ou plusieurs fils d'une ligne de télégraphie électrique ; ceux qui auront brisé ou détruit un ou plusieurs télégraphes, ou qui auront envahi, à l'aide de violences ou de menaces, un ou plusieurs postes télégraphiques, ou qui auront intercepté par tout autre moyen, avec violences et menaces, les communications ou la correspondance télégraphique entre les divers dépositaires de l'autorité publique, ou qui s'opposeront avec violences ou menaces au rétablissement d'une ligne télégraphique.

Art. 5. Toute attaque, toute résistance avec violence et voies de fait envers les inspecteurs et les agents de surveillance des lignes télégraphiques électriques ou aériennes, dans l'exercice de leurs fonctions, sera punie des peines appliquées à la rébellion, suivant les distinctions établies au code pénal.

TITRE III. — DES CONTRAVENTIONS COMMISES PAR LES CONCESSIONNAIRES OU FERMIERS DE CHEMINS DE FER ET DE CANAUX.

Art. 6. Lorsque, sur la ligne d'un chemin de fer ou d'un canal concédé ou affermé par l'Etat, l'interruption du service télégraphique aura été occasionnée par l'inexécution soit des clauses du cahier des charges et des décisions rendues en exécution de ces clauses, soit des obligations imposées aux concessionnaires ou fermiers, ou par l'inobservation des règlements ou arrêtés, procès-verbal de la contravention sera dressé par les inspecteurs du télégraphe, par les surveillants des lignes télégraphiques, ou par les commissaires et sous-commissaires préposés à la surveillance des chemins de fer.

Art. 7. Les procès-verbaux, dans les quinze jours de leur date, seront notifiés administrativement au domicile élu par le concessionnaire ou le fermier, à la diligence du préfet, et transmis, dans le même délai, au conseil de préfecture du lieu de la contravention.

Art. 8. Les contraventions prévues en l'article 7 seront punies d'une amende de 300 francs à 3,000 francs.

TITRE IV. — DISPOSITION PARTICULIÈRE CONCERNANT LES TÉLÉGRAPHES AÉRIENS.

Art. 9. Lorsque, sur une ligne de télégraphie aérienne déjà établie, la transmission des signaux sera empêchée ou gênée, soit par des arbres, soit par l'interposition d'un objet quelconque placé à demeure, mais susceptible d'être déplacé, un arrêté du préfet prescrira les mesures nécessaires pour faire disparaître l'obstacle, à la charge de payer l'indemnité qui sera fixée par le juge de paix.

Cette indemnité sera consignée préalablement à l'exécution de l'arrêté du préfet. Si l'objet est mobile et n'est point placé à demeure, un arrêt du maire suffira pour en ordonner l'enlèvement.

TITRE V. — DISPOSITIONS GÉNÉRALES.

Art. 10. Les crimes et délits ou contraventions prévus dans la présente loi pourront être constatés par les procès-verbaux dressés concurremment par les officiers de police judiciaire, les commissaires et sous-commissaires préposés à la surveillance des chemins de fer, les inspecteurs des lignes télégraphiques, les agents de surveillance nommés ou agréés par l'administration et dûment assermentés.

Ces procès-verbaux feront foi jusqu'à preuve contraire.

ART. 11. Les procès-verbaux dressés en vertu de l'article précédent seront visés pour timbre et enregistrés en débet.

Ceux qui auront été dressés par des agents de surveillance assermentés devront être affirmés dans les trois jours, à peine de nullité, devant le juge de paix ou le maire, soit du lieu du délit ou de la contravention, soit de la résidence de l'agent.

ART. 12. L'administration pourra prendre immédiatement toutes mesures provisoires pour faire cesser les dommages résultant des crimes, délits et contraventions, et le recouvrement des frais qu'entraînera l'exécution de ces mesures sera poursuivi administrativement, le tout ainsi qu'il est procédé en matière de grande voirie.

ART. 13. L'article 463 du code pénal est applicable aux condamnations qui seront prononcées en exécution de la présente loi.

ART. 14. En cas de contravention de plusieurs crimes ou délits prévus par la présente loi ou par le code pénal, la peine la plus forte sera seule prononcée.

EXTRAITS DU BULLETIN DES LOIS DE 1851.

1851. T. I, B. n° 358, p. 267. *Loi du 25 février* 1851. (Ouverture de crédits.) Voir p. 161 et 168.

1851. T. I, B. n° 360, p. 280. *Loi du 28 février* 1851. (Reports de crédits.) Voir p. 160.

1851. T. II, B. n° 429, p. 202. *Loi du 1er août* 1851. (Ouverture de crédits). Voir p. 207.

1851. T. II, B. n° 468, p. 1041. *Décret du 11 décembre* 1851. (Autorisation d'ouverture de crédit provisoire sur l'exercice 1852).

Ministère de l'intérieur, chap. VI : personnel.. 278,047 francs.
— chap. VII : matériel.. 35,295

1851. T. II, B. n° 475, p. 1262. *Décret du 27 décembre* 1851. (Police des lignes télégraphiques.) Voir p. 212.

ANNÉE 1852.

En 1852, on trouve fort peu de documents intéressants : une nouvelle forme de gouvernement simplifie les formalités, aussi les comptes rendus des Chambres n'offrent-ils absolument rien à signaler. Deux décrets seulement sont signés du Président de la République, et précédés de rapports émanant du ministre de l'intérieur.

Le premier, signé par M. de Morny, en date du 6 janvier, est ainsi conçu :

M. le Président, en portant les regards sur la carte des lignes de télégraphie électrique qui sillonnent l'Europe, on est péniblement surpris de voir pour quelle faible part figure la France dans cet immense réseau de communications internationales. On remarque surtout avec étonnement que non-seulement les plus importantes villes de notre pays sont privées d'un si précieux moyen de correspondance, mais qu'il existe aussi une assez grande étendue de chemins de fer déjà en exploitation depuis plusieurs années qui en est également dépourvue.

J'ai pensé, monsieur le Président, que la France ne pouvait rester, à cet égard, dans un état d'infériorité également préjudiciable aux intérêts de ses relations intérieures et au développement de ses rapports avec les peuples voisins. Aussi, quelles que soient les réserves que doive imposer la situation des finances de l'État, je n'ai pas hésité à venir vous demander les crédits nécessaires pour remplir les lacunes qui existent encore dans l'ensemble de nos établissements télégraphiques.

La première de ces lacunes et la plus regrettable est celle qui existe de Châlon à Marseille, et qui rend presque sans efficacité la portion terminée entre Paris et Châlon.

Il est juste que Lyon et Marseille, ces deux grands centres de commerce, d'industrie et d'intérêts de toute nature, ne soient pas plus longtemps déshérités des bienfaits d'une découverte dont profitent déjà, depuis quelque temps, d'autres localités d'une moindre importance. Aussi, monsieur le Président, sans attendre l'achèvement du chemin de fer qui doit relier directement Marseille à Paris, vous proposerai-je de construire une ligne de télégraphie électrique qui suivrait la grande route, depuis Châlon jusqu'à Avignon, et emprunterait ensuite la voie du chemin de fer pour aller de cette dernière ville à Marseille. Je ne doute pas que les dangers que peut offrir l'établissement d'une ligne livrée pour ainsi dire à la bonne foi publique ne soient beaucoup moins grands qu'on ne le suppose en général, et les expériences déjà faites sur plusieurs points me donnent l'assurance que l'administration pourra efficacement faire respecter ses fils électriques ainsi exposés aux atteintes de la malveillance, surtout lorsqu'elle sera armée des moyens de répression que comporte la loi nouvelle sur la police des lignes télégraphiques. D'ailleurs, monsieur le Président, l'établissement des fils électriques le long de la grande route ne devra être que provisoire, et ces fils seront reportés sur les chemins de fer à mesure que les différents tronçons du chemin s'achèveront. Vous apprécierez trop bien, monsieur le Président, les avantages immenses que doit retirer notre pays d'une mesure qui permettra de communiquer directement de Marseille à Londres, et de nous assurer par là le transit de toutes les dépêches du Levant, ainsi que de la malle de l'Inde, pour qu'il me soit nécessaire d'insister près de vous sur son urgente utilité.

La ligne la plus importante, à mon avis, après celle qui doit unir la Méditerranée à l'Angleterre, en traversant le détroit, est celle qui, partant de Paris, passerait par Bordeaux et viendrait desservir le sud-ouest de la France, en allant rejoindre la ligne de Marseille par Toulouse, Narbonne, Cette, Montpellier, Nîmes et Beaucaire. Jusqu'à Bordeaux, cette ligne suivrait le chemin de fer, et, depuis cette dernière ville jusqu'à Cette, on pourrait lui faire suivre les bords du canal, qui offrirait les plus favorables conditions d'établissement. A partir de Cette, on profiterait du chemin de fer jusqu'à Arles, en passant par Montpellier, Nîmes, Beaucaire et Tarascon.

Après ces deux grandes lignes, dont l'importance me paraît devoir obtenir le premier rang, il en est une troisième qui ne le cède peut-être pas à celles-ci pour les avantages que doivent en retirer nos relations avec l'Allemagne centrale : je veux parler de la ligne de Paris à Strasbourg. Le chemin de fer entre ces deux villes sera assez prochainement livré à la circulation, et il sera permis d'établir les fils sur la chaussée de la voie ferrée, qui est, sinon achevée, du moins fort avancée sur tout le parcours.

Enfin, monsieur le Président, des lignes secondaires, destinées à rattacher notre système télégraphique avec les télégraphes des peuples voisins, tels que le Piémont, la Suisse, l'Italie et l'Espagne, ou à relier entre elles les communications de même nature dans l'intérieur de la France, complètent un ensemble de propositions que j'ai l'honneur de soumettre à votre approbation, et pour lesquelles je vous demanderai de vouloir bien ouvrir un crédit de 4,832,987 francs, qui permette de commencer immédiatement les travaux.

L'expérience faite depuis dix mois pour l'application de la télégraphie privée ne laisse aucun doute sur les ressources que le développement de cette branche des services publics doit offrir au trésor, et l'accroissement des recettes, qui sera la conséquence nécessaire de la création des lignes proposées, représentera une somme bien supérieure à l'intérêt du capital dépensé.

L'Etat trouve donc par là un placement avantageux de capitaux, tout en réalisant un projet d'une importance immense pour l'administration, le commerce, l'industrie et tous les intérêts privés dans leurs rapports avec l'intérieur ou avec l'étranger.

Ces considérations ne vous ont pas échappé, monsieur le Président, et c'est aller au-devant de vos intentions que de vous proposer un projet qui doit mettre la France au niveau des autres peuples de l'Europe, lorsqu'il s'agit d'entreprises grandes, utiles et glorieuses.

Je suis heureux de pouvoir m'associer à cette généreuse initiative en soumettant à votre signature le projet de décret ci-joint :

Sur le rapport du ministre de l'intérieur : — Vu la délibération du conseil d'administration des lignes télégraphiques en date du 16 décembre 1851 ; — Considérant qu'il importe essentiellement à la sûreté de l'Etat de compléter au plus tôt les moyens mis à la disposition du gouvernement pour porter avec promptitude ses ordres sur tous les points du territoire ; — Considérant que l'extension des communications télégraphiques est un véritable bienfait pour les intérêts privés et les relations commerciales de la France tant à l'intérieur qu'à l'étranger.

ART. 1er. Un crédit de 4,832,987 francs est ouvert au ministère de l'intérieur sur le budget des exercices 1852, 1853 et 1854, pour la construction des lignes de télégraphie électrique ci-après désignées, savoir :

Ligne de l'Est avec embranchement sur For-
bach et Mulhouse. . . . . . . 233,987 francs.

A reporter. . . 233,987

Report. . . .   233,987 francs.

Ligne de Châlon-sur-Saône à Marseille, avec embranchement sur Saint-Etienne et Grenoble.	566,603
— de Paris à Bayonne.	263,442
— de Bordeaux à Cette et à Marseille. . .	474,068
— de Nantes à Brest, par Vannes, etc. .	242,571
— de Paris à Cherbourg, par Evreux, Caen.	252,277
— de Châteauroux à Périgueux. . . .	171,604
— de Nevers à Clermont.	138,264

Lignes secondaires à construire pour relier les chefs-lieux des départements aux lignes principales.

Oise (Beauvais).	57,836
Aisne, Ardennes (Laon, Mézières, Reims). .	164,951
Vosges (Epinal).	63,210
Seine-et-Marne, Aube, Haute-Marne, Haute-Saône (Melun, Troyes, Chaumont, Vesoul).	245,717
Yonne (Auxerre).	16,166
Jura (Lons-le-Saunier).	57,540
Ain (Bourg).	31,752
Haute-Loire, Lozère (Le Puy et Mende). . .	112,497
Ardèche (Privas).	36,960
Hautes-Alpes, Basses-Alpes (Gap, Digne). .	156,660
Var (Toulon, Draguignan, frontière du Piémont).	120,742
Pyrénées-Orientales (Perpignan et la frontière espagnole).	79,108
Ariége (Foix).	68,218
Tarn, Aveyron (Albi, Rodez).	129,030
Lot (Cahors).	56,070
Gers, Hautes-Pyrénées, Basses-Pyrénées (Auch, Tarbes, Pau).	157,878
Deux-Sèvres, Charente-Inférieure (Niort, la Rochelle).	117,064
Vendée (Napoléon-Vendée).	63,798
Creuse (Guéret).	57,739
Corrèze, Cantal (Tulle, Aurillac).	140,784
Orne, Sarthe, Mayenne, Ille-et-Vilaine, Côtes-du-Nord (Alençon, le Mans, Laval, Rennes, Saint-Brieuc).	349,438
Fils supplémentaires sur les lignes existantes.	207,013

Total.   4,832,987

Art. 2. Sur cette somme de 4,832,987 francs, un crédit de 1,780,671 francs est imputable sur l'exercice 1852, et affecté à la création des lignes suivantes :

Ligne de l'Est. . . . .   233,987 francs.
— de Châlon-sur-Saône à Marseille. . .   566,603
— de Paris à Bayonne.   263,442
— de Bordeaux à Cette et Marseille. . .   474,068
— de Nantes à Brest.   242,571
                          Total. 1,780,671

Les portions de ce crédit qui n'auraient pu être employées en 1852 seront réparties sur l'exercice 1853.

ART. 3. Le surplus de la dépense, s'élevant à 3,052,316 francs, sera réparti entre les exercices 1853 et 1854, suivant les besoins du service, pour la création des autres lignes.

Au mois de janvier le *Moniteur* insère quelques nouvelles du Danemarck, où l'on évalue à 200,000 thalers environ les frais d'établissement pour un fil recouvert de gutta-percha, reliant Copenhague à Helsingfort.

En Saxe, on établit un grand nombre de lignes souterraines ; mais il paraît que, comme en Prusse, elles ne réussissent pas ; l'on doit y renoncer et les remplacer par des lignes sur poteaux.

Le 21 janvier un décret rétablit les fonctions d'un second administrateur des lignes télégraphiques. Cet emploi avait été supprimé en 1848. Les appointements sont fixés à 15,000 francs pour l'administrateur en chef ; 10,000 francs pour le premier adjoint, et 9,000 francs pour le second.

Quelques jours après, les journaux donnent quelques détails sur la pose des fils aériens ou souterrains destinés à relier le ministère de l'intérieur avec les autres grandes administrations. Dans le grand-duché de Bade, on signe un traité avec le Wurtemberg pour établir une communication télégraphique entre les deux Etats.

Le 29 janvier le *Moniteur* avise de l'ouverture du bureau de Châlon-sur-Saône. Dieppe était également muni depuis plusieurs jours. Un mois après, on lit dans *la Patrie* que les appareils de la télégraphie électrique sont placés au premier étage du ministère de l'intérieur ; au second existent toujours les machines aériennes. Les fils électriques communiquent avec trente départements, en passant par les différentes gares des chemins de fer ; il y a, en outre, des fils aboutissant au ministère de la guerre, les Tuileries, l'Elysée, la Bourse, l'Hôtel-de-Ville et la préfecture de police.

Un avis du 6 mars indique, d'après des documents anglais, la marche que doivent suivre les navigateurs afin de prévenir les accidents fâcheux pour le télégraphe sousmarin. Le même jour on donne des détails sur des expériences faites par M. Reid au moyen de nouveaux appareils et de piles infiniment moindres. Les résultats avaient été très-satisfaisants. Le 26 suivant, on inaugure la ligne de Paris à Mâcon. On espère terminer jusqu'à Lyon au bout d'un mois environ.

Un décret du même jour, inséré au *Moniteur* du lendemain, porte que la ligne de télégraphie électrique de Paris à Grenoble sera prolongée jusqu'à la frontière sarde.

Vu l'article 2 du décret du 6 janvier 1852, sur la création de lignes de télégraphie électrique ; — Sur le rapport du ministre de l'intérieur, de l'agriculture et du commerce, le ministre des finances entendu,

ART. 1ᵉʳ. La ligne télégraphique électrique de Paris à Grenoble sera prolongée jusqu'à la frontière sarde. A cet effet, le ministre de l'intérieur, de l'agriculture et du commerce est autorisé à prélever sur le crédit de 1,780,671 francs affecté à la création de lignes télégraphiques électriques en 1852, une somme de 30,000 francs pour être employée à l'établissement de la ligne de Grenoble à la frontière sarde.

Le même jour on avise de l'ouverture des bureaux de Mâcon et Saint-Omer. Les distances sont indiquées chaque fois, la taxe à percevoir étant déterminée d'après la distance kilométrique.

Le 16 avril, le *Moniteur* annonce l'établissement d'un bureau situé rue de Richelieu, nº 83. Les dépêches y seront reçues de 10 heures du matin à 6 heures du soir, les dimanches et fêtes exceptés. Le bureau de la rue de Grenelle est ouvert tous les jours, de 7 heures du matin à 9 heures du soir.

Plus loin, il s'agit d'appareils de secours que chaque locomotive doit porter avec elle. L'essai en est fait entre Paris et Orléans.

Une note du 4 mai constate l'accroissement du nombre de dépêches depuis l'ouverture du bureau-succursale de la rue de Richelieu, où l'on a déjà été obligé d'augmenter le personnel. Le 13, le bureau de Lyon est inauguré.

Le 5 juin on dit quelques mots d'un câble sous-marin inauguré entre Holyhead et Howth.

Les documents sur le budget de 1853 contiennent les chiffres ci-après. Le rapporteur de la commission du Corps législatif n'ajouta rien à ce qui était déjà énoncé.

CHAPITRE VI. — Personnel des lignes télégraphiques.

En exécution du décret du 6 janvier 1852, il sera établi, pendant l'année 1853, plusieurs nouvelles lignes de télégraphie électrique dont l'entretien en personnel entraînera une dépense d'environ 210,000 francs.

L'extension que va successivement recevoir le service télégraphique, pour la mise en action des lignes destinées à relier télégraphiquement tous les chefs-lieux des départements avec Paris, et les développements rapides que prend la correspondance télégraphique privée, réclament un complément d'organisation dans l'administration centrale et dans les moyens généraux de surveillance du service. La reconstitution du bureau du matériel supprimé en 1849, la création d'un bureau pour la télégraphie privée, l'institution de deux places d'inspecteurs principaux, quelques augmentations de traitement pour des employés de l'administration centrale, nécessitent une dépense additionnelle de 44,000 francs.

Enfin, l'administration a dû considérer que, dans certaines résidences, le travail imposé aux directeurs était devenu tellement assujettissant, que les forces d'un employé solitaire, passible d'un service continuel de chaque jour, y compris les dimanches, ne pouvaient y suffire ; elle sollicite, en conséquence, l'allocation d'un crédit de 18,000 francs pour pouvoir placer un directeur suppléant avec 3,600 francs par an, à côté du directeur, dans les cinq bureaux télégraphiques les plus occupés.

L'accroissement de dépenses sera plus que compensé par celui des recettes de la télégraphie privée, qui sont évaluées, pour 1853, à 400,000 francs.

	CRÉDITS		DIFFÉRENCES	
	demandés pour l'exercice 1853.	accordés pour l'exercice 1852.	en plus.	en moins.
Traitements des administrateurs, chefs de bureau, receveurs de la télégraphie privée, employés, vérificateurs, inspecteurs principaux et élèves inspecteurs, etc.; salaire des porteurs de dépêches privées et des gens de service.......	fr. 160,200	fr. 130,509	fr. 29,691 [1]	»
Directeurs, directeurs suppléants et inspecteurs... 490,600				
Stationnaires, surveillants et piétons...... 797,564	1,416,800	1,174,759	242,041 [1]	»
Dépenses éventuelles... 33,956				
Dépenses remboursables 94,680				
Totaux...	1,577,000	1,305,268	271,732	»

CHAPITRE VII. — MATÉRIEL DES LIGNES TÉLÉGRAPHIQUES.

	CRÉDITS		DIFFÉRENCES	
	demandés pour l'exercice 1853.	accordés pour l'exercice 1852.	en plus.	en moins.
Service central, éclairage, impressions, papeterie, chauffage, etc..................	fr. 21,500	fr. 20,000	fr. 1,500 [2]	»
Approvisionnements des magasin et frais généraux.......	50,000	38,000	12,000 [2]	»
Frais de bureau et de chauffage des directions et des stations, entretien des anciennes et des nouvelles lignes, loyers des directions, etc................	100,740	77,275	23,465 [2]	»
Dépenses éventuelles..........	»	46,960	»	46,960 [2]
Ports de dépêches, exprès, remises aux directeurs, papeterie, impressions, etc.......	32,000	32,000	»	»
Totaux...	204,240	214,235	36,965	46,960

[1] Extension considérable du service des lignes achevées; d'autre part, le budget des recettes présente une augmentation des produits de la télégraphie privée.

[2] Dépenses d'établissement de lignes terminées en 1852. Augmentation de 36,965 fr. pour entretien des nouvelles lignes. Réduction de 46,960 fr.

L'entretien des nouvelles lignes télégraphiques établies exige une augmentation de 36,965 francs, mais il faut supprimer, dans le chapitre vii, deux crédits : l'un de 39,460 francs, pour travaux faits à Paris, et l'autre de 7,500 francs, pour l'installation dans la préfecture du Rhône. Il en résulte une diminution réelle de 9,995 francs sur le chapitre vii.

SERVICES EXTRAORDINAIRES.

CHAPITRE LX. — Construction de cinq nouvelles lignes de télégraphie électrique.

En exécution de l'article 3 du décret du 6 janvier 1852, une somme de 1,691,326 francs est attribuée à l'exercice 1853 pour l'exécution d'un certain nombre de lignes télégraphiques, dont la création a été ordonnée par le décret précité.

Lignes établies en vertu du décret du 6 janvier 1852 : de Paris à Cherbourg (par Evreux, Caen, Saint-Lô) ; de Châteauroux à Limoges; d'Angoulême à Périgueux ; de Nevers à Clermont (par Moulins) ; de Paris à Vesoul (par Melun, Troyes, Chaumont) ; de Paris à Beauvais ; de Paris à Reims, Laon, Mézières ; de Nancy à Epinal ; de Joigny à Auxerre ; de Châlon-sur-Saône à Lons-le-Saulnier ; de à Mâcon à Bourg ; de Saint-Etienne à Mende (par le Puy) ; de Valence à Privas ; de Grenoble à Gap et à Digne ; de Marseille à Toulon et à Draguignan. Fil supplémentaire sur la ligne de Boulogne.

CHAPITRE XLI. — Construction de quatre lignes complémentaires internationales de télégraphie électrique.

Le décret du 6 janvier 1852 a eu pour but principal de relier Paris à la plus grande partie des villes principales de notre pays, mais l'ensemble du réseau télégraphique français n'acquerrait pas toute la puissance d'action dont il est susceptible, si on ne le mettait en large communication avec les systèmes télégraphiques des pays voisins. Une somme de 177,000 francs est demandée pour entrer dans cette voie et faciliter les communications télégraphiques internationales. Lignes complémentaires : de Mulhouse à Saint-Louis (Bâle) ; de Vesoul à Mulhouse ; de Vesoul à Besançon, de Boulogne à Calais.

	CRÉDITS		DIFFÉRENCES	
	demandes pour l'exercice 1853.	alloués pour l'exercice 1862.	en plus.	en moins.
Chap. LX. Construction de cinq nouvelles lignes....	1,691,326 fr.	1,780,671 fr.	»	89,345 fr.
Chap. LXI. Construction de quatre lignes complémentaires internationales.	177,000 fr.	»	177,000 fr.[1]	»

MINISTÈRE DE LA GUERRE. — Chapitre XXXI.

	fr.	fr.	fr.	
§ 1er. Personnel (3 directeurs, 24 traducteurs et inspecteurs, 208 stationnaires)............	333,700	306,400	27,300	»
§ 2. Matériel.................	106,300	88,000	18,300	»
§ 3. Construction de nouveaux postes....................	70,000	70,000	»	»
§ 4. Etablissement d'une ligne de télégraphie électrique souterraine d'Oran à Mostaganem.	100,000	»	100,000	»
Totaux...	610,000	464,400	145,600	»

Sept nouveaux postes télégraphiques doivent être construits, dans le cours de l'année 1852, sur la ligne d'Alger à Constantine. Il importe que ces postes soient occupés au fur et à mesure de leur établissement, et c'est dans ce but qu'il est demandé, au titre de l'exercice 1853, un supplément de crédit de 45,600 francs pour leur installation et leur entretien.

Afin de remédier aux inconvénients graves qui résultent souvent de l'interruption des communications par la voie aérienne, dans les mauvais temps, il a été reconnu indispensable d'établir une ligne de télégraphie électrique souterraine d'Oran à Mostaganem. Les avantages d'un système de correspondance aussi rapide que secret ne sauraient être mis en doute, et les résultats qu'on est en droit d'en attendre ne permettent pas d'en ajourner plus longtemps la réalisation. Il est demandé à ce titre une allocation de 100,000 francs.

Tous ces chiffres étaient adoptés sans discussion le 24 juin, et la loi promulguée le 8 juillet. (Voir p. 242.)

---

[1] Ce crédit est nécessaire pour relier le réseau télégraphique français avec ceux des pays voisins.

Peu de jours avant *l'Akhbar* a donné des détails sur l'organisation du service télégraphique en Algérie. On voit qu'il s'agit encore du télégraphe aérien. La ligne d'Alger à Tlemcen comprend quarante-sept postes, sur une étendue de 552 kilomètres. Le coût a été de 638,629 francs d'Orléansville à Tenez, et de Milianah à Médeah, 134 kilomètres ont coûté 59,622 francs. Enfin, de Constantine à Alger, où il y a 280 kilomètres, on a dépensé 44,000 francs pour dix postes. On travaille à relier Sétif, Bougie, Bone, Philippeville. En résumé, il y a soixante-quinze postes sur 966 kilomètres, et qui ont coûté 745,257 francs.

Au mois de juillet on parle de l'établissement de lignes électriques dans l'île de Cuba. Un décret du gouverneur, du 31 mars 1852 fixait l'adjudication des travaux au 5 juillet, et donnait un délai de six mois aux entrepreneurs. La taxe des dépêches était fixée à 1 fr. 50 c. au-dessous de 10 mots, puis 25 centimes pour 3 mots ou fraction de 3 mots en sus.

Le 14 septembre, un rapport de M. de Persigny, ministre de l'intérieur, et un décret occupent la première colonne du *Moniteur*.

Le décret du 6 janvier 1852, qui ouvre un crédit de 4,832,987 francs pour la construction des lignes électriques destinées à compléter le réseau télégraphique de France, dispose que, sur ce crédit, une somme de 1,780,671 francs sera applicable à 1852 et le surplus réparti entre les exercices 1853 et 1854.

En se reportant à l'époque où ce décret a été rendu, on comprend que l'administration n'ait peut-être pas jugé prudent de charger un seul exercice d'une dépense aussi considérable, et que, d'un autre côté, elle ait craint de n'avoir pas à sa disposition les moyens d'exécution nécessaires, dans un laps de temps trop court.

Mais aujourd'hui, monseigneur, que la prospérité publique toujours croissante, grâce à la sagesse de votre gouvernement, garantit complétement les ressources de l'Etat et que l'expérience a en même temps démontré la possibilité de construire plus rapidement les lignes électriques projetées, vous avez pensé qu'il convenait de hâter l'instant où le pays devait jouir des bienfaits de ce précieux mode de correspondance.

Aussi, dès mon entrée au ministère je me suis préoccupé des moyens de réaliser vos intentions, et c'est dans ce but que j'ai l'honneur de soumettre à votre approbation, monseigneur, un projet dont l'exécution permettra que, l'année prochaine, il ne reste plus en France un seul chef-lieu de département où les ordres de l'autorité et les dépêches de la correspondance privée ne puissent parvenir avec la rapidité de la pensée.

La nécessité de prendre, dès à présent, certaines dispositions préliminaires, d'assurer les approvisionnements, de passer à l'avance des marchés avec les fournisseurs, pour être en mesure d'ouvrir les travaux dès le 1er janvier 1853, ne permet par d'attendre la prochaine réunion du Corps législatif sans compromettre d'une manière fatale l'achèvement des lignes projetées ; et c'est par cette considération d'urgence que je n'hésite pas à vous proposer, en usant de la faculté qui vous est acquise, d'après l'article 3 de la loi du 24 avril 1833, et les articles 20 et 21 de celle du 8 juillet 1852, de vouloir bien signer le décret que j'ai l'honneur de vous présenter ci-joint, etc.

Vu le décret du 6 janvier 1852 ; — Vu les articles 20 et 21 de la loi du 8 juillet 1852, portant fixation du budget général des dépenses et des recettes pour l'exercice 1853 ; —Vu l'avis du conseil d'administration des lignes télégraphiques et le rapport de l'administrateur en chef ; — Considérant qu'il est du plus haut intérêt pour l'Etat et pour les relations privées que le service télégraphique soit assuré le plus promptement possible dans tous les départements ; — Sur le rapport du ministre de l'intérieur :

Art. 1er. Il est ouvert au ministère de l'intérieur, sur l'exercice 1853, un crédit de 1,360,990 francs pour l'achèvement des lignes de télégraphie électrique décrétées le 6 janvier 1852, et dont la dépense, n'ayant pas été portée au budget de 1852 et de 1853, devait être imputée sur l'exercice 1854.

Art. 2. Les portions de ce crédit qui n'auraient pu être employées en 1853 seront reportées sur l'exercice 1854.

Art. 3. La régularisation de ce crédit sera proposée au Corps législatif lors de sa prochaine session.

Le 30 octobre le *Moniteur* publia une liste de quinze élèves de l'Ecole polytechnique qui furent admis dans le service des lignes télégraphiques. Ce nombre de quinze était considérable, comme on peut le remarquer.

L'année se termina enfin par un rapport très-long de

M. Jules Coutin, secrétaire du conseil d'administration du chemin de fer de l'Ouest, lequel avait été chargé par le ministre des travaux publics d'étudier en Amérique l'exploitation des chemins de fer, et avait en même temps examiné l'état de la télégraphie électrique. Les détails de ce document, se rapportant à une nation étrangère, trouveront place dans une autre étude, celle-ci devant se borner aux questions plus intérieures.

EXTRAITS DU BULLETIN DES LOIS DE 1852.

1852. T. I, B. n° 478, p. 38. *Décret du 6 janvier* 1852. (Ouverture de crédits.) Voir p. **223**.

1852. T. I, B. n° 486, p. 200. *Décret du 20 janvier* 1852. (Ouverture de crédit.)

Sur le rapport du ministre de l'intérieur :

ART. 1er. Il est ouvert au budget du ministère de l'intérieur, sur l'exercice 1852, un crédit de 8,800 francs, pour couvrir les frais d'établissement du fil électrique destiné au service télégraphique de l'exploitation du chemin de fer de Rouen à Dieppe.

1852. T. I, B. n° 502, p. 613. *Décret du 17 mars* 1852. (Portant fixation du budget général de l'exercice 1852.)

Ministère de l'intérieur :	Personnel...............	1,305,268 francs.
—	Matériel...............	214,235
—	Etablissement de deux nouvelles lignes.......	148,359
—	Etablissement de cinq nouvelles lignes.......	1,780,671
—	Etablissement du fil électrique destiné au chemin de fer de Rouen à Dieppe..	8,800
—	Etablissement de huit nouvelles lignes..........	171,740
Produits de la télégraphie privée.........141,820		

1852. T. I, B. n° 514, p. 919. *Décret du 26 mars* 1852. (Portant création de la ligne entre Grenoble et la frontière sarde.) Voir p. 226.

1852. T. I, B. n° 544, p. 1495. *Décret du 17 juin* 1852. (Portant règlement sur la télégraphie privée.)

Vu la loi du 29 novembre 1850 sur la correspondance télégraphique privée ; — Vu en particulier l'article 11, § 2, portant :

« Le service de la correspondance télégraphique privée, les conditions nécessaires pour constater l'identité des personnes et les dispositions réglementaires de la comptabilité, seront réglés par un arrêté concerté entre le ministre de l'intérieur et le ministre des finances. Cet arrêté sera converti en règlement d'administration publique dans l'année qui suivra la promulgation de la présente loi. » — Vu l'article 9, § 2, portant : « Si le destinataire ne réside pas au lieu d'arrivée, la dépêche lui sera transmise, sur la demande et aux frais de l'expéditeur, par exprès ou estafette. Les conditions de ce service seront fixées par le règlement à intervenir, en vertu de l'article 11 de la présente loi ; — Vu la loi du 25 février 1851 ; — Vu l'arrêté du ministre de l'intérieur, en date du 18 février 1851, pris de concert avec le ministre des finances ; — Vu l'avis du ministre des finances, en date du 25 octobre 1851 ; — Sur le rapport du ministre de l'intérieur, de l'agriculture et du commerce ; — Le conseil d'Etat entendu :

DE L'OUVERTURE DES BUREAUX.

ART. 1er. Les bureaux télégraphiques sont ouverts tous les jours, aux heures fixées par arrêté du ministre de l'intérieur.

Les heures d'ouverture et de fermeture sont affichées à la porte de chaque bureau.

L'heure de tous les bureaux télégraphiques est l'heure du temps moyen pris à l'Observatoire de Paris.

DE L'ENREGISTREMENT DES DÉPÊCHES AU DÉPART.

ART. 2. Les dépêches ne peuvent être reçues qu'autant que l'expéditeur établit son identité, ou que le directeur du bureau télégraphique a été mis à même de constater la sincérité de la signature apposée par l'expéditeur au bas de la dépêche.

ART. 3. L'identité peut être établie soit par l'attestation de témoins connus, soit par la production de passe-ports, feuilles de route ou toutes autres pièces dont l'ensemble serait jugé suffisant par le directeur du bureau télégraphique.

ART. 4. Toute personne qui a justifié de son identité a la faculté d'apposer sa signature en double sur un registre spécial ouvert au bureau télégraphique. La partie du feuillet contenant le double de la signature est détachée du registre et remise au signataire pour être représentée par lui ou son mandataire en même temps que la dépêche qu'il voudrait faire expédier.

ART. 5. La sincérité de la signature mise au bas de la dépêche peut aussi être constatée par un visa des préfets ou sous-préfets, du président du tribunal civil, des juges de paix, notaires, maires et commissaires de police. Elle peut l'être, en outre, pour les commerçants patentés, par le président ou les juges du tribunal de commerce, par les agents de change et les courtiers d'assurance et de commerce ; et pour les militaires ou marins en activité de service, par les fonctionnaires de l'intendance militaire et par les commissaires ou sous-commissaires de marine.

ART. 6. Les dépêches doivent être écrites lisiblement en langage ordinaire et intelligible, sans aucune abréviation de mots, datées et signées. Le directeur du télégraphe vérifie si les désignations de l'adresse sont suffisantes pour assurer la remise de la dépêche, et s'il n'y a rien dans le texte qui puisse porter atteinte à l'ordre public et aux bonnes mœurs.

Si le directeur refuse de transmettre la dépêche, soit parce que l'identité ne lui paraît pas établie, soit pour tout autre motif, il énonce sur la minute la cause de son refus, signe et remet la pièce aux déposants.

Si rien ne s'oppose à la transmission, la dépêche est transcrite en entier sur un registre à souche, dans la forme et avec les indications prescrites par l'article 27 ci-après. Le registre est signé par l'expéditeur ou son mandataire. Il lui est délivré quittance de la somme perçue.

ART. 7. La minute de la dépêche reçoit un numéro d'ordre. Il est fait mention, en marge, de l'heure à laquelle elle a été remise aux stationnaires de service, et de l'heure de son arrivée à destination.

Les minutes des dépêches sont réunies à la fin de chaque jour et scellées du cachet de la direction.

DE L'ORDRE DE TRANSMISSION DES DÉPÊCHES.

ART. 8. Le stationnaire de service transmet immédiatement la dépêche qui lui est remise si la ligne est libre ; si la ligne est occupée, la dépêche prend le rang qui lui est assigné par l'ordre du service.

ART. 9. Il est tenu dans chaque bureau télégraphique un rôle des dépêches d'après l'ordre de leur dépôt.

Chaque dépêche est expédiée selon le rang qu'elle occupe sur le rôle et dans l'ordre établi pour la communication des bureaux entre eux, sous les réserves portées aux articles 1 et 10 de la loi du 29 novembre 1850.

ART. 10. Chaque jour l'administration centrale fixe l'ordre selon lequel les bureaux de chaque ligne entreront en correspondance avec Paris ; à chaque changement, elle avertit la ligne du nouveau bureau qui se met en travail, et du temps qui lui est accordé.

A moins d'ordre spécial ou d'instructions contraires, l'administration centrale commence la transmission.

Pendant le travail entre Paris et les bureaux successivement désignés, et lorsqu'il y a un fil disponible, les bureaux intermédiaires, ainsi que les bureaux placés au delà de celui qui est en communication avec Paris, se transmettent entre eux les dépêches qui les concernent. Dans ce cas, ces bureaux suivent l'ordre de leur succession sur la ligne, en commençant par le plus rapproché de Paris, et chaque bureau, à mesure qu'il entre en travail, suit, pour la transmission des dépêches, l'ordre inverse, c'est-à-dire qu'il commence la correspondance avec le bureau le plus éloigné, et successivement avec ceux qui sont plus rapprochés de lui.

Art. 11. Le temps accordé à chaque bureau ne peut pas dépasser une demi-heure. Toutefois, une dépêche commencée ne doit pas être interrompue.

La transmission des dépêches se fait alternativement, dans un sens et dans l'autre, entre les deux bureaux mis en communication.

Le bureau destinataire accuse réception définitive de la dépêche envoyée aussitôt qu'il l'a comprise.

Art. 12. Aucune dépêche déposée à un bureau télégraphique ne peut être retirée de la transmission que par la personne même qui l'a remise ou envoyée.

Dans ce cas, la taxe perçue n'est pas remboursée, sauf ce qui aurait été payé pour port de lettres ou pour frais d'exprès ou d'estafettes.

DE LA REMISE DES DÉPÊCHES A L'ARRIVÉE.

Art. 13. Au bureau d'arrivée, la dépêche reçue est visée par le directeur.

Lorsque, par application du deuxième paragraphe de l'article 3 de la loi du 29 novembre 1850, la remise de la dépêche au destinataire est interdite, il en est donné avis au directeur qui l'a expédiée.

Art. 14. Quand rien ne s'oppose à la remise de la dépêche, elle est timbrée du sceau de l'administration et signée du directeur.

S'il est demandé que la dépêche reste au bureau de l'arrivée, elle est, jusqu'à réclamation, déposée dans un coffre fermant à clef.

Art. 15. Lorsque la dépêche doit être portée au domicile du destinataire, dans le lieu de l'arrivée, elle est immédiatement remise à un exprès.

Le lieu de l'arrivée s'entend, pour Paris, de l'enceinte du mur d'octroi, et, pour les départements, lorsque la commune est composée de plusieurs centres de population, de celui où est situé le bureau télégraphique.

Art. 16. Les dépêches adressées hors du lieu de l'arrivée sont, à la diligence du directeur, ou portées à la poste, ou envoyées à destination par un exprès, selon que la demande en a été faite par l'expéditeur.

Toutefois, l'envoi d'un exprès peut être refusé par l'administration lorsque, soit à raison de la grande distance, soit à raison de l'état des communications, le bureau destinataire ne serait pas en mesure de faire le service demandé.

ART. 17. Quand l'expéditeur ne stipule rien pour l'envoi d'une dépêche hors du lieu d'arrivée, la dépêche est mise à la poste.

Dans ce cas, comme dans celui où le dépôt à la poste est fait sur la demande de l'expéditeur, l'affranchissement est obligatoire, et les lettres sont recommandées.

Il est perçu, à cet effet, au point de départ, le port d'une lettre simple plus la taxe de recommandation.

ART. 18. Le choix des exprès appartient au directeur du bureau télégraphique.

ART. 19. L'envoi des dépêches privées par les relais de la poste aux chevaux, sur la demande du directeur du télégraphe, ne peut avoir lieu que dans le rayon du relai du lieu d'arrivée, et successivement, de manière qu'une nouvelle estafette ne puisse être demandée qu'après le retour du postillon en course.

Pour l'envoi d'une estafette qui devrait franchir un ou plusieurs relais, l'expéditeur devra se munir d'une autorisation spéciale du directeur général des postes, en se conformant aux lois et règlements sur la matière.

ART. 20. A toute dépêche portée au domicile du destinataire est joint un reçu qui doit être signé de la personne à qui la dépêche est adressée, ou d'un membre de sa famille, ou d'une personne attachée à son service.

Si l'on ne trouve, à l'adresse indiquée, ni le destinataire, ni personne qui réponde pour lui, mention en est faite sur la dépêche, qui est rapportée au bureau d'arrivée.

DE LA PERCEPTION DE LA TAXE.

ART. 21. La taxe pour la transmission d'une dépêche est calculée d'après la longueur totale des lignes télégraphiques qui établissent la communication entre les lieux de départ et d'arrivée.

Toutefois, lorsque, par la disposition des bureaux télégraphiques, la dépêche doit parcourir, par les fils électriques, un trajet plus grand que le trajet du chemin de fer entre les deux points en correspondance, la distance sur le chemin de fer est prise pour base de la taxe.

Les distances entre les diverses stations demeurent fixées conformément au tableau joint au présent décret.

Des arrêtés du ministre de l'intérieur régleront les additions ou les changements à faire à ce tableau, lors de l'ouverture de nouvelles lignes ou de nouveaux bureaux télégraphiques.

Le tarif des dépêches télégraphiques, ainsi que le tableau des distances servant de base au tarif, est affiché dans chaque bureau télégraphique.

ART. 22. Ne sont comptés que pour un seul mot, dans la taxe déterminée par l'article 7 de la loi du 29 novembre 1850 :

1° Les mots composés compris, à ce titre, au dictionnaire de l'Académie française ;

2° Les noms de famille formés de plusieurs mots, non compris les titres et prénoms ;

3° Dans l'adresse : 1° le nom de la rue ; 2° le numéro de l'habitation, quel que soit le nombre de mots nécessaires pour les exprimer.

Les traits d'union, les signes de ponctuation, ne sont pas comptés ; mais tous les autres signes entrent dans la taxe pour le nombre de mots qui servent à les traduire.

ART. 23. Les dépêches qui doivent être remises à plusieurs personnes en un même lieu ne payent qu'une taxe ; mais le droit pour port de la dépêche est dû autant de fois qu'il y a de copies.

Toute dépêche qui doit s'arrêter à plusieurs bureaux d'une même ligne, pour être remise à autant de destinations différentes, est taxée de telle sorte que la taxe totale se compose de toutes les taxes partielles fixées respectivement du bureau du départ au premier bureau de destination ; de celui-ci au second, et ainsi de suite jusqu'au dernier ; mais on fait entrer dans le calcul de chaque taxe partielle tous les mots qui arrivent à chaque bureau, y compris les adresses pour les destinations plus éloignées.

ART. 24. Le droit fixé par l'article 9 de la loi du 29 novembre 1850, pour le port de la dépêche, soit au domicile du destinataire, s'il réside au lieu de l'arrivée, soit au bureau de la poste aux lettres, est payé au bureau du départ.

Pour toute dépêche envoyée par exprès hors du lieu de l'arrivée, l'expéditeur paye également au bureau de départ une somme fixe d'un franc pour le premier kilomètre et de 50 centimes pour les autres.

La distance est calculée du bureau d'arrivée au chef-lieu de la commune ou de la section de commune où réside le destinataire.

Pour l'envoi d'une estafette dans le rayon du relai du lieu d'arrivée, l'expéditeur dépose la somme déterminée par les tarifs de l'administration des postes.

ART. 25. Les sommes payées pour la transmission d'une dépêche télégraphique sont remboursées à l'expéditeur, quand la dépêche a été remise tardivement au destinataire, soit par un accident survenu à la ligne télégraphique, soit par le fait de l'exprès ou de l'estafette.

Le remboursement a également lieu, 1° quand le texte de la dépêche a été dénaturé par des fautes qui la rendent impropre à remplir l'objet pour lequel elle a été expédiée ; 2° quand l'autorité administrative du lieu de destination en a interdit la remise.

ART. 26. La réponse peut être payée d'avance par l'expéditeur. L'expéditeur dépose pour la réponse, à titre d'arrhes, une somme égale à la taxe d'une dépêche de vingt mots pour la distance à parcourir.

Il est délivré récépissé du dépôt. Si les arrhes sont insuffisantes, la dépêche n'est remise qu'après règlement de compte.

DE LA COMPTABILITÉ.

ART. 27. Il est tenu dans chaque bureau télégraphique, pour les dépêches, un registre de départ et un registre d'arrivée.

Ces registres sont à souche, ils sont tenus dans la forme suivante :

NUMÉRO d'ordre.		SOMMES REÇUES (en chiffres).
		fr. c.
	A.	B.

Pour le registre de départ, la partie A comprend le numéro d'ordre, la dépêche transcrite *in extenso*, le nom et l'adresse du signataire, le nom et l'adresse de la personne qui l'apporte, le nombre de mots que contient la dépêche, la ville pour laquelle elle est destinée, et, dans une colonne distincte, la somme reçue exprimée en chiffre.

La partie B comprend la date et l'adresse de la dépêche, le premier et le dernier mot, le nombre des mots, la distance sur laquelle la taxe est perçue; elle porte quittance de la somme perçue. La partie B est détachée et remise à l'expéditeur.

Pour le registre d'arrivée, la partie A comprend la dépêche *in extenso*. Dans la partie B, la dépêche est rappelée par son adresse et par son premier et dernier mot. On y inscrit le nombre des mots, la date et l'heure de la réception, la date et l'heure de la remise au destinataire. Le feuillet B est enlevé chaque jour et envoyé à l'administration centrale.

ART. 28. Chaque bureau destinataire envoie, en outre, à l'administration centrale, copie des dépêches par lui reçues, avec mention en chiffres du nombre de mots de chaque dépêche.

ART. 29. Le montant des sommes perçues, tant pour la taxe que pour le port des dépêches, est reporté à la fin de chaque journée sur un carnet spécial.

Tous les mois, chaque bureau télégraphique adresse à l'administration centrale un relevé de ses recettes.

ART. 30. Il est ouvert à l'administration centrale, pour chaque bureau, un compte qui est clos chaque mois.

ART. 31. Dès que la recette d'un bureau a dépassé mille francs, elle est versée dans la caisse du receveur des finances de l'arrondissement, et le directeur donne immédiatement avis de ce versement à l'administration centrale.

Dans tous les cas, le versement du produit des recettes est fait le premier de chaque mois, quelle que soit la somme en caisse.

Chaque versement est accompagné d'un bordereau, dûment certifié, qui sert de titre de perception au receveur des finances.

Les versements effectués à la recette des finances sont inscrits sur le carnet spécial prescrit par l'article 29.

Dans le cas où il n'y a pas de receveurs des finances au lieu d'arrivée, le dépôt des fonds est fait à la caisse du percepteur de la commune, et avis en est donné le jour même au receveur des finances de l'arrondissement.

ART. 32. Les remises allouées pour frais de perception et de bureau aux directeurs des bureaux télégraphiques, en vertu de l'article 4 de la loi du 25 février 1851, figureront comme article spécial de dépenses au budget du ministère de l'intérieur.

ART. 33. Dans les cas de remboursement de taxe, prévus par le présent règlement, la quittance qui avait été délivrée à la partie doit être rendue et annexée au livre à souche, comme justification de l'annulation de recette.

ART. 34. Les taxes perçues pour le compte des gouvernements étrangers ou par eux pour le compte de la France, donnent lieu à des règlements périodiques auxquels il est procédé par les soins du ministre de l'intérieur.

Les reliquats qu'ils constatent sont transmis par le gouvernement débiteur au gouvernement créancier, à l'aide de moyens de trésorerie concertés entre eux.

Le produit intégral des taxes de la télégraphie internationale perçues par les agents français est porté en recette au budget de l'Etat. Par suite, les reliquats revenant aux gouvernements étrangers doivent être imputés sur des crédits ouverts au budget, et faire l'objet d'ordonnances de payement délivrées en faveur de ces gouvernements.

Les reliquats de comptes revenant au gouvernement français sont portés en recette au même titre que les autres produits de la télégraphie privée. Un extrait de l'arrêté portant règlement de

compte sert de titre de perception au receveur des finances chargé
d'encaisser la somme due.

ART. 35. Le service financier et la comptabilité des agents de la
télégraphie sont soumis aux vérifications des inspecteurs des
finances.

Les observations auxquelles ces vérifications donneraient lieu
sont communiquées par le ministre des finances au ministre de
l'intérieur.

ART. 36. A la fin de chaque année, le ministre de l'intérieur
transmet au ministre des finances un état, par département et par
bureau télégraphique, des versements faits aux receveurs des
finances.

TABLEAU DES DISTANCES SERVANT DE BASE AU TARIF
DE LA CORRESPONDANCE TÉLÉGRAPHIQUE PRIVÉE.

Ligne du Havre.

De Paris à Rouen.	140^k
De Rouen à Malaunay	9
De Malaunay au Havre.	80
De Malaunay à Dieppe.	52

Ligne du Nord.

De Paris à Amiens.	147. 5
D'Amiens à Boulogne.	124. 5
D'Amiens à Arras.	67. 5
D'Arras à Douai.	26
De Douai à Valenciennes.	36
De Valenciennes à la frontière belge.	12
De Douai à Lille.	33. 2
De Lille à Hazebrouck.	41. 6
De Lille à Saint-Omer.	62
D'Hazebrouck à Dunkerque..	42. 4
D'Hazebrouck à Calais.	61. 9

Ligne du Centre.

De Paris à Orléans.	122
D'Orléans à Vierzon..	81
De Vierzon à Bourges.	32
De Bourges à Nevers.	69
De Vierzon à Châteauroux.	63

Ligne de Bordeaux.

De Paris à Orléans.	122
D'Orléans à Blois.	59

De Blois à Tours. 56ᵏ

De Tours à Poitiers.   101

Ligne de Nantes.

De Paris à Tours.   237

De Tours à Angers.   109

D'Angers à Nantes.   88

Ligne de Strasbourg.

De Paris à Châlons-sur-Marne.   172

De Châlons-sur-Marne à Bar-le-Duc. . . .   82

De Nancy à Metz.   57

Ligne de Lyon.

De Paris à Tonnerre.   197

De Tonnerre à Dijon.   118

De Dijon à Châlon-sur-Saône.   68

De Châlon-sur-Saône à Mâcon.   58

De Mâcon à Lyon.   67

Vu pour être annexé au décret sur la correspondance télégraphique privée, en date du 15 juin 1852.

1852. T. I, B. nº 547, p. 1135. *Loi du 29 juin* 1852. (Portant règlement définitif du budget de l'exercice 1848.) Voir le tableau général.

1852. T. I, B. nº 548, p. 1617. *Loi du 29 juin* 1852. (Portant règlement définitif du budget de l'exercice 1849.) Voir le tableau général.

1852. T. II, B. nº 559, p. 205. *Loi du 8 juillet* 1852. (Portant fixation du budget de l'exercice 1853.)

Ministère de l'intérieur : Personnel (y compris 94,680 francs comme dépenses d'ordre)....... **1,577,000 francs.**

—   Matériel................   204,240

—   Construction de 5 nouvelles lignes..........   1,691,326

—   Construction de 4 lignes complémentaires internationales............   177,000

Produits de la télégraphie privée........400,000

1852. T. II, B. nº 578, p. 543. *Décret du 5 septembre* 1852. (Ouverture de crédits.) Voir p. 232.

ANNÉE 1853.

Si les années qui viennent de s'écouler offrent peu de documents importants, en revanche 1853 va en fournir un assez grand nombre. Tous les travaux commencés en 1851 et 1852 se trouvent achevés; aussi, chaque jour verrons-nous de nouvelles lignes ouvertes à la correspondance.

Dès le mois de janvier il s'agit du bureau de Marseille et de la jonction des réseaux suisse et français. Le 26, un avis de l'administration des lignes télégraphiques ainsi conçu indique combien est considérable le développement de ce service :

Pour suppléer à l'insuffisance du contingent affecté cette année par l'Ecole polytechnique au service des lignes télégraphiques, M. le ministre de l'intérieur a rendu une décision, en date du 23 octobre dernier, en vertu de laquelle peuvent être admis, en qualité d'élève inspecteur du télégraphe, mais seulement jusqu'au numéro 90 du classement sur la liste générale de sortie : 1° les élèves de l'Ecole polytechnique des promotions de 1848, 1849, 1850, 1851, qui, étant actuellement classés dans un service public, demanderaient à entrer dans l'administration des lignes télégraphiques, avec le consentement de l'autorité administrative de laquelle ils dépendent ; 2° les élèves des mêmes promotions qui, pour des motifs légitimes, auraient donné leur démission antérieurement au 1er août 1852.

MM. les élèves de l'Ecole polytechnique, compris dans l'une ou l'autre de ces catégories, qui désireraient être nommés à un emploi d'élève inspecteur du télégraphe, peuvent adresser leur demande à M. l'administrateur en chef des lignes télégraphiques, pour qu'il soit procédé à la vérification de leurs titres.

Le 12 février, la première page du *Moniteur* contient un décret en date du 7 février, portant ratification et promulgation de la convention provisoire pour la correspondance télégraphique entre la France et la Suisse.

Ayant vu et examiné la convention provisoire destinée, en attendant une convention définitive, à régler la correspondance télégraphique entre la France et la Suisse, et signée à Berne, le 23 décembre dernier, par les commissaires délégués des deux gouvernements ;

Convention provisoire dont la teneur suit :

Les administrations télégraphiques de France et de Suisse ayant désiré, en attendant une convention définitive, donner à la correspondance télégraphique entre les deux pays toutes les facilités compatibles avec les dispositions législatives de chacun d'eux, les soussignés dénommés au bas de la présente convention, agissant au nom des deux gouvernements, ont arrêté la convention suivante, sous la réserve expresse de la ratification par leurs gouvernements respectifs.

Art. 1er. Afin de relier les réseaux télégraphiques des Etats contractants, des lignes télégraphiques seront établies entre Mulhouse et Bâle, et entre Mâcon et Genève. Si le développement du service fait sentir le besoin d'une ligne entre Besançon et la Chaux-de-Fonds, les deux gouvernements s'engagent à établir cette ligne.

Les frais d'établissement de ces lignes et de leur entretien en bon état seront à la charge des deux administrations sur les territoires respectifs.

Art. 2. Aussi longtemps que les deux Etats n'auront pas adopté un même système de télégraphes, de manière à rendre possible la transmission des dépêches sans les reproduire, il sera établi dans chaque bureau d'échange un appareil français.

Art. 3. Comme bureaux d'échange, en ce qui concerne la reproduction, sont désignés les bureaux de Bâle, de Genève et, éventuellement, de la Chaux-de-Fonds.

Art. 4. Pour le service des dépêches internationales ou de transit, il sera établi dans chacun des bureaux d'échange un poste spécial différent de celui qui fait le service à l'intérieur, composé de deux employés sachant à la fois le français et l'allemand. L'un sera nommé et payé par l'administration française ; l'autre sera nommé et payé par l'administration suisse.

Si les exigences du service commun révélaient la nécessité d'un troisième employé, il serait à la charge des deux administrations par moitié, et nommé par l'administration suisse, sauf acceptation par l'administration française.

Art. 5. L'administration de l'Etat dans lequel se trouvent les bureaux d'échange fournira à ses frais le local du bureau, l'éclairage et le chauffage, et se chargera des frais de bureau. L'administration française fournira et entretiendra les appareils et les piles nécessaires au service des bureaux d'échange.

Art. 6. Les employés français à Bâle, à Genève et, éventuellement, à la Chaux-de-Fonds se logeront à leurs frais, et, sous le rapport des impôts ou autres charges publiques ou communales, ils y seront toujours considérés comme étrangers placés sous la protection du pays de leur résidence. Ils seront tenus de se soumettre aux règlements arrêtés par l'administration dudit pays pour le service du bureau. Néanmoins chaque employé ne pourra être puni que par l'intermédiaire de sa propre administration, laquelle pourra d'ailleurs, en tout temps, faire contrôler son service dans le bureau et s'assurer également du parfait entretien de l'appareil destiné à la correspondance télégraphique de celui-ci.

Art. 7. L'administration suisse aura la faculté de faire percevoir, soit en Suisse, soit en tout autre pays, les taxes françaises et étrangères pour le trajet sur territoire français et étranger de toutes les dépêches télégraphiques passant de Suisse en France.

Par réciprocité, l'administration française aura la faculté de percevoir les taxes suisses et les taxes adoptées dans les pays avec lesquels l'administration suisse sera en relation télégraphique, pour le trajet sur le territoire étranger de toutes les dépêches télégraphiques passant de France en Suisse.

Les dépêches ne seront reçues de part et d'autre qu'affranchies au bureau d'origine.

Les dépêches d'Etat seront acceptées et transmises sans payement préalable ; leur taxe sera calculée d'après les tarifs pour la correspondance du public, et le compte en sera communiqué chaque trimestre.

Art. 8. Les taxes pour la correspondance internationale entre la France et la Suisse seront calculées pour chacun des Etats contractants d'après la distance en ligne directe du bureau d'origine jusqu'au point où la ligne télégraphique franchit la frontière, et depuis ce point jusqu'au bureau de destination, en adoptant le tarif austro-germanique pour la taxe des dépêches de vingt mots, et, pour celle de plus vingt mots, la gradation de taxe établie par les règlements français actuellement en vigueur, de telle sorte que, pour chaque dizaine de mots, la taxe sera augmentée d'un quart de la taxe fixée pour les vingt mots.

Les dépêches provenant d'un bureau dont la distance jusqu'au point où la ligne franchit la frontière n'excède pas soixante et quinze kilomètres en ligne directe, et destinées à un bureau du territoire étranger qui n'est pas éloigné de plus de soixante et quinze kilomètres en ligne directe de ce même point de la frontière, ne payeront que la moitié des taxes télégraphiques.

ART. 9. Les dépêches qui, venant de l'étranger, passent dans l'un ou l'autre des deux Etats, ou transitent par leur territoire, seront soumises aux taxes du tarif stipulé dans la convention entre la France, la Belgique et la Prusse, du 4 octobre 1851. Mais il est entendu que les distances sont comptées en France en ligne directe, à partir du point où la ligne télégraphique coupe la frontière.

Les deux Etats contractants expédieront, à charge des mêmes taxes qui sont fixées pour leurs nationaux, toutes les dépêches qui leur seront remises pour les pays étrangers avec lesquels ils sont en communication télégraphique ou qui viendraient de ces pays.

ART. 10. Dans ces taxes est comprise la transmission immédiate de la dépêche au domicile du destinataire, s'il se trouve dans la même ville que le bureau des télégraphes d'arrivée.

ART. 11. Les bureaux télégraphiques seront autorisés à recevoir des dépêches pour des localités situées en dehors des lignes télégraphiques. Ces dépêches seront transmises aux destinataires, soit par la poste au moyen de lettres recommandées, soit par exprès, si l'expéditeur en fait la demande.

Dans ces deux cas, il sera ajouté à la taxe le port d'une lettre recommandée, ou les frais de l'exprès ou de l'estafette, frais que les administrations se communiquent réciproquement d'avance ; l'indication donnée par l'expéditeur pour le mode de transmission au delà des lignes télégraphiques n'entrera pas dans le compte des mots.

ART. 12. Les règles suivantes seront observées pour appliquer la taxe au nombre des mots : les mots réunis par un trait d'union ou séparés par une apostrophe compteront pour le nombre de mots qu'ils contiennent ; mais le maximum de longueur d'un mot sera fixé à sept syllabes ; l'excédant sera compté pour un mot. Les traits d'union, les apostrophes, les signes de ponctuation, les alinéas, ne seront pas comptés, mais les autres signes le seront pour le nombre de mots qui auront été employés pour les exprimer.

Tout nombre, jusqu'au maximum de cinq chiffres exclusivement, sera compté pour un mot ; les nombres de plus de cinq chiffres représenteront autant de mots qu'ils contiendront de fois cinq chiffres, plus un mot pour l'excédant. Les virgules, les barres de division seront comptées pour un chiffre. Les adresses et la date seront comptées dans l'évaluation des mots composant la dépêche. La date pourra être indiquée par le jour de la semaine. Le nom du signataire ne comptera que pour un mot ; mais les titres, prénoms et qualifications seront comptés pour le nombre de mots employés à les exprimer.

Tous les mots ou signes que l'administration ajoutera à une dépêche, dans l'intérêt du service, ne seront pas comptés.

ART. 13. La longueur d'une dépêche est fixée à cent mots : au delà de cent mots, la taxe de un à vingt mots recommencera à être appliquée.

La transmission des dépêches dont le texte dépassera cent mots pourra être retardée pour céder la priorité à des dépêches plus brèves, quoique inscrites postérieurement.

Un même expéditeur ne pourra faire passer plusieurs dépêches consécutives que dans le cas où le service de l'appareil ne serait pas réclamé par d'autres personnes.

ART. 14. Tout expéditeur qui exigera du bureau de destination l'accusé de réception d'une dépêche payera pour le recevoir le quart de la somme qu'aurait coûtée la transmission d'une dépêche de vingt mots. Il payera la moitié de la somme qu'aura coûtée la transmission de la dépêche, s'il demande qu'elle lui soit renvoyée tout entière pour être collationnée.

Le destinataire pourra aussi demander que la dépêche remise puisse être collationnée ; mais il devra payer une seconde fois la taxe entière.

ART. 15. La réponse pourra être payée d'avance par l'expéditeur qui la demandera.

ART. 16. Les dépêches qui devront être communiquées ou déposées à des stations intermédiaires seront considérées comme autant de dépêches séparées envoyées à chaque lieu de destination.

ART. 17. Il sera payé, pour les dépêches dont il devra être délivré plusieurs copies dans un lieu de station, un supplément de un franc pour chaque exemplaire à remettre en sus de la dépêche primitive.

ART. 18. Les dépêches présentées pendant la nuit, mais qui, par suite d'obstacles imprévus, n'arriveront à leur destination que dans la matinée, ne donneront point lieu à la restitution de la taxe supplémentaire perçue.

ART. 19. Il ne sera fait aucune restitution à l'expéditeur en cas de retards accidentels dans la transmission des dépêches.

Cette restitution aura lieu dans le cas où la dépêche ne serait pas parvenue à destination par la faute du service télégraphique, ou bien s'il est constaté qu'elle y est arrivée dénaturée au point de ne pouvoir remplir son but, ou bien si, sans qu'il y eût interruption dans les lignes, elle arrivait plus tard que si elle avait été transmise par la poste.

Les frais de restitution seront supportés par l'administration sur le territoire de laquelle la négligence ou l'erreur aura été commise.

- ART. 20. Dans les rapports internationaux, il n'y aura de franchise de taxe que pour les dépêches relatives au service des télégraphes.

ART. 21. Les dépêches internationales devront être écrites à l'encre, sans ratures ni abréviations, avec clarté et en langue française. Les dépêches d'Etat seules peuvent être écrites en chiffres, c'est-à-dire dans un alphabet convenu entre les correspondants, et qui, du reste, ne pourra être formé que par les lettres ou les chiffres en usage dans les bureaux télégraphiques.

ART. 22. Les dépêches qui arriveront de l'étranger aux bureaux de la France ou de la Suisse dans une langue étrangère, seront traduites, sans frais, au bureau d'échange. Toutefois, elles seront portées en compte à l'administration d'après le nombre de mots compté au bureau d'origine.

ART. 23. Les dépêches seront classées dans l'ordre suivant :

1° Dépêches d'Etat, c'est-à-dire celles qui émanent du chef de l'Etat, des ministres et des chefs des missions diplomatiques accréditées auprès de l'un des deux gouvernements.

Les dépêches diplomatiques des puissances étrangères à la présente convention seront considérées et traitées comme celles des particuliers.

2° Dépêches de service exclusivement consacrées au service des télégraphes internationaux;

3° Enfin, dépêches des particuliers.

La transmission des dépêches aura lieu dans l'ordre de leur remise par les consignataires, ou de leur arrivée aux stations de destination, en observant les règles de priorité ci-après :

1° Dépêches d'Etat ;

2° Dépêches de service ;

3° Dépêches des particuliers.

ART. 24. Lorsqu'une interruption dans les communications sera signalée après l'acceptation d'une dépêche, le bureau à partir duquel la transmission sera devenue impossible, mettra à la poste une copie de la dépêche, sous chargement d'office, et on la transmettra par le plus prochain départ. Il l'adressera, suivant les circonstances, soit au bureau le plus rapproché, en mesure de lui faire continuer la voie télégraphique, soit au bureau de destination, soit directement au destinataire.

Aussitôt que la communication sera rétablie, la dépêche sera transmise de nouveau, au moyen du télégraphe, par le bureau qui en aura fait l'envoi par la poste.

ART. 25. Les bureaux télégraphiques principaux seront ouverts tous les jours, y compris les dimanches et fêtes : du 1er avril à la fin de septembre, de sept heures du matin jusqu'à neuf heures du soir ; et du 1er octobre à la fin de mars, depuis huit heures du matin jusqu'à neuf heures du soir.

Le travail hors des heures ci-dessus indiquées sera censé travail de nuit et taxé comme tel. Cependant, la dépêche dont la transmission se trouvera commencée le jour devra nécessairement être achevée entre les deux bureaux qui l'ont engagée, sans avoir à supporter la surtaxe de nuit.

Les dépêches à expédier en dehors de ces heures devront être annoncées au bureau de départ avant neuf heures du soir, en acquittant le montant de l'expédition nocturne. Dans ce cas, le bureau de départ avisera de même les autres stations de l'arrivée ultérieure d'une dépêche. Les dépêches expédiées de nuit seront soumises à une taxe télégraphique double.

Art. 26. Les deux administrations n'assument aucune responsabilité, ni envers l'expéditeur, ni envers le destinataire, pour la transmission exacte des dépêches ou des traductions; mais elles prendront des mesures réglementaires pour que les expéditions soient faites avec fidélité et régularité.

Art. 27. Les États contractants s'engagent à prendre les mesures nécessaires pour assurer le secret de la correspondance télégraphique.

Art. 28. Le compte réciproque des recettes sera clos à la fin de chaque trimestre, et la balance en sera soldée au gouvernement créancier.

La justification de la comptabilité et les payements à effectuer seront faits, autant que possible, dans les formes réglées par la convention postale entre les deux pays.

Art. 29. Dans la comptabilité entre les deux Etats, la base de réduction sera la suivante :

Francs 2,50 = 1 flor. de conv. = 1 flor. 12 kr. d'empire = Thaler 0,20 silbergros = 3 lire austriache.

Art. 30. Il est entendu que la présente convention n'apportera aucun obstacle à l'exercice des droits que chaque gouvernement tire des dispositions législatives et réglementaires en vigueur sur son territoire, et notamment à la faculté de suspendre la correspondance télégraphique, en général, ou dans des cas spéciaux.

Art. 31. La présente convention sera annulée de plein droit par la mise à exécution de la convention définitive à intervenir. Dans tous les cas, elle pourra être dénoncée par l'une ou l'autre des deux administrations contractantes pour cesser ses effets un mois après l'avis officiel qui en sera donné.

Art. 32. Pour ne pas priver plus longtemps le public des avantages qui lui sont assurés par les communications qu'il s'agit d'établir, la transmission des dépêches entre les deux pays commencera aussitôt que la jonction de la ligne sera effectuée. Mais, jusqu'à la ratification, les taxes françaises pour le parcours sur le territoire français seront provisoirement établies et perçues suivant les lois et règlements actuellement en vigueur en France. Les taxes suisses pour le parcours sur le territoire fédéral seront établies et perçues d'après la base fixée dans la présente convention.

Les dispositions de cette convention, relatives à l'entretien du bureau mixte, à l'affranchissement dans le bureau d'origine, aux remboursements des taxes établies sur le territoire étranger aux deux Etats, recevront de même une exécution provisoire du jour où commencera la transmission des dépêches télégraphiques; le tout sans préjudice de la sanction réservée aux autorités respectives.

Ainsi fait en triple ; Berne, le 23 décembre 1852.

Ayant agréable ladite convention provisoire en toutes et chacune des dispositions qui y sont contenues ;

Sur le rapport du ministre des affaires étrangères,

ART. 1er. La convention provisoire conclue à Berne, le 23 décembre dernier, pour régler la transmission des dépêches télégraphiques entre la France et la Suisse, est ratifiée, et recevra sa pleine et entière exécution.

Au mois de mars on annonce l'ouverture de lignes télégraphiques aériennes en Algérie, de lignes électriques dans l'Italie centrale. Le 15, Turin est en communication avec Paris. Le 5 avril, le *Moniteur* insère une convention passée entre le gouvernement sarde et la compagnie Brett pour l'établissement des câbles sous-marins de la Méditerranée. Cette convention trouvera place dans une autre étude.

Le 10 avril la ligne de Troyes est ouverte à la correspondance. Deux pages plus loin un extrait du *Times* nous apprend qu'en Prusse, à la fin de l'année 1852, il y avait 460 lieues de 4 milles 1/2 anglais de lignes télégraphiques. L'union austro-allemande en possède 1,345; il y avait 52 stations et 292 employés. On a expédié 48,651 dépêches qui ont rapporté 112,132 thalers.

Une *note* est insérée le 22 avril à la première page du journal officiel.

En accordant au public la faculté de faire usage de la télégraphie électrique, le gouvernement n'a pas été arrêté par les inconvénients qui pouvaient résulter d'une mesure offrant d'ailleurs de véritables avantages.

Mais il est bon de faire remarquer que les nouvelles télégraphiques n'ont plus, comme autrefois, le caractère officiel que leur assurait le monopole du gouvernement, et de prémunir le public contre l'abus qu'on pourrait faire de ce mode de communication. En effet, à moins d'être officiellement publiées par le gouvernement, les dépêches télégraphiques n'ont d'autre autorité que celle qui appartient à des correspondances particulières.

Le 26 avril on annonce la ratification du traité entre la France, la Prusse et la Belgique, et le *Moniteur* du 27 contient le décret de promulgation en date du 25, suivi du traité lui-même.

Sur le rapport du ministre des affaires étrangères,

Art. 4er. La convention conclue, le 4 octobre dernier, entre la France, la Belgique et la Prusse, pour régler la transmission des correspondances télégraphiques, ayant été ratifiée par les gouvernements contractants, et les actes de ratification ayant été échangés le 25 du présent mois d'avril, ladite convention, dont la teneur suit, recevra sa pleine et entière exécution à dater du 1er mai prochain.

CONVENTION.

Le prince-président de la République française, Sa Majesté le roi des Belges et Sa Majesté le roi de Prusse, stipulant tant en son nom qu'au nom, 1° de l'Autriche, de la Bavière et du royaume de Saxe, qui ont signé avec lui le traité d'union austro-germanique ; 2° des royaumes de Hanovre et de Wurtemberg et des autres États allemands qui adhéreront par la suite à ladite union ; et 3° des Pays-Bas, qui ont accédé à ce même traité, voulant assurer aux correspondances télégraphiques internationales les avantages d'un tarif uniforme et de conditions réglementaires identiques, ont nommé, pour préparer les bases d'un arrangement à cet effet, une commission mixte internationale...

Les travaux de la commission étant terminés, le prince président de la République française, S. M. le roi des Belges et S. M. le roi de Prusse, ont muni de leurs pleins pouvoir, pour arrêter les dernières conditions d'une convention, ..., lesquels ..... sont convenus des articles suivants :

Art. 1er. Tout individu aura le droit de se servir des télégraphes électriques internationaux des États contractants ; mais chaque gouvernement se réserve la faculté de faire constater l'identité de tout expéditeur qui demandera la transmission d'une ou de plusieurs dépêches.

Art. 2. Le service des télégraphes électriques établis ou à établir par les Etats contractants sera soumis, en ce qui concerne la transmission et la taxe des dépêches internationales, aux dispositions ci-après, chaque gouvernement se réservant expressément le droit de régler à sa convenance le service et le tarif télégraphique pour les correspondances à transmettre dans les limites de ses propres lignes, et restant, dans l'un et l'autre cas, entièrement libre quant au choix des appareils à employer, et quant aux mesures à prendre pour la sécurité des lignes et pour la police et le contrôle des correspondances. Les dépêches internationales sont celles qui, partant de l'une des stations de l'un des Etats contractants, sont destinées à l'une des stations des autres Etats.

Art. 3. Les Etats qui n'ont point pris part à la présente convention seront admis, sur leur demande, à y accéder.

Art. 4. Les hautes parties contractantes prennent l'engagement de se communiquer réciproquement tous les documents relatifs à l'organisation et au service de leurs lignes télégraphiques, aux appareils qu'elles emploient, comme aussi tous perfectionnements qui viendraient à avoir lieu dans le service. Elles émettent le vœu que l'appareil électrique dont l'expérience aura constaté la supériorité pratique sur tous les autres soit adopté uniformément, surtout pour la transmission des correspondances internationales.

Art. 5. Les gouvernements contractants s'efforceront de réunir leurs fils électriques de manière à pouvoir donner passage, sans interruption aux frontières, et d'une extrémité à l'autre des plus longues lignes, aux dépêches internationales. Provisoirement, il pourra être fait, au point de jonction des lignes internationales, une reproduction télégraphique des dépêches destinées à être transmises de l'un des Etats dans l'autre.

Art. 6. Chaque gouvernement conserve la faculté d'interrompre le service de la télégraphie internationale pour un temps indéterminé, s'il le juge convenable, soit pour toutes les correspondances, soit seulement pour certaines natures de correspondances ; mais, aussitôt qu'un gouvernement aura adopté une mesure de ce genre, il devra en donner immédiatement connaissance à tous les autres gouvernements cocontractants.

Art. 7. Les Etats contractants déclarent n'accepter aucune responsabilité à raison du service de la correspondance internationale par voie télégraphique.

Art. 8. Les dépêches seront classées dans l'ordre suivant : 1° Dépêches d'Etat, c'est-à-dire celles qui émaneront du chef de l'Etat, des ministres et des chefs des missions diplomatiques accrédités auprès des gouvernements mentionnés dans le préambule de la présente convention : les dépêches diplomatiques des puissances étrangères à la présente convention seront considérées et traitées comme celles des particuliers ; 2° dépêches de service exclusivement consacrées au service des télégraphes internationaux ; 3° enfin, dépêches des particuliers.

La transmission des dépêches aura lieu dans l'ordre de leur remise par les expéditeurs, ou de leur arrivée aux stations de destination, en observant les règles de priorité ci-après : 1° dépêches d'Etat ; 2° dépêches de service ; 2° dépêches des particuliers. Une dépêche commencée ne pourra être interrompue , à moins qu'il n'y ait urgence extrême à transmettre une communication d'un rang supérieur.

ART. 9. Lorsqu'une interruption dans les communications sera signalée après l'acceptation d'une dépêche, le bureau à partir duquel la transmission sera devenue impossible mettra à la poste, et par lettre recommandée, une copie de la dépêche, sous chargement d'office, ou la transmettra en service par le plus prochain convoi. Il s'adressera, selon les circonstances, soit au bureau le plus rapproché en mesure de lui faire continuer la voie télégraphique, soit au bureau de destination, soit directement au destinataire. Aussitôt que la communication sera rétablie, la dépêche sera transmise de nouveau, au moyen du télégraphe, par le bureau qui en aura fait l'envoi par la poste ou par le chemin de fer.

Art. 10. Les bureaux télégraphiques respectifs seront autorisés à recevoir les dépêches pour des localités situées en dehors des lignes télégraphiques ; elles seront rendues à leur destination par la poste, au moyen de lettres recommandées, ou par exprès, si l'expéditeur en fait la demande. L'indication donnée par l'expéditeur pour le mode de transport d'une dépêche au delà des lignes télégraphiques n'entrera pas dans le compte des mots.

ART. 11. Les dépêches à transmettre devront être écrites à l'encre, sans rature ni abréviation, avec clarté et dans un langage intelligible. Elles devront être datées et porter la signature de l'expéditeur, ainsi que l'adresse bien précise du destinataire.

ART. 12. Les dépêches d'Etat devront toujours être revêtues du timbre ou du cachet de l'expéditeur ; elles pourront être écrites en chiffres arabes ou en caractères alphabétiques faciles à reproduire par les appareils en usage, ou bien encore être libellées en français, en anglais ou en allemand ; mais elles seront toujours écrites en caractères romains dans les pays où ces caractères sont généralement employés ; elles seront transmises en signes, lettres ou nombres également en usage dans les bureaux télégraphiques. La transmission des dépêches d'Etat sera de droit ; les bureaux télégraphiques n'auront aucun contrôle à exercer sur elles.

ART. 13. Les dépêches de service et celles des particuliers ne pourront pas être écrites en chiffres ; elles seront rédigées, au choix de l'expéditeur, en anglais, en français ou en allemand, mais elles seront toujours écrites en caractères romains dans les pays où ces caractères sont généralement employés. Provisoirement les parties contractantes seront tenues d'accepter les dépêches rédigées en langue étrangère à leur pays dans les bureaux désignés dans le règlement à intervenir entre les administrations télégraphiques.

ART. 14. Les bureaux télégraphiques, au point de départ et au lieu de destination de chaque dépêche, auront le droit de refuser de l'expédier ou de la transmettre, si sa teneur leur paraît contraire aux bonnes mœurs ou à la sécurité publique. Le recours contre de semblables décisions sera adressé à l'administration centrale des stations où elles auront été prises. Dans tous les cas, les administrations centrales télégraphiques de chaque État auront la faculté d'arrêter la transmission de toute dépêche qui leur paraîtrait offrir quelque danger.

ART. 15. Les bureaux télégraphiques seront ouverts tous les jours, y compris les dimanches et fêtes, du 1er avril à la fin de septembre, depuis sept heures du matin jusqu'à neuf heures du soir, et du 1er octobre à la fin de mars, depuis huit heures du matin jusqu'à neuf heures du soir. Les heures d'ouverture et de clôture seront les mêmes dans tous les États, et l'heure dans tous les bureaux télégraphiques de chaque pays sera celle du temps moyen de la capitale de ce pays. Le travail hors des heures ci-dessus indiquées sera réputé travail de nuit et taxé comme tel. Cependant la dépêche dont la transmission se trouvera commencée de jour devra nécessairement être achevée entre les deux bureaux où elle sera engagée, sans avoir à subir la surtaxe de nuit.

ART. 16. Aucune dépêche de nuit ne sera acceptée qu'autant qu'elle aura été annoncée pendant le service de jour, et qu'on aura indiqué l'heure où elle sera déposée dans le bureau de départ. Un règlement spécial déterminera les conditions du service de nuit et le temps pendant lequel les bureaux de chaque État devront attendre la dépêche annoncée.

ART. 17. Les hautes parties contractantes s'engagent à prendre toutes les mesures nécessaires pour assurer le secret des correspondances télégraphiques.

ART. 18. Les hautes parties contractanctes adoptent, pour la formation des tarifs dont la réunion constitüera le tarif international, les bases dont la teneur suit, savoir :

PAR DISTANCE.		PAR MOTS.					
		De 1 à 20 mots inclusivement.		De 21 à 50 mots inclusivement.		De 51 à 100 mots inclusivement.	
EN FRANCE ET EN BELGIQUE.	EN PRUSSE.	En France et en Belgique.	En Prusse.	En France et en Belgique.	En Prusse.	En France et en Belgique.	En Prusse.
		fr. c.	t. gr.	fr. c.	t. gr.	fr. c.	t. gr.
De 1 à 75 kil. inclusivement.	De 1 à 10 meilen inclusivement	2 50	0 20	5 00	1 10	7 50	2 00
Plus de 75 jusqu'à (188) 190 kil.	Plus de 10 jusqu'à 25 meilen.	5 00	1 10	10 00	2 20	15 00	4 00
190 (338) 340	25 45	7 50	2 00	15 00	4 00	22 50	6 00
340 525	45 70	10 00	2 20	20 00	5 10	30 00	8 00
525 750	70 100	12 50	3 10	25 00	6 20	37 50	10 00
750 (1013)1,015	100 135	15 00	4 00	30 00	8 00	45 00	12 00

NOTA. On a admis pour 1 meille d'Allemagne, 7,500 mètres.
pour 1 thaler de Prusse, 3 fr. 75 c.
pour 1 gros (1/30), 0 fr. 12,5.

ART. 19. Les fractions égales ou supérieures à la moitié de l'unité compteront comme unité. Les fractions inférieures seront négligées.

ART. 20. Pour l'application des taxes, la distance parcourue par une dépêche sera comptée en ligne droite sur le territoire de chaque État, depuis le lieu de départ jusqu'au point de la frontière où elle arrivera, et de celui-ci au point de sa destination. Il en sera de même pour son transit de frontière à frontière dans chaque État.

ART. 21. Les règles suivantes seront observées pour appliquer la taxe au nombre de mots : les mots réunis par un trait-d'union ou séparés par une apostrophe compteront pour le nombre de mots qu'ils contiennent ; mais le maximum de longueur d'un mot sera fixé à sept syllabes ; l'excédant sera compté pour un mot. Les traits-d'union, les apostrophes, les signes de ponctuation, les alinéa, ne seront pas comptés ; mais les autres signes le seront pour le nombre de mots qui auront été employés à les exprimer. En règle générale, on ne transmettra d'autres signes de ponctuation que le point. Tout caractère isolé (lettre ou chiffre) comptera pour un mot. Tout nombre, jusqu'au maximum de cinq chiffres inclusivement, sera compté pour un mot ; les nombres de plus de cinq chiffres représenteront autant de mots qu'ils contiendront de fois cinq chiffres, plus un mot pour l'excédant. Les virgules, les barres de division seront comptées pour un chiffre ; les adresses et la date seront comptées dans l'évaluation des mots composant la dépêche. La date pourra être indiquée par le jour de la semaine. Le nom du signataire ne comptera que pour un mot ; mais les titres, prénoms, particules et qualifications seront comptés pour le nombre de mots qui seront employés à les exprimer. Tous les signes ou mots que l'administration ajoutera à une dépêche dans l'intérêt du service ne seront pas comptés.

ART. 22. La longueur d'une dépêche est fixée à cent mots. Au delà de cent mots, la taxe de un à vingt mots recommencera à être appliquée. La transmission des dépêches dont le texte dépassera cent mots pourra être retardée pour céder la priorité à des dépêches plus brèves, quoique inscrites postérieurement. Un même expéditeur ne pourra faire passer plusieurs dépêches consécutives que dans le cas où le service de l'appareil ne serait pas réclamé par d'autres personnes. Cette réserve ne s'appliquera pas aux dépêches d'Etat.

ART. 23. Tout expéditeur qui exigera du bureau de destination l'accusé de réception d'une dépêche payera, pour le recevoir, le quart de la somme qu'aura coûtée la transmission d'une dépêche de vingt mots. Il payera la moitié de la somme qu'aura coûtée la transmission de sa dépêche, s'il demande qu'elle lui soit renvoyée tout entière pour être collationnée. Le destinataire pourra aussi demander que la dépêche reçue puisse être collationnée ; mais il devra payer une seconde fois la taxe entière.

ART. 24. La réponse pourra être payée d'avance par l'expéditeur qui la demandera.

ART. 25. Les dépêches qui devront être communiquées ou déposées à des stations intermédiaires seront considérées et taxées comme autant de dépêches séparées envoyées à chaque lieu de destination.

ART. 26. Il sera payé, pour les dépêches dont il devra être délivré plusieurs copies dans un lieu de station, un supplément de un franc (huit gros) pour chaque exemplaire à remettre en sus de la dépêche primitive.

ART. 27. Les dépêches de nuit seront soumises à une taxe double. Les taxes prélevées pour collationner une dépêche ou pour recevoir une réponse seront doublées, lors même que ces opérations n'auront pu s'effectuer que de jour, à moins que l'expéditeur n'ait demandé qu'elles le soient de jour. Dans ce cas, il en sera fait mention dans la minute de la dépêche. L'accusé de réception est soumis également à la double taxe, s'il est exigé pendant la nuit.

ART. 28. Le minimum à déposer comme arrhes au moment où la dépêche sera annoncée sera égal à la taxe de vingt mots au tarif des dépêches de nuit. Lorsque la dépêche ne sera pas présentée à l'heure annoncée, le montant des arrhes sera acquis et partagé de la même manière que les autres recettes internationales.

ART. 29. Les dépêches présentées pendant la nuit, mais qui, par suite d'obstacles imprévus, n'arriveront à leur destination que dans la matinée, ne donneront point lieu à la restitution de la taxe supplémentaire reçue.

ART. 30. Les frais de transport des dépêches en dehors des

lignes télégraphiques seront perçus au bureau de départ. Pour le transport par lettres recommandées, la taxe sera uniformément de un franc (8 silbergros) pour les localités du pays dans lequel se trouvera le bureau de destination, et de deux francs (16 silbergros) pour les localités situées en dehors de ce pays sur le continent européen. Quant au transport par exprès, l'expéditeur sera tenu de payer un franc (8 silbergros) pour le premier kilomètre de distance entre le bureau d'arrivée et le lieu de destination, et de cinquante centimes ou 4 silbergros pour les autres kilomètres. Ces taxes seront payées au bureau d'origine, en même temps que celle de la dépêche.

Art. 31. Lorsqu'une dépêche sera interceptée par l'un des motifs énoncés dans l'article 14, il ne sera restitué sur la taxe perçue que la somme payée pour la distance que la dépêche n'aurait pas parcourue. Il ne sera fait aucune restitution à l'expéditeur, en cas de retards accidentels dans la transmission des dépêches. Cette restitution aura lieu dans le cas où la dépêche ne serait pas parvenue à destination par la faute du service télégraphique, ou bien, s'il était constaté qu'elle y est arrivée dénaturée au point de ne pouvoir remplir son but, ou si, sans qu'il y ait eu interruption dans les lignes, elle arrivait plus tard qu'elle ne serait parvenue si elle avait été envoyée par la poste. Les frais de restitution seront supportés par l'administration sur le territoire de laquelle la négligence ou l'erreur aura été commise.

Art. 32. Les dépêches d'État seront acceptées et transmises par tous les bureaux, sans payement préalable. Leur taxe sera calculée d'après les tarifs pour les correspondances du public.

Art. 33. Dans les rapports internationaux, il n'y aura de franchise de taxe que pour les dépêches relatives aux services des télégraphes.

Art. 34. Les comptes seront liquidés par période trimestrielle. Les taxes prélevées sur chaque dépêche, en raison de son parcours dans chaque État, seront remboursées à chaque gouvernement.

Art. 35. Les droits perçus pour expédition de copies seront dévolus à l'office télégraphique sur le territoire duquel cette expédition aura été faite.

Art. 36. Le règlement réciproque des comptes aura lieu à l'expiration de chaque mois. Le décompte et la liquidation du solde se feront à la fin de chaque trimestre. Ces comptes comprendront les taxes en débet. Ils seront dressés par l'administation de Prusse, en monnaie prussienne, avec réduction des totaux en francs ; par la France et la Belgique, en monnaie française, avec réduction en monnaie de Prusse. La réduction des monnaies se fera au taux suivant : un thaler (3 fr. 75 c.), un gros (12 c. 5^m). Les fractions de moins d'un demi-gros ne seront pas comptées; celles d'un demi-gros et au-dessus compteront pour un gros.

17

Art. 37. Le solde résultant de la liquidation trimestrielle sera payé en monnaie courante dans l'État au profit duquel ce solde sera établi.

Art. 38. Il est convenu que, dans le cas où l'expérience viendrait à signaler quelques inconvénients pratiques dans l'exécution des clauses de la présente convention, elles pourront être modifiées d'un commun accord, si l'amélioration proposée est admise par chacun des États contractants, le refus de l'un d'eux entraînant nécessairement le maintien des dispositions actuelles. A cet effet, des conférences auront lieu, tous les deux ans, entre des délégués des États contractants, afin qu'ils puissent se communiquer réciproquement les modifications que l'expérience aurait rendu nécessaire d'apporter à la présente convention; et la première réunion aura lieu à Berlin, dans le courant de l'année 1853.

Art. 39. Le gouvernement de S. M. le roi de Prusse déclare conclure la présente convention télégraphique en son nom et au nom de tous les États allemands faisant partie de l'union télégraphique austro-germanique et de ceux qui y adhéreront par la suite, ainsi qu'au nom des Pays-Bas, qui ont accédé à ladite union le 18 juillet 1851, de telle sorte que toutes les clauses de la présente convention seront obligatoires non-seulement pour la Prusse, mais encore pour l'Autriche, la Bavière et la Saxe, qui ont signé le traité d'union, pour le Hanovre, le Wurtemberg, qui y ont accédé, pour les États allemands qui y adhéreront par la suite, et pour les Pays-Bas, qui ont accédé à ce traité.

Art. 40. La présente convention sera mise à exécution le plus tôt que faire se pourra, et demeurera en vigueur jusqu'au 31 décembre 1853. Toutefois, les hautes parties contractantes pourront, d'un commun accord, en prolonger les effets au delà de ce terme. Dans ce dernier cas, elle sera considérée comme étant en vigueur pour un temps indéterminé et jusqu'à l'expiration d'une année, à compter du jour où la dénonciation en sera faite.

Art. 41. La présente convention sera ratifiée, et les ratifications respectives en seront échangées à Paris, dans le plus bref délai possible. Toutefois, le gouvernement prussien ne s'engage à ratifier la présente convention qu'après avoir reçu l'adhésion des autres gouvernements faisant partie de l'union télégraphique austro-germanique et du gouvernement des Pays-Bas.

En foi de quoi. .

Dès le 2 mai on accepte des dépêches privées pour les bureaux de Bayonne, d'Evreux, et plusieurs villes allemandes. De Paris à Bayonne la taxe était de 12 fr. 72 c. pour 20 mots. Précédemment, on avait annoncé l'échange de ratification d'une convention entre la France et la Sardaigne. Cette convention fut insérée le 9 mai, après avoir été décrétée le 28 avril.

Sur le rapport du ministre des affaires étrangères,

ART. 1er. La convention conclue, le 18 mars dernier, pour régler la transmission des correspondances télégraphiques entre la France et la Sardaigne, ayant été ratifiée par les deux gouvernements contractants, et les actes de ratifications ayant été respectivement échangés le 23 de ce mois, ladite convention, dont la teneur suit, recevra sa pleine et entière exécution.

CONVENTION.

Sa Majesté l'empereur des Français et Sa Majesté le roi de Sardaigne, voulant assurer à la correspondance télégraphique, entre la France et la Sardaigne, toutes les facilités compatibles avec les dispositions législatives spéciales à chacun des deux pays, ont nommé, pour préparer les bases d'une convention internationale.....

Ces délégués, ayant soumis à leurs gouvernements respectifs le résultat de leurs travaux, qui a été approuvé,

Sa Majesté l'empereur des Français et Sa Majesté le roi de Sardaigne ont muni de leurs pleins pouvoirs pour conclure une convention à cet effet, savoir...

Lesquels, ... sont convenus des articles suivants :

ART. 1er. Il sera établi, entre les bureaux de Grenoble et de Chambéry, deux fils conducteurs qui aboutiront à chacun des deux bureaux.

Les frais d'établissement de cette ligne et de son entretien en bon état seront à la charge des deux administrations, sur leur territoire respectif.

ART. 2. Pour le service des dépêches internationales, il sera établi dans le bureau de Chambéry un poste de deux employés pour la manœuvre d'un appareil suivant le système français. L'entretien du poste, en personnel et matériel, sera à la charge de l'administration sarde.

ART. 3. L'administration sarde aura la faculté de faire percevoir, soit dans les Etats sardes, soit en tous autres pays avec lesquels l'administration sarde serait en relation télégraphique, les taxes françaises et étrangères pour le trajet, sur le territoire français et étranger, de toutes les dépêches passant des Etats sardes en France.

Par réciprocité, l'administration française aura la faculté de faire percevoir, soit en France, soit en tous autres pays avec lesquels l'administration française sera en relation télégraphique, les taxes sardes et les taxes établies dans les pays avec lesquels l'administration sarde sera en rapport, pour le trajet, sur le territoire sarde et étranger, de toutes les dépêches allant de France dans les Etats sardes.

Les dépêches ne seront remises, de part et d'autre, qu'affranchies dans le bureau d'origine.

Les dépêches d'Etat seront acceptées et transmises sans payement préalable ; mais elles seront soumises à la même taxe que les dépêches privées.

ART. 4. Les taxes applicables aux distances respectives seront perçues conformément aux dispositions législatives et réglementaires spéciales à chaque Etat; mais il est entendu que les dépêches internationales, passant d'un pays dans l'autre, ne payeront, dans aucun cas, des taxes plus fortes que celles applicables aux dépêches envoyées par des indigènes pour le parcours de chaque Etat.

Chacun des deux gouvernements s'engage à ne réclamer, pour le parcours dans le pays étranger, que les taxes égales à celles qu'il payera pour les dépêches de ses propres nationaux.

ART. 5. Les dépêches remises au bureau de Chambéry devront être en français et être intelligibles.

Pour faciliter la perception des taxes, il est entendu que le nombre de mots sera déterminé par celui compté au bureau d'origine.

Toutefois, il est fait exception pour les dépêches à destination d'Angleterre ou venant d'Angleterre, dans lesquelles la taxe anglaise est perçue d'après le nombre des mots compris dans la traduction française. Dans ce cas, il sera déposé provisoirement, et à charge de liquidation dans la huitaine, la taxe de la classe immédiatement supérieure.

L'administration sarde n'assume aucune responsabilité pour l'exactitude des traductions, ni envers l'expéditeur, ni envers le destinataire.

ART. 6. Le compte des recettes faites dans l'intérêt de chaque pays sera arrêté à la fin de chaque trimestre, et la balance sera soldée au gouvernement créancier.

La justification de la comptabilité et les payements à réaliser seront faits dans les formes réglées par la convention postale entre les deux pays.

Dans ces comptes, la livre autrichienne sera évaluée à 0 fr. 83 c. 3; le thaler de Prusse, à 3 fr. 75 c., et le florin 12 kreutzers d'empire, à 2 fr. 50 c.; le florin de convention, à 2 fr. 50 c.

ART. 7. Il est entendu que la présente convention ne portera aucun obstacle à l'exercice des droits que chaque gouvernement tire des dispositions législatives et réglementaires en vigueur dans chaque pays, et notamment à la faculté de suspendre la correspondance télégraphique privée.

Art. 8. La présente convention sera mise à exécution aussitôt la jonction des lignes télégraphiques françaises aux lignes sardes, jonction qui ne devra pas être retardée au delà du 15 mars 1853.

Elle s'appliquera à toutes les lignes existantes dans chaque pays, et à toutes celles qui seraient successivement établies, dès l'instant où elles seraient livrées à la correspondance télégraphique.

Art. 9. La présente convention pourra être dénoncée par l'une ou l'autre des deux hautes parties contractantes, pour cesser ses effets un mois après l'avis officiel qui en sera donné.

Art. 10. Pour ne pas priver plus longtemps le public des avantages qui lui sont assurés par les communications qu'il s'agit d'établir, la transmission des dépêches entre les deux pays commencera, aux conditions fixées par la présente convention, aussitôt que la jonction des lignes sera effectuée ; le tout sans préjudice de la sanction réservée aux autorités respectives.

Art. 11. La présente convention sera ratifiée, et les ratifications en seront échangées à Paris, dans le plus bref délai possible.

En foi de quoi.....

Nous allons maintenant revenir un peu en arrière pour voir qu'à la séance du 30 mars, M. Cuvier, conseiller d'Etat rapporteur, avait déposé au Corps législatif un exposé des motifs d'un projet de loi, pour une modification à apporter dans la taxe des dépêches privées. Le décret de présentation précédait le travail du conseiller d'Etat.

Messieurs, la loi du 29 novembre 1850, qui a mis au service des particuliers les télégraphes électriques établis par l'Etat, remplit de plus en plus les vues d'utilité générale dont le gouvernement était animé en la proposant. L'usage de ce mode nouveau de correspondance, si précieux pour les relations de famille et pour les transactions commerciales, a pris un accroissement rapide et continu. Depuis le mois de mars 1851, date de la mise à exécution de la loi, on a vu le nombre des dépêches s'élever de 9,014 pour les dix derniers mois de 1851, à 48,105 pour l'année 1852, et le produit de la taxe, qui avait donné, en 1851, 76,722 francs, atteindre en 1852 au chiffre de 452,225 francs. De plus, le moment n'est pas éloigné où, l'activité de l'administration, secondant la volonté féconde du chef de l'Etat, le décret du 6 janvier 1852 aura reçu sa complète exécution, et où tous les chefs-lieux de département, tous les grands centres de population, d'industrie ou de commerce, seront liés entre eux par des lignes télégraphiques. Enfin, les lignes télégraphiques françaises, à mesure qu'elles atteignent les frontières, sont mises en relation avec les lignes télégraphiques étrangères, et étendent ainsi, jusqu'à des distances immenses, le rayon de la correspondance.

On peut donc prévoir que, dans un temps prochain, la correspondance télégraphique privée acquerra un développement considérable ; et il devient nécessaire d'apporter à la loi du 29 novembre 1850 quelques changements, dont l'expérience des deux dernières années a fait reconnaître l'utilité, et qui sont destinés à faciliter le service et à encourager l'emploi du télégraphe électrique.

L'article 7 de la loi du 29 novembre 1850 a déterminé la taxe de la correspondance télégraphique. Par cet article, une dépêche de un à vingt mots doit payer un droit fixe de 3 francs, plus un droit proportionnel à la distance, et qui est de 12 centimes par myriamètre. Au-dessus de vingt mots, la taxe est augmentée d'un quart pour chaque dizaine de mots ou fraction de dizaine excédant.

Il résulte de ces dispositions, que la taxe est relativement plus considérable pour les petites distances que pour les grandes : ainsi, dans l'état actuel des choses, une dépêche télégraphique de Paris à Versailles coûterait 3 fr. 24 c. : c'est un prix presque prohibitif. Il paraît nécessaire, au moment où le réseau télégraphique va s'étendre sur tout le pays, de diminuer la taxe de manière à l'alléger pour tout le monde, mais principalement pour les courts trajets. Ce double but paraît atteint en faisant descendre la taxe fixe à 2 francs, et en ne réduisant la taxe proportionnelle qu'à 10 centimes par myriamètre. Cette réduction d'un tiers pour la taxe fixe, et d'un sixième seulement sur la taxe proportionnelle, profitera principalement aux petites distances.

Le dernier paragraphe de l'article 1er élève, au contraire, la taxe des dépêches de nuit, et au tarif actuel, qui est de moitié en sus du prix de la dépêche de jour, il substitue une taxe double. La loi nouvelle ne fait qu'imiter, en cela, l'exemple donné par la Belgique et toute l'Allemagne. Les dépêches de nuit causent un grand dérangement dans le service, et il paraît convenable de leur appliquer une taxe assez élevée pour en restreindre le nombre aux dépêches véritablement urgentes.

L'article 7 de la loi du 29 novembre décide que les chiffres seront comptés, dans les depêches télégraphiques, comme s'ils étaient écrits en toutes lettres. Cette mesure accroît la taxe de telle sorte, qu'elle rend presque impossible l'envoi des cours des diverses valeurs cotées à la Bourse. Le projet de loi (art. 2) introduit une nouvelle manière de compter les chiffres, qui, en diminuant la taxe, favorisera l'échange des communications commerciales, et aura de plus le grand avantage de mettre sur ce point nos règlements d'accord avec ce qui se pratique sur tout le continent.

Il importe souvent aux expéditeurs de connaître l'heure précise de l'arrivée de leurs dépêches à destination; et, dans l'état actuel des choses, ils ne peuvent avoir ce renseignement qu'en faisant une nouvelle dépêche et en payant une nouvelle taxe. L'article 3 du projet leur donne la faculté de l'obtenir moyennant le payement du quart de la taxe d'une dépêche de vingt mots. L'article 4 comble une lacune de la loi de 1850, et autorise la perception d'une taxe qui n'est que la juste rémunération d'un service rendu.

D'après la loi du 29 novembre 1850, le ministre de l'intérieur n'a le droit d'accorder des abonnements à prix réduits qu'aux compagnies de chemins de fer. Les courtiers de commerce de Paris et plusieurs chambres de commerce ont réclamé la faveur des abonnements, sans qu'on ait pu donner suite à leurs demandes. Des considérations d'intérêt public et d'équité doivent cependant faire désirer que les cours des marchandises soient répandus et connus le plus tôt possible dans tout le pays. Il paraît donc utile de donner au ministre de l'intérieur le droit de concéder des abonnements à celles des institutions commerciales reconnues par l'Etat, qui, dans un intérêt général, se feraient adresser des dépêches télégraphiques contenant des cours, et destinées à être immédiatement rendues publiques.

L'expérience accomplie durant l'année 1852 a fait sentir la gêne extrême qu'apporte dans le service la disposition de la loi de 1850, qui prescrit la transcription immédiate de la dépêche sur le registre de départ. Les dépêches télégraphiques ne sont pas également réparties entre toutes les heures de la journée; elles sont souvent, au contraire, apportées aux bureaux en très-grand nombre, presque au même moment, et les lenteurs causées par leur transcription *in extenso* sur le registre à souche, provoquent les plaintes des particuliers, et retardent la transmission des correspondances.

Le projet propose de ne rappeler les dépêches sur le registre à souche que par leur numéro d'ordre et leurs premier et dernier mots. La minute de la dépêche continuera, d'ailleurs, d'être conservée, et, de plus, la copie en sera faite dans un registre spécial par le même procédé que se font aujourd'hui les copies de lettres dans les maisons de commerce. Ces mesures, utiles pour le service, semblent remplir, en outre, suffisamment les vues du législateur, quand il a exigé la transcription *in extenso* de la dépêche sur le registre de départ.

Les directeurs des bureaux télégraphiques sont chargés de la perception de la taxe, et deviennent par conséquent comptables des deniers publics. Il était donc nécessaire de les assujettir à un cautionnement: C'est l'objet du premier paragraphe de l'article 7 du projet. La quotité de ce cautionnement sera fixée selon les formes prescrites par l'article 14 de la loi du 8 août 1847.

La loi du 25 février 1851 a déterminé d'une manière fixe les remises qui seraient accordées pour tous frais de perception et de bureau aux agents du service télégraphique chargés de la perception des taxes. L'expérience de la dernière année a fait voir que, dans le plus grand nombre des bureaux, ces remises ont donné un produit presque insignifiant, et qui ne semble pas offrir aux directeurs une rémunération suffisante des soins qu'exige le service de la correspondance privée.

Le département de l'intérieur avait donc songé à augmenter d'une manière générale la remise faite aux directeurs ; mais, sur les observations du ministre des finances, il a paru préférable de n'introduire dans la loi aucune disposition absolue et générale, et de laisser aux deux ministres de l'intérieur et des finances le soin de régler, de concert, ce que peut exiger le bien du service dans chaque localité. Il peut arriver, en effet, que pour certains bureaux où les perceptions seraient peu importantes, on doive relever le taux des remises ; mais il peut arriver aussi que dans d'autres bureaux, placés dans des conditions particulièrement favorables, la somme des perceptions devienne telle, que la remise actuellement accordée soit trop forte et qu'elle doive être abaissée.

Le second paragraphe de l'article 7 du projet laisse au gouvernement la double faculté d'élever ou d'abaiser le taux de la remise, selon le cas, ce qui semble pourvoir convenablement à ce que peut exiger l'avenir dans une matière où tout est nouveau, et où l'expérience est encore trop courte pour qu'on puisse y fonder des prévisions un peu certaines.

Telles sont les mesures que le gouvernement soumet au Corps législatif. Elles répondent aux nécessités du moment, et doivent favoriser les développements de la télégraphie privée ; mais elles laissent subsister le plus grand nombre des dispositions de la loi du 29 novembre 1850, qui, dans son ensemble, suffit encore à tous les besoins.

Le 2 mai, M. le comte de Bryas, rapporteur de la commission, livrait l'historique suivant à l'étude des membres du Corps législatif. Quoique dans ce rapport on retrouve un grand nombre des faits insérés plus haut, nous n'hésitons pas à le reproduire en entier, à cause des savantes déductions que l'honorable député avait puisées dans leur étude.

Messieurs, il n'est pas d'application pratique de la science plus féconde en merveilleux résultats que la découverte des moyens de faire servir les courants électro-magnétiques à la transmission de la pensée humaine. Comment trouver, en effet, un agent aussi apte à ce genre de service ? La lumière elle-même, si rapide dans sa marche, qui parcourt environ quatre-vingt mille lieues dans une seconde, ne possède pas une vitesse très-supérieure à celle de l'électricité : une seconde suffirait au courant électrique pour faire cinq fois le tour de la terre, sur un fil métallique.

Un gouvernement qui a un tel agent à sa disposition pour transmettre des ordres et recevoir instantanément des nouvelles de tous les points du plus vaste empire, acquiert une force nouvelle et des moyens d'administration jusqu'alors inconnus. Tous les peuples qui ont laissé une place dans la domination du monde, se sont efforcés de multiplier leurs moyens de communication avec les provinces soumises. Rome, pour maintenir l'unité de son empire, transporter ses légions et transmettre ses ordres, ne faisait-elle pas rayonner du centre à la circonférence ces voies stratégiques dont nous retrouvons encore sans cesse des vestiges ? Louis XI, qui le premier comprit l'unité française, et y appliqua sa politique avec une si impitoyable persévérance, établit le service régulier des postes. Les moyens employés pour correspondre d'Etat à Etat, même dans les temps modernes, offraient des lenteurs qui désormais n'existeront plus. Qu'on se rappelle la difficulté des négociations et les retards de ces congrès célèbres de Westphalie, d'Utrecht ou de Vienne, où il s'agissait de remanier la carte de l'Europe et de fonder un droit nouveau en politique. On verra les diplomates chargés de régler les destinées des pays qu'ils représentent, hésiter sans cesse, et demander des délais pour en référer à leurs gouvernements. Si un tel fait se reproduisait aujourd'hui, la salle des congrès serait, pendant toute la durée des séances décisives, en communication avec le cabinet du souverain de chacun des Etats intéressés, présidant son conseil des ministres.

Mais, nous avons hâte de le dire, ces remaniements politiques, corollaires obligés de périodes sanglantes, tendent chaque jour à devenir plus rares et moins probables. L'application de la vapeur à la navigation et aux chemins de fer crée et multiplie à l'infini les relations internationales. Il en résulte une telle communauté d'idées et d'affaires d'un bout à l'autre de l'Europe, qu'on essayerait en vain d'exciter des sentiments de rivalité haineuse chez des nations unies par une si étroite solidarité d'intérêts réciproques.

La télégraphie électrique résout un problème jusqu'alors insoluble. Si la volonté toute puissante de Louis XIV a su abaisser les Pyrénées, la télégraphie a détruit l'espace et annulé les distances. Complément indispensable des progrès de la civilisation, elle est aux chemins de fer ce que la pensée est à l'action. La civilisation vient périodiquement étaler ses bienfaisantes merveilles dans des expositions universelles, où tous les peuples de la terre se convient aujourd'hui aux grandes et pacifiques luttes de l'industrie, au lieu de se donner rendez-vous sur ces champs do bataille où se compromettaient les destinées du monde. La télégraphie est le ressort obligé de pareils tournois. Nous faisons des vœux pour que cette précieuse conquête de l'esprit humain serve beaucoup moins à transmettre des protocoles diplomatiques qu'à développer la correspondance de paisibles relations de famille ou de commerce.

Tel est le but de la loi soumise à vos délibérations.

Le gouvernement est en voie d'exécution pour transformer, ou plutôt définitivement abandonner la télégraphie aérienne. Le ministère de l'intérieur fait exécuter actuellement sur tous les points du territoire des travaux immenses, pour créer le réseau *politique* de la télégraphie électrique en France, en reliant tous les chefs-lieux à la capitale. Une somme de plus de 5 millions, consacrée aux frais de premier établissement des fils et des stations, sera dépensée pendant les exercices 1852 et 1853. Il est impossible d'assister à des faits d'une telle importance sans entrer dans quelques détails sur l'état de la question, à propos du sujet qui nous occupe. Il est intéressant de connaître l'origine de la télégraphie aérienne, de constater combien étaient bornés et précaires les services qu'elle était en mesure de rendre. La comparaison que nous en ferons avec le nouveau système sera tout à l'avantage de celui-ci.

L'art de la télégraphie est de date toute récente. Elle remonte seulement à l'invention du télégraphe aérien. On avait vainement cherché, sans y réussir pratiquement, à utiliser la vitesse avec laquelle se propagent la lumière et le son.

Chappe, à la mémoire duquel on a élevé un fort modeste monument dans la cour de l'administration centrale du télégraphe, au ministère de l'intérieur, se présenta, le 22 mars 1792, à la barre de l'Assemblée législative ; *il lui fit hommage d'une découverte dont l'objet était de communiquer rapidement, à de grandes distances, tout ce qui peut faire le sujet d'une correspondance.* La vitesse de correspondance, ajoutait il, serait telle, que le Corps législatif pourrait faire parvenir des ordres à nos frontières, et en recevoir la réponse, pendant la durée d'une même séance.

La Convention décréta la création de la ligne télégraphique de Paris à Lille, et décerna à Chappe le titre d'ingénieur télégraphe.

Le résultat des promesses de l'inventeur ne se fit pas attendre. Carnot lut, le 30 novembre 1794, à la tribune de la Convention, la dépêche suivante adressée par le télégraphe ; nous en respectons la forme et le laconisme : *Condé être rendu à la République. Reddition avoir eu lieu ce matin à six heures.* Le télégraphe porta à l'armée du Nord un décret déclarant qu'elle avait bien mérité de la patrie. La Convention, avant la fin de la séance, recevait la nouvelle que son décret était transmis et ses ordres exécutés. Rien ne saurait exprimer l'étonnement et l'enthousiasme qu'un pareil résultat produisit au sein de cette redoutable assemblée.

L'Empire, la Restauration et le gouvernement de Juillet ont successivement développé le réseau des lignes de la télégraphie aérienne. En 1846, époque à laquelle le télégraphe électrique allait passer en France de la théorie à la pratique sur une assez vaste échelle, il existait cinq grandes lignes de télégraphes aériens qui aboutissaient à Lille, Strasbourg, Toulon, Bayonne et Brest. Paris était mis en communication avec ces villes frontières par 534 stations destinées à transmettre les signaux, mais isolées des centres de population et placées sur les points culminants des régions traversées. Depuis 1794 jusqu'en 1846, l'Etat a dépensé, pour frais de premier établissement, environ 2,500,000 francs, soit à peu près 500 francs par kilomètre de parcours.

Un crédit de 1,130,000 francs était annuellement ouvert au budget pour le service de la télégraphie. Le personnel absorbait 1 million. La dépense du matériel et l'entretien de toutes les stations s'élevaient à 130,000 francs. Ce sacrifice n'était compensé par aucune recette.

Les villes desservies par ces lignes étaient ainsi distribuées :

Sur la première ligne : Lille, Calais, Boulogne ;

Sur la deuxième : Strasbourg, Metz, Châlons ;

Sur la troisième : Toulon, Marseille, Nîmes, Montpellier, Avignon, Valence, Lyon, Besançon, Dijon ;

Sur la quatrième : Bayonne, Bordeaux, Perpignan, Narbonne, Agen, Toulouse, Angoulême, Tours et Poitiers ;

Sur la cinquième : Brest, Nantes, Rennes, Avranches, Cherbourg.

Somme toute, vingt-neuf villes seulement étaient mises en communication directe avec Paris, pour le service exclusif de l'Etat. Il fallait péniblement, de tout le reste du territoire, et dans les circonstances les plus graves et les plus périlleuses, lancer des estafettes pour se rattacher au réseau télégraphique, après avoir perdu un temps précieux et fait courir les plus fâcheuses éventualités aux dépêches.

La loi du 6 mai 1837, provoquée par la découverte de manœuvres frauduleuses, accordait au gouvernement le privilége *exclusif* de correspondre télégraphiquement. Elle établissait les peines les plus sévères contre quiconque transmettrait sans autorisation des signaux d'un point à un autre. Dans des cas très-rares, laissés à l'appréciation de l'administration, on accordait aux particuliers la faveur de transmettre des nouvelles intéressant à un haut degré l'honneur, le repos ou la fortune des familles.

A cette date de 1846, une seule ligne de télégraphie électrique existait en France : c'était celle de Paris à Rouen. Les expériences ne semblaient pas encore suffisamment concluantes. La notoriété publique ne s'était pas jusqu'alors hautement prononcée pour ce nouveau système. Le gouvernement, pendant la session, déposa un projet de loi tendant à ouvrir un crédit de 408,650 francs, pour établir une seconde ligne électrique de Paris à Lille.

Les pouvoirs législatifs, après un long examen et beaucoup d'hésitation, se décidèrent à voter le crédit et à l'augmenter même de 21,000 francs, pour prolonger la ligne de Lille jusqu'à la frontière de Belgique. La commission de la Chambre des députés, bien qu'elle comptât dans son sein quatre membres de l'Institut, considérait presque ce sacrifice comme un nouvel essai de comparaison entre le télégraphe ordinaire et le télégraphe électrique. Elle était si peu sûre du résultat, qu'elle émettait le vœu, en terminant son rapport, de voir l'administration *conserver le matériel de toutes les stations qui faisaient alors le service aérien de Paris à Lille.*

Sept années à peine se sont écoulées depuis cette époque, mais la question a fait de bien rapides progrès. Il suffit, pour s'en convaincre, de reprendre un à un les différents projets de lois successivement adoptés, et de jeter les yeux sur les savants et lumineux rapports dont la rédaction a été confiée à M. Le Verrier par les assemblées législatives qui nous ont précédés.

En 1849, l'Assemblée législative ouvre un crédit de 900,637 francs pour l'établissement des lignes de télégraphie électrique suivantes :

De Paris à Angers,
De Paris à Tonnerre,
De Rouen au Havre,
De Paris à Châlons-sur-Marne,
D'Orléans à Nevers,
D'Orléans à Châteauroux,
De Lille à Dunkerque.

En 1851, le gouvernement propose et l'Assemblée vote un nouveau crédit de 707,506 fr. 67 c. pour l'ouverture de dix nouvelles lignes :

De Tonnerre à Châlon-sur-Saône,
De Tours à Poitiers,
D'Angers à Nantes,
De Sarrebourg à Strasbourg,
D'Amiens à Boulogne,
De Rouen à Dieppe,
De Paris à La Louppe,
De Châlons-sur-Marne à Bar-le-Duc,
D'Angoulême à Bordeaux.

Enfin, messieurs, un décret, promulgué le 6 janvier 1852,

complète le réseau de la télégraphie électrique de façon à mettre tous les chefs-lieux de département en communication avec Paris ; il rattache également à la capitale une foule de localités intermédiaires. Telle est réellement la date de l'organisation de notre télégraphie. La France se relève d'un seul coup de la situation d'infériorité où elle se trouvait placée à ce point de vue, par rapport à plusieurs Etats de l'Europe et de l'Amérique. C'est un des actes utiles qui ont signalé le rapide passage aux affaires de notre honorable collègue M. le comte de Morny.

Le décret du 6 janvier 1852 sur la télégraphie ouvre un crédit de 4,832,987 francs au ministère de l'intérieur. Son importance est telle, que nous n'hésitons pas à le reproduire.

AU NOM DU PEUPLE FRANÇAIS.

Le Président de la république,
Sur le rapport du ministre de l'intérieur :
Vu la délibération du conseil d'administration des lignes télégraphiques en date du 16 décembre 1851 ;
Considérant qu'il importe essentiellement à la sûreté de l'Etat de compléter au plus tôt les moyens mis à la disposition du gouvernement pour porter avec promptitude ses ordres sur tous les points du territoire ;
Considérant que l'extension des communications télégraphiques est un véritable bienfait pour les intérêts privés et les relations commerciales de la France, tant à l'intérieur qu'à l'étranger,

DÉCRÈTE :

ART. 1er. Un crédit de quatre millions huit cent trente-deux mille neuf cent quatre-vingt-sept francs (4,832,987 francs) est ouvert au ministère de l'intérieur sur le budget des exercices 1852, 1853 et 1854, pour la construction des lignes télégraphiques électriques ci-après désignées, savoir :

Ligne de l'Est avec embranchement sur Forbach et Mulhouse.	233,987 francs.
Ligne de Châlon-sur-Saône à Marseille avec embranchement sur Saint - Etienne et Grenoble.	566,603
Ligne de Paris à Bayonne.	263,442
Ligne de Bordeaux à Cette et à Marseille.	474,068
Ligne de Nantes à Brest par Vannes, etc. .	242,571
Ligne de Paris à Cherbourg par Evreux, Caen.	252,277
Ligne de Châteauroux à Périgueux. . .	171,604
A reporter. .	2,204,552

Report. . . .	2,204,552
Ligne de Nevers à Clermont.	138,264

Lignes secondaires à construire pour relier les chefs-lieux des départements aux lignes principales :

Oise (Beauvais).	57,836
Aisne, Ardennes (Laon, Mézières, Reims).	164,951
Vosges (Epinal).	63,210
Seine-et-Marne, Aube, Haute-Marne, Haute-Saône (Melun, Troyes, Chaumont, Vesoul). .	245,717
Yonne (Auxerre).	16,166
Jura (Lons-le-Saulnier).	57,540
Ain (Bourg).	31,752
Haute-Loire, Lozère (le Puy, Mende). . .	112,497
Ardèche (Privas).	36,960
Hautes-Alpes, Basses-Alpes (Gap, Digne).	156,660
Var (Toulon , Draguignan, frontière du Piémont).	120,742
Pyrénées-Orientales (Perpignan et la frontière espagnole).	79,108
Ariége (Foix).	68,218
Tarn, Aveyron (Albi, Rodez).	129,030
Lot (Cahors).	56,070
Gers , Hautes-Pyrénées , Basses-Pyrénées (Auch, Tarbes, Pau).	157,878
Deux-Sèvres, Charente-Inférieure (Niort, la Rochelle).	117,064
Vendée (Napoléon-Vendée).	63,798
Creuse (Guéret).	57,730
Corrèze, Cantal (Tulle, Aurillac). . . .	140,784
Orne , Sarthe , Mayenne , Ille-et-Vilaine , Côtes-du-Nord (Alençon, le Mans , Laval , Rennes, Saint-Brieuc).	349,438
Fils supplémentaires sur les lignes existantes.	207,013
Total.	4,832,987 francs.

La construction de quatre lignes complémentaires a exigé, en 1853, l'ouverture d'un crédit de 177,000 francs.

Pour compléter et redresser en quelques points ce vaste réseau, on vous demande 419,636 francs au budget de 1854.

La totalité des crédits demandés pour la dépense de premier établissement s'élève, jusqu'à ce jour, à 7,037,766 francs, sans tenir compte de la ligne de Rouen, précédemment construite. Ce capital engagé n'est sans doute pas hors de proportion avec les services qu'il peut rendre ; il est d'une bonne administration cependant, et surtout avantageux pour le pays, de faire participer les particuliers aux bienfaits de cette vaste organisation, et de combiner les tarifs de façon à favoriser les relations privées, tout en venant en aide aux exigences du Trésor.

Pour exploiter un aussi vaste réseau, le personnel des lignes télégraphiques nécessite au budget de 1854 l'ouverture d'un crédit de 1,975,130 francs. Le matériel entraîne une dépense de 270,000 francs. Somme totale : 2,245,130 francs. Mais, nous sommes heureux de le dire, on voit en atténuation figurer au même budget, au profit de l'Etat, une somme de 1 million de francs, en prévision des recettes de la télégraphie privée. Le sacrifice annuel demandé à nos finances n'est donc réellement que de 1,245,130 francs, soit 115,000 francs de plus qu'en 1846. Il suffit de comparer l'importance des services rendus aux deux époques par la télégraphie au gouvernement, et surtout au public, pour démontrer la supériorité du nouveau système.

Les craintes provoquées par la facilité avec laquelle on peut interrompre les communications en coupant le fil métallique conducteur, perdent chaque jour leur gravité par la construction simultanée des chemins de fer. Nous sommes à la veille du moment où ces derniers relieront avec la capitale les points stratégiques les plus importants et les grands centres de population. Les télégraphes électriques établis le long des voies de fer, surveillés par les employés du chemin, acquièrent un degré de sécurité très-suffisant sur un parcours déjà fort considérable. Avant le 2 décembre 1848, 4,119 kilomètres de chemins de fer étaient achevés ou en voie de construction. Depuis cette époque, 3,202 kilomètres ont été concédés à l'industrie particulière ; nous trouvons là des garanties pour un développement de 7,321 kilomètres de fils électriques [1]. Un courant électrique de ceinture entourera, d'ailleurs, tout le territoire et ira se ramifier de bien des façons différentes. Il sera possible, pour beaucoup de localités, de transmettre instantanément une dépêche par plusieurs directions à la fois, et de suppléer ainsi, en cas d'insurrection et d'accident, à des lacunes sur les lignes directes. Une dépêche de Paris pour Lyon pourra passer par la Bourgogne, ou descendre par le centre jusqu'à Toulouse, si on ne préfère l'expédier par Bordeaux, pour la faire remonter le long du Rhône, lorsqu'elle sera parvenue jusqu'à Marseille.

Le réseau des lignes livrées au service, le 14 avril 1853, a une longueur totale de 5,629 kilomètres. Il y a sur chemins de fer 4,363 kilomètres; on compte sur routes ordinaires 1,266 kilomè-

---

[1] Pendant que nous écrivons ces lignes, une concession de 915 kilomètres vient encore augmenter le réseau de voies de fer, et le porter à 8,236 kilomètres, au profit de la sûreté de la télégraphie.

tres. Il ne faut pas s'exagérer les dangers de cette dernière portion du réseau.

Des entreprises particulières ont établi depuis quelques années en France, notamment de Bordeaux à Pauillac, des lignes télégraphiques sur les bas côtés des routes départementales, sans qu'il en soit résulté le moindre inconvénient. En Amérique, c'est par milliers de kilomètres qu'on pourrait compter les lignes télégraphiques établies à travers champs, sous la seule surveillance des propriétaires dont on traverse les domaines, et auxquels on accorde en retour quelques franchises pour leur correspondance. On nous a donné l'assurance qu'en Prusse on renonçait à enterrer les fils sur toute la longueur du parcours, après les avoir recouverts d'une couche de gutta-percha. L'isolement est beaucoup plus difficile à obtenir par ce système. Les enduits se détériorent très-rapidement. La rupture d'un fil entraîne des recherches difficiles. Il en coûte autant pour suppléer par l'adjonction d'un seul fil à l'insuffisance du service sur une ligne que pour établir à nouveau un système complet. La Prusse revient au mode le plus généralement suivi, qui consiste à suspendre les fils métalliques sur une suite de poteaux, et à intercepter, par des supports isolants, la communication avec la terre. Les fils électriques n'y suivent pas constamment des lignes de chemins de fer.

La longueur totale du réseau télégraphique français, pour lequel des crédits ont été demandés, atteindra 9,181 kilomètres ; 4,500 kilomètres seront placés sur des chemins de fer ; 4,680 suivront des routes ordinaires, ou seront en rase campagne ; le service sera organisé sur toutes les lignes vers la fin de l'année courante, ou au plus tard, dans les premiers mois de 1854. Les sommes qui devaient être dépensées en 1854 sont attribuées par un décret spécial à l'exercice 1853.

La dépense de l'établissement de 1 kilomètre courant de ligne à deux fils est, sur une route, de 560 francs. Elle s'abaisse à 440 francs sur un chemin de fer. Il faut ajouter à ces frais environ un tiers en sus pour dépenses générales, comprenant installation des directions et des postes, entrée des villes, traversée des villages, etc. Il y a, en général, plus de deux fils par ligne, et la dépense augmente de 130 francs par fil et par kilomètre.

La surveillance coûte, sur les chemins de fer, 1,200 francs par 60 kilomètres ; hors des chemins de fer, 1,200 francs par 16 kilomètres.

Nous vous avons fait connaître l'étendue du réseau télégraphique en France, et les sommes consacrées à son établissement. La conséquence logique de pareils sacrifices est d'associer libéralement les particuliers à l'usage de ces précieux moyens de correspondance. La télégraphie aérienne est toujours restée dans le domaine exclusif de l'État ; il n'en pouvait être autrement. L'énorme multiplicité de la répétition d'un même signal pour transmettre un seul signe conventionnel, et de nombreuses causes atmosphériques d'interruption, interdisaient d'en faire l'objet d'un service public régulier. Dans l'état actuel de la science, nous avons tout lieu d'espérer, au contraire, que le grand courant électro-magnétique, dont le centre est à Paris, portera l'unité politique, ainsi que l'activité industrielle et commerciale dans toutes les portions du territoire, avec autant de régularité que le cœur en met à faire circuler le sang dans les veines et les artères, pour maintenir la vie dans le corps humain.

La loi du 29 novembre 1850 a consacré ces espérances et ces principes. Elle permet à toutes personnes dont l'identité est établie, de correspondre au moyen du télégraphe électrique de l'Etat, par l'entremise des fonctionnaires de l'administration télégraphique.

Cette faculté donnée aux relations particulières a été accueillie avec empressement par le public.

Elle répondait à un des besoins de l'époque, ainsi que le démontre le développement rapide du service. Dans les dix derniers mois de 1851, l'administration a transmis 9,014 dépêches privées. Le nombre en a été porté à 48,105 pour l'année 1852. Les recettes de 1851 s'élèvent à 76,722 francs, celles de 1852 atteignent 452,225 francs. Nous acceptons sans défiance les prévisions du budget pour 1854, qui évaluent la recette à un million. Cette augmentation tient en effet à deux causes. Les familles et le commerce prennent rapidement l'habitude de ce mode de correspondance. Il devient un besoin pour tous dans les affaires, lorsque quelques-uns en font usage. En second lieu, on ouvre sans cesse des lignes nouvelles, il est tout simple que la recette augmente à mesure que les localités desservies se multiplient, surtout en pareille matière, où un service nouveau peut mettre quelquefois d'un seul coup toutes les villes importantes de la France en communication avec plusieurs Etats de l'Europe.

Une convention sur la correspondance de télégraphie électrique vient d'être ratifiée entre la France, la Belgique et la Prusse, tant en son nom qu'au nom de l'union télégraphique austro-allemande. Cette convention, qui consacre un tarif réduit pour les dépêches internationales, et permet de compter à vol d'oiseau les distances à parcourir, entrera en vigueur dans les trois Etats à partir du 1er mai 1853.

La loi qui vous est proposée a pour effet principal de modifier les tarifs en vigueur par une réduction de taxes ; elle fait aussi disparaître des lacunes et des imperfections de détail, révélées par l'expérience dans la loi de 1850. Votre commission comprend trop bien les services que peut rendre la télégraphie aux relations de famille et de commerce, pour ne pas applaudir à cette louable initiative du gouvernement, à l'instant où, par son importance et

18

son étendue, le réseau de nos lignes françaises va faire sentir sa salutaire influence sur tous les points de notre territoire.

L'article 1er du projet de loi remplacera l'article 7 de la loi du 29 novembre 1850, qui réglait les taxes de la correspondance télégraphique. Une dépêche de 1 à 20 mots acquittait un droit fixe de 3 francs, plus un droit proportionnel à la distance de 12 centimes par myriamètre. Au-dessus de 20 mots, la taxe est augmentée d'un quart par chaque dizaine de mots ou fraction de dizaine excédant.

L'article 1er du projet réduit le droit fixe de 3 à 2 francs, et le droit proportionnel de 12 à 10 centimes par myriamètre parcouru.

Pour se bien rendre compte des effets de cette taxe, il faut combiner le droit fixe avec le droit proportionnel, et calculer ce qu'il en coûte réellement par myriamètre, suivant que les distances à franchir sont plus ou moins considérables. En jetant les yeux sur le tableau ci-dessous, on reconnaîtra que le tarif par myriamètre parcouru baisse rapidement, à mesure que le droit fixe se répartit sur un plus grand nombre d'unités de distance.

Nous reproduisons aussi quelques chiffres du tarif de l'union austro-allemande, auquel presque tout le nord de l'Europe paraît devoir se conformer. Nos taxes sont moins élevées que celles de ces différents pays.

TABLEAU COMPARATIF DES TAXES A PERCEVOIR, POUR UNE DÉPÊCHE DE UN A VINGT MOTS, EN FRANCE ET EN ALLEMAGNE.

DISTANCE A FRANCHIR.	TAXE DUE pour LE PARCOURS TOTAL		PRIX ACQUITTÉ POUR CHAQUE MYRIAMÈTRE en France.		En Allemagne
	en France.	en Allemagne.	Tarif ancien.	Tarif nouveau.	
	fr. c.	fr. c.	fr. c.	fr. c.	fr. c.
1 myriamètre.	2 10	2 50	3 12	2 10	2 50
5 —	2 50	2 50	0 72	0 50	0 50
10 —	3 »	5 »	0 42	0 30	0 50
15 —	3 50	5 »	0 32	0 23	0 33
20 —	4 »	7 50	0 27	0 20	0 27
50 —	7 »	10 »	0 18	0 14	0 20
100 —	12 »	15 »	0 15	0 12	0 15

Le nouveau tarif français qui vous est proposé opère surtout une réduction considérable pour l'échange de la correspondance télégraphique, entre les petites distances.

Il abaisse la taxe de 32 pour 100 sur un parcours de 2 myriam.
de 30 » de 5
de 24 » de 20
de 20 » de 100

Quelle que soit la distance, la réduction se maintient toujours au-dessus de 16 pour 100.

Il était opportun d'exonérer les dépêches à petites distances. En abaissant de 1 franc le droit fixé, ce résultat a été atteint.

Votre commission ne demande aucune modification au tarif proposé par le gouvernement ; elle espère cependant que les progrès de la science, en fournissant les moyens de multiplier le nombre des dépêches sur un même fil dans un temps donné, permettront bientôt aussi d'accorder une nouvelle réduction sur le droit proportionnel à la distance, dans l'intérêt surtout des localités fort éloignées de Paris.

L'administration ne saurait encore, sans danger, surexciter, outre mesure, la production des dépêches télégraphiques ; elle s'exposerait à encombrer les fils et à faire naître des retards, qui neutraliseraient les avantages de la télégraphie. Si ce fait est vrai en thèse générale, il s'applique aussi bien aux petites qu'aux grandes distances. Le nouveau tarif, en multipliant les dépêches dans les zones qui entourent Paris, pourra faire éprouver des embarras et des retards pour celles qui proviendront de l'extrémité des lignes. Le seul moyen de remédier à de tels obstacles est d'étudier avec une attention scrupuleuse l'augmentation de la correspondance, et d'ajouter, au besoin, sur chaque ligne, des fils métalliques, destinés exclusivement à relier Paris avec les centres les plus rapprochés de la capitale.

Il ne faut pas perdre de vue que l'Etat dépense annuellement 2,245,130 francs, pour un service qui, entrepris en Hollande, en Angleterre et aux Etats-Unis, par l'industrie particulière, donne des bénéfices à ceux qui l'exploitent. Il est donc du devoir de l'administration, et de l'intérêt bien entendu des finances de l'Etat, de varier les taxes et de les combiner de façon à obtenir un maximum de recettes avec un minimum de dépenses. Nous ne devons pas être bien éloignés du moment où ce service cessera d'être une charge pour nos budgets. Nous pensons que le plus sûr moyen d'atteindre ce but est d'engager le gouvernement à persévérer dans l'étude de la réduction des taxes.

Le tarif actuel fait payer 3 fr. 24 c. à une dépêche ordinaire de Paris à Versailles. C'est un prix presque prohibitif, ajoute l'exposé des motifs : nous sommes parfaitement de cet avis. Le nouveau tarif nécessitera une dépense de 12 francs, pour un parcours de 100 myriamètres ; une telle somme à débourser réduira l'application de la télégraphie, à des occasions tellement exceptionnelles, d'une extrémité à l'autre des lignes, que les recettes ne seront pas de bien longtemps encore en équilibre avec les dépenses. Le problème délicat à résoudre, sans excéder ses limites, est celui-ci : occuper suffisamment le personnel actuel et ne pas être obligé à l'augmenter avant d'avoir un aliment certain à ce surcroît de moyen d'action.

L'article 1er a donné lieu à divers amendements.

Nos honorables collègues, MM. de Champagny et de Sainte-Hermine, organes des bureaux qui les ont envoyés parmi nous, semblaient incliner vers un système de taxe fixe, quelle que fût la distance, en ne faisant varier le tarif que proportionnellement à la longueur de la dépêche.

A défaut d'une taxe fixe, ils demandaient au moins une réduction du tarif, sur la taxe de 10 centimes par myriamètre, au delà d'une certaine longueur de parcours.

Leur amendement était ainsi conçu :

« La taxe, calculée à raison de 10 centimes par myriamètre, sera abaissée à 8 centimes pour toutes les distances parcourues qui excéderont 10 myriamètres. »

La majorité de votre commission espère, vous le savez déjà, que des réductions, pour les dépêches à grand parcours, pourront être admises par l'administration, dans un temps assez rapproché peut-être, mais ne trouve pas qu'un abaissement de 2 centimes sur 10 soit une proposition assez radicale, pour trancher la question, provoquer la multiplicité des relations télégraphiques et lever les barrières prohibitives d'un tarif trop élevé. L'expérience démontrera, d'ailleurs, que le chiffre de 10 centimes empêche les correspondances lointaines, si, après une certaine période d'expérimentation, les villes voisines échangent entre elles un nombre excessif de dépêches, comparativement aux centres de population que de grands espaces séparent les uns des autres.

Quant au système d'une taxe fixe pour toute l'étendue de l'Empire français, nous ne pensons pas devoir l'admettre. La taxe uniforme des lettres est de 25 centimes en France, de 10 centimes en Angleterre. On peut arriver à des chiffres aussi réduits, parce qu'en un très-court instant, il est facile de frapper un ou deux timbres sur une lettre, d'en lire l'adresse, de la mettre dans une liasse commune et de la faire distribuer à domicile, avec la certitude que les frais généraux seront couverts par l'immense multiplicité de services semblables rendus à la société. En d'autres termes, l'administration des postes peut recevoir et distribuer un nombre à peu près indéfini de lettres. Il n'en saurait être ainsi des correspondances télégraphiques. Il en résulte que l'administration ne pourrait suffire au service, si la taxe fixe était réduite à une somme très-minime, ou qu'elle consacrerait une criante injustice par rapport aux petites distances, si le tarif uniforme était maintenu à un chiffre assez élevé. Il est évident, d'ailleurs, qu'une dépêche allant de l'une à l'autre extrémité d'une ligne, empêche d'en transmettre d'autres entre bureaux intermédiaires sur tout le parcours. Une transmission de Paris à Bayonne occupe une longueur de fil, qui cause une perte réelle pour le Trésor, si on adopte le système d'une taxe uniforme. Pendant le même temps, on aurait pu percevoir trois taxes égales, si Paris avait communiqué avec Tours, Tours avec Bordeaux, et Bordeaux avec Bayonne. Il serait facile de multiplier les exemples à l'infini.

Il n'en est pas de même pour les lettres. Bayonne n'existerait pas, qu'il n'en faudrait pas moins faire parvenir de Paris une malle-poste jusqu'à Bordeaux, ou Mont-de-Marsan, pour desservir ces localités. Le surcroît de dépenses afférentes aux lettres de Bayonne n'a donc réellement lieu qu'à partir de la dernière ville que nous venons de nommer, jusqu'à destination. Il n'y a pas de raison plausible pour faire payer à une lettre un service commun, qui lui a profité par la force des choses, mais qui n'était pas provoqué par sa présence. Il est donc rationnel d'admettre une taxe fixe pour les lettres et des tarifs différentiels pour les dépêches télégraphiques.

Le décret du 6 janvier 1852, organisant le réseau télégraphique, a été rendu sous l'influence du coup d'Etat qui venait de rétablir le principe d'autorité et de consolider l'unité d'action gouvernementale. Placé à un point de vue exclusivement politique, le législateur ne s'est nullement préoccupé des nécessités commerciales. Il n'est donc pas étonnant qu'en étendant les usages de la télégraphie aux relations des affaires privées, on éprouve des difficultés sérieuses à utiliser pour des relations commerciales la forme d'un réseau destiné au service du gouvernement. Nous avons eu sous les yeux la carte de toutes les lignes en construction, elles convergent presque toutes vers Paris. Il en résulte que pour se mettre en communication, deux villes voisines sont souvent obligées de passer par le sommet d'un angle aigu, situé à une très-grande distance, et de faire des circuits d'une énorme longueur. Si pour ces cas exceptionnels, mais dont il ne manque cependant pas d'exemples, on applique un tarif proportionnel au parcours, ne créera-t-on pas une prohibition absolue de communication télégraphique ? Votre commission partage ces craintes ; elle a été unanime pour exprimer dans son rapport le désir de voir le gouvernement obvier à ces difficultés. Il a même paru convenable à la majorité de votre commission de s'inspirer du tarif austro-allemand qui calcule les distances à vol d'oiseau, et de proposer un amendement, ayant pour but de corriger les défectuosités de la forme du réseau, par la modération des tarifs, lorsque le parcours sur les fils télégraphiques excéderait certaines limites. Le tableau suivant explique à quelles énormes surtaxes la correspondance pourra être soumise.

TABLEAU COMPARATIF DES TAXES A PERCEVOIR ENTRE CERTAINES VILLES, EN COMPTANT LES DISTANCES A 10 CENTIMES PAR MYRIAMÈTRE, SOIT A VOL D'OISEAU, SOIT D'APRÈS LE PARCOURS TÉLÉGRAPHIQUE, POUR UNE DÉPÊCHE DE UN A VINGT MOTS.

	Distance réelle.	Distance télégraphique.	Taxe à vol d'oiseau.	Taxe du tarif.
	kil.	kil.	fr. c.	fr. c.
La Rochelle à Napoléon-Vendée.	80	550	2 80	7 50
Nevers à Dijon...............	160	550	3 60	7 50
Nantes à Rennes.............	110	430	3 10	6 30
Bayonne à Pau...............	110	540	3 10	7 40
Rodez à Mende..............	110	650	3 10	8 50

Amendement de la commission :

« Le maximum de la taxe à percevoir ne pourra, dans aucun cas, excéder le double de la rétribution qui serait due en calculant à vol d'oiseau la distance qui sépare les deux points en correspondance. »

Le conseil d'Etat a rejeté cette nouvelle facilité donnée à la télégraphie privée.

Votre commission regrette cette décision, qui ne lui semble pas en harmonie avec les tendances et l'esprit de la loi, dont le but principal, vous dit-on dans l'exposé des motifs, est d'abaisser précisément les obstacles qui gênent les correspondances à petites distances.

Remarquons aussi que le règlement d'administration publique, en date du 19 juin 1852, sur la correspondance privée, porte :

« ART. 21. § 2. Toutefois, lorsque, par la disposition des bureaux télégraphiques, la dépêche doit parcourir, par les fils électriques, un trajet plus grand que le trajet du chemin de fer entre les deux points en correspondance, la distance sur le chemin de fer est prise pour base de la taxe. »

Il résulte des dispositions de cet article adopté par le conseil d'Etat et du rejet de notre amendement, que si deux localités jouissent déjà des bienfaits d'un chemin de fer, qui les met en relation avec une vitesse de 8 ou 10 lieues à l'heure, elles pourront correspondre télégraphiquement à prix réduit. Si, au contraire, elles n'ont que des moyens de communication pénibles et ordinaires, elles supporteront en outre toutes les rigueurs des taxes du tarif proportionnel appliqué à des distances démesurément accrues.

Si l'article premier du projet de loi ne présentait d'ailleurs des réductions de droits fixes et proportionnels, avantageuses pour tous, le rejet de cet amendement eût peut-être déterminé la majorité de votre commission à vous proposer le rejet de tout l'article. Nous appelons toute la sollicitude du gouvernement sur les anomalies de tarifs que la loi laissera encore subsister. Le com-

merce ne peut pas payer des taxes à raison de 550 et 650 kilomètres pour franchir des distances de 80 et de 110 kilomètres,
lorsque les tarifs s'élèvent de 2 fr. 80 c. à 7 fr. 50 c.

L'article 3 est ainsi conçu : « Tout expéditeur peut exiger qu'on
lui fasse connaître l'heure de l'arrivée de sa dépêche, soit au bureau télégraphique, soit au domicile du destinataire, à charge par
lui de payer en plus le quart de la somme qu'aurait coûtée la
transmission d'une dépêche de 1 à 20 mots pour le même parcours.

Votre commission, d'accord avec le Conseil d'Etat, propose d'a-
jouter un dernier membre de phrase ainsi conçu : *Sans préjudice
des frais ordinaires pour le port des dépêches.*

Il ne nous a pas semblé que la rédaction primitive indiquât assez
clairement les bornes de la portée de cet article : nous entendons
ne faire porter la réduction du tarif que sur les distances parcourues au moyen de la télégraphie. Les estafettes ordinaires rappor-
teront l'heure de l'arrivée à destination, au prix fixé de 1 franc pour
le premier kilomètre, et de 50 centimes pour les suivants, sauf
changement ultérieur des tarifs, lorsqu'il faudra aller chercher au
loin le domicile du destinataire. Il ne saurait en être autrement,
puisque ce second service de retour coûtera autant que la transmission de la dépêche, et forcera l'administration à requérir une nouvelle estafette à chaque relais.

La connaissance de l'heure de l'arrivée d'une dépêche est réellement le complément indispensable du service rendu par la
transmission télégraphique. Elle peut s'indiquer par un ou deux
signaux : cette mesure réglementaire entraînera peu de frais et de
retards pour l'administration, mais elle offrira un contrôle incessant et une garantie précieuse pour l'expéditeur. Il est donc équitable et opportun d'accorder cette réduction. Le laconisme ou le
prix des dépêches s'opposent à communiquer facilement ses pensées
ou ses ordres avec beaucoup de détails par la télégraphie ; c'est par
sa prodigieuse rapidité de transmission qu'elle est une merveilleuse
invention. On y a recours le plus souvent pour réparer un oubli,
pour arriver à un moment donné, pour profiter d'une circonstance
qui ne se reproduira pas, comme le départ d'un paquebot à heure
fixe pour l'Amérique. La connaissance de l'heure d'arrivée suffira
dans bien des cas à l'expéditeur, pour lui servir de réponse et indiquer à elle seule si la dépêche a produit l'effet qu'on en attendait.

Facilité donnée aux relations, sans embarras notables pour le
service du télégraphe, tels sont les avantages réalisés par les dispositions de l'article 3. Il est d'ailleurs la conséquence logique du
tarif, qui au-dessus de 20 mots augmente d'un quart seulement la
taxe perçue par chaque dizaine de mots ou fraction de dizaine excédante. Ce renseignement accordé n'est, après tout, qu'une annexe
à la dépêche transmise en sens inverse.

Nous avons adopté à l'unanimité l'article 4. Il fait disparaître une lacune évidente de la loi de 1850, qui avait échappé aux prévisions des législateurs, et que la pratique a révélée promptement à l'administration.

Votre commission vous propose également l'adoption de l'article 5.

La loi de 1850 avait accordé, par un paragraphe spécial de l'article 7, des abonnements à prix réduits pour la transmission des nouvelles qui se rapportent au service des chemins de fer. Le télégraphe électrique est, en effet, le complément indispensable d'un chemin de fer. La rapidité du fluide se joue de la vitesse des convois lancés à toute vapeur; il les atteint, il les dépasse; il porte partout les ordres nécessaires à la sécurité des voyageurs. Chaque convoi peut être muni d'un appareil portatif pour se mettre instantanément en communication avec toutes les stations de la ligne, faire des signaux de détresse, réclamer des locomotives de renfort. Cette utilité incessante a provoqué des traités particuliers entre toutes les compagnies et l'administration télégraphique, qui trouve dans les voies de chemins de fer le plus puissant auxiliaire qu'elle puisse rencontrer. Chaque compagnie, moyennant ces traités, jouit à peu près exclusivement de l'usage de plusieurs fils sur toute sa ligne. Des agents spéciaux, placés dans les bureaux des gares, transmettent les signaux sous la surveillance des commissaires du gouvernement. L'État, en retour de ces facilités si judicieusement accordées, se sert de la voie pour établir ses lignes télégraphiques. Les agents de la compagnie surveillent les poteaux, les supports et les fils métalliques; ils les réparent même provisoirement au besoin. Un certain nombre d'employés de la télégraphie peut circuler gratuitement dans les waggons, lorsque le service l'exige.

Les courtiers de commerce de Paris et plusieurs chambres de commerce, dans un intérêt facile à comprendre, ont demandé à contracter des abonnements à prix réduits. En présence des termes si précis de l'article 7 de la loi de 1850, il faut qu'une loi intervienne, pour qu'il soit possible d'accorder une réduction exceptionnelle quelconque. Tel est le but de l'article 5.

La télégraphie électrique est appelée à faire une révolution dans la façon de traiter les affaires entre des places de commerce situées à de grandes distances. Le négociant du Havre demandait des huiles à Marseille, des vins à Bordeaux, de l'indigo à Londres ou à Liverpool, offrait des produits français à Trieste ou à Hambourg, sans connaître le cours exact auquel étaient cotées ces denrées, le jour où il écrivait pour provoquer des ventes ou des achats. Les transactions lointaines se traitaient de part et d'autre sur des hypothèses, qui, si elles ne se réalisaient pas, causaient souvent de bien grands mécomptes. Désormais, il n'en sera plus ainsi. A un jour donné une maison de commerce peut savoir par la télégraphie tous les cours des grands marchés de l'Europe. Elle peut spéculer en conséquence, débattre ses prix, revendre sur place, avec la certitude de réaliser des bénéfices, ou tout au moins avec la possibilité de n'agir qu'en pleine connaissance de cause.

Si de pareils moyens sont un danger lorsqu'ils restent à l'état de monopole, entre les mains du petit nombre, ils deviennent un immense avantage, un contre-poids précieux et une garantie de moralité pour les affaires, lorsque le public tout entier est appelé à en profiter. La science est avare de ses faveurs ; elle ne dit pas son dernier mot au premier qui la consulte. N'est-il pas permis d'espérer que, dans un avenir peu éloigné, les bourses de toutes les places commerciales importantes d'un même pays, peut-être de l'Europe, se tiendront à la même heure ? Les fonds publics et les valeurs diverses qui s'y négocient seront offerts et échangés séance tenante, à des distances qu'il fallait autrefois des semaines pour parcourir. Il suffira peut-être de jeter les yeux sur un cadran disposé d'une certaine façon, pour savoir à Paris ce qui se passe à la bourse de Saint-Pétersbourg.

Votre commission est d'avis de concéder des abonnements à prix réduits, mais sous la condition que le gouvernement entourera cette concession de toutes les précautions nécessaires pour que les dépêches soient rendues publiques immédiatement après leur arrivée. Il est d'ailleurs évident qu'un négociant, prévenu qu'il trouvera chaque jour à la Bourse l'affiche de certains cours, attendra, pour traiter des affaires importantes, d'avoir pris connaissance de ces précieuses indications.

Nous avons reçu, en outre, l'assurance de MM. les commissaires du gouvernement que la réduction des tarifs, nominativement accordée aux chambres de commerce, aux syndicats des agents de change et aux syndicats des courtiers de commerce, ne pourrait être étendue à d'autres institutions analogues qu'en vertu d'une nouvelle loi.

Depuis longtemps déjà, le gouvernement transmet gratuitement le cours des fonds 4 1/2 et 3 pour 100 aux villes importantes où il existe un télégraphe électrique. Il en est de même du cours des actions de la Banque de France.

L'article 6 du projet de loi a donné lieu à d'assez longues discussions ; il remplacera l'article 2 de la loi de 1850.

Votre commission propose d'ajouter deux paragraphes à cet article, qui est ainsi conçu :

Les dépêches déposées par les expéditeurs sont immédiatement numérotées. Elles sont rappelées sur un registre à souche, par leur numéro, leur premier et leur dernier mot, sans y être transcrites en entier. Ce registre est signé par l'expéditeur ou son mandataire.

« La minute de chaque dépêche est conservée et transcrite dans les vingt-quatre heures qui suivent sa transmission sur un registre destiné à cet effet.

« Un règlement déterminera les formes et les tarifs suivant lesquels il pourra être donné communication ou expédition des minutes et de leurs copies. »

Les dépêches n'arrivent pas graduellement pendant tout le temps que les bureaux sont ouverts. Elles se multiplient outre mesure à certaines heures, cessent, au contraire, d'affluer à d'autres instants. La pratique a prouvé que le service subissait de fâcheux retards, par suite de l'obligation d'écrire *in extenso* une dépêche sur un registre, avant de la transmettre. L'administration paraît certaine qu'il serait facile, au contraire, de tenir chaque jour au courant un registre où serait reproduite une copie de chaque dépêche, par un procédé analogue à celui employé dans les maisons de commerce.

Avec cette nouvelle garantie, ajoutée à celle de la conservation des minutes, que nous introduisons aussi dans la loi, il devient, en effet, suffisant, avant la transmission, de rappeler sur un registre à souche chaque dépêche par son numéro d'ordre et son premier et dernier mot, le tout revêtu de la signature de l'expéditeur ou de son mandataire.

La loi de 1850, pas plus que celle qui vous est proposée, ne prévoit le cas où, par suite d'erreurs, de malentendus ou de fraudes coupables, il deviendrait nécessaire de consulter les minutes des dépêches précédemment expédiées, et de les comparer avec les copies sur lesquelles la transmission a été effectuée par l'administration.

Votre commission comprend le respect religieux qui doit entourer le secret de la correspondance privée. Il faut que des formes tutélaires viennent sauvegarder l'honneur des familles et la fortune des commerçants. Les expéditeurs et les destinataires seuls doivent jouir de la faculté de se faire reproduire leur correspondance en dehors des réquisitions légales des autorités compétentes. Ils doivent également pouvoir se faire délivrer des expéditions de leurs dépêches et des copies, moyennant un tarif arrêté à l'avance. La loi pourrait difficilement entrer dans ces détails, prévoir les cas multiples qui ne manqueront pas de se présenter. Il est néanmoins du devoir des législateurs d'appeler l'attention du gouvernement sur un pareil ordre d'idées, surtout au début d'un service, qui, à peine établi, paraît devoir s'étendre par une prodigieuse extension à tous les genres d'affaires.

C'est en présence de ces nécessités que votre commission proposait à l'administration l'obligation de dresser un règlement déterminant les formes et les tarifs de toutes les recherches qui seraient réclamées.

L'amendement portant sur le premier paragraphe additionnel

est adopté par le conseil d'Etat, qui modifie ainsi qu'il suit le second paragraphe additionnel :

« L'expéditeur ou le destinataire qui veut obtenir copie d'une
dépêche par lui envoyée ou reçue, paye la taxe de copie fixée par
l'article 4 ci-dessus. »

Votre commission vous propose d'adopter cette nouvelle rédaction. Pour éviter toute difficulté ultérieure, elle croit devoir con-
signer dans son rapport que le droit d'obtenir des copies s'applique non-seulement aux minutes des dépêches déposées aux
archives, mais qu'il s'étend encore aux copies de ces dépêches,
sur lesquelles l'administration effectue la transmission et qu'elle
reproduit sur ses registres.

Cette seconde communication est indispensable afin de reconnaître si, dans un ordre mal compris ou mal exécuté, il y a faute
du destinataire, ou erreur télégraphique de l'administration.

Nous vous proposons, sans les modifier, l'adoption des articles 7
et 8.

Notre honorable collègue M. Dalloz nous a transmis et développé
un amendement dont voici la teneur :

«Quand une dépêche, adressée à un destinataire en pays étran-
« ger, ne sera pas parvenue à destination, la taxe perçue pour la
« totalité du parcours sera restituée intégralement à l'expéditeur,
« et cela, alors même que l'administration française justifierait
« que la nouvelle à transmettre est parvenue à la frontière et
« que, par suite, il n'a pas tenu à elle qu'elle n'arrivât à sa des-
« tination. »

Le règlement d'administration publique en date du 17 juin 1852,
prescrit, en son article 25, le remboursement à l'expéditeur des
sommes payées pour la transmission d'une dépêche télégraphique,
quand, par suite de retards, d'erreurs ou d'interdiction administrative, la missive conforme n'a pu être remise à sa destination.
Les choses se passent ainsi pour la France ; mais en acceptant une
dépêche pour l'étranger, l'administration télégraphique, mieux
instruite que le public ne peut l'être, prend implicitement l'engagement de la transmettre à destination. Elle ne doit pas légèrement entraîner les particuliers à faire des frais en pure perte,
les exposer à perdre quelquefois une occasion de correspondre par
un autre mode de transmission. Elle doit être, enfin, sans cesse au
courant de ce qui se passe à l'extrémité de ses lignes, relativement
aux bureaux étrangers.

Il semblerait, en conséquence, équitable que toute dépêche acceptée par l'administration pour une destination quelconque,
entraînât le remboursement des frais perçus sur les lignes françaises, quelle que fût la cause qui eût empêché la dépêche de parvenir à sa destination.

Votre commission comprend les complications nombreuses des

conventions télégraphiques qui interviennent chaque jour entre la France et les différents États de l'Europe. Elle admet que l'expérience seule pourra régler définitivement toutes ces relations postales d'un genre si nouveau.

Elle est persuadée que par des franchises réciproques, bien des embarras de comptabilité pourront être évités.

Sans faire de l'amendement de notre collègue l'objet spécial d'un article de loi, nous pensons que le gouvernement doit entourer d'assez de garanties, par des traités, la régularité du service international, pour que l'obligation de rembourser des taxes, inutilement perçues sur les lignes françaises, puisse être, à l'avenir, considérée comme une charge trop lourde pour les intérêts du Trésor.

Sur 41,418 dépêches transmises, en 1852, par les divers bureaux de correspondance, Paris en a fourni 19,425, et en a reçu, sans doute, à peu près autant. Une succursale a été établie près de la Bourse : on y voit chaque jour affluer un très-grand nombre de dépêches. Il serait désirable, pour la facilité des relations du commerce de la capitale avec l'extérieur, que ce bureau restât ouvert pendant la même durée de temps que celui de l'administration centrale. Des observations nous ont été présentées à ce sujet.

Ne sera-t-il pas bientôt possible aussi d'utiliser au profit de la télégraphie privée certains bureaux établis par l'administration des chemins de fer, et jusqu'à présent exclusivement réservés à leur usage? Nous confions cette pensée à la sollicitude éclairée de l'administration télégraphique, qui en moins de deux années vient de doter le pays du réseau dont nous avons cherché à vous faire connaitre l'étendue et l'avenir.

PROJET DE LOI.

NOUVELLE RÉDACTION ADOPTÉE PAR LA COMMISSION ET LE CONSEIL D'ÉTAT.

ART. 1er. A partir du 1er juin 1853, les dépêches télégraphiques privées seront soumises à la taxe suivante, perçue au départ :

Pour une dépêche de 1 à 20 mots, il sera perçu un droit fixe de 2 francs, plus 10 centimes par myriamètre;

Au-dessus de 20 mots, la taxe précédente est augmentée d'un quart, pour chaque dizaine de mots ou fraction de dizaine excédante.

La taxe est doublée pour les dépêches transmises pendant la nuit.

ART. 2. Tout nombre, jusqu'au maximum de cinq chiffres, est compté pour un mot. Les nombres de plus de cinq chiffres représentent autant de mots qu'ils contiennent de fois cinq chiffres, plus un mot pour l'excédant.

Les virgules et les barres de division sont comptées pour un chiffre.

ART. 3. Tout expéditeur peut exiger qu'on lui fasse connaître l'heure de l'arrivée de sa dépêche, soit au bureau télégraphique, soit au domicile du destinataire, à charge par lui de payer en plus le quart de la somme qu'aurait coûtée la transmission d'une dépêche de 1 à 20 mots pour le même parcours, *sans préjudice des frais ordinaires pour le port des dépêches.*

ART. 4. Quand une dépêche est adressée à plusieurs destinataires dans la même ville, la taxe est augmentée, pour frais de copies, d'autant de fois 50 centimes qu'il y a de destinataires, moins un.

ART. 5. Le ministre de l'intérieur est autorisé à concéder des abonnements à prix réduits aux chambres de commerce, aux syndicats des agents de change et aux syndicats des courtiers de commerce, sous la condition que les dépêches seront immédiatement rendues publiques dans les formes déterminées par le ministre.

ART. 6. Les dépêches déposées par les expéditeurs sont immédiatement numérotées. Elles sont rappelées sur le registre à souche par leur numéro, leur premier et leur dernier mot, sans y être transcrites en entier. Ce registre est signé par l'expéditeur ou son mandataire.

La minute de chaque dépêche est conservée et transcrite en entier, dans les vingt-quatre heures qui suivent sa transmission, sur un registre destiné à cet effet.

L'expéditeur et le destinataire qui veut obtenir copie d'une dépêche par lui envoyée ou reçue, paye la taxe de copie fixée dans l'article 4 ci-dessus.

ART. 7. Les directeurs du télégraphe et les chefs du service télégraphique chargés de la perception des taxes, fournissent un cautionnement dont la quotité est fixée conformément à l'article 14 de la loi du 8 août 1847.

Le taux des remises attribuées pour frais de perception et de bureau aux directeurs du télégraphe par l'article 4 de la loi du 25 février 1851, pourra être modifié, s'il y a lieu, par des arrêtés du ministre de l'intérieur, pris de concert avec le ministre des finances.

ART. 8. Sont maintenues les dispositions de la loi du 29 novembre 1850, qui ne sont pas contraires à la présente loi.

A la séance du 6 mai, la discussion était ouverte sur ce projet de loi.

M. le comte de Sainte-Hermine, membre de la commission, approuve la loi nouvelle, qui facilitera la correspondance; mais il regrette la disproportion qui existe entre les villes éloignées de Paris et celles qui l'environnent, puisque la diminution porte une réduction d'un tiers pour le droit fixe, et d'un sixième seulement pour le droit proportionnel à la distance. C'est surtout alors qu'il faudrait diminuer les tarifs, et arriver à la taxe uniforme, telle qu'elle existe pour la poste. Les taxes diminuant selon le nombre de zones a été établi dans plusieurs puissances, et ce système serait préférable à celui de la loi de 1850. En outre, l'établissement des fils a eu pour but principal de relier Paris avec les chefs-lieux, sans tenir compte des relations de ces derniers points entre eux; ils sont privés de communications directes, et leurs dépêches ne pourront s'échanger qu'au prix de longs trajets et d'une dépense cinq ou six fois plus considérable que celle qui résulterait de la distance réelle. L'orateur cite à ce sujet un exemple déjà indiqué dans le rapport de la commission (de la Rochelle à Napoléon-Vendée), et il votera toutefois l'article 1er de la loi, mais avec la confiance que le gouvernement fera bientôt cesser cette inégalité préjudiciable à des contrées déjà déshéritées sous d'autres rapports.

M. Bonjean, commissaire du gouvernement, rappelle que trois reproches sont formulés contre le projet : le premier est de favoriser les environs de Paris; ce grief n'est pas justifié, toutes les courtes distances étant également avantagées dans toutes les contrées de la France.

Le second argument est de ne pas voir établir une taxe uniforme, analogue à la correspondance postale. Le rapport de la commission réfute cette opinion en termes précis; il serait inutile de revenir là-dessus. Quant à la troisième objection, dont la gravité ne peut être méconnue, quoique le système adopté en Allemagne puisse atténuer les inconvénients signalés, il n'a pas paru opportun de remanier, dans ses dispositions essentielles, la loi de 1850. Du reste, l'amendement de M. de Sainte-Hermine n'eût pas été non plus conforme au sentiment d'équité que l'on invoque.

Revenant sur le second point, l'orateur rappelle que le gouvernement s'est déjà expliqué au sujet de l'assimilation entre la poste et la télégraphie. La première, en transportant les lettres, n'augmente pas ses frais selon le nombre plus ou moins grand de lettres qu'elle doit transporter, tandis que le fil télégraphique ne peut pas transmettre à la fois plusieurs dépêches, et si l'on utilise une portion de la ligne, on empêche la communication entre les points extrêmes.

Les relations les plus importantes sont précisément entre les villes en communication directe, et l'administration a pensé qu'il pourrait surgir de grandes difficultés, à cause de l'état du personnel et du matériel. Le gouvernement a été frappé des difficultés que présenterait l'application du système de M. de Sainte-Hermine et du peu d'intérêt que la question avait en présence des faits existants. Par exemple, la ligne établie directement entre Calais et Boulogne n'a pas répondu à ce qu'on en attendait, quoique ces deux villes soient en quelque sorte un même port.

Des intérêts aussi restreints ne pouvaient faire remanier la loi de 1850. Peut-être un jour viendra où le système des zones pourra être substitué à celui de la loi de 1850, et le gouvernement, loin de repousser cette idée, étudiera la question dans l'avenir, et tous les intérêts seront mûrement pesés avec une scrupuleuse attention.

M. le comte de Champagny revient sur l'amendement qu'il avait proposé avec M. de Sainte-Hermine, en disant que si les lignes télégraphiques ont été établies dans un but politique et non dans un intérêt commercial, il faudrait en conclure que les particuliers doivent payer à raison du service rendu et non à raison de la dépense faite. Si l'on a fait converger toutes les lignes vers Paris dans un but politique, les villes extrêmes ne doivent point souffrir des détours que les dépêches seront obligées de faire, et la justice veut qu'elles payent à raison de la distance réelle, et non à raison du chemin qu'elles pourront faire.

On a dit, il est vrai, que les lignes transversales ne donnaient pas de résultats ; c'est une raison de plus pour les encourager, car il n'est pas surprenant qu'on ne fasse pas usage de ce moyen s'il faut payer deux taxes. L'uniformité est difficile à établir, c'est vrai ; mais il ne faudrait pas que le droit proportionnel aux distances fût augmenté. L'orateur votera le projet de loi, tout en regrettant que l'on n'ait pas adopté les amendements présentés.

M. Roques trouve, même après avoir entendu le commissaire du gouvernement, beaucoup de force aux arguments de M. de Sainte-Hermine ; il ne peut admettre que deux villes rapprochées soient obligées de payer suivant la distance parcourue. Il y a inégalité choquante entre une taxe de 2 francs et une de 12 ; il y a dans le projet une diminution, c'est vrai, mais tantôt d'un sixième, tantôt d'un tiers : l'orateur proteste contre cette mesure.

On a objecté le petit nombre des dépêches sur quelques lignes ? Par la réduction de la taxe, les dépêches diminueront partout ; de plus, on a dit que les dépêches d'un point éloigné paralysaient le service sur la ligne entière ? Cette raison est minime, car la rapidité de la transmission est telle, qu'une dépêche ne reste qu'un instant sur la ligne, et, si le contraire arrive accidentellement, ce n'est pas une raison pour faire payer aux villes éloignées six fois plus qu'à celles qui sont près de Paris. Que l'on règle les heures du service, que l'on élève même le tarif pour les grandes distances, cela se comprend ; mais qu'on fasse payer *à priori* des dommages-intérêts pour une perte possible, c'est ce qu'on ne saurait admettre.

Ce sont précisément les départements non pourvus de

chemins de fer qui sont lésés par leur position, et il s'applaudira toujours d'une plus grande égalité dans la loi.

M. Monnier de la Sizeranne applaudit au projet de loi pour lequel il votera, mais il ne comprend pas que la commission ait repoussé absolument le principe d'une taxe uniforme. Plus d'une fois, on a repoussé comme inapplicables des mesures qui, plus tard, ont fini par être adoptées, telle que celle pour la poste aux lettres, qui paraissait une utopie en 1845.

L'orateur ne demande pas l'adoption immédiate de la taxe uniforme, mais l'exemple de la Suisse en démontre suffisamment la possibilité, puisque, sur un réseau de quatre cents lieues, elle est de 1 franc pour 20 mots, 2 francs pour 40, et 3 francs pour 60, ce qui a permis d'expédier quatre-vingt-dix dépêches par jour à Genève. En prévision des progrès de la science, il faut montrer une grande réserve, et ne pas condamner à l'avance le système des taxes uniformes.

M. le comte de Bryas, rapporteur, répond que les renseignements fournis à la commission, en ce qui concerne la Suisse, ne sont pas d'accord avec ceux du préopinant ; du reste, le fait est trop récent pour qu'on puisse en apprécier les résultats. En Angleterre, où existe la taxe uniforme des lettres, on n'a pas adopté les mêmes principes pour les dépêches ; les compagnies qui exploitent la télégraphie y sont très-attentives à adopter le système le plus favorable à l'extension de ce mode de correspondance, et leurs tarifs, ainsi que ceux d'Amérique, sont plus élevés que ceux proposés par le projet de loi.

De plus, la commission n'a pas cru qu'il fût possible de transmettre dans un temps donné un nombre considérable de dépêches. La réduction de la taxe les augmenterait nécessairement dans une proportion considérable. L'État dépense 2,245,000 francs, et quoique le budget de 1854 évalue à 1 million les recettes à provenir, il restera 1,200,000 francs à la charge de l'Etat. Si l'abaissement du tarif amenait un accroissement, il faudrait augmenter le personnel et le matériel, ce qui serait une nouvelle cause de dépense.

Quant à l'analogie avec la poste, il faut considérer que, pour les lettres, l'Etat n'intervient que pour timbrer, transporter et remettre le pli ; tandis que, pour les dépêches, l'Etat les enregistre, les copie, en transmet le contenu, les recopie à l'arrivée et les remet au destinataire. Ce n'est pas une taxe de 25 ou 30 centimes qui pourrait couvrir tous ces frais.

La taxe proposée n'est pas exagérée, puisque la moyenne est de 7 francs, et qu'une dépêche transmise à grande distance interrompt la correspondance entre tous les points extrêmes.

L'orateur cite quelques chiffres comme exemple, et, s'expliquant sur l'amendement proposé, il reconnaît d'abord les bienfaits du décret du 6 janvier 1852. Ce décret ayant surtout envisagé la question au point de vue gouvernemental, il en est résulté qu'un certain nombre de villes sont privées des avantages de la correspondance ; aussi la commission avait-elle proposé un amendement qui fixait un maximum à percevoir, et qui n'a pas été adopté par le conseil d'Etat. Ce dissentiment ne pouvait faire rejeter une loi qui consacre de notables améliorations dont la France entière est appelée à jouir.

Les articles 1, 2, 4 et 5 sont adoptés, ainsi que l'article 3 avec la rédaction nouvelle, concertée entre la commission et le conseil d'Etat.

Avant le vote de l'article 6, M. Garnier fait observer qu'il y a une faute d'impression au troisième paragraphe, et qu'il faut lire *l'expéditeur* ou *le destinataire*, et non ET ; en outre, le sens donné au mot *dépêche* par le conseil d'Etat est bien que l'expéditeur ou le destinataire pourra exiger l'une des deux choses, copie de la dépêche par lui remise, ou copie de la transcription de cette minute sur le registre.

M. Bonjean répond que tel est le sens attaché au paragraphe 3 de l'article 6, et, l'erreur typographique étant rectifiée, les articles 6, 7 et 8 sont mis aux voix et adoptés à l'unanimité des 235 votants.

A la séance du 23 mai 1853, le Sénat recevait le texte de la loi votée par la Chambre, et le 24 mai, M. Le Verrier, sénateur, présentait, au nom de la commission chargée du rapport, les considérations ci-dessous.

Ici, nous devons faire remarquer que, pour la première fois, ce corps constitué était appelé à approuver des lois relatives au sujet qui nous occupe, et quoique ses travaux ne fussent point livrés à cette époque à la publicité du *Moniteur*, nous avons pu cependant en prendre connaissance dans les procès-verbaux des séances, et les joindre à notre étude, jusqu'au moment où plus tard le compte rendu sténographique nous a permis de puiser de nouveau dans le journal officiel.

Le télégraphe aérien ne fut jamais à la disposition du public. L'usage du télégraphe électrique a même été interdit en France aux particuliers jusqu'au mois de mars 1851, époque à laquelle, aux termes de la loi de novembre 1850, a commencé le service de la télégraphie électrique privée, par l'intermédiaire et sous le contrôle des agents du gouvernement.

La loi de 1850 ne règle pas seulement les conditions pécuniaires auxquelles les particuliers peuvent réclamer l'usage du télégraphe, elle contient, en outre, des dispositions propres à garantir la sécurité de l'Etat contre l'abus qu'on pourrait vouloir faire d'un moyen si rapide de correspondance ; elle arme le gouvernement des droits les plus étendus.

Le projet de loi actuel ne touche à aucune de ces dispositions qui, dans la loi de 1850, concernent la morale publique et la sûreté de l'Etat, il porte seulement sur une modification des tarifs en vigueur. Dans l'origine, et lorsqu'on ignorait quels seraient les effets de l'innovation qu'on allait tenter, on dut procéder avec circonspection, imposer des tarifs assez élevés, et par cela même de nature à assurer, de la part du public, une grande réserve. Mais aujourd'hui qu'une expérience de plus de deux années a levé tous les doutes et montré quelles immenses ressources les transactions commerciales trouvent dans l'emploi de la correspondance électrique, il est du devoir du gouvernement d'en rendre l'usage moins dispendieux, par un abaissement sensible et cependant très-modéré des tarifs. Tel est l'unique et très-utile objet du projet de loi adopté par le Corps législatif, et présentement soumis à votre délibération.

La commission chargée de l'examen de ce projet de loi a l'honneur de proposer au Sénat de *ne pas s'oppposer à la promulgation.*

La loi fut votée sans discussion, séance tenante, par 92 votants, et promulguée le 28 mai. Le *Moniteur* l'insérait le 1er juin.

Le 7 mai un exposé des motifs, précédé du décret de présentation, avait pour objet la concession de la ligne sous-marine entre la France et l'Algérie.

Messieurs, disait M. Bonjean, président de section au conseil d'État, rapporteur :

Dans la séance du 2 juin 1842, une commission de la Chambre des députés, par l'organe d'un savant de premier ordre, déclarait qu'à ses yeux la télégraphie électrique était l'une de ces belles utopies auxquelles ne paraît pas destiné l'honneur de prendre rang dans l'ordre pratique.

Bien peu d'années se sont écoulées, et déjà, sous nos yeux, dans les deux mondes, se prolongent à travers les continents ces fils dont la puissance mystérieuse transmet la pensée de l'homme avec une rapidité qui reste inappréciable à l'imagination elle-même.

Ces résultats merveilleux, Dieu a permis qu'ils pussent être obtenus à l'aide des agents les plus communs et les moins coûteux : quelques plaques de cuivre et de zinc, du fil de fer, et, à chaque extrémité de la ligne, un petit appareil assez simple, qu'en peu de temps un enfant apprend à manœuvrer..., tels sont les moyens d'action avec lesquels l'homme peut aujourd'hui transmettre au loin sa pensée, avec une vitesse presque égale à celle de la lumière.

Les peuples, les peuples commerçants surtout, devaient se passionner, et ils se sont passionnés, en effet, pour une découverte qui anéantit si complétement le temps et la distance.

A leur tête, il faut placer, sous ce rapport, les États-Unis d'Amérique qui, de l'Atlantique au Pacifique, des frontières du Canada au golfe du Mexique, avaient déjà établi, dès la fin de 1851, 15,000 milles (27,000 kilomètres, près de 7,000 lieues) de télégraphe électrique, dont une grande partie traverse la solitude des forêts, loin de toute terre défrichée. C'est qu'en effet, nul peuple n'était en situation d'apprécier les avantages du nouveau mode de communication, autant que cette race aventureuse, dont le génie entreprenant ne supportait qu'avec impatience les obstacles qu'opposaient à son activité les distances immenses qui séparent ses populations.

Viennent ensuite l'Angleterre, dont toutes les villes de quelque importance sont reliées par un réseau électrique ; la Prusse qui, dès 1850, possédait 834 lieues de fils télégraphiques, alors que, à la même époque, l'Autriche en avait seulement 549 ; la Bavière, 218 ; la Saxe, 150, etc.

Il faut bien le reconnaître, la France, à laquelle cependant sont dues les principales découvertes qui ont servi à fonder l'électro-télégraphie[1], la France n'avait d'abord suivi qu'avec une hésitation et une timidité extrêmes le mouvement qui entraînait les nations dans cette voie nouvelle.

Au 10 décembre 1848, nous n'avions pas 400 kilomètres de télégraphie électrique ; et encore reculait-on devant la pensée d'en permettre l'usage au public.

Grâce à la persévérante initiative du Prince auquel la France a confié ses destinées, les choses ont bien changé de face.

La loi du 20 novembre 1850, triomphant de vieux préjugés, consacra, au profit des particuliers, le droit d'user, dans des intérêts privés, de ce rapide et nouveau moyen de correspondance. Et, bien que l'expérience soit d'hier, cela est déjà entré si avant dans les habitudes, que l'on ne comprend même plus aujourd'hui qu'un tel droit ait jamais pu être sérieusement contesté.

D'un autre côté, le décret du 6 janvier 1852 ouvrit un crédit de 4,832,987 francs pour la construction, en trois années, d'un

---

[1] Nul ne conteste à M. Arago le mérite d'avoir, le premier, signalé, dès 1820, la propriété singulière dont jouit une lame de fer doux de s'aimanter instantanément sous l'influence du courant voltaïque et de perdre non moins instantanément cette aimantation par l'interruption du courant. Or, c'est là précisément le fait qui a permis de tirer du courant voltaïque la puissance dynamique qui fait mouvoir, soit le crayon du système de Morse, soit les aiguilles de Wheatstone.

Nul aussi ne saurait refuser à notre illustre Ampère l'honneur d'avoir, le premier, nettement formulé les conditions essentielles du télégraphe électrique (2 octobre 1820, *Annales de physique et de chimie*, t. XV, p. 78).

Morse, Wheatstone, et quelques autres, ont eu sans doute la gloire, et elle est grande, d'arriver à la réalisation pratique de l'idée par des moyens différents et plus simples ; mais l'idée mère n'en était pas moins bien nettement formulée par notre grand physicien.

réseau de télégraphie électrique, rattachant à Paris tous les chefs-lieux des départements.

Or, par suite de la vigoureuse impulsion imprimée à toutes les branches des services publics après le 2 décembre, il se trouve que ce travail, pour lequel on avait prévu un délai de trois années, sera terminé en moins de deux. Nous possédons aujourd'hui plus de 4,600 kilomètres de fils télégraphiques ; avant la fin de l'année, nous en aurons le double (9,181), moitié le long des chemins de fer, moitié sur les routes ordinaires.

Enfin, plusieurs conventions diplomatiques viennent de relier nos télégraphes à ceux de l'Allemagne et de l'Italie ; en sorte qu'il est aujourd'hui vrai de dire que la télégraphie électrique a dépouillé le caractère étroit d'un service national pour s'élever au rang d'une grande institution européenne.

Le problème de la télégraphie terrestre, ainsi définitivement résolu, suffisait bien à relier entre elles les diverses parties d'un même continent ; mais si merveilleux que fût déjà un pareil résultat, il ne suffisait pas à l'audacieuse ambition du génie moderne ; il lui restait à poursuivre une conquête plus difficile encore, celle d'unir entre eux les continents eux-mêmes, en faisant passer le courant voltaïque à travers les mers. Ce problème semblait d'une solution impossible : si, en effet, la non-conductibilité de l'air permet au fil conducteur de transporter le fluide électrique à de grandes distances, la propriété contraire, dont l'eau jouit à un si haut degré, semblait démontrer *à priori* l'impossibilité de diriger le courant voltaïque à travers les eaux ; alors même que, d'ailleurs, les fils conducteurs auraient pu résister à l'agitation des flots soulevés par la tempête ou les marées.

Ces obstacles, qui semblaient invincibles, furent surmontés avec un rare bonheur ; et le succès du télégraphe sous-marin de Douvres à Calais vint ouvrir un champ nouveau et sans limites aux plus audacieuses applications.

Ici encore l'électro-télégraphie doit beaucoup au chef du gouvernement français. Alors en effet que tous ou presque tous, surtout après l'insuccès de 1850, nous n'accueillions plus qu'avec le sourire de l'incrédulité de glorieuses tentatives, le Prince, loin de partager le découragement général, ne cessa de prodiguer ses encouragements à une entreprise dont son esprit avait apprécié la grandeur et les moyens de succès. Aussi la compagnie concessionnaire pouvait-elle, sans flatterie, inaugurer la ligne qui joint Londres à Paris, par des actions de grâces, adressées par le télégraphe sous-marin, au Prince qui, presque seul, n'avait pas désespéré du succès :

« Les directeurs de la compagnie du télégraphe sous-marin
« ont l'honneur d'offrir à S. A. le Prince-Président leurs plus
« sincères remerciments pour l'appui qu'il a constamment prêté à

« l'établissement de ce moyen instantané de communication entre
« la France et la Grande-Bretagne. Puisse cette merveilleuse in-
« vention concourir, puissamment, sous l'Empire, aux progrès de
« la prospérité du monde. »

I. — *Idée générale du projet nouveau.*

Le projet pour lequel le gouvernement vient demander au Corps
législatif son concours éclairé, dépasse de beaucoup tous les travaux, pourtant si admirables, accomplis jusqu'à ce jour en fait de
télégraphie électrique.

Il ne s'agit plus seulement de traverser un petit bras de mer,
comme de Calais à Douvres; il s'agit de conduire le courant électrique à travers la plus grande largeur de la Méditerranée; de
joindre à la France, à l'Europe, le continent africain, et, plus
tard, les Indes-Orientales et l'Australie.

Cette ligne immense présente trois parties principales.

La première, après avoir relié entre elles les différentes parties
du Royaume-Uni, traverse la Manche de Douvres à Calais, passe à
Paris, Dijon, Lyon, Valence et Grenoble; entre en Savoie, par
Chambéry, franchit les Alpes, touche à Turin, à Gênes, et se prolonge jusqu'à la Spezzia, dans la rivière de Gênes. La distance de
Calais à la frontière sarde est de 1,054 kilomètres, ou 264 lieues;
celle de la frontière sarde à la Spezzia est de 504 kilomètres, ou
126 lieues; ce qui donne pour cette première partie seulement,
de Calais à la Spezzia, une distance totale de 1,558 kilomètres ou
390 lieues.

La seconde partie, celle précisément qui fait l'objet du projet
de loi, part de la Spezzia, où elle plonge dans la mer jusqu'au cap
Corse; elle traverse la Corse par Bastia et Ajaccio; s'immerge de
nouveau pour franchir le détroit de Bonifacio; court, à travers la
Sardaigne, du nord au sud, jusqu'au cap Teulada, où, pour la
troisième fois, s'enfonçant dans les profondeurs de la Méditéranée,
elle s'amarre à la petite île de Galita, et touche enfin le rivage
africain au cap Rosa, à demi-distance entre Bône et la frontière de
Tunis; ayant ainsi parcouru, tant sur terre que sur mer, une distance totale de 975 kilomètres environ [1], en y comprenant les deux
embranchements sur Bône et la frontière de Tunis.

---

[1] La traversée de la Corse est de 250 kilomètres; celle de la Sardaigne
de 300 environ; enfin, l'embranchement sur Bône de 60.

De la Spezzia au cap Corse, 128 kilomètres; détroit de Bonifacio, 13;
du cap Teulada au rivage africain, 225; total : 366 kilomètres.

Mais c'est là la distance à vol d'oiseau. Pour évaluer la longueur réelle
de la ligne télégraphique, il convient d'ajouter 5 pour 100 pour les portions
de la ligne placées sur la terre, et 20 pour 100 pour les câbles sous-marins, à raison des déviations que ce câble subira par l'effet soit des cou-

La troisième portion, enfin, part du cap Rosa, suit le littoral africain, à travers les régences de Tunis et de Tripoli ; touche Alexandrie, le Caire, Suez, Gaza, Jérusalem, Damas, Bagdad, Bassora ; longe le golfe Persique ; côtoie la mer d'Arabie ; traverse l'Hindoustan sur deux lignes qui se bifurquent à Haiderabad pour se rejoindre à Calcutta, l'une au nord, par Lahore, Arra, Allahabad et Hougli ; l'autre, au sud, par Bombay, Hyderabad et la côte de Coromandel ; contourne le golfe du Bengale par Calcutta, Aracan, Martaban ; descend le long de la mer des Indes, à Malaka et à Singapour ; et enfin traverse, sous les eaux et sur les îles de la Sonde, Sumatra, Java, Cymbava, le grand détroit parsemé d'îles qui sépare le continent indien de l'Australie. Cette troisième partie, qui comprend plus de 4,000 lieues, est déjà en construction dans un tiers environ de son étendue, aux frais de la Compagnie des Indes, sous la direction de l'ingénieur O'Shangnessey. On espère que, dans trois ou quatre ans, elle pourra venir rejoindre à Bône la seconde partie de la ligne, déjà décrite entre le cap Rosa et la Spezzia.

Encore une fois, il ne s'agit, dans le projet actuel, que de la seconde partie de la ligne, entre la Spezzia et Bône ; c'est la plus courte, non la moins difficile partie de cet immense travail.

II. — *Origine et négociation du traité.*

C'est au succès, d'autant plus éclatant qu'il était moins espéré, du télégraphe sous-marin de Douvres à Calais, qu'est due la première pensée de la ligne sous-méditerranéenne qui fait l'objet du projet de loi.

Frappé des avantages que présenterait un pareil moyen de communication entre la Sardaigne et ses Etats de terre-ferme, le gouvernement de Turin, dès le commencement de 1852, avait chargé son envoyé à Londres de pressentir M. John Brett, et de savoir si cet habile concessionnaire des télégraphes de Douvres à Calais et à Ostende serait disposé à former une compagnie qui se chargerait, à ses risques et périls, de la construction d'un télégraphe sous-marin de la rivière de Gênes à Cagliari.

Mais, ainsi isolée, l'opération ne semblait pas pouvoir donner des produits capables d'en couvrir les risques ; on sentit donc la nécessité d'obtenir le concours du gouvernement français, qui, de son côté aussi, faisait étudier les moyens d'appliquer la nouvelle découverte à ses relations avec l'Algérie.

Après une laborieuse négociation, dans laquelle furent examinées bien des combinaisons diverses, notre gouvernement recon-

rants, soit des inégalités de terrain que présente le fond de la mer. La longueur totale de la ligne se trouvera ainsi portée à 1,136 kilomètres.

nut les avantages que présentait l'établissement d'un télégraphe qui relierait en même temps à la France et la Corse et l'Algérie.

Dès lors le cabinet de Turin et M. Brett n'hésitèrent plus à signer, à la date du 13 février 1853, un traité par lequel, sous la condition du concours espéré de la France, M. Brett s'engageait à construire le télégraphe sous-marin, moyennant la garantie par le gouvernement sarde, d'un minimum d'intérêt de 5 pour 100 sur la portion de la dépense totale afférente à la partie du télégraphe comprise entre la Spezzia et le cap Corse d'une part, et d'autre part, le détroit de Bonifacio et l'extrémité sud de la Sardaigne. Cette convention, soumise aux Chambres piémontaises, y a été accueillie avec la plus grande faveur.

La négociation avec la France fut reprise alors avec une nouvelle activité ; et enfin, dans les derniers jours d'avril, M. le ministre de l'intérieur a signé avec M. Brett la convention dont les articles 7 et 8 sont soumis à l'examen du Corps législatif, à raison des engagements qu'ils mettent à la charge du Trésor.

Avant d'examiner les conditions du traité, il convient d'expliquer les motifs qui ont fait préférer la ligne adoptée à d'autres lignes qui, au premier aspect, semblaient offrir sur elle quelques avantages.

III. — *Choix de la ligne.*

Deux lignes principales se sont trouvées en présence, pour établir la communication entre l'Europe et l'Afrique.

La première, qu'on vient de faire connaître et que le gouvernement a définitivement adoptée, a été proposée par M. John Brett.

La seconde, proposée par M. Jacob Brett, serait sortie de France par Perpignan, aurait suivi le littoral espagnol par Barcelone, Tortose, Valence jusqu'au cap Gata, d'où elle aurait traversé la Méditerranée, en se dirigeant sur le cap Lindlès, à quelques lieues d'Oran ; elle aurait ensuite traversé de l'ouest à l'est nos possessions d'Afrique, jusqu'à Bône, où, comme dans le projet adopté, elle se serait soudée à la ligne des Indes-Orientales.

Cette ligne avait l'incontestable avantage d'abréger beaucoup la traversée sous-marine ; car cette traversée n'eût été que de 158 kilomètres au lieu de 366 que présente le projet qui a prévalu.

Des considérations de diverses natures sont venues balancer cet avantage.

1° Et d'abord, il était à craindre que les courants occasionnés par le voisinage du détroit de Gibraltar ne vinssent compenser l'inconvénient d'une traversée plus longue.

2° La ligne par l'Espagne laissait en dehors la Corse, qu'il est si intéressant de tenir constamment en rapport avec la mère patrie.

3° Sous le rapport de l'exploitation commerciale, aucune comparaison n'était possible entre la quantité de dépêches qu'aurait pu fournir l'Espagne, et celle qu'on peut raisonnablement espérer pour une ligne qui est appelée à desservir aussi directement que possible l'Italie, la Suisse et l'Allemagne. Nulle comparaison, non plus, quant à l'importance de la navigation. Aux environs de la Corse et de la Sardaigne, la Méditerranée est incessamment sillonnée par une multitude de vaisseaux de guerre et de navires de commerce qui deviendront l'occasion de nombreuses dépêches télégraphiques entre les navires et les pays dont ils dépendent ; au cap Gata, au contraire, les vaisseaux passent et ne séjournent pas.

4° Enfin, et ceci semble décisif, avec la ligne franco-espagnole, il y avait à redouter, bien plus qu'avec la ligne franco-sarde, la concurrence qu'on n'aurait pas manqué de créer au moyen d'une ligne qui, descendant dans toute sa longueur la péninsule italique, n'aurait eu à traverser que la portion de mer resserrée entre la pointe de la Sicile et le cap Bon.

IV. — *Dépense présumée.*

D'après les calculs de M. John Brett, la dépense de construction de la ligne entière, tant sous-marine que terrestre, entre la Spezzia et Bône, devra s'élever à 8,300,000 francs.

Toutefois, il est évident que, dans une entreprise soumise à tant de chances diverses, ces calculs ne sauraient être qu'approximatifs.

Le prix des portions de la ligne à construire dans les îles de Corse et de Sardaigne, ainsi que du cap Rosa à Bone, variera, par exemple, beaucoup, selon qu'elle sera, en plus ou moins grande proportion, élevée sur poteaux, comme cela se pratique actuellement en France, ou enfouie dans des conduits souterrains, suivant l'usage adopté en Prusse et en Russie.

Après avoir tenu compte de toutes les éventualités, on a cru pouvoir accepter, comme la moyenne la plus probable de la dépense, une somme de 7,500,000 francs, dont 3,000,000 pour la partie afférente à la Sardaigne, et 4,500,000 pour la partie afférente à la France.

Le prix du kilomètre de câble sous-marin peut varier de 12 à 14,000 francs ; celui des fils ordinaires de 560 à 1,000 francs.

V. — *Conditions principales de la concession.*

Le traité repose sur les mêmes bases que celui déjà intervenu entre la compagnie et le gouvernement sarde, et ratifié par une loi rendue à Turin, le . . . . . 1853.

Le texte de la convention étant joint au projet de loi, on se bornera à relever celles de ses stipulations qui offrent le plus d'intérêt, au point de vue des engagements que le projet de loi propose d'imposer au Trésor.

La compagnie se charge de la totalité de ce grand travail, *à ses risques et périls*.

Si donc l'entreprise ne pouvait être conduite à bonne fin, ou si, après avoir momentanément réussi, elle venait à échouer devant quelque difficulté imprévue ; si même, pour cas de force majeure quelconque, l'interruption des communications venait à durer plus d'une année, le gouvernement français se trouverait complétement libre de tout engagement envers la compagnie. (Art. 1, § 17.)

La Compagnie s'oblige à mettre gratuitement deux fils de son câble électrique à la disposition du gouvernement français, qui aura le droit exclusif de s'en servir pour toutes les communications, intéressant le gouvernement ou l'administration, tant avec la Corse qu'avec l'Algérie. (Art. 2.)

Elle s'engage à faire passer par les lignes télégraphiques françaises toutes les dépêches, à destination d'Angleterre, qui seraient transmises par la ligne concédée. (Art. 5.)

Enfin, à l'expiration des cinquante années de la concession, le gouvernement français sera subrogé à tous les droits de la compagnie sur les parties de la ligne établies dans l'île de Corse et sur le territoire d'Afrique, depuis Bône jusqu'à la frontière de Tunis, comme aussi dans la propriété du câble sous-marin entre la Sardaigne et la côte d'Afrique. (Art. 14.)

En échange de ces avantages, le gouvernement français accorde à la compagnie, pour cinquante ans, le monopole de la correspondance électrique privée sur la ligne concédée. (Art. 6.)

La taxe à percevoir par la compagnie, pour le parcours, entre la Spezzia et la côte d'Afrique, d'une dépêche de 1 à 20 mots, ne pourra excéder 25 francs, et ne pourra être augmentée de plus de 1 *franc* pour chaque mot en sus. (Art. 11.)

En second lieu, la compagnie ayant à dépenser pour l'établissement du télégraphe entre la Spezzia et l'Afrique, un capital d'au-moins 7,500,000 francs, et le gouvernement sarde ayant déjà garanti un minimum d'intérêt de 5 pour 100 sur trois millions de francs, le gouvernement français s'oblige, de son côté, à garantir sur les 4,500,000 francs restant, un minimum d'intérêt de 4 pour 100.

Il sera, en conséquence, fait une masse de produits nets, laquelle sera répartie en deux parts, l'une de quarante-cinq soixante-quinzièmes afférente au gouvernement français ; l'autre, de trente soixante-quinzièmes, afférente au gouvernement sarde.

Si les quarante-cinq soixante-quinzièmes du produit net de l'exploitation ne représentaient pas l'intérêt à 4 pour 100 de 4,500,000 francs, soit 180,000 francs, le gouvernement français devra parfaire la différence. (Art. 7.)

VI. — *Examen de ces conditions.*

Que si maintenant on recherche quelle chance il y a pour le Trésor d'avoir à acquitter, en tout ou en partie, les 180,000 francs par lui garantis, on ne tarde pas à se convaincre qu'il est bien peu probable que cette éventualité se présente jamais.

D'abord, si l'opération ne réussit pas, nulle difficulté; l'Etat ne doit absolument rien.

Mais si l'opération réussit, si les faits, d'accord avec les analogies, viennent démontrer la possibilité pratique d'une communication sous-marine, comme celle dont il s'agit, n'est-il pas très-vraisemblable que, d'une part, la compagnie trouvera, dans l'exploitation de la correspondance privée à travers la Méditerranée, des profits au moins égaux aux 4 pour 100 garantis par le gouvernement français; et que, dans tous les cas, les profits que réalisera l'administration française sur les dépêches que la ligne concédée doit faire passer à travers la France, compenseront les sommes qu'elle aurait à payer à titre de garantie.

Ces calculs assez modérés, alors même que la ligne concédée ne devrait desservir que les communications entre l'Europe et l'Afrique, ne seront-ils pas bien au-dessous de la réalité, lorsque cette même ligne aura à satisfaire aux immenses intérêts de la correspondance des Indes?

Enfin, et à mettre toutes choses au pire, alors même qu'en définitive l'éventualité de la garantie devrait, contre toute vraisemblance, se réaliser dans sa totalité, 180,000 francs par an payeraient-ils donc trop cher l'avantage pour le gouvernement d'avoir sous sa main, à quelques minutes de distance, et la Corse et l'Algérie? d'être instruit, heure par heure, de tous les incidents qui peuvent y surgir? d'y transmettre, heure par heure aussi, de nuit et de jour, les ordres, les instructions de toute nature, en moins de temps qu'il n'en faut au ministre de la guerre pour intimer ses volontés aux aides de camp qui attendent ses ordres dans le salon voisin?

Ces 180,000 francs n'épargneront-ils pas, d'ailleurs, la somme bien autrement importante que coûte, chaque année, l'envoi en Algérie des vapeurs *express*, auxquels on est obligé d'avoir recours, quand l'importance des ordres à transmettre ne permet pas d'attendre le courrier ordinaire?

Sous le double rapport des intérêts du gouvernement et de ceux du Trésor, la convention paraît donc mériter l'approbation du Corps législatif.

Quand, pour s'assurer avec la seule Sardaigne des relations plus rapides, les Chambres piémontaises se sont empressées de sanctionner un traité tout pareil à celui qui vient d'être examiné, le Corps législatif de France pourrait-il hésiter?

Au surplus, en présence de ces projets si grandioses et des champs illimités qu'ils ouvrent à l'activité de l'homme, la question financière que soulève le projet de loi n'offre évidemment qu'un intérêt bien secondaire.

Nul, sans doute, ne saurait prévoir quel sera le résultat final de tant de merveilleuses découvertes par lesquelles, depuis un demi-siècle, l'homme a su conquérir et discipliner à son usage tant de forces naturelles qui semblaient hors de son domaine, vapeur, lumière, électricité. Nul surtout ne saurait dire si le moment où, dans l'orgueilleuse ivresse de tant de triomphes, la créature semble prête à s'égaler au créateur, n'est peut-être pas bien voisin de cet autre moment redoutable, où, trop occupé de ses conquêtes sur la matière, oubliant les destinées plus hautes qui lui sont promises, l'homme cesse d'élever ses yeux vers le ciel pour les tenir exclusivement attachés aux choses de la terre ; crise fatale où, par un châtiment providentiel de son orgueil, l'humanité, par son triomphe même, ne tarde pas à redescendre les pentes qui ramènent à la barbarie.

Ce sont là les secrets de Dieu.

Faisant toutefois effort pour écarter ces vagues appréhensions dont les esprits religieux et élevés ne peuvent se défendre au spectacle de tant de succès inouïs, et formant des vœux ardents pour que le *progrès moral* ne reste pas trop en arrière des *progrès matériels,* quel esprit si froid ne serait frappé du caractère de grandeur que présente, à un degré supérieur peut-être à celui de la vapeur elle-même, ce mode nouveau de correspondance qui, en moins de secondes que naguère il ne fallait de mois, peut porter aux extrémités du monde l'expression de la pensée humaine ! Qui pourrait calculer la puissance d'expansion qui en résultera pour la propagation de toutes les idées bonnes ou mauvaises ? Qui oserait fixer les limites du nivellement que ce courant incessant doit nécessairement amener dans les opinions, les mœurs, la civilisation des nations ? Qui, enfin, aurait le don prophétique de prévoir les modifications qui en peuvent résulter dans les intérêts politiques et commerciaux qui, jusqu'ici, se sont disputés le monde ?

A travers cette nuit d'éventualités inconnues, un seul résultat paraît à peu près certain, et à lui seul il contre-balance bien des inconvénients, c'est que l'électro-télégraphie, secondée par la vapeur et les chemins de fer, doit tendre à éloigner, de plus en plus, ces luttes horribles de nation à nation, qui, depuis le commencement des âges, ont décimé le genre humain. Après que les peuples auront associé, dans les entreprises du genre de celle-ci, leurs espérances, leurs travaux, leurs intérêts; après qu'ils auront joui en commun de ces créations, trop vastes pour être à l'usage d'un seul peuple ; après qu'ils auront usé, dans un frottement continuel, les aspérités des haines et des préventions nationales, combien ne deviendra-t-il pas difficile de les pousser les uns contre les autres, de les faire renoncer à ces relations pacifiques qui auront pour elles la toute-puissante influence des habitudes et des intérêts!

Sous ce rapport, le projet de loi est un gage nouveau de cette politique de paix, qui a si heureusement inauguré le règne de Napoléon III.

Le rapport fait au nom de la commission, par M. le comte de Bryas, était présenté au Corps législatif le 20 mai :

Messieurs, quelques jours à peine vous séparent de l'instant où vous votiez une loi destinée à faciliter en France l'usage de la télégraphie électrique. Le rapport qui vous était présenté vous indiquait sommairement la multitude des impatientes relations politiques et commerciales à satisfaire entre les différentes nations de notre continent.

Un mois ne s'est pas écoulé, et la pensée humaine, dans son ardeur insatiable de progrès, se trouvant trop à l'étroit dans ses pérégrinations instantanées au travers de l'Europe, vous propose les moyens de briser de pareilles limites. Elle vous demande à franchir des espaces naguère inconnus ; de même que les chemins de fer, obéissant au génie de l'homme, déchirent les flancs souterrains d'une montagne impossible à gravir, de même, par une nécessité inverse, la télégraphie va confier des fils électriques aux mystérieuses profondeurs des océans, pour traverser des mers dont elle ne peut sillonner la surface.

Nous assistons à une glorieuse période de transition industrielle: jamais, à aucune époque, on n'avait estimé la valeur du temps à un aussi haut prix que de nos jours.

Le monde civilisé engage en moins d'un quart de siècle, dans la construction des chemins de fer, des sommes énormes, supérieures peut-être à celles qui ont été dépensées depuis les âges les plus reculés, pour les voies de communication ordinaires. Le but est d'épargner le temps des hommes qui voyagent et la durée du transport des marchandises. Les Etats sont solidaires les uns des autres en industrie, comme en politique. Lorsqu'une idée ou une découverte ont acquis droit de cité dans la civilisation, un peuple rétrograderait vers la barbarie, entrerait dans la décadence, marcherait à une ruine certaine, s'il ne l'acceptait au prix de tous les sacrifices qui en sont la conséquence immédiate. Notre globe se couvre d'un vaste réseau télégraphique ; sans parler de l'Angleterre et des Etats qui nous entourent, citons la Russie, qui tend ses fils électriques des contrées polaires à ses possessions de la mer Noire. L'Amérique unit en ce moment les deux océans qui baignent ses immenses rivages. La civilisation stationnaire de la vieille Asie va progresser sous l'influence de cette merveilleuse découverte. La France ne saurait résister à de pareils entraînements.

La télégraphie étend incessamment le domaine utile de ses conquêtes. Cette invention, nous ne craignons pas de le dire, est appelée à porter dans la correspondance politique et privée du globe une révolution aussi profonde et aussi radicale que celle opérée par la construction des chemins de fer pour le transport des personnes et des marchandises.

Dans l'état actuel de la science, la télégraphie électrique donne toutes les garanties que peut offrir un service régulier. Depuis plusieurs années, l'expérience démontre que les télégraphes terrestres répondent aux exigences et aux besoins des usages auxquels ils sont destinés. Leur service ne saurait être interrompu, ni par les intermittences de lumière, ni par les brusques variations de température. Les courants électriques, messagers de nos pensées, traversent aussi facilement l'obscurité de ces interminables nuits, qui étendent leurs voiles sur les froides régions polaires, que l'ardeur brûlante des rayons du soleil, sous la ligne de l'équateur.

La seule condition impérieusement exigée pour opérer ainsi la transmission de la pensée, est de placer les fils métalliques dans un milieu qui ne soit pas conducteur du fluide électro-magnétique. L'atmosphère où nous vivons et que nous respirons remplit admirablement ce but. L'eau, au contraire, s'empare avidement de l'électricité. On avait craint, au début, que l'air humide présentât les mêmes inconvénients. On avait redouté la pluie comme un obstacle, à cause des relations qu'elle devait établir entre les fils et le sol, et entre les fils eux-mêmes par les poteaux. La pratique a démontré que tous ces inconvéniens n'existent pas : la pluie favorise même quelquefois la sûreté des transmissions, surtout pour les télégraphes à un fil.

Un fil-métallique plongé dans l'eau lui cède le fluide électrique dont il est imprégné, tout comme un métal fortement chauffé tend, par le refroidissement, à se mettre en équilibre avec la température ambiante. Pour traverser les fleuves et les mers, on avait donc à vaincre cette propriété absorbante et bien d'autres obstacles de toutes sortes. Il fallait d'abord, et avant tout, trouver un moyen sûr et permanent d'isoler les fils conducteurs. Il fallait, en outre, que les câbles sous-marins offrissent une solidité suffisante pour résister à l'action des courants : ils devaient enfin être assez flexibles pour s'infléchir et onduler suivant les sinuosités du fond des mers.

Voici comment il est procédé à la construction des câbles sous-marins employés entre Douvres, Calais et Ostende.

On enduit des fils de cuivre avec une couche peu épaisse d'une matière isolante, très-ductile, nommée *gutta-percha*. Puis on les réunit tous ensemble, en les noyant de nouveau dans une masse commune de *gutta-percha*, de façon à former un câble unique, contenant un nombre de fils proportionnel à la multiplicité des dépêches qu'on voudra transmettre. Le câble de Calais en contient 4, celui d'Ostende en renferme 6.

Pour préserver ce câble des frottements du fond de la mer provoqués par les courants et les tempêtes, pour le défendre contre le dragage des ancres et les attaques de tous genres, il est revêtu d'une torsade composée de gros fils de fer galvanisé. Le diamètre total d'un pareil câble doit varier, à ce qu'il nous a semblé, entre 6 et 8 centimètres.

Vous avez tous présentes à l'esprit, messieurs, les immenses difficultés qui ont accompagné la pose du premier câble sous-marin. Il était destiné à unir, à travers la Manche, les rivages de deux nations, qui, jadis rivales, provoquaient en Europe les rigueurs désastreuses du blocus continental, et qui usent aujourd'hui des progrès de la science pour multiplier des relations de toutes sortes, gages assurés de paix pour l'avenir.

Plusieurs tentatives infructueuses ont été faites entre Douvres et Calais. L'attention du monde savant et industriel a été tenue en échec pendant des mois entiers par l'incertitude de la réussite. Des accidents étranges se dressaient comme des obstacles insurmontables, lorsque le persévérant M. John Brett, des projets duquel nous aurons à vous entretenir tout à l'heure, parvenait à maîtriser l'agitation des flots et la longueur des distances. A peine le câble était-il submergé, que le patron d'une barque le faisait rompre pour dégager son ancre, et qu'un autre, le prenant pour une épave, en encombrait le pont de son navire.

L'expérience acquise au moyen de cette épreuve permet actuellement de poser un câble électrique au fond de la mer, avec une certitude de succès telle, que la réussite n'a plus le privilége d'exciter l'admiration ni la surprise.

La distance entre Douvres et Calais est de 28 kilomètres ; celle qui sépare Ostende de Douvres dépasse 80 kilomètres. Nous avons appris par un article en quelques lignes, inséré aux nouvelles diverses du *Moniteur universel*, qu'un câble sous-marin unissait la Belgique à l'Angleterre.

On lit, à la date du 9 mai 1853 :

« L'établissement du télégraphe sous-marin entre l'Angleterre et la Belgique vient d'avoir lieu heureusement. Le steamer à hélice *William-Hatt* est arrivé à Douvres lundi matin avec le câble, de 70 milles de longueur (92 kilomètres). Le temps n'a point permis de commencer les travaux avant mercredi, au point du jour ; les steamers ont chauffé pour le cap Foulant, où on a amarré le câble dans le caveau où se trouve celui de Calais, qui appartient à la même Compagnie. Aussitôt l'opération terminée, les steamers sont partis, et le câble a été dévidé. Les personnes à bord du *William-Hatt* échangeaient avec celles qui étaient restées dans le caveau des dépêches télégraphiques. Mercredi soir, les steamers ont mouillé en vue de Dunkerque ; le lendemain les travaux étaient repris, et jeudi, à une heure après-midi, l'expédition arrivait à Midslekirk, sur la côte belge, lieu choisi pour y fixer le bout du câble. Un grand nombre de personnes attendaient sur le rivage. L'opération, abandonnée à la nuit, a été reprise le lendemain, et vendredi, à une heure, une dépêche partie de Belgique annonçait à Londres que l'entreprise s'était heureusement terminée. Il faudra quelque temps pour opérer la jonction du télégraphe à celui d'Ostende, par lequel les dépêches pourront être transmises directement de Londres à Bruxelles. » (*Times*.)

Si les inventeurs ont quelquefois le tort de se payer d'illusions, si, en voulant sans cesse reculer les bornes du possible, ils courent souvent à leur perte, faute de savoir limiter le but qu'il serait prudent de se proposer, on conviendra néanmoins que les esprits les plus sages et les plus positifs sont en droit de considérer aujourd'hui le problème de la télégraphie sous-marine comme à peu près résolu. Aussi, messieurs, votre commission vous propose-t-elle d'adopter le projet de loi qui est soumis à vos délibérations. Il a pour but principal de relier, à travers la Méditerranée, la Corse et l'Algérie avec la métropole. Les clauses du traité sont telles, que la construction de la ligne n'entraîne aucune dépense pour le Trésor. L'État n'accorde une garantie d'intérêt au capital engagé qu'à la condition d'une réussite complète dans l'exécution.

Cette entreprise n'est qu'un des anneaux d'une immense chaîne électrique destinée à s'étendre sur plus de la moitié d'un des grands cercles de notre globe. L'Europe, l'Afrique, l'Asie et l'Océanie seront en relations instantanées. Londres et la Nouvelle-Hollande, situées aux antipodes, se transmettront leurs pensées, en moins de temps qu'il n'en faut pour les exprimer ou les écrire. Qui oserait affirmer que le Christophe-Colomb de la pensée se fera longtemps attendre, et que nous n'apprendrons pas un jour qu'il n'existe plus de distance intellectuelle entre l'ancien et le nouveau monde ?

Tracé de la ligne adoptée par le gouvernement.

Nous n'avons pas mission de modifier le tracé adopté par le gouvernement ; il nous faut cependant examiner si, au point de vue de nos intérêts politiques et commerciaux, il offre assez d'avantages pour lui accorder des garanties qui lui assureront probablement la priorité et une durable préférence sur toute autre voie de communication électrique entre la France et nos possessions de l'Algérie.

Nous ne sommes pas sous l'empire d'un fait isolé : il s'agit de continuer la ligne électrique qui, partant de l'Angleterre, traverse la Manche, passe par Paris, Lyon, Grenoble, entre en Piémont par Chambéry, touche à Turin, pour arriver à Gênes et se prolonger jusqu'à la Spezzia , sur les côtes de la Méditerranée. Le service télégraphique est établi sur tout le tronçon de Calais à la Spezzia; sa longueur peut être évaluée à 1,560 mètres.

D'après l'exposé des motifs, les principaux points de repère de la ligne à concéder sont les suivants : De la Spezzia, un câble électrique plonge dans la Méditerranée jusqu'au cap Corse, sur une longueur de 128 kilomètres. La traversée de la Corse par Bastia et Ajaccio offre un parcours de 250 kilomètres. Le détroit de Bonifacio exige un câble sous-marin de 13 kilomètres. Du cap Teulada à Galita, nouveau câble sous-marin de 175 kilomètres, et enfin, de cette petite île au cap Rosa, le dernier conducteur électrique sous-marin présentera un développement de 50 kilomètres environ. Le cap Rosa est à égale distance de Bône et de la frontière tunisienne : la ligne se bifurquera en ce point, pour aboutir à ces deux destinations.

En résumé, la longueur totale de la ligne sera de 975 kilomètres, dont 366 kilomètres sous-marins, et 609 kilomètres de lignes aériennes ou enfouies.

Le choix de cette ligne n'a pas été fait au hasard, et des tracés divers ont été l'objet des méditations du gouvernement. Votre commission, elle aussi, a appelé dans son sein des hommes qui se sont occupés de cette affaire. Elle a entendu avec le plus vif intérêt un habile ingénieur qui avait surtout étudié la question au point de vue scientifique. Il n'est point parvenu à votre commission des offres de nature à la décider à faire de ces propositions nouvelles l'objet d'un amendement.

Deux questions se présentent cependant à l'esprit :

1° Existe-t-il un intérêt capital pour la France à communiquer directement avec nos possessions d'Afrique, par une ligne indépendante de toute communauté étrangère, partant de Marseille ou de tout autre point de nos rivages pour aboutir directement à l'Afrique française ? Ce tracé est-il praticable ?

2° Les rivages de l'Espagne sont-ils préférables au tracé qui nous est soumis pour établir une ligne télégraphique qui, du cap Gata, par exemple, traverserait la mer pour aboutir au cap Lindlès, avec un câble sous-marin de 158 kilomètres ?

Le premier projet, consistant à aller directement de France en Algérie, n'est peut-être pas inadmissible au point de vue théorique ; mais rien dans la pratique ne prouve qu'il soit possible de transmettre le fluide électrique à 800 ou 900 kilomètres de distance, avec des fils assez complétement isolés pour assurer le service. Si on relâche aux îles Baléares, si on réduit les tronçons à 400 ou 500 kilomètres, le projet perd ses avantages de nationalité exclusive. Ajoutons en outre qu'un câble sous-marin, pareil à ceux dont l'expérience a sanctionné l'emploi, coûte 12,000 ou 14,000 francs le kilomètre. Les frais de premier établissement s'élèveraient donc à

12 millions de francs. Nous aurions à redouter la concurrence d'autres lignes qui ne manqueraient pas de s'établir pour communiquer avec l'Orient. Une pareille entreprise entraînerait des garanties d'intérêt perpétuelles et des subventions fort considérables.

On nous a présenté des fils sous-marins, à transmission unique, d'une construction très-ingénieuse, d'une flexibilité parfaite, et dont le prix ne s'élève pas au delà de 1,240 francs par kilomètre. Il faudrait multiplier ce prix par le nombre de fils nécessaire. Ces fils ne sont d'ailleurs défendus par aucune armure métallique extérieure. Il nous semblerait imprudent de livrer à tous les hasards de l'imprévu des fils d'une fragilité extrême, coûtant néanmoins 1,233,750 francs chacun. Leur pesanteur spécifique n'est guère supérieure à celle de l'eau de mer : il suffirait d'une barque chassant sur son ancre pour les draguer s'ils étaient libres, ou pour les rompre s'ils étaient retenus par des poids au fond de la mer.

On exige, pour établir deux câbles seulement, des subventions qui atteignent le chiffre de 270,000 francs par an.

Il faut en outre partir d'un principe général et qui doit dominer toutes les questions, quand il s'agit de télégraphie électrique. Un pareil agent ne peut, par la nature même des services qu'il est appelé à rendre, demeurer la propriété exclusive d'une seule nation. Il est avantageux, au contraire, d'intéresser plusieurs peuples à sa construction. Notre réseau français est à peine en activité, et déjà des traités sont conclus avec bien des peuples de l'Europe, pour assurer la facilité des communications. La France, pour correspondre avec les grands États du Nord, ne sera-t-elle pas toujours tributaire de la Belgique, du grand-duché de Bade, de la Suisse ou du Piémont? Une nouvelle, pour parvenir à Vienne ou Saint-Pétersbourg, n'aura-t-elle pas à franchir des États qui, à un jour donné, peuvent devenir des ennemis ou des rivaux? Ces considérations n'ont pas arrêté un instant la construction des lignes internationales.

Ces raisons semblent suffisamment démontrer qu'au point de vue politique et au point de vue financier, une ligne sous-marine exclusivement française n'est pas d'une nécessité absolue, fût-elle possible.

A l'appui de la deuxième question, quelques ouvertures ont été faites à l'administration, pour assurer la préférence à une ligne qui, partant de Perpignan, aurait suivi la côte d'Espagne, par Barcelone, Tortose et Valence. Du cap Gata, elle aurait abouti au cap Lindlès, à quelques lieues d'Oran, et aurait traversé nos possessions africaines pour aboutir à Bône et à la frontière de Tunis.

Cette ligne séduit au premier aspect; elle abrége beaucoup la traversée sous-marine. Examinée avec attention par des hommes compétents, elle n'a pu obtenir la préférence.

Le câble sous-marin présenterait un développement de 158 kilomètres. Le plus long des tronçons sous-marins du projet du gouvernement n'excède pas 175 kilomètres. A ce point de vue, les difficultés et les éventualités sont à peu près les mêmes.

Le câble électrique entre les caps Gata et Lindlès serait exposé à la véritable violence des courants du détroit de Gibraltar, qui se prolongent jusque dans ces parages. La mer offre en outre des grands fonds très-considérables et de brusques inégalités de profondeur fort nuisibles à l'exécution du projet.

Art. 5 et 7. Rappelons-nous surtout que le tronçon partant d'Angleterre pour aboutir en Afrique donnera des revenus considérables à notre Trésor, et annulera certainement la garantie d'intérêt stipulée (art. 7), s'il devient tête de ligne. Dans ce cas, il assure à travers la France le profit du monopole des dépêches (art. 5) d'une entreprise gigantesque, que nous n'avons fait qu'indiquer, et qui, d'après l'exposé des motifs ;

« Part du cap Rosa ; suit le littoral africain à travers les régences de Tunis et de Tripoli ; touche Alexandrie, le Caire, Suez, Gaza, Jérusalem, Damas, Bagdad, Bassora ; longe le golfe Persique, côtoie la mer d'Arabie ; traverse l'Hindoustan sur deux lignes qui se bifurquent à Haiderabad pour se rejoindre à Calcutta, l'une, au nord, par Lahore, Arra, Allahabad et Hougli ; l'autre, au sud, par Bombay, Hyderabad et la côte de Coromandel ; contourne le golfe du Bengale par Calcutta, Aracan, Martaban ; descend le long de la mer des Indes, à Malaka et à Singapour ; et, enfin, traverse sous les eaux et sur les îles de la Sonde, par Sumatra, Java, Cymbava, le grand détroit parsemé d'îles, qui sépare le continent Indien de l'Australie. Cette troisième partie, qui contient plus de quatre mille lieues, est déjà en construction dans un tiers environ de son étendue, aux frais de la Compagnie des Indes, sous la direction de l'ingénieur O'Shangnessey. On espère que dans trois ou quatre ans, elle pourra venir rejoindre, à Bône, la seconde partie de la ligne, déjà décrite entre le cap Rosa et la Spezzia. »

L'habile directeur général de la télégraphie française, auprès duquel nous avons été officieusement puiser quelques renseignements sur le développement de la télégraphie dans le monde entier, nous a confirmé que le gouvernement anglais et la Compagnie des Indes travaillent activement à établir un immense réseau télégraphique dans leurs possessions orientales ; il nous a appris que des compagnies rivales se disputaient la transmission télégraphique des dépêches indiennes et australiennes à travers l'Europe.

N'est-il pas à croire que la première ligne ouverte, si elle est bien choisie, arrêtera la construction des autres ? C'est le résultat qu'il faut s'efforcer d'atteindre promptement.

Plusieurs tracés peuvent, en effet, être adoptés ; la puissante Compagnie générale du télégraphe électrique à Londres fait jeter un câble sous-marin d'Angleterre en Hollande, qui, se prolongeant à travers l'Allemagne, la Prusse, l'Autriche, peut descendre par le Danube vers Constantinople, et gagner les Indes à travers l'Asie.

Le concessionnaire lui-même, au moyen du câble qu'il possède entre Douvres et Ostende, pourrait franchir la Belgique, suivre extérieurement nos frontières, mettre Turin en communication avec l'île de Sardaigne, par les rivages de l'Italie, Naples et la Sicile, rejoindre le cap Bon, et se relier à Tunis avec la ligne d'Orient par l'Egypte.

Il est même évident que l'une ou l'autre de ces lignes se construirait, si nous ne donnions satisfaction à la Sardaigne, et si nous faisions passer nos correspondances d'Afrique par l'Espagne. Toutes les puissances de l'Europe, de nos frontières du Rhin et des Alpes jusqu'à la Russie, souffriraient trop d'un pareil tracé et s'associeraient pour établir des lignes mieux appropriées à leurs besoins.

Art. 6. Aux termes de l'article 6 du traité, le gouvernement s'engage, pour un laps de temps de cinquante années, à n'autoriser l'établissement d'aucune autre ligne télégraphique : 1° entre l'Algérie et la Sardaigne ou la Corse ; 2° Entre l'Algérie et Alexandrie, ou les Indes Orientales, sur le territoire de l'Algérie.

Cet article 6, destiné à spécifier la restriction des droits ultérieurs de la France, indique clairement que le gouvernement maintient le droit absolu d'établir avec l'Algérie des communications, soit directes, soit par l'Espagne, sous la seule réserve de ne toucher ni la Corse, ni la Sardaigne, et d'arrêter ces lignes nouvelles à la frontière de Tunis. Rien n'empêcherait même l'administration de relier directement la France à la Corse, si l'abondance des dépêches permettait dans l'avenir un pareil sacrifice.

Art. 12. L'article 12 spécifie en outre qu'il sera établi sur la côte de l'Algérie et en Corse des bureaux français, *qui pourront prendre connaissance de toutes les dépêches.*

Art. 10. L'article 10 porte : « La législation concernant la police des lignes télégraphiques sera applicable à cette ligne. »

Pour se rendre compte de toute la portée de ces deux articles, pour être assuré à quel point l'influence française sur les destinées de cette ligne sera sérieuse et réelle, il faut consulter les articles 3 et 4 de la loi du 30 novembre 1850.

« Art. 3. Le directeur du télégraphe peut, dans l'intérêt de l'ordre public et des bonnes mœurs, refuser de transmettre les dépêches. En cas de réclamation, il en est référé, à Paris, au ministère de l'intérieur, etc.

« Art. 4. La correspondance télégraphique privée peut être suspendue par le gouvernement, soit sur une ou plusieurs lignes à la fois. »

En dehors de ces dispositions légales, nous reconnaissons que ces questions de préférence entre l'Espagne et le Piémont prennent surtout une importance politique immense en cas de guerre. Nous pensons que les relations télégraphiques, si précieuses pendant la paix pour faire communiquer les Etats et enrichir les nations, seront toujours fort compromises par les luttes européennes. Malgré nos révolutions et nos changements de dynasties, nous n'oublions pas tous les liens de longue amitié qui nous unissent à l'Espagne. Si nous ne croyons pas que les raisons qui faisaient confondre les intérêts des deux peuples, lors des traités d'Utrecht ou du pacte de famille, aient perdu leur raison d'être, il faut reconnaître aussi que les intérêts politiques du Piémont sont étroitement liés à ceux de la France.

Ajoutons qu'une convention a été signée le 28 avril 1853, entre la France et la Sardaigne, pour régler la transmission des correspondances télégraphiques.

Cette convention stipule : « Art. 4. Les dépêches internationales passant d'un pays à l'autre ne payeront, dans aucun cas, des taxes plus fortes que celles applicables aux dépêches envoyées par des indigènes pour le parcours de chaque Etat. »

L'article 7 est ainsi conçu : « Il est entendu que la présente convention ne portera aucun obstacle à l'exécution des droits que chaque gouvernement tire des dispositions législatives et réglementaires en vigueur dans chaque pays, et notamment à la faculté de suspendre sa correspondance télégraphique privée. »

Traité avec M. John Brett.

Le gouvernement du Piémont était, depuis 1852, en négociations avec M. John Brett, pour établir une ligne directe entre la Spezzia et l'île de Sardaigne ; mais cette opération isolée, destinée seulement à mettre en communication avec la métropole une île dont la population ne dépasse guère 550,000 habitants, était entravée par la question financière.

De son côté, le gouvernement français désirait correspondre avec l'Algérie et la Corse, au moyen de la télégraphie électrique ; il étudiait aussi les bases d'un traité avec M. Brett.

Le cabinet de Turin et M. Brett ont signé, le 13 février 1853, un traité par lequel, sous la condition du concours espéré de la France, le concessionnaire s'engage à établir une ligne en partie sous-marine, de la Spezzia à l'extrémité de la Sardaigne, passant par la Corse, moyennant certaines garanties par le Piémont, sur les frais d'établissement de toute cette ligne, sauf la traversée de la Corse. Les Chambres piémontaises sont disposées à ratifier cette convention.

M. Brett ayant fait connaître cette situation à la France, M. le ministre de l'intérieur a signé avec lui, en avril 1853, une convention ; elle doit être soumise à vos délibérations, pour les articles 7 et 8 qui engagent pécuniairement le Trésor.

D'après les calculs, d'ailleurs fort incertains et sujets à bien des éventualités, M. Brett estimait que la dépense totale de la Spezzia en Afrique s'élèverait à 8,300,000 francs. Il a consenti à réduire ses devis à 7,500,000 francs. La Sardaigne prend à sa charge la garantie d'un minimum d'intérêt de 5 pour 100 sur une somme de 3 millions. La France s'engage à payer un minimum d'intérêt à 4 pour 100 sur 4,500,000 francs, mais avec la réserve formelle que l'intérêt garanti annuellement ne puisse jamais excéder 180,000 francs.

L'examen des articles principaux du traité, que nous reproduisons en son entier à la fin du rapport, vous déterminera sans doute, ainsi que votre commission, à lui donner votre sanction législative.

M. Brett s'engage :

ART. 1er. A construire à ses risques et périls, dans le délai de deux années, la ligne toute entière ;

A construire dans le délai d'une année, à partir du jour de la signification qui lui en serait faite par le gouvernement français, une ligne partant du point d'abordage sur la côte d'Afrique, et se raccordant à Tunis avec toute ligne qui, de cette ville, irait à Alexandrie et dans les Indes.

ART. 15. Le concessionnaire doit déposer un cautionnement de 250,000 francs, qui ne sera rendu qu'un mois après l'ouverture de la ligne.

La France ne peut, en aucun cas, d'après la teneur de ces articles, être entraînée, pour la construction de la ligne, à aucune dépense quelconque, quelles que soient les difficultés imprévues que le concessionnaire pourra rencontrer.

ART. 4. Tous les travaux s'exécutent aux risques et périls du concessionnaire ; l'administration n'y intervient que pour surveiller la comptabilité, et reste étrangère à tous les cas fortuits. Elle s'assure aussi que les travaux sont faits conformément aux conventions stipulées.

ART. 16. Si, après deux années d'efforts et de sacrifices infructueux, la ligne n'était pas ouverte au service régulier de la transmission des dépêches, le cautionnement deviendra de plein droit propriété de l'Etat, et M. Brett sera déchu de la concession qui lui est faite.

Si, par des accidents imprévus ou la défectuosité des moyens d'exécution, le service est interrompu sur la ligne, dans le cours de la première année d'exploitation, soit consécutivement, soit à diverses reprises, pendant une durée totale de plus de trois mois, le gouvernement devient l'arbitre du sort de la convention. Il est libre d'en prononcer l'annulation, s'il le juge convenable. Il reprend alors tous ses droits et peut traiter à nouveau avec toute autre compagnie, pour établir des communications électriques avec l'Afrique et les Indes, même en suivant la direction actuellement adoptée.

Art. 17. La présente convention deviendrait nulle de plein droit, dans le cas où il surviendrait dans les communications télégraphiques, entre le golfe de la Spezzia et la côte d'Afrique, une interruption de correspondance qui durerait plus d'une année.

Si, par une cause quelconque, même de force majeure, comme le cas de guerre ou de tempête, les communications étaient interrompues pendant plus d'une année, si le matériel était détruit, ou hors d'état de servir, sans pouvoir être rétabli dans l'espace de moins d'une année, il résulte des termes de cet article, que la garantie d'intérêt ne serait plus exigible. Le gouvernement français, après ce terme d'expectative, peut annuler la convention et ne plus payer de subvention à une entreprise qui ne rend aucun service.

Relativement au préjudice que subirait l'entreprise, si des prolongements éventuels et futurs de la ligne éprouvaient des avaries par une cause quelconque, le gouvernement français n'entend donner aucune garantie, ni aucun recours contre lui au concessionnaire. Il n'existe aucune connexité entre le traité actuel et les faits qui pourront se révéler postérieurement. Dans aucun cas, il ne sera dû d'indemnité extraordinaire, et la subvention représentée par la garantie d'intérêt ne pourra jamais, à l'occasion du présent traité, être portée au delà de 180,000 francs, quelle que soit l'étendue des dommages éprouvés par M. Brett, s'il devient concessionnaire de lignes se prolongeant au delà de la frontière de Tunis.

La convention peut être également annulée si, par son fait, M. Brett prive la France en tout ou partie de la transmission de la correspondance des Indes et de l'Egypte.

Un des motifs déterminants de la préférence donnée à cette ligne sur celle d'Espagne, est le monopole à travers la France, garanti par l'article 5. Le produit des taxes perçues de Grenoble à Calais, sur toutes les dépêches anglaises, deviendra un revenu considérable et pourra indemniser le Trésor des déboursés qu'il aura faits pendant les premières années, en attendant que les communications de l'Inde soient établies. Si, par sa participation à une entreprise rivale, M. Brett déshéritait à tout jamais la ligne concédée de cette fructueuse éventualité, il est évident que la garantie pourrait demeurer onéreuse pendant les cinquante années de la concession : il serait opportun alors de rechercher des moyens plus économiques de mettre la France et l'Algérie en communication.

L'Angleterre, par sa Compagnie des Indes, a pour sujets ou pour tributaires plus de 150 millions d'Indiens. Elle a des relations immenses avec la Chine, le Japon, les possessions hollandaises. Elle domine la Nouvelle-Hollande et l'Océanie, dont la civilisation peut accroître infiniment l'importance. L'Egypte est le rendez-vous forcé des dépêches politiques et commerciales de toute la portion de l'Asie qui se rapproche de l'Afrique. Un pareil aperçu suffit pour expliquer l'importance extrême que nous attachons à garantir à la France le monopole de tous les courants électriques que M. Brett pourra dériver à son profit.

Art. 8. Le concessionnaire s'engage à tenir gratuitement deux fils à la disposition du gouvernement français, pour la transmission des dépêches administratives et politiques.

Les dépêches du gouvernement ont quelquefois une importance telle, qu'il n'est pas possible d'attendre, pour les transmettre en Corse ou en Afrique, le départ régulier des paquebots ordinaires. On expédie des *express*, pour les transporter immédiatement. La suppression des frais de pareils affrètements viendra en compensation de l'éventualité du service des intérêts à laquelle le traité nous assujettit.

Art. 14. Après cinquante années d'exploitation, le gouvernement est mis en possession, sans indemnité préalable, de toutes les portions de la ligne pour la construction desquelles il a garanti un minimum d'intérêt.

La longueur de ce délai semblera peut-être détruire en partie les avantages stipulés en faveur de la France. Cet argument ne saurait nous toucher. Il faut calculer la durée des contrats, proportionnellement aux chances d'existence de ceux qui s'engagent. Si une période de cinquante années peut paraître excessive, en regard du temps éphémère de la vie d'un homme, il faut considérer que les grandes nations persistent et se régénèrent. Apprenons par des bienfaits aux races futures à supporter les charges que le passé peut quelquefois aussi être exposé à leur léguer.

A l'expiration de ce délai, la ligne sera soumise à une influence exclusivement française ; l'esprit le plus pénétrant ne saurait prévoir à quel degré d'importance seront parvenus alors ces chemins de fer de la pensée, dont l'expérience aura réglé, mûri et étendu l'emploi ainsi que la construction.

Art. 11. M. Brett consent enfin à laisser aux gouvernements français et sarde, le droit de régler d'un commun accord les tarifs pour la transmission des dépêches. Il est stipulé à l'avance qu'une dépêche de 20 mots ne pourra acquitter, de la Spezzia à la côte d'Afrique, un droit supérieur à 25 francs, et que l'augmentation par chaque mot en sus de vingt, ne pourra dépasser 1 franc.

Aucune distinction de personnes ni de nationalité ne sera faite pour la perception des taxes.

Voulant prévoir et assurer l'avenir, votre commission a proposé d'ajouter un paragraphe, qui prendra rang sous le numéro et à la suite de l'article 11 du traité. Il s'agit de garantir au commerce français, au delà de cette ligne, des conditions égales à celles des nations les plus favorisées, dans le cas où M. Brett prolongerait la concession vers l'Orient à travers l'Egypte, ou dans toute autre direction.

Le paragraphe accepté par le gouvernement et le concessionnaire est ainsi conçu :

Dans le cas où ledit sieur John Walkins Brett deviendrait concessionnaire de tout ou partie de la ligne télégraphique de la frontière de Tunis à Alexandrie et aux Indes, les tarifs à appliquer sur ces prolongements du télégraphe qui fait l'objet du présent traité, pour les dépêches venant de France ou à destination de ce pays, ne pourront être plus élevés que ceux de la nation la plus favorisée. Elles prendront rang, pour leur transmission, dans l'ordre de leur présence aux divers bureaux.

Nous avons fait connaître tous les engagements que M. Brett prend envers la France. Nous aurons fini notre tâche après avoir discuté les garanties que le gouvernement accorde au concessionnaire.

ART. 7. La dépense totale de la ligne est évaluée à 7,500,000 francs. Le gouvernement sarde garantit un minimum d'intérêt de 5 pour 100 sur 3 millions de francs pour la construction des portions de ligne qui le concernent.

La France garantit un minimum d'intérêt de 4 pour 100 pour la dépense présumée qu'exigera la traversée de la Corse, le câble sous-marin allant du cap Teulada en Afrique, et les lignes de raccordement jusqu'à Bône et à la frontière de Tunis.

Le capital auquel s'appliquera cette garantie, ne saurait excéder 4,500,000 francs, quelle que soit l'augmentation de la dépense sur l'évaluation du devis. La totalité de l'intérêt garanti ne pourra donc jamais dépasser la somme de 180,000 francs.

Le gouvernement français n'aura à acquitter cette subvention, en tout ou en partie, que si le produit net des taxes ne donne pas 4 et demi pour 100 d'intérêt sur le capital dépensé ou au maximum sur 4,500,000 francs.

Le produit net s'obtient en retranchant du produit brut des taxes perçues les dépenses *ordinaires* d'exploitation afférentes au personnel et au matériel de l'entreprise.

Dans le cas peu probable où les produits de la ligne n'atteindraient pas les frais d'exploitation, votre Commission, d'accord avec MM. les conseillers d'État délégués, n'entend nullement engager le gouvernement à parfaire le déficit d'abord, et à payer ensuite à la compagnie concessionnaire une somme de 180,000 francs ; c'est à proprement parler une subvention annuelle qui est accordée à M. Brett, jusqu'à concurrence de la réalisation de bénéfices atteignant 180,000 francs.

Pour fixer les sommes dues pour le service des intérêts par chacun des gouvernements sarde et français, il sera fait une masse commune de tous les produits nets recueillis sur la totalité de la ligne. Si les quarante-cinq soixante-quinzièmes du produit net ne représentaient pas 4 pour 100 d'intérêt sur un capital de 4,500,000 francs, le gouvernement français aurait à parfaire la différence jusqu'à concurrence de 180,000 francs.

ART. 8. Si la rupture des câbles ou des accidents interrompaient le service, M. Brett est tenu de rétablir à ses frais, risques et périls, la ligne dans le plus bref délai possible. Il est bien entendu que ces frais extraordinaires de grosses réparations et de renouvellement complet du matériel, ainsi que des changements radicaux dans les procédés d'exploitation, n'infirmeront en rien l'évaluation des produits nets de la ligne, n'augmenteront pas la responsabilité de la France, et seront supportés par la compagnie.

Le service des intérêts ne datera que du jour où la ligne sera mise à la disposition du gouvernement et du public, et fonctionnera d'une manière satisfaisante.

Quand, dans le courant d'une année, la durée totale des interruptions se sera élevée au delà de trente jours, la garantie du minimum d'intérêt sera diminuée proportionnellement au nombre total des jours d'interruption.

Toutes ces conditions ont obtenu l'approbation de votre commission. La garantie d'intérêt, dans les limites étroites où elle est renfermée, doit être considérée aussi comme la représentation des services rendus à la France, pour la transmission gratuite des dépêches politiques et administratives. Un pays comme le nôtre ne saurait spéculer sur une entreprise malheureuse ; bien loin d'être une condition onéreuse, le Trésor y trouvera une source de revenus, si la prospérité de la compagnie concessionnaire porte les bénéfices de l'opération à 4 pour 100 ou au-dessus.

ART. 18. En cas de contestations ou de difficultés, le concessionnaire se soumet à la juridiction administrative du conseil de préfecture du département de la Seine, sauf recours au conseil d'Etat.

L'esprit et la lettre du traité se trouvent ainsi interprétés en dernier ressort par ses juges naturels ; l'administration n'aura pas à redouter les lenteurs et les incidents sans nombre de procès judiciaires, d'autant plus difficiles à vider, que des questions délicates de nationalité pourraient intervenir.

Votre commission vous propose l'adoption de l'article unique du projet de loi. Le Corps législatif ne sera pas moins jaloux que les Chambres piémontaises, de prendre sous son patronage une entreprise grandiose dans ses développements, et qui nous associe étroitement à une nation amie, avec laquelle nous avons tout intérêt de cimenter de durables relations politiques,

PROJET DE LOI

RELATIF A LA LIGNE DE TÉLÉGRAPHIE ÉLECTRIQUE ENTRE LA FRANCE ET L'ALGÉRIE, PAR LA CORSE ET LA SARDAIGNE, ACCEPTÉ PAR LA COMMISSION.

ARTICLE UNIQUE. Sont approuvés les articles 7 et 8 de la convention ci-annexée, relatifs aux engagements à la charge du Trésor pour l'exécution de la ligne de télégraphie électrique entre la France et l'Algérie par la Corse et la Sardaigne.

CONVENTION MODIFIÉE PAR LE GOUVERNEMENT, CONFORMÉMENT A L'AVIS EXPRIMÉ PAR LA COMMISSION.

Entre : Le ministre de l'intérieur, agissant au nom de l'Etat ;

Et M. John Walkins Brett, agissant tant en son nom personnel qu'au nom et pour le compte d'une compagnie qu'il se propose de former sous la dénomination de : Compagnie du télégraphe électrique sous-marin de la Méditerranée pour la correspondance avec l'Algérie et les Indes, demeurant à Londres, Hanover square, mais élisant domicile à Paris, rue Richelieu, n° 83 ;

A été convenu et arrêté ce qui suit :

ART. 1er. M. John Walkins Brett s'engage :

1° A construire à ses risques et périls, dans le délai de deux années, une ligne télégraphique électrique, tant sous-marine que terrestre, qui, partant de la pointe sud de la Spezzia, ira toucher au cap Corse, traversera l'île de Corse, franchira, au moyen d'un câble sous-marin, le détroit de Bonifacio ; passera à travers la Sardaigne, pour atteindre le cap Teulada, d'où elle partira, en ligne sous-marine, pour aborder la côte de l'Algérie, entre la frontière de Tunis et Bône, à un point désigné par le gouvernement, qui pourra toujours exiger que la ligne soit prolongée jusqu'à Bône ;

2° A construire dans le délai d'une année, à partir du jour de la signification qui lui serait faite par le gouvernement français, une ligne allant du point d'abordage sur la côte d'Afrique, jusqu'à la frontière de Tunis, cette section devant être mise en rapport avec toute ligne partant de Tunis pour aller dans l'Egypte et les Indes.

ART. 2. M. Brett prend l'engagement de tenir, d'une manière constante et sans interruption, sur toute l'étendue de ces deux lignes, à la disposition exclusive du gouvernement français, pour la transmission gratuite des dépêches administratives et gouvernementales seulement, deux fils entièrement semblables à ceux qu'il établira pour son propre compte, à les entretenir constamment en bon état de communication. Ces fils seront en sus de ceux destinés à son propre usage.

ART. 3. M. Brett s'engage à construire la ligne sous-marine dans les meilleures conditions de solidité et de durée.

Il aura la faculté d'établir la ligne de Corse, soit sur poteaux, soit sous terre. Les bois des poteaux devront être injectés comme ceux des lignes de France. Les fils seront en fer galvanisé de 4 millimètres au moins de diamètre, et isolés d'après les meilleurs procédés.

La ligne passera à Bastia et à Ajaccio. L'administration française aura le droit de placer sur les poteaux les fils qui seraient nécessaires à l'établissement des lignes qu'elle voudrait construire dans l'île. Le concessionnaire entretiendra la ligne entière du golfe de la Spezzia à Bône et à la frontière de Tunis en parfait état, de manière à satisfaire constamment à l'expédition journalière des dépêches.

ART. 4. Pendant la durée des travaux, que le concessionnaire effectuera par des moyens et des agents à son choix, il sera soumis au contrôle de l'administration française. Ce contrôle et cette surveillance auront pour objet d'empêcher le concessionnaire de s'écarter des dispositions auxquelles il s'engage par la présente convention, et de vérifier les éléments des comptes des dépenses dont l'intérêt est garanti par l'Etat.

ART. 5. Le concessionnaire prend l'engagement de faire passer à travers la France, et par les lignes télégraphiques françaises, toutes les dépêches qui, transmises par la ligne concédée, seraient à destination de l'Angleterre.

ART. 6. Le gouvernement français s'engage, de son côté, pour un laps de temps de cinquante années, à n'autoriser l'établissement d'aucune autre ligne télégraphique : 1° entre l'Algérie et la Sardaigne, ou la Corse ; 2° entre l'Algérie et Alexandrie, ou les Indes Orientales, sur le territoire d'Algérie.

ART. 7. Le ministre de l'intérieur s'engage à garantir au nom de l'Etat, à la compagnie formée par M. Brett, pendant cinquante années, un intérêt de quatre pour cent (4 pour 100) sur le capital employé par elle à l'exécution des travaux : 1° dans l'île de Corse ; 2° entre le cap Teulada et la côte d'Algérie ; 3° de la côte d'Algérie à la frontière de Tunis et à Bône, sans toutefois que le capital auquel s'appliquera cette disposition puisse, en aucun cas excéder 4,500,000 francs. En conséquence, l'intérêt garanti annuellement ne pourra jamais excéder 180,000 francs.

Cet engagement n'obligera le gouvernement français à payer tout ou partie de ladite somme qu'autant que le produit net des taxes ne donnerait pas le taux d'intérêt de 4 pour 100 sur le capital dépensé, sans que ce capital puisse dépasser 4,500,000 francs.

Par produit net, il faut entendre le reliquat obtenu après avoir retranché du produit brut des taxes les dépenses ordinaires d'exploitation (personnel et matériel), faites par la Compagnie pour les sections auxquelles s'applique la garantie d'intérêt. Pour fixer la portion du produit net afférente au gouvernement français, il sera fait une masse du capital de trois millions garanti par le gouvernement sarde et du capital garanti par la France. La part revenant au gouvernement français sera déterminée par le rapport entre le capital garanti par lui et la masse totale.

ART. 8. La garantie du minimum d'intérêt ne commencera à avoir son effet qu'à partir du jour où la ligne fonctionnera d'une manière satisfaisante depuis le golfe de la Spezzia jusqu'à la côte algérienne, et où elle sera mise à la libre disposition du public et du gouvernement.

En cas d'interruption non dépendante de la volonté du gouvernement français, M. Brett s'oblige à faire rétablir la communication dans le plus bref délai.

Quand, dans le courant d'une année, la durée totale des interruptions se sera élevée au delà de trente jours, la garantie du minimum d'intérêt sera diminuée proportionnellement au nombre total des jours d'interruption.

ART. 9. L'entreprise étant d'utilité publique, le concessionnaire est investi de tous les droits que les lois et règlements confèrent à l'administration elle-même pour les travaux faits par l'Etat.

ART. 10. La ligne établie en Corse par le concessionnaire, et les portions des câbles sous-marins qui touchent le sol des pays soumis à la France, seront placés sous la protection des lois françaises, comme s'ils étaient la propriété de l'Etat.

La législation concernant la police des lignes télégraphiques leur sera applicable.

Les frais du personnel pour la garde et l'entretien de la ligne établie à travers la Corse seront entièrement à la charge du concessionnaire.

ART. 11. Pour indemniser le concessionnaire des travaux et dépenses qu'il s'engage à faire par la présente convention, et sous la condition expresse qu'il en remplira exactement toutes les obligations, le gouvernement lui accorde, pendant la durée de la concession, le droit de percevoir les taxes des dépêches privées passant par la ligne concédée.

Le tarif pour la transmission des dépêches entre le golfe de la Spezzia et la côte d'Afrique sera, sur la proposition de la compagnie, fixé, d'un commun accord, par le gouvernement français et le gouvernement sarde. Toutefois, la taxe, pour ce parcours, d'une dépêche de 1 à 20 mots ne pourra dépasser 25 francs, et elle ne pourra être augmentée de plus de 1 franc pour chaque mot en sus de 20.

La perception des taxes et la transmission des dépêches devront se faire par le concessionnaire, sans distinction ni faveur, et sans exception de personnes ni de nationalité.

Dans le cas où ledit sieur John Walkins Brett deviendrait concessionnaire de tout ou partie de la ligne télégraphique de la frontière de Tunis à Alexandrie et aux Indes, les tarifs à appliquer sur ces prolongements du télégraphe qui fait l'objet du présent traité, pour les dépêches venant de France ou à destination de ce pays, ne pourront être plus élevés que ceux de la nation la plus favorisée. Elles prendront rang, pour leur transmission, dans l'ordre de leur présentation aux divers bureaux.

Art. 12. Il sera établi, sur la côte de l'Algérie et en Corse, des bureaux français, qui pourront prendre connaissance de toutes les dépêches.

Art. 13. Un règlement d'administration publique fixera les mesures de contrôle nécessitées pour surveiller l'exploitation et vérifier la comptabilité.

Les frais de cette surveillance et de ce contrôle seront supportés par la Compagnie, et ne pourront pas dépasser 5,000 francs par an.

Art. 14. A l'expiration des cinquante années à partir de la mise en exploitation, et par le seul fait de cette expiration, le gouvernement sera subrogé à tous les droits du concessionnaire dans la propriété de la ligne sous-marine du cap Teulada à la côte de l'Algérie, de la ligne établie en Corse, et de celles qui iront du point d'abordage à la côte d'Algérie, jusqu'à Bône et jusqu'à la frontière de Tunis, ainsi que de leurs accessoires immobiliers. Il entrera immédiatement en jouissance des sections de lignes ci-dessus désignées, de toutes leurs dépendances et de tous leurs produits.

Art. 15. Dans le délai d'un mois, à partir de la signature de la présente convention, le concessionnaire sera tenu de déposer une somme de deux cent cinquante mille francs (250,000 fr.) en numéraire, ou en rentes sur l'Etat calculées conformément à l'ordonnance du 19 janvier 1825, ou en bons du Trésor, ou autres effets publics, avec transfert au profit de la Caisse des dépôts et consignations de celles de ces valeurs qui seraient nominatives ou à ordre.

Cette somme de 250,000 francs formera le cautionnement de l'entreprise.

Le cautionnement sera rendu au concessionnaire un mois après l'ouverture et la mise en exploitation de la ligne concédée.

Art. 16. Si, dans le délai de deux années, à partir de l'homologation de la convention, la ligne télégraphique n'est pas complètement achevée et en exploitation, M. Brett sera déchu de plein droit de la concession qui lui est faite.

Dans le cas de déchéance prévu au paragraphe précédent, la somme de 250,000 francs, déposée, ainsi qu'il est dit à l'article 15, à titre de cautionnement, deviendra la propriété de l'État et restera acquise au Trésor public.

Il est, de plus, entendu que dans le cas où, pendant la première année d'exploitation, il y aurait des interruptions d'une durée totale de plus de trois mois, le gouvernement français pourrait prononcer l'annulation de la présente convention.

ART. 17. La présente concession deviendrait nulle de plein droit dans le cas où il surviendrait, dans les communications télégraphiques, entre le golfe de la Spezzia et la côte d'Afrique, une interruption de correspondance qui durerait plus d'une année.

Elle serait également susceptible d'être annulée, si le concessionnaire établissait ou faisait établir une autre ligne télégraphique pour communiquer de l'Europe avec l'Égypte et les Indes.

L'annulation pourrait aussi être prononcée, si le concessionnaire n'entretenait pas la ligne en bon état ou ne remplissait pas les diverses obligations qui lui sont imposées par la présente convention, et notamment le dépôt du cautionnement.

ART. 18. Les contestations qui s'élèveraient entre le concessionnaire et l'administration, au sujet de l'exécution ou de l'interprétation des clauses de la présente convention, seront jugées administrativement par le conseil de préfecture du département de la Seine, sauf recours au conseil d'État.

ART. 19. La présente convention devra être approuvée par un décret de S. M. l'Empereur et devra être sanctionnée par une loi, en ce qui est relatif à la garantie du minimum d'intérêt.

L'article unique de la loi était voté le 24 mai sans discussion, à la majorité de 198 voix contre 1, et le 30 mai le Sénat en était saisi.

Le 3 juin M. Larabit, sénateur rapporteur, prit la parole et expliqua que la commission, attachant la plus haute importance à la loi, comme intéressant la défense du territoire, hésitait encore sur les conclusions qu'elle aurait à soumettre au Sénat. Après de nouveaux renseignements, le rapport qui suit était présenté à la séance du 6 juin :

Il y a deux ans à peine, l'attention et la curiosité publiques étaient préoccupées d'une entreprise étonnante, regardée longtemps comme impossible, la jonction des lignes télégraphiques de France et d'Angleterre à travers les profondeurs de la mer entre Calais et Douvres.

L'étonnement et l'incrédulité ont fait place à la confiance ; et, dernièrement, une nouvelle ligne sous-marine était établie, comme une opération simple et facile, entre Douvres et Ostende, sur une longueur de 80 kilomètres, triple de la première épreuve.

Aujourd'hui, messieurs les sénateurs, il s'agit de prolonger notre ligne électrique nationale du nord au midi, jusqu'à nos possessions d'Afrique, en franchissant des distances sous-marines de 356 kilomètres, dont la plus grande section comptera 175 kilomètres, le double à peu près de la distance de Douvres à Ostende ; et, après cette troisième épreuve, les mêmes constructeurs, qui ont si bien réussi jusqu'ici, se proposent déjà de s'élancer vers les Indes Orientales et l'Australie par le Caire, les bords du golfe Persique, l'Indoustan, le détroit de Malaka ; c'est à peu près la moitié du tour du monde. On nous annonce que 1,300 lieues environ sont déjà en construction aux frais de la Compagnie des Indes.

Les hardis constructeurs qui nous ont déjà donné tant de garanties par leurs premiers succès, ne doutent pas de l'avenir de leur immense entreprise.

Les phénomènes si longtemps incompris de l'électricité se prêtent de plus en plus à des applications aussi utiles qu'étonnantes, et si les lignes télégraphiques électriques peuvent ainsi se prolonger à travers le monde, elles permettront de faire à de très-grandes distances des observations simultanées, comparées à l'instant même par les observateurs ; il doit en résulter en peu de temps de très-grands progrès dans les sciences et dans toutes les relations des nations et des hommes.

C'est donc avec bonheur et avec grande espérance que nous voyons le gouvernement de l'Empereur encourager ces entreprises hardies, naguère incroyables.

Une convention a été conclue entre M. le ministre de l'intérieur, agissant au nom de l'Etat, et M. John Walkins Brett, agissant au nom d'une Compagnie qu'il se propose de former sous la dénomination de *Compagnie du télégraphe électrique sous-marin de la Méditerranée*, pour la correspondance avec l'Algérie et les Indes.

La loi sur laquelle vous avez à exercer l'autorité qui vous est déléguée par la constitution, se compose d'un article unique destiné à approuver les articles 7 et 8 de cette convention, articles qui engagent l'Etat dans une garantie d'intérêts.

Vous êtes donc conduits à examiner si la convention elle-même ne compromet pas les grands intérêts que le Sénat doit sauvegarder.

Il s'agit de conduire la télégraphie électrique jusqu'en Algérie, en passant par Lyon et Grenoble, par la Savoie et le Piémont, par la Corse et l'île de Sardaigne, et en aboutissant près de Bone sur notre territoire d'Afrique. La ligne de Calais à Paris, Lyon, Valence et Grenoble jusqu'à la frontière de Savoie, existe déjà ; elle fonctionne parfaitement et transmet les dépêches internationales de la France et de l'Angleterre avec le Piémont ; cette ligne restera toujours en notre possession, et ses taxes continueront à être perçues au profit du Trésor public.

De la frontière de Savoie, près de Chambéry, au golfe de la Spezzia, la ligne électrique sarde fonctionne déjà sur Turin et sur Gênes ; elle va être prolongée jusqu'à la Spezzia par le gouvernement de Sardaigne ; ses taxes seront perçues au profit de ce gouvernement. Une convention, du 18 avril dernier, entre la France et la Sardaigne règle la transmission des dépêches internationales, et le maximum des taxes à payer. Cette convention était déjà en pleine exécution quelques jours avant l'échange des signatures.

Du golfe de la Spezzia à notre littoral d'Algérie, près de Bone, la ligne télégraphique terrestre et sous-marine serait établie à travers la Corse et l'île de Sardaigne, aux frais de M. John Brett et de sa compagnie, et les taxes, limitées par la convention qui vous est soumise, seraient perçues à leur profit. Le prix de la transmission de la Spezzia à Bone, pour la correspondance privée, est limitée à 25 francs pour 20 mots, sur la distance entière de 975 kilomètres. La compagnie serait tenue de prolonger la ligne de Bone à la frontière de Tunis, quand la signification lui en serait faite par le gouvernement français. Deux fils seraient établis dans toute la longueur, depuis la Spezzia jusqu'à Bone, pour la transmission gratuite des dépêches administratives et gouvernementales de la France sur cette section.

M. John Brett estime que la dépense totale de la longue section terrestre et maritime, qui commence à la Spezzia et finit à Bone, pourra s'élever à 8,300,000 francs ; mais il admet que cette estimation peut être réduite à 7,500,000 francs, et il demande une garantie d'intérêts pendant cinquante ans, savoir : pour 3 millions à la Sardaigne, et pour 4 millions et demi à la France. L'intérêt garanti par notre gouvernement serait de 4 pour 100 et ne pourrait pas dépasser 180,000 francs. Le gouvernement piémontais s'est déjà engagé à la portion de garantie qui le concerne ; il a même garanti l'intérêt à 5 pour 100 pour 3 millions. Il garantit 150,000 francs.

Quand on réfléchit aux avantages considérables que ce projet nous assure pour nos correspondances avec la Corse et l'Algérie, aux profits certains qui résulteront, pour nos lignes télégraphiques, du passage de toutes les dépêches de l'Italie, de l'Orient et des Indes, à destination de l'Angleterre, on ne doit pas hésiter sur ce faible sacrifice de 180,000 francs, qui n'est qu'un maximum,

et qui peut devenir purement nominal. Déjà le transit des dépêches de l'Angleterre pour l'Orient nous produit une recette de
240,000 francs. Elle recevra une grande augmentation nouvelle
dès que la ligne de l'Algérie sera prolongée jusqu'à Alexandrie.

M. John Brett dépose un cautionnement de 250,000 francs, qui
restera acquis au Trésor si, dans le délai de deux années, la ligne
télégraphique n'est pas complétement terminée, auquel cas il serait déchu de plein droit de la concession.

A l'expiration des cinquante années, le gouvernement français
sera subrogé à tous les droits du concessionnaire et se trouvera
propriétaire des parties sous-marines, ainsi que de la ligne qui sera
établie en Corse et en Algérie, de Bone à la frontière de Tunis ;
mais le gouvernement français s'interdit, pour un laps de cinquante années, le droit d'autoriser aucune autre ligne entre l'Algérie et Alexandrie ou les Indes Orientales. Il n'y a pas d'autre
interdiction.

Sur la question de savoir si les grands intérêts moraux et politiques sont assurés par ces arrangements, la commission fait remarquer au Sénat que, sur notre territoire, en Algérie, en Corse,
et en France, les bureaux français seront armés de toutes les garanties que donne la législation générale de la télégraphie contre
les correspondances qui paraîtraient dangereuses. Les gouvernements qui traitent avec le nôtre pour les correspondances internationales acceptent notre législation ; un bureau central, à Paris,
contrôle toutes les dépêches.

Une question spéciale a préoccupé votre commission. Il est évident que l'établissement d'une ligne télégraphique de France en
Algérie importe directement à la défense du territoire, et surtout
à celle de notre territoire d'Afrique ; c'est donc une des questions
qui doivent particulièrement fixer l'attention du Sénat.

Aussi des scrupules se sont élevés dans le sein de la commission
et dans l'esprit de quelques sénateurs attentifs.

On s'est demandé s'il était prudent de remettre à une compagnie
anglaise la transmission des dépêches entre la France et l'Algérie ;
s'il était prudent de faire passer plusieurs sections de cette ligne
sur le territoire sarde, où elles peuvent échapper à la surveillance
du gouvernement français; enfin, s'il n'était pas préférable de la
faire passer par Perpignan, pour lui faire suivre tout le littoral
espagnol de la Méditerranée, et n'avoir qu'une seule section sous-
marine entre le cap Gata et Oran.

Une autre compagnie, représentée par M. Jacob Brett, autre que
M. John Brett, avait proposé d'exécuter cette ligne ; mais cette
compagnie s'est retirée. Il ne reste plus que des réclamations françaises isolées, qui n'ont pas été prises en considération par le Corps
législatif ; et d'ailleurs, cette ligne ne nous offrirait pas l'avantage d'une communication électrique avec la Corse.

Sur la question de défense du territoire, votre commission vous soumet les considérations suivantes :

La correspondance télégraphique établie sur un long littoral quelconque, sarde ou espagnol, pourrait être facilement coupée, en cas de guerre maritime, par des descentes opérées à l'aide de petits bâtiments à vapeur.

Si la correspondance était ainsi arrêtée sur les territoires étrangers, soit par une descente, soit par la volonté des gouvernements, les bureaux français s'en apercevraient à l'instant même, et en préviendraient immédiatement le gouvernement de la métropole et celui de l'Algérie ; on saurait immédiatement qu'il n'y faut plus compter.

L'utilité de cette correspondance télégraphique sur un littoral quelconque, est donc, en cas de guerre, bien incertaine ; il serait même difficile de compter sur les prolongements transversaux d'Algérie au milieu de peuplades indisciplinées ; aussi le gouvernement devra fixer, pour le point d'abordage de la ligne sous-marine, la ville de Bone elle-même, si cela est possible, de préférence à tout autre point qui serait plus mal défendu.

La ligne directe de Marseille à Alger pourrait seule donner, pour la défense, toute sécurité ; mais les expériences déjà faites ne nous autorisent pas encore à compter sur une entreprise d'une aussi grande hardiesse ; on propose aujourd'hui une section sous-marine de 158 kilomètres, double de celle de Douvres à Ostende ; on ne propose pas encore de franchir une distance huit ou dix fois plus forte que celle d'Ostende.

Au surplus, l'interdiction imposée à notre gouvernement pendant cinquante ans, ne s'applique qu'à d'autres lignes qui toucheraient la Corse et la Sardaigne pour aller en Algérie, et qui se prolongeraient de l'Algérie vers Alexandrie et les Indes Orientales. Notre gouvernement restera toujours maître de s'entendre avec le gouvernement espagnol pour une ligne de Perpignan au cap Gata, et sous-marine de ce cap à Oran, ou même, si cela devient possible, d'établir une correspondance directe.

La direction établie par la loi, a d'ailleurs l'avantage d'assurer à nos lignes territoriales le transit de toutes les correspondances anglaises avec l'Italie et l'Orient. C'est un avantage important pour le Trésor et pour notre commerce ; si nous ne l'acceptons pas, le transit prendra aussitôt une autre direction et nous échappera.

Par toutes les raisons qui viennent d'être indiquées, la commission a l'honneur de proposer au Sénat de ne pas s'opposer à la promulgation de la loi.

M. le comte de Lézay Marnesia prit alors la parole et appela toute l'attention du Sénat sur la question qui lui étai soumise ; car elle peut, dit-il, servir ou compromettre les intérêts français les plus considérables, et même la sûreté du territoire algérien. Deux projets sont en présence : l'un anglais, l'autre français. Le premier passe par la Belgique et l'Allemagne pour aboutir à la Sardaigne, procurant ainsi aux pays étrangers un bénéfice dont la France est dépossédée. L'Angleterre aura donc connaissance de la situation de notre colonie africaine avant nous. Dans le second projet, la ligne traverse toute la France du nord au sud, et se poursuit le long du territoire espagnol pour arriver à Alger par Oran. Cette direction peut être modifiée selon les convenances de la France et de l'Espagne, qui sont unies par les mêmes intérêts politiques, par des liens de famille, union qui ne peut que se fortifier de plus en plus par cette communication qui doit favoriser l'industrie et le commerce de la Péninsule.

La ligne de la Spezzia favorise l'Angleterre, qui convoite depuis longtemps cette nouvelle et importante position. Il faut donc y regarder à deux fois avant de lui faciliter un établissement qui deviendrait bientôt une prise de possession. En outre, les différents pays que traverse cette ligne y emploieront leurs propres agents, auront des intérêts autres, souvent même hostiles; tandis que dans le système contraire, les agents français et espagnols ne présenteront pas les mêmes chances d'infidélité.

Sous le rapport de la sûreté de l'établissement des câbles il n'y a pas moins d'avantages. Celui de la mer de Sardaigne a 440 kilomètres, tandis que celui de Almeida à Oran n'en a que 140. Il y a une différence des deux tiers dans les chances à courir. Les deux lignes peuvent se prolonger vers les Indes; c'est d'une grande importance pour l'Angleterre, mais non pas pour nous.

D'où il suit que la disposition législative qui concède à une compagnie anglaise l'établissement de la ligne projetée, compromet la sûreté de nos possessions algériennes. L'Angleterre pourrait à notre insu faire agir ses flottes ; on devrait donc prononcer l'ajournement.

M. Larabit, rapporteur, rectifie l'erreur qui fait croire que la ligne passe par la Belgique et l'Allemagne, tandis qu'elle passe par Lyon et Chambéry. C'est aussi une erreur de croire que les dépêches seraient concentrées à Londres ; c'est au contraire à Paris qu'elles se trouveront réunies. L'Angleterre pourrait, il est vrai, en avoir connaissance par le Piémont, en cas de connivence entre eux. Partout où la France a un bureau, le directeur peut arrêter une correspondance dangereuse et prévenir le ministre de l'intérieur. Ce n'est pas tout : on peut employer le mode de dépêches chiffrées, et l'Angleterre le fera certainement pour sa correspondance avec les Indes. Ce n'est pas nouveau, puisque les ministres en font usage avec les ambassadeurs.

En cas de guerre maritime, on pourra facilement couper la ligne sous-marine, ce qui serait un malheur inévitable, quelle que fût la route adoptée ; la seule ligne directe de Marseille à Alger offrirait toute sécurité. Le gouvernement ne s'interdit nullement la faculté d'établir une autre ligne. Tous les intérêts de l'Etat sont sauvegardés, et, si l'on refusait la ligne proposée, la correspondance de l'Angleterre avec les Indes s'établirait par l'Allemagne.

M. le marquis de Pastoret demande à son tour si le gouvernement ne s'interdit pas, pendant cinquante ans, le droit d'employer une autre ligne pour sa correspondance avec l'Orient. M. Larabit répond affirmativement en ce qui concerne les lignes entre l'Algérie et la Sardaigne ou la Corse ; entre l'Algérie et Alexandrie ou les Indes, par le territoire algérien.

M. Bonjean, président de section au conseil d'Etat, dit que les questions de défense du territoire, de divulgation possible des dépêches, doivent seules attirer l'attention.

Mais ces inconvénients ne résultent pas du traité actuel, qui est purement industriel et non international. La transmission des dépêches à travers le territoire sarde sera réglée par un traité spécial, sur les bases déjà adoptées par d'autres États. Du reste, dans l'état actuel, la divulgation ne pourrait avoir lieu entre la Spezzia et la côte d'Afrique ; ce ne serait qu'entre Grenoble et la Spezzia que le gouvernement sarde pourrait interdire le passage des dépêches chiffrées. Mais il est de droit public que les gouvernements peuvent s'adresser réciproquement des dépêches en caractères inintelligibles pour les administrations télégraphiques. En outre, en ce qui concerne la Sardaigne, nous possédons une garantie de plus dans les signaux du télégraphe aérien, qui nous sont tout à fait personnels. Si un jour le gouvernement piémontais ne voulait plus tolérer la transmission de dépêches secrètes, nous renoncerions évidemment à cette voie ; mais il ne paraît pas que le danger signalé par M. de Lézay Marnezia soit à craindre.

M. le marquis de Pastoret revient sur l'observation qu'il a déjà présentée. Le rapporteur y répond en disant que l'interdiction est seulement relative aux lignes par la Méditerranée, et que l'État ne s'interdit pas l'établissement d'autres lignes sur l'Orient par l'Allemagne. M. de Pastoret insiste en ce qui concerne la communication avec la Corse et l'Algérie.

M. Bonjean répond que l'inconvénient fût-il sérieux, il faudrait en prendre son parti, car le concessionnaire qui se charge, à ses risques et périls, d'une entreprise aussi aventureuse doit s'assurer le monopole. Le gouvernement conserve la liberté la plus absolue d'établir une communication directe entre Marseille et Alger, ou par la côte d'Espagne, mais il abandonne le droit d'établissement par la Corse et la Sardaigne. Aucune compagnie ne se serait présentée sans cette restriction pour entreprendre ce grand et hasardeux travail. Le gouvernement aura toujours deux fils à sa disposition exclusive, aboutissant entre des mains françaises.

M. Larabit, ajoute que si M. Brett a introduit cette clause, c'est dans son intérêt, mais que rien n'autorise à penser qu'il l'a fait pour favoriser l'Angleterre.

M. le marquis de Boissy demande si, outre cette question de nationalité, il n'y a pas une clause relative au rachat de la concession. Il aurait désiré une adjudication faite entre deux compagnies, l'une française et l'autre anglaise.

M. Bonjean répond que la ligne projetée ne peut compromettre la défense du territoire : le courant électrique ne porte ni soldats, ni machines de guerre. Le seul danger serait dans l'interception des dépêches d'Etat. Au surplus, la télégraphie électrique est un instrument de paix, et non une machine de guerre. Dans ce dernier cas, elle disparaîtrait, et avec elle les dangers qu'on redoute. En temps de paix, la garantie existe par l'emploi de l'écriture chiffrée et des signaux de télégraphie aérienne. La ligne par l'Espagne offrirait des avantages, mais pas plus que celle qui passera par le Piémont, nos relations étant bonnes avec les deux puissances ; du reste, on n'a pas le choix. M. Jacob Brett diffère de sentiment avec son frère, quant au tracé à adopter, mais il n'a pas fait une proposition séparée.

Quant aux propositions faites par des compagnies prétendues françaises, elles n'ont pas paru sérieuses. L'une consiste à établir un fil de cuivre recouvert de gutta-percha entre Marseille et Alger. On aurait pu mettre sous les yeux du Sénat un échantillon du câble de la Manche, qui doit servir de type à celui de la Méditerranée, et la comparaison avec celui qu'on propose, dont la grosseur est celle d'un tuyau de plume, aurait suffi à démontrer que ce projet n'était pas sérieux ; que la puissante armature du câble de

M. Brett suffira à peine pour le protéger contre toutes les causes de destruction qui le menacent dans son immersion au fond de la Méditerranée.

La loi fut votée par 89 voix contre 2, et promulguée le 10 juin. Le *Moniteur* du 1er juillet insérait l'article unique et la convention y annexée.

Les chapitres III et IV du budget des dépenses du ministère de l'intérieur pour le personnel et le matériel des lignes télégraphiques sur l'exercice 1854, portent cette note préliminaire :

Le décret du 5 septembre 1852 ayant prescrit l'achèvement total, en 1853, des lignes électriques dont la construction a été ordonnée par le décret du 6 janvier 1852, la mise en activité de ce vaste réseau qui va relier télégraphiquement, avec Paris, tous les chefs-lieux des départements, amènera un accroissement correspondant dans la dépense d'entretien en personnel et matériel. L'augmentation, déduction faite des économies résultant de la suppression des lignes aériennes, s'élèvera à 371,300 francs pour le personnel, et à 65,760 francs pour le matériel.

Le développement considérable de la télégraphie privée, et l'abondance des dépêches affluant à la succursale de la rue Richelieu, ont obligé l'administration d'accroître à la fois le personnel de ce bureau particulier, et celui des divers bureaux de l'administration centrale. Cette augmentation a entraîné une nouvelle dépense de 31,400 francs, atténuée de 10,000 francs, par la suppression d'une pareille somme sur les secours temporaires à accorder aux anciens stationnaires des lignes aériennes supprimées, attendu qu'une grande partie de ces agents pourront être replacés sur les nouvelles lignes électriques.

Il convient aussi de rappeler, pour ordre, une addition de 5,430 francs, pour appointements de stationnaires employés au service télégraphique des chemins de fer, et dont le traitement intégral doit être versé au Trésor par les compagnies.

CHAPITRE XLV. — SERVICE EXTRAORDINAIRE.

Construction de lignes complémentaires de télégraphie électrique et translation de lignes existantes.

Les lignes électriques placées le long des grandes routes rendront de grands services, mais elles sont plus exposées que celles établies le long des voies ferrées et protégées par la clôture des chemins de fer ; d'un autre côté, la surveillance des lignes situées sur la voie publique, et exposées à de fréquentes attaques, nécessite un personnel nombreux, et entraine une dépense assez notable ; il y a donc sécurité et économie à reporter les lignes électriques. quand on le peut, des grandes routes sur les voies ferrées parallèles. On demande une somme de 46,350 francs pour effectuer ce transport sur 309 kilomètres.

Le décret du 6 janvier 1852, qui a ordonné la mise en relation électrique avec Paris de tous les chefs-lieux de départements, demande à recevoir son complément par la création de quelques lignes qui relieront les divers points de ce vaste ensemble, ouvriront de nouvelles voies plus directes, permettront de choisir différents chemins pour parvenir à quelques points principaux, et relieront aux pays voisins tout le réseau français. C'est dans ces vues qu'on demande la création de la ligne de Tulle à Cahors, qui donnera une ligne presque directe de Paris à Toulouse, par Orléans, Châteauroux, Limoges, Cahors, Montauban ; de Moulins à Saint-Etienne, qui ouvrira une seconde voie de Paris à Lyon ; de Bourg à Genève, qui reliera la ligne de Paris à Lyon avec les lignes suisses ; de Draguignan au Var, qui mettra la ligne du Midi en communication avec le Piémont. C'est une dépense d'établissement de 373,286 francs.

	1854.	1853.	Différence.
Dépenses du personnel . .	1,975,130	1,577,000	398,130
Dépenses du matériel . . .	270,000	204,240	65,760

Accroissement de ces services. Les recettes produites par la télégraphie privée augmentent dans une proportion plus grande que les dépenses.

DÉVELOPPEMENTS.

CHAPITRE III. — PERSONNEL.		1854.	1853.	En plus.
Service central à Paris, etc......................		172,600	160,200	12,400
Service extérieur { Directeurs, etc......... 633,300 Stationnaires, etc....... 1,042.809 Dépenses éventuelles... 26.311 Dépenses remboursables 100,110 }		1,802,530	1,416,800	385,730
Totaux.....		1.975,130	1,577,000	398,130

CHAP. IV. — MATÉRIEL.	1854.	1853.	En plus.
Service central, etc.......................	21,500	21.500	»
Approvisionnements, etc..........................	67,700	50,000	17,700
Frais de bureau, chauffage, entretien, loyers, etc.....	142.100	100,740	41,360
Ports de dépêches, exprès, remises, imprimés, etc....	38,700	32,000	6,700
Totaux.....	270,000	204,240	65,760

CHAP. XLV. — SERVICE EXTRAORDINAIRE.	1854.	1853.	En plus.
Construction de lignes complémentaires et translation de lignes existantes...........................	419,636	177,000	242,636

Au chapitre xxIII du *Ministère de la guerre* on lit :

Les travaux qui doivent s'exécuter en 1853, sur la ligne télégraphique de Constantine à Bathna, nécessitent une augmentation de personnel et de matériel qu'on ne peut pas évaluer à moins de 50,000 francs. Enfin il est demandé pour la construction de nouveaux postes télégraphiques une allocation supplémentaire de 136,900 francs [1].

ARTICLE 4.

	1854.	1853 [2].	Différence.
Personnel (3 direct., 34 trad. et insp., 208 stationnaires).	363,700		
Matériel.	126,300		
Construction de nouveaux postes.	196,900		
Etablissement d'une ligne d'Oran à Mostaganem, par Maskara.	50,000		
Totaux. . . .	736,900	610,000	126,900

La discussion du budget au Corps législatif et au Sénat ne porta sur aucun des chiffres ci-dessus.

Après avoir parcouru ainsi plusieurs lois importantes, il est intéressant de revenir aux faits divers, et de voir la communication sous-marine établie entre l'Angleterre et la Belgique au mois de mai ; l'ouverture des bureaux de Copenhague et de Cette. Plus loin, la pose de câbles entre l'Irlande et l'Angleterre ; entre cette puissance et la Hollande ; dans le grand et le petit Belt ; puis ce sont les bu-

---

[1] Au moyen de cette allocation, le crédit total, qui était de 70,000 francs en 1853, se trouvera porté à 196,900 francs, dont voici l'emploi :

Travaux complémentaires de la ligne de Constantine à Bathna...	5,300 francs.
Construction de la ligne de Constantine à Philippeville.	34,700
Continuation de la ligne de Constantine à Bathna, sur Biskara..	41,900
Travaux de défense de 34 postes télégraphiques en territoire militaire, d'Alger à Philippeville...............	115,000
Total.................	196,900 francs.

[2] Supplément de crédit nécessaire pour l'achèvement complet de la ligne de l'Est.

reaux de Versailles et de Montauban que l'on ouvre à la correspondance. Ceux de Chaumont et de Toulouse sont aussi ouverts au mois de juillet.

Un avis aux navigateurs leur indique la situation du câble de la mer du Nord. A chaque pas ce sont des projets pour relier les terres au moyen de câbles sous-marins. Déjà on parle du câble transatlantique. Ailleurs, c'est un édit du cardinal Antonelli qui détermine les peines contre les déprédateurs de fils télégraphiques. En Prusse, on abandonne les fils souterrains pour établir des lignes sur poteaux.

A partir du 15 août, de nouveaux tarifs sont appliqués entre la France et l'Angleterre. La série des mots est 20, 30, 40, etc., par dizaine ou fraction de dizaine. Les prix sont de 13 fr. 25 c. au minimum pour les bureaux de la première zone, et de 16 fr. 15 c. pour ceux de la seconde; 100 mots coûtent 46 fr. 25 c. ou 62 fr. 50 c. En outre, il y a un droit de 1 fr. 25 c. pour transport à Londres ; ailleurs, ce droit est payé par le destinataire. Quelques jours plus tard, ces frais sont supprimés.

En France, on ouvre les bureaux de Pau, Tarbes, Draguignan, Caen et Saint-Quentin. A Paris, on perfectionne l'installation de la salle d'attente du bureau de la rue de Richelieu.

Plus tard, l'*Echo d'Oran* donne des détails sur l'ouverture de la ligne électrique entre Oran et Mostaganem. Périgueux, Auch, Roubaix, Vesoul, Niort, la Rochelle, Rochefort, sont tour à tour ouverts à la correspondance. En Italie, de nouvelles lignes sont établies. Au mois de novembre c'est Besançon. De Marseille à Bordeaux, la communication directe est établie. A Paris les gares d'Orléans et du Nord reçoivent les dépêches privées. Un câble sous-fluvial est posé dans le Rhin à Worms.

Le 18 novembre, on avise d'une modification dans les tarifs entre la France et la Sardaigne. Au mois de décembre, le Mans, Cherbourg, Narbonne, Béziers, sont ouverts. A la fin du mois, on avise que le bureau de la rue de Richelieu sera ouvert dorénavant les dimanches et fêtes, et tous les jours, de huit heures du matin à neuf heures du soir.

Enfin, au mois de décembre on trouve l'insertion du document ci-dessous :

CIRCULAIRE DU 6 DÉCEMBRE 1853, SIGNÉE PAR M. DE PERSIGNY, MINISTRE DE L'INTÉRIEUR.

Monsieur le préfet, en mettant la télégraphie à la disposition des fonctionnaires d'un ordre supérieur, pour affaires de service, l'intention du gouvernement a été d'accélérer le travail, qui ne pouvait, sans dommage, souffrir les délais de la correspondance ordinaire, et d'être informé rapidement de tous les faits importants de nature à être portés à sa connaissance. Quelle que soit la puissance des moyens électriques, les communications tant officielles que privées se multiplient tellement, que son but ne serait point atteint si l'on usait de ce mode de transmission sans mesure et pour toutes les dépêches indistinctement.

Je crois donc devoir vous rappeler, en outre, monsieur le préfet, que les transmissions télégraphiques ne tiennent point lieu de la correspondance ordinaire, qu'elles ne doivent être employées que pour affaires de service urgentes qui ne pourraient être utilement traitées par le courrier ; que, dans ce cas même, il convient encore de les réduire, autant que possible, et de s'abstenir soigneusement de toutes les expressions ou formules de politesse et de déférence en usage dans la correspondance écrite.

Je vous rappelle aussi mes instructions du 18 mai 1851, portant que l'usage gratuit du télégraphe est autorisé seulement pour affaires administratives ou de service, toute transmission faite dans un *intérêt privé* étant rigoureusement soumise à la taxe, aux termes de la loi des 18 et 29 novembre 1850.

En vous recommandant ces dispositions pour votre usage personnel, je désire, monsieur le préfet, que vous donniez des instructions dans ce sens à MM. les sous-préfets et autres fonctionnaires sous vos ordres, autorisés à employer la voie du télégraphe.

Recevez, etc.

EXTRAITS DU BULLETIN DES LOIS DE 1853.

1853. T. I, B. n° 19, p. 253. *Décret du 7 février* 1853. (Portant ratification et promulgation de la convention conclue le...) Voir p. 244.

1853. T. I, B. n° 22, p. 313. *Décret du 2 février* 1853. (Report de crédits.)

Vu les décrets des 6 janvier et 5 septembre 1852, portant ouverture de crédits destinés à l'achèvement des lignes de télégraphie électrique ; — Sur le rapport du ministre de l'intérieur, et de l'avis du Conseil des ministres :

ART. 1er. Il est ouvert au ministre de l'intérieur, de l'agriculture et du commerce, sur l'exercice 1853, un crédit de 651,671 francs, représentant la portion non employée, au 31 décembre 1852, du crédit de 1,780,671 francs accordé sur cet exercice par le décret du 6 janvier 1852.

En conséquence, pareille somme de 651,671 francs sera annulée sur le crédit ouvert au budget de 1852.

ART. 2. Il sera pourvu à la dépense autorisée par le présent décret au moyen des ressources du budget de 1853.

ART. 3. La régularisation de ce crédit sera proposée au Corps législatif lors de sa prochaine session.

1853. T. I, B. n° 34, p. 477. *Décret du 25 avril* 1853. (Portant promulgation de la convention conclue le...) Voir p. 251.

1853. T. I, B. n° 39, p. 607. *Décret du 28 avril* 1853. (Portant promulgation de la convention conclue le...) Voir p. 259.

1853. T. I, B. n° 48, p. 786. *Loi du 28 mai* 1853. (Correspondance privée.) Voir p. 281.

1853. T. I, B. n° 49, p. 801. *Loi du 28 mai* 1853. (Portant règlement définitif du budget de l'exercice 1850.) Voir le tableau général,

1853. T. I, B. n° 57, p. 1089. *Loi du 10 juin* 1853. (Portant fixation du budget général de l'exercice 1854.) Produits à provenir de la télégraphie privée : 1 million.

1853. T. I, B. n° 58, p. 1113. *Loi du 10 juin* 1853. (Crédits supplémentaires et extraordinaires des exercices clos.) Construction de lignes de télégraphie électrique (reporté à 1853) : 651,671 francs.

1853. T. I, B. n° 59, p. 1192. *Loi du 10 juin* 1853. (Ligne entre la France et l'Algérie.) Voir p. 316.

1853. T. II, B. n° 72, p. 125. *Décret du 29 juillet* 1853. (Portant promulgation de convention.)

Sur le rapport du ministre des affaires étrangères :

ART. 1er. La convention conclue, le 10 mai 1853, pour régler le service des lignes télégraphiques entre la France et la Bavière, ayant été ratifiée par les deux gouvernements contractants, et les actes de ratification ayant été échangés, le 26 du présent mois de juillet, ladite convention, dont la teneur suit, recevra sa pleine et entière exécution.

CONVENTION.

Sa Majesté l'Empereur des Français et Sa Majesté le roi de Bavière, voulant établir un règlement administratif international pour le service et l'usage de lignes télégraphiques destinées à relier directement entre eux l'empire français et le royaume de Bavière, ont nommé, pour préparer les bases d'un arrangement à cet effet, une commission composée...

Les travaux de la commission étant terminés, Sa Majesté l'empereur des Français et Sa Majesté le roi de Bavière ont muni de leurs pleins pouvoirs pour arrêter les dernières clauses d'une convention...

Lesquels... sont convenus des articles suivants :

Art. 1er. Le gouvernement français s'engage à faire établir, dans le plus bref délai possible, les fils métalliques destinés à transmettre les dépêches électriques jusqu'à la frontière de Bavière, en passant par Wissembourg.

Le gouvernement bavarois, de son côté,. s'engage à prolonger, aussitôt qu'il le pourra, ses fils électriques de Spire à la frontière de France dans la direction de Wissembourg. Le point de jonction des lignes françaises et bavaroises à la frontière des deux Etats sera fixé, d'un commun accord, par les deux administrations télégraphiques des deux pays.

Art. 2. Un bureau mixte, spécialement chargé du service de la ligne électrique directe par Wissembourg sera établi provisoirement à Strasbourg, et d'un commun accord, par les administrations télégraphiques des deux pays.

Art. 3. Le gouvernement français mettra gratuitement à la disposition de l'administration télégraphique de Bavière un local convenable à l'établissement des bureaux bavarois de la station mixte, et autant que possible, attenant à la station française ou se trouvant au moins à sa proximité.

Les employés bavarois attachés au bureau mixte seront considérés comme étrangers n'ayant point acquis leur domicile en France, et jouiront, comme ces derniers, des immunités que les lois françaises leur accordent.

Art. 4. Toutes les clauses du traité télégraphique signé à Paris, le 4 octobre 1852, entre la France, la Belgique et la Prusse (cette dernière puissance stipulant, tant en son nom qu'au nom : 1° de l'Autriche, de la Bavière et du royaume de Saxe, qui ont signé avec elle le traité d'union austro-germanique ; 2° des royaumes de Hanovre et de Würtemberg, et des autres Etats allemands qui adhéreront par la suite à ladite union ; et 3° des Pays-Bas qui ont accédé à ce même traité), et qui pourraient s'appliquer au service des correspondances télégraphiques directes entre la France et la Bavière, seront considérées comme faisant partie intégrante de la présente convention, et serviront de base aux tarifs et aux conditions réglementaires régissant ces correspondances.

Quant aux dépêches d'Etat dont il est question dans l'article 8 du traité télégraphique du 4 octobre 1852, il est expressément convenu qu'elles pourront être transmises en chiffres, aux conditions réglementaires stipulées à cet effet dans l'article 12 de ce même traité.

ART. 5. Les hautes parties contractantes s'engagent à adopter toutes les modifications qui pourraient être faites au traité télégraphique du 4 octobre 1852 par suite des conférences qui seraient tenues en vertu de l'article 38 de ce traité, et à les appliquer immédiatement au service des correspondances télégraphiques directes entre les deux pays.

ART. 6. Le règlement réciproque des comptes aura lieu à l'expiration de chaque mois ; le décompte et la liquidation du solde se feront à la fin de chaque trimestre. Ces comptes comprendront les taxes en débet.

Ils seront dressés par l'administration de Bavière en monnaie bavaroise, avec réduction des totaux en francs, et par l'administration française, avec réduction en monnaie bavaroise.

La réduction des monnaies se fera en prenant la valeur de 2 fr. 50 c. comme équivalant à celle de 1 florin et 12 kreutzers, ou celle de 3 fr. 75 c. pour celle de 1 thaler de Prusse.

Les fractions de moins d'un demi-franc ne seront pas comptées ; celles d'un demi-franc et au-dessus compteront pour 1 franc.

ART. 7. Quel que soit le point du territoire français ou bavarois sur lequel se trouvera établi le bureau mixte dont il est question dans l'article 2, la taxe perçue pour chaque dépêche internationale sera partagée entre les deux pays en raison de la distance effective qu'elle aura parcourue sur le territoire de chaque Etat.

ART. 8. La présente convention sera ratifiée à Paris dans le plus bref délai possible, et le service des correspondances télégraphiques par la nouvelle ligne directe sera mis en vigueur six mois après l'échange des ratifications, ou plus tôt, si faire se peut.

1853. T. II, B. n° 102, p. 841. *Décret du 9 septembre* 1853. (Cautionnements.)

Vu les articles 96 et 97 de la loi du 28 avril 1816 ; — Vu l'article 14 de la loi du 8 août 1847, portant fixation du budget de l'exercice 1848, ainsi conçu : « Les cautionnements dont la quotité n'est pas déterminée par la loi, seront fixés par ordonnance royale rendue sur le rapport du ministre compétent, de concert avec le ministre des finances ; » — Vu l'article 4 du décret du 31 octobre 1849 ; — Vu l'article 13 de la loi du 8 mars 1850 ; — Vu l'article 7 de la loi du 28 mai 1853 ; vu l'avis du ministre des finances ; — Sur le rapport du ministre de l'intérieur :

Art. 1er. Les cautionnements des directeurs du télégraphe et des chefs du service télégraphique chargés de la perception des taxes seront réalisés en numéraire au trésor public.

Art. 2. Les cautionnements seront déterminés à chaque mutation d'après les bases suivantes : 1° pour les bureaux dont la recette mensuelle dépassera 1,000 francs, le cautionnement sera égal à la recette moyenne réalisée pendant cinq jours, sans pouvoir être inférieur à 2,000 francs ; 2° pour les bureaux dont la recette annuelle dépassera 1,000 francs et dont la recette mensuelle sera moindre que 1,000 francs, le cautionnement sera double de la recette moyenne d'un mois, sans pouvoir être inférieur à 500 francs ; 3° il ne sera pas exigé de cautionnement pour les bureaux dont la recette annuelle sera inférieure à 1,000 francs.

Art. 3. L'application des bases fixées par l'article 2 du présent décret pourra être faite d'office par le ministre de l'intérieur ; lorsque pendant une année entière un cautionnement aura été d'un quart au moins inférieur aux proportions ci-dessus indiquées, il pourra être revisé et porté au taux réglementaire.

Art. 4 Les cautionnements seront fixés par l'arrêté de nomination. La quotité en sera revisée à chaque mutation. Il ne sera pas tenu compte des coupures de recettes qui ne correspondront pas à une fraction de cautionnement de 100 francs.

Art. 5. Le ministre de l'intérieur, sur la proposition de l'administrateur en chef des lignes télégraphiques, fixera le cautionnement des divers bureaux, conformément aux bases fixées par l'article 2 du présent décret, et d'après les recettes réalisées pendant la dernière année expirée.

1853. T. II, B. n° 113, p. 1049. *Rapport et décret du 12 décembre* 1853. (Répartition, par chapitres, des crédits du budget de l'exercice 1854.)

Ministère de l'intérieur : Personnel...............	1,975,130 francs.
— Matériel................	270,000
— Construction de lignes complémentaires et translation des lignes existantes.	419,636

ANNÉE 1854.

Le 4 janvier 1854, un *avis* informe que les villes de Paris, Lyon, Bordeaux, Marseille, accepteront des dépêches de nuit avec une taxe double : il en sera de même pour Bruxelles, Berlin, Vienne et Trieste.

Le *Moniteur* emprunte aussi à un journal espagnol l'annonce de la réception du matériel télégraphique ; quelques jours après, c'est à un journal anglais qu'il s'adresse pour enregistrer l'ouverture de plusieurs lignes irlandaises. Le 11, une décision ministérielle autorise l'ouverture du service de nuit entre Paris et Londres, ainsi qu'avec plusieurs villes allemandes.

Un décret impérial du 7 janvier, contre-signé par le ministre de la guerre et publié le 13, contient les deux articles ci-dessous relatifs à l'Algérie :

ART. 1er. A partir de la promulgation du présent décret, les lignes de télégraphie électrique établies ou à établir en Algérie pourront être mises à la disposition des particuliers, en se conformant aux lois et règlements qui régissent en France la correspondance télégraphique privée.

ART. 2. La loi du 3 juillet 1850, celle du 28 mai 1853, portant modification de la loi précédente, le décret du 17 juin 1852, portant règlement sur le service de la correspondance télégraphique privée, seront promulgués en Algérie à la suite du présent décret.

Le 15 janvier, le *Moniteur* publie un avis ainsi conçu, relatif à la ligne sous-marine de l'Angleterre :

Le public est prévenu qu'un service de nuit vient d'être organisé par les compagnies du télégraphe sous-marin et européen, pour la transmission des dépêches, sans augmentation sur le prix exigé de jour.

Le bureau de la compagnie, 30, Bornhill, Londres, restera ouvert la nuit et le jour, même les dimanches, tant pour la réception que pour la transmission des dépêches aux villes importantes de la France, de la Belgique et de l'Allemagne.

La proposition, faite par la compagnie aux gouvernements français et belge, de faire passer les dépêches de nuit sur leurs territoires sans exiger la double taxe, n'ayant pas été agréée, toute dépêche présentée de neuf heures du soir jusqu'à huit heures du matin sera taxée double pour le seul parcours du territoire français et belge.

Paris, **12 janvier 1854.**

JAMES POWER,
Représentant des compagnies des télégraphes sous-marins.

Peu de jours après, on annonce l'ouverture de la ligne d'Elseneur à Hambourg, ligne en partie sous-marine.

Le 22 janvier, c'est au tour de Clermont-Ferrand de posséder un bureau de télégraphie électrique; trois jours après, Strasbourg est muni d'un service de nuit, pouvant desservir les lignes du grand-duché de Bade.

S'il était permis de placer le futile à côté du sérieux, on pourrait signaler pour mémoire que, dans ce même mois de janvier, on jouait au théâtre du Palais-Royal un petit vaudeville intitulé *le Télégraphe électrique*. Il n'était pas étonnant que déjà l'esprit français se fût emparé du sujet pour l'approprier à ses plaisirs, et il n'est pas sans intérêt de lire le 24 janvier un compte rendu de la pièce de MM. Siraudin et Delacour, par M. Edouard Thierry. L'histoire d'une institution ne gît pas seulement dans des chiffres arides, elle se reflète quelquefois aussi dans les œuvres les moins sérieuses.

Pourtant nous revenons à des détails plus spéciaux pour

signaler le même jour l'ouverture du bureau d'Orsowa en
Autriche ; une dépêche partant de Paris coûtait alors
32 fr. 50 c. en passant par la Belgique, et 27 fr. 10 c. par le
grand-duché de Bade. Le bureau de Morat en Suisse reçoit
aussi les dépêches.

Le 1er février le *Moniteur* publie la note ci-dessous, aussitôt après sa partie officielle :

Le gouvernement a prévenu plusieurs fois le public qu'il
n'acceptait en rien la responsabilité des nouvelles transmises par
la correspondance télégraphique privée.

Pour compléter ces avertissements réitérés, M. le ministre de
l'intérieur fait connaître que la plus grande latitude est laissée aux
transmissions télégraphiques ; mais, en même temps, le public
est prévenu que des ordres sévères sont donnés pour signaler à
l'autorité judiciaire toutes les dépêches qui paraîtraient fausses et
de nature soit à troubler la paix publique, soit à favoriser des
spéculations illicites.

Le 12, un extrait du *Globe* donne la relation d'une réunion des actionnaires du télégraphe sous-marin, d'où il
résulte qu'il avait bien fonctionné depuis le mois de juin
précédent. Le nombre des dépêches s'élevait, le 1er janvier
1852, à 1,061 ; en 1853, à 2,011 ; en 1854, à 3,120, malgré
l'état de stagnation des affaires. On pouvait distribuer 4
pour 100 comme dividende semestriel, d'un capital de
75,000 livres, et donner 800 livres de gratification aux directeurs.

Le 15, les journaux italiens annoncent l'ouverture des
lignes du Piémont et de la Lombardie ; les *Faits divers* anglais parlent d'un appareil expérimenté avec succès pour
surveiller la marche des trains; ce système était du professeur Gluckmann.

Le même jour on avise officiellement que cinq bureaux
sont dorénavant ouverts à la correspondance privée, dans
l'intérieur de Paris. Ils étaient établis rue de Grenelle-Saint-
Germain, 103 ; rue de Richelieu, 83 ; gare du Nord, gare

d'Orléans et au Luxembourg. On prévenait en outre le public qu'il n'était pas de son intérêt de s'adresser à des agences pour faire porter ses dépêches dans un de ces bureaux.

Trois jours après, on annonce l'ouverture des bureaux de Cahors et Montbrison, ainsi que d'autres villes étrangères. Comme maintenant chaque mois apporte son contingent de bureaux ouverts à la correspondance, nous négligerons dorénavant ce qui n'aurait pas un intérêt marqué. La télégraphie étant une chose admise, ses progrès quotidiens n'ont plus la même importance. Pourtant il faut observer le 27, que les lignes s'étendent jusqu'à Perpignan et Privas, jusqu'à la Bavière, et un avis qui indique les taxes à percevoir pour chacun des nouveaux bureaux. Le 2 mars, une répétition de la note insérée le 15 février annonce en outre l'établissement d'un bureau rue Jean-Jacques-Rousseau à Paris. Quelques jours plus tard, le Danemark est ouvert à la correspondance télégraphique, et dans les Indes orientales on établit les lignes de Bombay à Agra. Le 31 mars, ce sont les lignes de Rennes et celles de l'Irlande dont on annonce l'ouverture ; peu après, un bureau est établi à l'Hôtel de ville de Paris, ainsi que plusieurs autres en province.

Nous sommes déjà au mois de mai ; on rencontre alors plus d'un projet d'appareil nouveau, dont les journaux scientifiques mentionnent les heureux résultats, et nous pourrions citer les descriptions publiées par le *Moniteur*, si cette étude n'était plutôt relative à la législation et aux grands travaux d'ouverture de lignes. Aussi bien allons-nous trouver plusieurs projets de loi présentés, soit au Corps législatif, soit à l'approbation du Sénat, et dès le 9 mai on voit l'exposé des motifs présenté à la séance du Corps législatif, par le Conseil d'Etat, dont M. Cuvier était le rapporteur. Il est précédé du décret de présentation en la forme ordinaire.

Messieurs, le gouvernement vient appeler de nouveau sur la législation qui régit les correspondances télégraphiques privées l'attention du Corps législatif. Il croit le moment venu de modifier profondément le système de tarification jusqu'ici appliqué en France en vertu des lois des 29 novembre 1850 et 28 mai 1853, système dont les inconvénients sont devenus plus sensibles à mesure que se sont prolongées les lignes qui rayonnent de Paris vers toutes les frontières, et s'y relient avec les lignes des pays voisins.

Vous savez que la taxe des dépêches électriques est établie sur une double évaluation : celle de la distance parcourue par la dépêche du point de départ au point d'arrivée ; celle du nombre des mots dont la dépêche se compose.

Le calcul de la distance parcourue par la dépêche électrique peut se faire de deux manières : ou bien on la mesure d'après la longueur du fil conducteur entre les deux bureaux de départ et d'arrivée, quels que soient les détours de la ligne électrique ; ou bien, supposant tracés autour du bureau de départ des cercles d'un rayon de plus en plus grand, on calcule la distance directe ou à vol d'oiseau entre le bureau de départ et la zone où se trouve le bureau d'arrivée.

Le premier mode de calcul, celui qui se fait d'après la longueur réelle du fil, a été établi en France par la loi du 29 novembre 1850 et régit encore aujourd'hui la correspondance télégraphique privée entre les diverses parties du territoire de l'empire. Le second mode de calcul, celui qui se fonde sur le principe des zones, a, au contraire, prévalu dans tout le reste de l'Europe, et il régit même, en vertu de conventions internationales [1], une partie de la correspondance télégraphique française, celle qui est transmise de France à l'étranger, ou de l'étranger en France.

Le projet de loi tend à substituer en France, d'une manière générale, le second mode de tarification au premier, en adoptant pour la France les mêmes rayons des zones que ceux qui sont établis dans les pays voisins et qu'ont déjà consacrés l'usage et les conventions internationales.

A l'origine d'un service si nouveau, quand chaque pays faisait isolément, dans son propre sein et sur quelques lignes peu nom-

---

[1] Décret impérial portant ratification et promulgation de la convention provisoire pour la correspondance télégraphique entre la France et la Suisse. (7 *février* 1853.) Voir p. 244.

Décret impérial portant promulgation de la convention conclue entre la France, la Belgique et la Prusse, pour régler la transmission des correspondances télégraphiques. (25 *avril* 1853.) Voir p. 251.

Décret impérial portant promulgation de la convention conclue entre la France et la Sardaigne pour régler la transmission des correspondances télégraphiques. (28 *avril* 1853.) Voir p. 259.

Décret impérial portant promulgation de la convention télégraphique conclue entre la France et la Bavière. (29 *juillet* 1853.) Voir p. 334.

breuses, l'expérience de la correspondance télégraphique privée, on comprend que chaque pays ait tenté et mis en pratique un mode particulier de tarification ; mais on comprend aussi que ces systèmes doivent tendre à s'uniformiser, à mesure que les lignes télégraphiques, s'unissant les unes aux autres, resserrent et multiplient les rapports internationaux, et quand le moment approche où elles ne formeront plus qu'un vaste réseau européen.

Le premier avantage de la mesure proposée sera donc d'effacer l'espèce de disparate que présentait le système français avec celui du reste de l'Europe, et d'introduire dans le mode de calculer les distances sur tout le continent une uniformité non-seulement utile dans le présent, mais encore destinée à faciliter les améliorations dans l'avenir. En effet, aux termes de la convention entre la France et la vaste union austro-germanique, des conférences doivent avoir lieu tous les deux ans entre des délégués de tous les Etats contractants, afin qu'ils puissent se communiquer réciproquement les améliorations obtenues dans les divers pays, et examiner les modifications que l'expérience conseillerait d'apporter à la convention internationale. Combien l'usage d'un système de tarification fondé sur les mêmes principes ne doit-il pas rendre plus facile, entre les Etats intéressés, l'adoption de certaines améliorations secondaires, sur lesquelles on ne serait pas encore aujourd'hui entièrement d'accord !

Mais la mesure proposée par le projet a d'autres avantages plus prochains et qui intéressent plus directement les départements.

Les lignes télégraphiques françaises convergent presque toutes des divers points de l'empire vers Paris. La force des choses l'a ainsi voulu. Aussi, les communications télégraphiques de Paris avec les diverses villes d'une même ligne, et de ces villes avec Paris, se font-elles à peu près en ligne directe, et la substitution du nouveau mode de calcul des distances au mode ancien ne change pas très-notablement cet élément de la taxe des dépêches partant de Paris, ou adressées à Paris. Mais il n'en est pas de même dans le système de la loi du 29 novembre 1850, pour la correspondance entre des villes qui ne sont pas situées sur la même ligne télégraphique. Dans l'état actuel du réseau télégraphique, des lignes, quelquefois très-longues, ne se réunissent qu'à Paris ou près de Paris, et il en résulte que deux villes voisines l'une de l'autre, en ligne directe, ne peuvent correspondre entre elles qu'en faisant parcourir à la dépêche, pour passer d'une ligne à l'autre, un circuit immense. Dans ce cas, la taxe, établie d'après la longueur du fil parcouru, devient en quelque sorte prohibitive par son élévation. Ce résultat n'avait pas échappé à la commission du Corps législatif chargée, l'année dernière, d'examiner la loi du 28 mai 1853 ; il avait été également signalé dans la discussion, et les commissaires du gouvernement s'étaient empressés de reconnaître que le système de tarification établi par la loi de 1850 ne pouvait pas être regardé comme définitif, et qu'il laissait subsister, pour les villes éloignées de Paris, des inégalités réelles ; ces inégalités, qui ont été jusqu'ici très-peu onéreuses aux populations, peuvent le devenir bientôt par l'extension croissante de la correspondance télégraphique privée.

Le gouvernement commençait, au moment même où se discutait la loi du 28 mai 1853, une grande expérience du système des zones, établi par les diverses conventions internationales relatives à la télégraphie électrique ; il ne devait donc pas tarder à faire droit aux observations sérieuses qui lui avaient été adressées. C'est ce qu'il accomplit par le projet de loi actuel. Désormais, toute inégalité aura disparu entre Paris et les autres villes de l'empire ; chaque bureau de correspondance télégraphique deviendra un centre à partir duquel la distance jusqu'au bureau de destination de la dépêche sera calculée en ligne directe, sans aucun égard à la distance réelle parcourue par cette dépêche le long des fils télégraphiques.

Le projet de loi introduit un autre changement favorable dans le second élément du tarif des dépêches télégraphiques, c'est-à-dire dans le nombre de mots qui sert de base au calcul de la taxe. D'après la loi actuellement en vigueur, la dépêche simple se compose de 1 à 20 mots ; on propose de porter la limite jusqu'à 25 mots.

L'expérience a fait connaître que la limite de 20 mots n'était pas suffisante pour les besoins ordinaires de la correspondance télégraphique. Quand on élimine d'une dépêche de 20 mots sa date, le nom de l'expéditeur, le nom et l'adresse du destinataire, il ne reste plus qu'un nombre de mots trop souvent insuffisant, lorsqu'on veut se tenir dans la limite de la dépêche simple. Aussi arrive-t-il fréquemment que l'administration des télégraphes, par ménagement pour le public, se contente d'adresses incomplètes et d'indications trop sommaires, d'où naissent des difficultés et quelquefois du désordre dans le service. L'élévation à 25 du nombre des mots de la dépêche simple tournera donc en même temps à l'avantage des particuliers et à celui du service public.

Déjà toute l'union austro-germanique a opéré, dans cette partie de son tarif, un changement identique, et les autres États voisins, où il n'est pas encore introduit, n'attendent que l'exemple de la France pour l'adopter à leur tour.

Les prix du nouveau tarif établis par l'article 2 sont les prix actuellement perçus dans toute l'union austro-germanique, qui embrasse, comme on le sait, non-seulement l'Autriche et toute l'Allemagne, mais encore la Belgique et les Pays-Bas. Ces prix sont aussi ceux que la France a adoptés par la grande convention internationale du 25 avril 1853, et par les conventions subséquentes, et qui sont, par conséquent, déjà appliqués à toute la correspondance télégraphique française qui franchit nos frontières de terre.

Les mêmes motifs qui ont porté le gouvernement à adopter le système des zones, le déterminent aussi à admettre le tarif établi par ces conventions.

Si la limite de la dépêche simple restait fixée à 20 mots, le tarif actuel, comparé au tarif en vigueur depuis la loi du 28 mai 1853, produirait, pour le plus grand nombre des dépêches expédiées en ligne directe, une augmentation dans la taxe ; il n'y aurait de diminution que pour un petit nombre de localités que le fil électrique n'atteint aujourd'hui que par de longs détours ; mais, comme nous l'avons dit, le gouvernement propose d'élever à 25 mots la limite de la dépêche simple, et, dans ces conditions nouvelles, utiles au public, nécessaires au service, le nouveau tarif, comparé au tarif actuel, ne produit plus que des changements en général peu considérables dans le prix des dépêches.

Sur quatre-vingt-dix bureaux actuellement ouverts au public, on en compte trente-trois pour lesquels il y a abaissement du prix de la dépêche, cinquante-quatre pour lesquels il y a augmentation, et trois pour lesquels il n'y a pas de changement. En général, l'abaissement, comme l'augmentation, sont peu considérables. Si l'on comparait le tarif proposé actuellement, non plus avec le tarif réduit de 1853, mais avec le tarif établi par la loi du 29 novembre 1850, on trouverait, pour presque toutes les distances, une diminution notable dans le prix des dépêches.

Depuis la loi de 1850, l'administration a ouvert, dans l'intérieur de Paris, pour la commodité du public, un certain nombre de bureaux auxiliaires, correspondant avec le bureau central. Ce nombre sera successivement augmenté, et, de plus, par suite de la prochaine ouverture du chemin de fer de ceinture autour de Paris, un certain nombre de bureaux télégraphiques seront établis sur ce chemin, dans la banlieue. Le commerce et le public trouveront là de nombreuses facilités pour communiquer rapidement d'un point à l'autre de Paris, et de Paris avec sa banlieue, dans un rayon de 20 kilomètres. C'est en vue de ce nouvel état de choses que le projet réduit la taxe d'une dépêche simple à 1 franc dans le premier cas, et à 1 fr. 50 c. dans le second. Par suite des mêmes circonstances, le port des dépêches à domicile, nécessitant des courses moins longues, l'administration juge inutile de maintenir le droit exceptionnel de 1 franc établi pour ce service par la loi du 29 novembre 1850. Le projet l'abaisse au prix uniforme de 50 centimes, déjà fixé pour tous les bureaux de département.

L'extension que prennent, dans toute l'Europe, les lignes de télégraphie électrique, et la jonction successive des lignes des divers pays entre elles, font que, d'une partie de l'Europe à l'autre, et pour une même direction, les particuliers trouvent à leur disposition plusieurs lignes télégraphiques dont les unes traversent la France, et les autres sont en dehors de son territoire ; on comprend qu'il peut y avoir intérêt à faciliter le transit par la France de la correspondance télégraphique privée ; et le moyen principal pour y parvenir, c'est de fixer, pour ces lignes de transit, un tarif qui assure à cette correspondance passant par la France les mêmes avantages qu'elle trouverait sur une autre ligne. L'article 3 a pour objet de donner au gouvernement la faculté d'établir une taxe réduite pour les dépêches passant en France d'une frontière à l'autre.

╂ En résumé, le projet de loi réalise des améliorations sérieuses ; il fait droit à des réclamations légitimes ; il comble des lacunes dans la législation existante. Le Conseil d'Etat a donné à ses diverses dispositions son complet assentiment, et il en propose l'adoption au Corps législatif.

Art. 1er. A dater du 1er juillet 1854, les distances servant de base au calcul des taxes des dépêches télégraphiques privées seront prises à vol d'oiseau, depuis le bureau de départ jusqu'au bureau d'arrivée.

Art. 2. A dater de la même époque, le tarif sera établi conformément au tableau suivant :

Pour une distance			Pour une dépêche de 1 à 25 mots.	
De 1 à	75 kilomètres inclusivement........		2 fr.	50 c.
Plus de	75 —	à 190...........	5	»
	190 —	à 340...........	7	50
	340 —	à 525...........	10	»
	525 —	à 750...........	12	50
	750 —	à 1,050...........	15	» [1]

Toutefois, la taxe d'une dépêche de 1 à 25 mots, de Paris pour Paris, sera de 1 franc ; celle de Paris pour les localités qui en sont distantes de 20 kilomètres au plus, ou de ces localités pour Paris, sera de 1 fr. 50 c.

Au-dessus de 25 mots, les taxes précédentes sont augmentées d'un quart pour chaque dizaine de mots ou fraction de dizaine excédant.

Le droit de 1 franc établi par l'article 9 de la loi du 29 novembre 1850, pour le port des dépêches dans Paris, est réduit à 50 centimes.

Art. 3. Dans le cas où, pour faciliter le passage par le territoire français de la correspondance télégraphique privée, il paraîtrait nécessaire de réduire la taxe des dépêches transitant d'une frontière

---

[1] Une nouvelle rédaction, adoptée par le Conseil d'Etat, modifia le premier paragraphe de l'article 2 : Voir p. 352.

à l'autre, le taux de la réduction sera déterminé par un arrêté du ministre de l'intérieur.

ART. 4. Sont maintenues les dispositions des lois des 29 novembre 1850 et 28 mai 1853, qui ne sont pas contraires à la présente loi.

Ce projet de loi a été délibéré et adopté par le Conseil d'Etat, dans sa séance du 20 avril 1854.

Après les travaux de la commission du Corps législatif, M. le comte de Bryas, présentait son rapport à la séance du 27 mai.

Messieurs, l'usage de la télégraphie se propage avec une telle rapidité, des faits si nouveaux se produisent, qu'il eût été peut-être désirable à certains égards de demander à une année de plus de sanctionner les qualités et les défauts de la législation actuelle, avant d'y retoucher. Après cette expérience, l'administration, dont nous nous plaisons à reconnaître les louables efforts, aurait sans doute été moins timide dans la voie de l'abaissement des taxes.

Les dispositions de la loi qui vous est proposée nous ont semblé cependant offrir des avantages assez sérieux pour nous imposer le devoir d'en faire profiter immédiatement le public : tel est le motif qui nous a décidé à vous présenter, à l'instant où notre session touche à son terme, un rapport fait à la hâte sur cette question, qui a été mûrement examinée par votre commission.

Une réduction des tarifs a déjà été introduite l'année dernière, et l'administration doit avoir tout lieu de s'en applaudir, en présence de l'accroissement des dépêches et de l'augmentation des recettes. La télégraphie privée non-seulement se suffit et au delà à elle-même, mais elle tend à couvrir les frais des services télégraphiques à l'usage du gouvernement, et à devenir une source abondante de revenus pour le Trésor.

Nous lisons en effet dans l'exposé du budget de 1855 :

« Il est permis d'espérer que les recettes excéderont bientôt les dépenses, et que la télégraphie deviendra une branche de revenu pour le Trésor.

« Lorsque le service sera mieux assuré par l'addition de nouveaux fils, que les lignes nouvelles seront mieux établies, et que les rapports de la France avec les nations étrangères auront été augmentés par de nouvelles lignes de jonction sur l'Espagne, l'Italie, le Piémont, la Suisse, l'Allemagne, la Belgique et l'Angleterre, qu'une ligne en cours d'exécution reliera l'Afrique à la France, toutes les prévisions de recettes pourront être dépassées [1]. »

---

[1] Voir p. 366.

L'appréciation des revenus de la télégraphie en 1855 est conforme à cette espérance. Le personnel et le matériel des lignes figurent en dépense pour 3,322,040 francs. Le produit de la télégraphie privée est porté en recette pour 4,100,000 francs, et donne par conséquent un excédant de revenu qui vient au secours de nos finances pour une somme de 767,960 francs. Ces calculs ne paraîtront pas exagérés, en se rappelant qu'en 1851 les taxes ont seulement produit 76,722 francs; elles atteignaient 546,677 francs en 1852, égalaient 1,449,120 francs en 1853, et dépasseront 2,500,000 francs en 1854, en basant cette dernière hypothèse sur les recettes réalisées pendant les premiers mois de l'année courante, c'est-à-dire sur un fait acquis.

Ces résultats, nous en avons la conviction, ne sont nullement de nature à compromettre une des autres branches du revenu de l'État; nous voulons parler des produits de la poste aux lettres. La correspondance télégraphique est forcément laconique et insuffisante : brièveté et rapidité, telle est son essence, telle est sa nature. Toute dépêche de ce genre, un grand nombre en font mention, a pour corollaire obligé une ou plusieurs lettres explicatives, qui souvent n'auraient pas été écrites sans cette circonstance.

Après ce court exposé de la voie de prospérité où entre ce service, nous allons immédiatement passer à l'examen des articles du projet de loi.

ART. 1er. L'article 1er du projet de loi n'a donné lieu à aucun amendement. Il répond à un vœu formulé l'année dernière par la commission chargée de l'examen du projet de loi sur la télégraphie privée. Les plus ardents promoteurs de cette amélioration étaient, sans contredit, M. le comte de Sainte-Hermine et M. le comte de Champagny; ils obtiennent satisfaction complète par le projet actuel. On fait disparaître ainsi des tarifs prohibitifs de toute correspondance de ce genre entre des villes importantes. Certaines localités rapprochées par leur situation topographique, mais reliées entre elles par de longs circuits télégraphiques, acquittaient des taxes énormes pour se mettre en communication. De pareilles exagérations ne peuvent plus se reproduire. La distance calculée à vol d'oiseau met à la disposition des relations de famille et du commerce le moyen de communiquer d'une station quelconque du territoire français avec toutes celles qui sont établies dans l'empire, en subissant la loi commune qui consistera désormais à acquitter un droit proportionnel à la distance franchie par la dépêche.

C'est ici le lieu d'examiner si la taxe proportionnelle à la distance devait être acceptée par le Corps législatif. Vaudrait-il mieux entrer hardiment dans la voie du progrès, franchir d'un seul bond les régions financières inconnues qui nous restent à parcourir pour faire dire le dernier mot à nos tarifs, et établir résolûment une taxe fixe et uniforme? en d'autres termes, est-il prudent, est-il possible d'adopter actuellement, pour la télégraphie privée, les principes qui ont prévalu pour la taxe des lettres ?

Votre commission a été provoquée à cet examen par des opinions individuelles assez nombreuses qui se sont produites dans la discussion des bureaux. L'écho de ces sentiments doit nécessairement trouver place dans le compte rendu de nos travaux.

Nous ne nous dissimulons pas les avantages d'une taxe uniforme ; nous avons même l'espoir d'y arriver graduellement : mais nous reconnaissons, avec l'administration et MM. les commissaires du gouvernement, que ni le personnel, ni le matériel, ni même sans doute l'état de la science, ne sont encore en mesure de faire une réalité d'une théorie séduisante. La première condition à imposer à une taxe uniforme est d'être fort modérée, afin de ne pas consacrer une injustice criante envers les petites distances, en même temps qu'elle favoriserait les dépêches à long parcours. Il faut en outre avoir la certitude de pouvoir regagner, par la multiplicité des dépêches, ce que ferait perdre l'abaissement des tarifs.

Le Corps législatif vient de voter deux lois qui attestent l'insuffisance des moyens actuels de faire face aux besoins du service. Quelle que soit la rapidité de la transmission, les dépêches s'amoncellent aujourd'hui dans certains bureaux, au point d'atténuer les avantages merveilleux de ce mode de correspondance. En vain la vitesse des chemins de fer essayerait-elle de lutter avec le fluide électro-magnétique, la lutte serait insensée, mais à une condition néanmoins, c'est que plusieurs heures, des demi-journées quelquefois, ne soient pas perdues dans les bureaux télégraphiques. Il ne faut pas que la lettre confirmant la dépêche télégraphique la devance au domicile du destinataire. De tels faits se produiraient infailliblement, si tout à coup un abaissement subit de la taxe réduisait outre mesure le prix d'une dépêche.

L'impulsion et le développement donnés aux services télégraphiques par l'administration sont dignes de nos éloges. Des lignes nouvelles s'organisent et s'ouvrent chaque jour. Nous touchons au moment où tous les chefs-lieux de la France et les points exceptionnellement importants seront en communication entre eux et avec Paris ; mais enfin toute chose a ses limites : si le matériel peut s'augmenter avec une rapidité très-grande, le personnel ne saurait se plier aussi facilement à de pareilles exigences. L'Etat, pour un pareil service, ne peut se recruter dans l'industrie privée, il faut qu'il forme pour lui-même et par lui-même tous les agents qu'il doit employer.

Par tous ces motifs, votre commission n'a pas cru devoir proposer un amendement ayant pour but l'application immédiate d'une taxe uniforme. Elle a été moins arrêtée par des considérations financières que par les difficultés matérielles d'exécution qu'elle vous a signalées.

Art. 2. L'article second du projet est complexe : chacun de ses paragraphes contient des dispositions particulières ; nous allons les examiner successivement et en détail.

Le paragraphe 1er est ainsi conçu : A dater de la même époque (1er juillet 1854), le tarif sera établi conformément au tableau suivant :

		Pour une distance			Pour une dépêche de 1 à 25 mots.	
De 1 à	75	kilomètres inclusivement......			2 fr.	50 c.
Plus de	75	—	à	190..........	5	»
	190	—	à	340..........	7	50
	340	—	à	525..........	10	»
	525	—	à	750..........	12	50
	750	—	à	1,050..........	15	»

Votre commission n'a pu admettre ce nouveau tarif, qui, à son avis, consacrerait un système défectueux en introduisant le principe des zones. La distance calculée à vol d'oiseau fait disparaître de la législation certaines inégalités fâcheuses ; les zones admises en feraient renaître une infinité d'autres. Deux principes radicaux, mais rationnels, sont en présence : d'une part, la taxe unique et uniforme ; d'autre part, un tarif proportionnel à la distance parcourue. En maintenant ce dernier principe, on ne peut admettre qu'une dépêche doit payer la même taxe pour franchir 1 ou 75 kilomètres. Le même tarif ne saurait être perçu pour un parcours de 76 ou de 190 kilomètres.

Ce système, nous disait-on, a l'avantage de mettre les taxes françaises en harmonie avec les tarifs adoptés par toute l'union austro-germanique, qui embrasse non seulement l'Autriche et toute l'Allemagne, mais encore la Belgique et les Pays-Bas.

Pour les dépêches internationales, nous comprenons parfaitement qu'une dépêche allant de France à l'étranger, ou venant de l'étranger en France, doive payer le même tarif pour tout son parcours. Nous approuvons même l'esprit de conciliation qui a inspiré l'administration, et lui a fait adopter le système des zones allemandes et les tarifs de l'Union, pour ces sortes de correspondances. Votre commission pense cependant que les taxes et les tarifs français sont préférables ; elle espère qu'au prochain congrès télégraphique qui sera tenu à Berlin, les délégués français feront les plus grands efforts pour introduire nos méthodes dans l'uniformité des tarifs poursuivis en Europe.

Pour les dépêches exclusivement françaises, qui ne sortent pas de nos frontières, il importe assez peu qu'elles acquittent des taxes différentes de celles qui sont perçues dans les pays étrangers, surtout lorsque la consécration de l'unité avec l'Allemagne amène des anomalies nombreuses et des aggravations de taxe que nous avons dû repousser.

Prenons quelques-uns des faits les plus saillants.

Sur un parcours de 76 kilomètres, en comparaison de l'ancien tarif, l'augmentation eût été de 43 pour 100 pour une dépêche de 25 mots, et de 78 pour 100 pour des dépêches de 20 ou 30 mots.

Pour un parcours de 341 kilomètres, l'augmentation atteignait 45 pour 100 pour une dépêche de 25 mots, et 81 pour 100 pour une dépêche de 20 ou 30 mots.

Nous pourrions multiplier ces exemples ; qu'il nous suffise de dire que, sauf quelques rares exceptions, les tarifs étaient augmentés, et qu'ils élevaient le prix d'une dépêche ordinaire à 12 fr. 50 c., et même à 15 francs, pour certaines grandes villes, où l'usage de la télégraphie est devenu usuel et un des besoins impérieux de la civilisation. Ces tarifs doublés par le prix de la réponse, augmentés des frais de transport à domicile, mettaient le taux du service rendu à 26 et 31 francs. De pareils chiffres sont prohibitifs pour les populations et de nature à compromettre ce qui nous touche infiniment aussi, les intérêts bien entendus du Trésor, en en tarissant la source.

Votre commission a proposé un amendement à ce paragraphe. L'administration et le Conseil d'Etat, dans leur sollicitude éclairée pour tous les intérêts en souffrance, l'ont accepté avec une légère modification.

L'amendement était ainsi conçu : *A dater de la même époque* (1er juillet 1854), *pour une dépêche de 1 à 25 mots, il sera perçu un droit fixe de 2 francs, plus 10 centimes par myriamètre.*

On revenait ainsi au tarif actuellement en vigueur, concédé par la loi de 1853, mais doublement abaissé : 1° en comptant les distances à vol d'oiseau, ce qui réduit en moyenne la taxe de 20 pour 100 environ ; 2° par la latitude d'étendre de 20 à 25 mots la longueur d'une dépêche ordinaire.

Nous lisons dans l'exposé des motifs : « L'expérience a fait connaître que la limite de 20 mots n'était pas suffisante pour les besoins ordinaires de la correspondance télégraphique. Quand on élimine d'une dépêche de 20 mots sa date, le nom de l'expéditeur, le nom et l'adresse du destinataire, il ne reste plus qu'un nombre de mots trop souvent insuffisant, lorsque l'on veut se tenir dans la limite de la dépêche simple. Aussi arrive-t-il fréquemment que l'administration des télégraphes, par ménagement pour le public, se contente d'adresses incomplètes et d'indications trop sommaires, d'où naissent des difficultés et quelquefois du désordre dans le service. L'élévation à 25 du nombre des mots de la dépêche simple, tournera donc en même temps à l'avantage des particuliers et à celui du service public. »

Nous devions tenir compte de cet avantage très-réel, offert par l'administration, et nous avons été surtout émus par la communication officieuse qui nous a été faite de l'importance de la perte que notre amendement, mis en pratique, aurait entraînée pour le Trésor. Il s'agissait d'un déficit de quatre ou cinq cent mille francs, sur les recettes présumées de l'année courante.

L'amendement nous est revenu modifié ainsi qu'il suit : *A dater de la même époque* (1er juillet 1854), *pour une dépêche de 1 à 25 mots, il sera perçu un droit fixe de 2 francs*, PLUS 12 CENTIMES *par myriamètre*.

Votre commission, pour accepter ou rejeter ce nouveau tarif, a dû le comparer à celui qui existe : il est résulté de cet examen la preuve incontestable, ainsi que l'indique le tableau annexé, qu'à l'avenir une dépêche de 25 mots coûtera pour aller de Paris à presque tous les bureaux établis, et réciproquement, un prix inférieur à celui qu'acquitte actuellement une dépêche de 20 mots seulement. Ce nouveau tarif, par l'introduction du comptage à vol d'oiseau, réduira les taxes pour les correspondances des bureaux de département entre eux, dans des proportions très-considérables, surtout lorsqu'il s'agira de deux bureaux qui ne se trouvent pas sur une même ligne, convergeant vers un point donné. Nous pourrions trouver des exemples où la taxe sera réduite au tiers ou au quart de celle qui existe aujourd'hui. Quelques rares augmentations se manifestent; hâtons-nous de dire qu'elles atteignent à peine quelques centimes, et que la somme du bien l'emporte infiniment sur la somme du mal.

Nous vous proposons, en conséquence, l'adoption de l'amendement de la commission, modifié, d'accord avec le Conseil d'Etat.

Nous pensons que l'accroissement des recettes engagera l'administration, pour développer davantage les revenus, à proposer de nouveaux abaissements de tarifs. La marche qui nous semble la plus rationnelle et la plus équitable, celle qui converge le plus sûrement vers la taxe uniforme, consistera à faire porter de préférence la diminution sur la taxe acquittée par myriamètre parcouru. Nous verrons ainsi disparaître de nos tarifs ces chiffres trop considérables, qui élèvent une barrière entre la télégraphie et les besoins de la société.

Un fait considérable est déjà acquis, c'est qu'aucune dépêche partant de Paris n'excédera le prix de 10 francs; cette limite obtenue donne satisfaction à notre honorable collègue M. le vicomte de Kervéguen, qui proposait, si le système des zones avait prévalu, de supprimer les tarifs de la sixième, et de s'arrêter comme maximum à la taxe de la cinquième zone, qui s'élevait à 12 fr. 50 c.

Les paragraphes 2 et 4 contiennent des réductions de taxes avantageuses pour Paris et sa grande banlieue; votre commission approuve entièrement l'esprit qui a dicté de pareilles modifications à la loi de 1853. Nous constatons seulement que, pour 1 franc, une dépêche peut être transmise de Paris pour Paris. Nous avons fait bien des progrès depuis un an ; le droit fixe pour la moindre distance était de 3 francs. On pensait alors que ce prix était nécessaire pour couvrir les frais de tous les détails et de toutes les formalités qu'entraîne une transmission télégraphique avant de sortir du bureau expéditeur.

Art. 3. Cet article est une facilité donnée à l'administration française pour faire des traités de transit télégraphiques avec les Etats étrangers. Votre commission, satisfaite des explications qui lui ont été données par MM. les commissaires du gouvernement, en a adopté les dispositions.

Notre honorable collègue M. O'Quin, rapporteur de deux projets de loi portant ouverture de crédits pour le personnel et le matériel de la télégraphie, vous a trop bien exposé les vœux dont il était l'organe, pour que votre commission essaye de les reproduire dans d'autres termes. Voici comment il s'exprime : (voir p. 362.)

« L'extension progressive du réseau télégraphique nous permet aussi de concevoir l'espérance que, dans un avenir peu éloigné, toutes les villes de quelque importance, sous le rapport industriel et commercial comme au point de vue administratif, seront rattachées à Paris par une communication électrique. L'active et intelligente initiative de l'administration nous est un sûr garant qu'elle entrera dans cette voie. Peut-être serait-il possible, dès aujourd'hui, d'obtenir un progrès considérable, en ouvrant à la télégraphie privée tous les bureaux qui fonctionnent sur les lignes de chemins de fer pour le service exclusif des compagnies. Il ne nous appartient pas d'indiquer les combinaisons financières au moyen desquelles ce résultat pourrait être atteint, ni de faire ressortir les garanties qu'offrirait à la sécurité publique la transmission des dépêches relatives au service des chemins de fer par des agents de l'Etat, nécessairement plus capables et moins sujets à commettre de ces erreurs dont les conséquences sont si fatales. Le gouvernement étudiera cette question avec le soin et la maturité qu'elle réclame, si toutefois il ne s'en est pas déjà préoccupé. »

Notre tâche est finie, messieurs. Nous avons la conviction que ce projet de loi apporte des améliorations à la législation télégraphique. Votre commission a l'honneur d'en proposer l'adoption au Corps législatif.

Un tableau annexé au rapport ci-dessus indiquait les principales différences apportées, par le nouveau tarif, dans la taxe à percevoir entre Paris et les bureaux de plusieurs villes de la province. Cette loi, qui fut votée sans discussion aucune, le 31 mai, avait été précédée du vote des deux lois dont les exposés et rapports suivent. Les trois lois furent approuvées dans leur ensemble par le Sénat le 9 juin, après le rapport ci-après (page 367).

Au Corps législatif, M. Cuvier, conseiller d'Etat, exposait, après décret de présentation, deux projets de loi portant ouverture d'un premier crédit extraordinaire de 844,620 francs pour l'établissement de nouvelles lignes télégraphiques; d'un second crédit de 375,000 francs pour l'augmentation du personnel des lignes télégraphiques.

Premier projet de loi.

Messieurs, le vaste réseau de lignes télégraphiques dont le décret du 6 janvier 1852 a ordonné la création, est à peine achevé, que déjà, sur plusieurs points, ces lignes sont insuffisantes, et le service mal assuré, tant a été rapide le développement de la correspondance privée.

Le nombre des dépêches privées, qui a été de 9,014 en 1851, de 48,105 en 1852, a dépassé 126,000 en 1853, et s'élèvera bien au delà de ce chiffre dans l'année courante; et encore ne comprend-on pas dans ces chiffres les transmissions multipliées faites pour le service des chemins de fer. D'un autre côté, les nécessités du service public et l'occupation des lignes, pour la transmission des dépêches du gouvernement, arrêtent fréquemment les communications privées. Il en résulte que les dépêches des particuliers s'accumulent sur certaines lignes et subissent des retards regrettables, bien qu'aujourd'hui les bureaux télégraphiques fonctionnent sans relâche depuis le matin jusqu'au soir, et que souvent le travail se prolonge fort avant dans la nuit.

En outre, lorsque, par accident, une ligne se trouve interrompue dans le voisinage de Paris, l'indépendance des grandes lignes entre elles fait que l'on ne peut pas détourner sur une autre ligne les dépêches arrêtées sur la première, et que Paris peut se trouver, pendant un temps assez long, sans communication avec une partie de l'empire. Ainsi, dans l'état actuel du réseau télégraphique, un accident survenu aux fils entre Paris et Melun empêche tout rapport avec Lyon et Marseille. Le gouvernement demande les moyens de remédier à ces graves inconvénients. Pour activer le service de la transmission et prévenir l'encombrement des dépêches, il faut augmenter le nombre des fils sur les lignes; l'expérience a démontré l'insuffisance des fils déjà établis; pour mettre la correspondance télégraphique à l'abri des chances d'interruption provenant de la rupture des fils, il faut relier par des lignes transversales les grandes lignes déjà construites.

Le crédit demandé a pour objet de pourvoir promptement à ces deux besoins du service : le tableau annexé au projet de loi indique sur quelles lignes l'administration se propose d'ajouter des fils supplémentaires. Pour le plus grand nombre de ces lignes, on pourra se servir des poteaux déjà existants ; ce sont celles indiquées dans la première section du tableau. Mais sur deux lignes importantes, celles de Lyon à Vienne et de Paris à Orléans, les poteaux déjà surchargés ne peuvent plus porter de nouveaux fils, et il est nécessaire d'établir une ligne nouvelle à côté de celle qui existe déjà. Quant aux lignes de jonction que l'administration croit utile d'ajouter à celles pour lesquelles des fonds sont déjà faits au budget de 1854, elles sont au nombre de trois : une ligne de Nîmes au Puy ; une ligne de Saint-Brieuc à Brest ; une ligne de Dieppe à Abbeville. La première assure une seconde voie de communication télégraphique presque directe avec Marseille par Orléans, Moulins, le Puy et Nîmes ; la seconde permet de détourner sur la ligne de Rennes les dépêches du Midi qui se trouveraient empêchées à Tours de continuer leur route directe vers Paris ; enfin, la troisième, en reliant la ligne de Rouen avec celle du Nord, obvie aux inconvénients très-graves d'une interruption survenant sur cette dernière ligne entre Paris et Abbeville.

Jusqu'à présent, sauf quelques exceptions, le télégraphe n'a desservi que les chefs-lieux de préfecture. Il semble utile et juste d'assurer aussi les avantages de ce moyen de correspondance à certaines villes importantes par leur population, leur commerce et leur industrie, aujourd'hui traversées par les lignes, et l'administration demande les fonds nécessaires pour y établir un bureau. Le reste du crédit demandé est destiné à l'acquisition des appareils télégraphiques et de leurs accessoires, commandée par l'établissement des fils supplémentaires. Le Conseil d'Etat, convaincu qu'il y aurait péril à retarder des travaux destinés à devenir, dans un temps prochain, une source de revenus pour l'Etat, n'hésite pas à proposer au Corps législatif l'adoption du projet de loi.

I

Fils supplémentaires à ajouter sur les lignes existantes.

Kilom.		Fils.	Francs.
317	De Vienne à Marseille	2	80,020
203	De Marseille à Cette	2	48,720
170	De Paris à Saint-Quentin	1	20,400
347	De Tours à Bordeaux	2	83,280
500	De Bordeaux à Cette	2	130,000
89	De Rouen au Havre	1	10,680
80	D'Orléans à Vierzon	2	19,200
	Total		392,300

II

Lignes complémentaires à construire (poteaux et fils).

Kilom.		Fils.	Francs.
30	De Lyon à Vienne..................	2	22,800
	De Nîmes au Puy...................	2	95,760
122	De Paris à Orléans.................	4	82,960
	De Saint-Brieuc à Brest............		81,200
65	De Dieppe à Abbeville.............	2	44,800
	Total...............		327,520

III

		Francs.
54	Postes nouveaux dans les bureaux existants, à 1,200 francs par poste..................	64,800
	Création de 8 bureaux nouveaux, à 3,000 francs l'un.........................	24,000
18	Postes nouveaux dans les 8 bureaux nouveaux, à 2,000 francs l'un.....................	36,000
	Total.................	124,800

Résumé.

		Francs.
I.	Fils supplémentaires à ajouter sur les lignes existantes.........................	392,300
II.	Lignes complémentaires à construire (poteaux et fils)............................	327,520
III.	Postes nouveaux dans les bureaux existants.... Postes nouveaux dans les nouveaux bureaux... Création de 8 nouveaux bureaux.............. }	124,800
	Total général................	844,620

Deuxième projet de loi.

Le développement de la correspondance télégraphique, pendant l'année 1853, a dépassé toutes les prévisions. Le produit des taxes de la télégraphie privée s'est élevé à 1,500,000 francs, et l'on peut assurer, dès à présent, qu'en 1854 il atteindra 2,400,000 francs.

En présence de cet accroissement inespéré, le personnel de l'administration des lignes télégraphiques est devenu tout à fait insuffisant. L'expédition des affaires à l'administration centrale, l'inspection et la surveillance des lignes souffrent également de cette situation, qui, si elle se prolongeait, compromettrait un service destiné à devenir une source féconde de recette pour le Trésor.

L'organisation d'un bureau qui centralise et contrôle les diverses parties du service, une augmentation assez considérable dans le personnel des bureaux déjà existants : telles sont les dispositions qui doivent mettre l'administration centrale en mesure de satisfaire aux exigences actuelles.

Quant au service extérieur, tant en ce qui concerne les recettes qu'en ce qui concerne les rapports des agents avec le public, il est urgent qu'il soit contrôlé avec soin par une inspection fortement organisée.

De plus, il est nécessaire que les lignes soient chaque jour visitées dans tout leur parcours par des agents chargés de les maintenir en bon état et de les réparer au besoin. Jusqu'à présent, ces agents n'ont pas été assez nombreux pour qu'on pût exiger d'eux ce parcours de chaque jour ; il en est résulté que quelquefois une communication, devenue impossible par la rupture d'un fil, n'a pu être rétablie qu'après vingt-quatre heures d'interruption.

La sûreté de la correspondance télégraphique officielle et privée est trop importante pour que l'administration hésite à augmenter le nombre des surveillants, de manière à ce que les lignes soient visitées deux fois par jour dans toute leur longueur.

Après avoir assuré le bon entretien des lignes, il importe de donner au service des transmissions toute la célérité et la régularité désirables. Dans l'état actuel des choses, un même employé est très-souvent chargé de la manœuvre de deux appareils, et se voit obligé de faire attendre l'un de ses correspondants quand il est occupé avec l'autre. Il convient d'accroître le nombre des stationnaires sur les lignes où cet inconvénient a été signalé. Il est d'ailleurs très-important que l'administration ait toujours à sa disposition un certain nombre d'employés bien exercés, pour pouvoir remplir promptement les vides qui se font dans le personnel.

Quant à l'augmentation du nombre des porteurs de dépêches, il trouve son explication dans le nombre même de ces dépêches, qui a dépassé 125,000 l'année dernière.

Enfin, le gouvernement juge indispensable de commencer l'organisation du service de nuit. Toutes les puissances de l'Europe ont établi ce service. Les circonstances actuelles en font sentir davantage le pressant besoin. L'administration a déjà arrêté les moyens de le mettre promptement en activité dans les principales villes de l'empire.

L'ensemble de ces mesures entraîne un accroissement de dépense de 375,000 francs pour 1854, et de 514,440 francs pour les années suivantes, un certain nombre de traitements n'étant calculés, pour l'année courante, qu'à partir du 1er juillet prochain.

M. O'Quin, rapporteur de la commission du Corps législatif présentait à son tour, le 28 mai, les considérations suivantes sur ces deux projets de lois.

Premier rapport.

A l'époque où le décret du 6 janvier 1852 ordonna la construction d'un vaste réseau de fils électriques, destiné à mettre tous les chefs-lieux de département en communication télégraphique avec

Paris, la longueur des lignes en activité n'était que de 2,133 kilomètres. Un an plus tard, elle avait atteint le chiffre 3,485 kilomètres, et au 1er janvier 1854, le développement des fils électriques servant à la transmission des dépêches s'élevait à 7,183 kilomètres, dont 5,230 le long des chemins de fer, et 1,953 le long des routes. En ce moment, la plupart des chefs-lieux de département sont mis en relation avec la capitale ; ceux qui n'y sont point encore rattachés ne resteront pas longtemps privés du bienfait de la correspondance électrique. L'année actuelle ne s'écoulera pas sans que le décret du 6 janvier soit complétement exécuté : 9,254 kilomètres de lignes télégraphiques électriques seront ainsi en pleine activité le 1er janvier 1855. Que nous sommes loin, messieurs, du temps où la télégraphie aérienne, avec ses procédés si lents, quand on les compare à la prodigieuse vitesse de l'électricité, ne reliait à Paris que vingt-neuf villes de France, ou plutôt, quels progrès immenses n'avons-nous pas réalisés en moins de huit années !

L'ensemble des crédits ouverts jusqu'à ce jour pour les frais de premier établissement des lignes télégraphiques électriques, s'élève à la somme de 7,882,386 francs. En outre, il est pourvu au payement du personnel et à l'entretien du matériel de l'administration télégraphique au moyen d'allocations inscrites dans deux chapitres spéciaux du budget du ministère de l'intérieur. En 1854, ce service reçoit une dotation de 2,245,130 francs, soit 1,973,130 francs pour la rétribution du personnel, et 270,000 francs affectés au matériel. Il coûtera, en 1855, une somme de 3,332,040 francs, qui se décompose ainsi : personnel, 2,901,400 francs ; matériel, 430,640 francs ; déduction faite d'un crédit de 50,000 francs pour solde des comptes des offices étrangers, qui ne figurait point au budget de 1854, l'augmentation de dépense pour la télégraphie électrique se montera, en 1855, à 1,086,910 francs. Mais dans ce chiffre est comprise l'allocation nécessaire pour rétribuer de nouveaux employés dont le gouvernement, par un projet de loi spécial, vous demande de solder le traitement en 1854, au moyen d'un crédit supplémentaire ; il a également été tenu compte, dans ces prévisions, des frais d'entretien des lignes nouvelles et complémentaires, pour la construction desquelles nous venons vous proposer de voter un crédit extraordinaire de 844,620 francs.

Ce crédit est destiné à des dépenses de diverse nature. Ainsi, une somme de 392,300 francs est applicable à la pose de fils supplémentaires sur des lignes en activité ; 327,520 francs seront affectés à l'établissement de lignes nouvelles, complémentaires ou supplémentaires ; enfin, l'installation de bureaux et de postes nouveaux coûtera 124,800 francs. Quelques mots suffiront pour démontrer la nécessité de ces allocations.

La correspondance télégraphique privée a pris un tel développement, que, sur la plupart des grandes lignes, le service ne peut s'effectuer avec la rapidité désirable. Toutes les fois qu'il y a encombrement de dépêches particulières dans un bureau, et le cas se présente souvent, à raison de l'insuffisance du nombre des fils électriques, un retard plus ou moins considérable en est la conséquence inévitable. D'un autre côté, les communications du gouvernement ont naturellement la priorité sur les correspondances privées, et lorsque des circonstances extraordinaires rendent les premières plus fréquentes, l'expédition des autres subit des délais parfois trop prolongés. C'est ainsi que, sur la ligne de Paris à Marseille, où les affaires d'Orient rendent en ce moment plus active la transmission des dépêches gouvernementales, il n'est pas rare de voir celles des particuliers attendre leur tour pendant cinq ou six heures. De pareils retards sont incompatibles avec le caractère essentiel de la télégraphie électrique, qui consiste dans une vélocité de transmission voisine de l'instantanéité ; ils portent un grave préjudice aux intérêts du public, tout en compromettant ceux du Trésor.

C'est pour en prévenir le retour, ou du moins pour en atténuer considérablement l'effet, que l'administration vous demande les fonds nécessaires pour la pose de fils nouveaux sur une étendue de 1,706 kilomètres des lignes en activité, conformément au tableau I annexé au projet de loi. Ces fils seront placés, sur un parcours de 1,389 kilomètres, le long des chemins de fer, où chaque fil coûte 120 francs par kilomètre. Entre Vienne et Marseille, les deux fils nouveaux devront suivre, pendant une partie du trajet, la route ordinaire; or, le prix de chaque fil s'élève à 130 francs par kilomètre sur les sections qui s'écartent des voies de fer. Ces chiffres concordent avec celui de 392,300 francs, montant de l'allocation réclamée pour l'établissement de fils supplémentaires.

La construction de deux lignes nouvelles de Lyon à Vienne et de Paris à Orléans, a pour but de parer au même inconvénient. Ces points sont reliés entre eux par des fils électriques assez nombreux pour surcharger les poteaux, et cependant insuffisants pour les besoins du service. Il faut donc, sur ce double parcours, établir deux lignes supplémentaires qui présenteront un développement total de 152 kilomètres.

Quant aux lignes complémentaires, elles sont destinées à relier les sections les plus importantes du réseau télégraphique, de telle sorte que la communication entre Paris et les principaux points de la France reste dans tous les cas assurée. Ainsi, la ligne de Nîmes au Puy établit un double circuit entre Paris et Marseille, par Dijon, Lyon, Valence et Avignon, d'un côté; par Nîmes, le Puy, Roanne, Moulins, Nevers et Orléans de l'autre. De même, la ligne de Saint-Brieuc à Brest permet à Paris de correspondre avec Tours et Nantes par le Mans et Rennes, aussi bien que par Orléans. Enfin, au moyen de la section de Dieppe à Abbeville, une dépêche pourra être expédiée de Paris à Lille par la ligne qui suit le chemin de fer du Nord, comme par la voie de Rouen et de Dieppe ; et au besoin, Paris, privé de communication directe avec le Havre, s'y rattacherait indirectement par Amiens, Abbeville, Dieppe et Rouen. Est-il besoin de signaler au Corps législatif les avantages de cette mesure au point de vue administratif et politique ?

Ces trois lignes complémentaires seront établies le long des voies de terre, sauf celle de Nîmes au Puy, qui suivra jusqu'à Saint-Ambroix le chemin de fer. Les frais de premier établissement s'accroîtront, à raison de ce fait, dans une proportion assez sensible. La construction d'une ligne à deux fils le long d'une route coûte, en effet, 560 francs par kilomètre, 300 francs pour les poteaux et 130 francs pour chaque fil ; tandis que ces prix se réduisent , sur les chemins de fer, à 200 francs pour les poteaux et à 120 francs par fil, soit 440 francs par kilomètre. Cette différence tient à l'économie que la proximité d'une voie de fer permet de réaliser dans les frais de transport et de main-d'œuvre. Si l'on calcule, en prenant pour base ces prix, le coût du nombre de kilomètres et de fils que présentent les lignes nouvelles indiquées dans le tableau II annexé au projet de loi, on arrivera au chiffre de 327,520 francs, qui représente la partie du crédit total afférente à cette dépense spéciale.

Enfin, l'administration juge indispensable d'installer cinquante-quatre postes nouveaux répartis dans trente-huit des bureaux existants les plus occupés. Cette mesure est la conséquence obligée de la multiplicité toujours croissante des dépêches privées ; elle répond à l'augmentation du personnel télégraphique dont nous aurons à vous démontrer la nécessité, en vous parlant d'un autre projet de loi également renvoyé à la commission. Quant à la création des huit bureaux qui seront établis à Roanne, Aix, Alais, Libourne, Morlaix, Lunéville, Saumur et Grasse, et de dix-huit postes nouveaux pour le service de ces villes importantes, elle se justifie, ce nous semble, d'elle-même. Il résulte des évaluations fournies par le tableau III, que les frais de premier établissement des bureaux et postes nouveaux s'élèveront à 124,800 francs.

En récapitulant les allocations diverses dont nous avons cru devoir indiquer avec quelques détails l'emploi, on trouve le chiffre total de 844,620 francs, montant du crédit extraordinaire qui vous est demandé. Ajoutez cette somme à celle de 7,882,286 francs déjà votée pour la construction du réseau télégraphique électrique, et vous obtiendrez un total de 8,747,006 francs. Or, la télégraphie aérienne n'a coûté à l'Etat, depuis 1794 jusqu'en 1846, que 2,500,000 francs environ pour frais de premier établissement. Le service de la télégraphie électrique figure au projet de budget de 1855 pour une somme de 3,332,040 francs, tandis qu'un vote annuel de 1,130,000 francs pourvoyait à tous les besoins de la télégraphie aérienne. Quelle différence dans les dépenses, mais aussi quelle prodigieuse distance entre les résultats ! Les 2,500,000 francs de la télégraphie aérienne n'avaient suffi qu'à construire cinq lignes, exclusivement réservées à la correspondance gouvernementale, et ne mettant qu'un petit nombre de villes en communication directe avec Paris. Les 9 millions de la télégraphie électrique ont réalisé cet idéal de la centralisation politique, qui permet à tout instant à un gouvernement de poser le doigt sur les artères du pays et d'en compter les pulsations ; qui, du centre aux extrémités, à travers le cœur de la France comme le long de ses frontières maritimes et territoriales, fait rayonner, avec la promptitude de l'éclair, sa pensée et sa volonté ; et ils ont en même temps doté les populations d'un admirable instrument de progrès, qui élève les facultés de l'homme à une puissance jusqu'ici inconnue.

Vous avez accueilli, messieurs, avec un sentiment de reconnaissance auquel se mêle encore quelque étonnement, ce bienfait de la science moderne, et, jaloux de vous associer au développement d'une des plus grandes idées de l'Empereur, vous vous êtes montrés libéraux envers la télégraphie électrique. Elle vous demande aujourd'hui un nouveau sacrifice ; et vous aurez sans doute encore dans l'avenir à lui en accorder d'autres, car elle est loin d'avoir dit son dernier mot et complété son œuvre. Ces sacrifices, vous les feriez de grand cœur, lors même que l'Etat et le pays ne devraient pas en être indemnisés autrement que par les services inappréciables que la télégraphie électrique leur rend chaque jour. Mais bien loin qu'il en soit ainsi, le moment n'est pas éloigné où les frais qu'elle entraîne seront couverts et au delà par ses produits. Les 1,130,000 francs annuellement affectés, avant 1846, au service de la télégraphie aérienne, constituaient une dépense sans compensation matérielle. Le crédit de 3,332,040 francs demandé pour la télégraphie électrique en 1855, est inférieur de 767,950 francs aux prévisions de recettes pour le même exercice.

Considérez, en effet, messieurs, dans quelle proportion se sont accrus, depuis 1851 jusqu'à l'instant où nous écrivons ces lignes, les produits de la télégraphie privée. En 1851, les taxes ne donnent pour dix mois que 76,722 francs ; en 1852, ce chiffre est porté à 546,677 francs ; il s'élève brusquement, en 1853, à 1,500,000 francs, et l'on est dès aujourd'hui certain qu'en 1854 il dépassera 2,500,000 francs.

Ainsi, dès l'année prochaine, le service télégraphique cessera d'être une charge pour le Trésor public et deviendra la source d'un revenu abondant. Cette transformation semble devoir rendre plus facile et plus prochaine la réalisation d'un vœu exprimé par notre honorable collègue M. le comte de Byras, dans le rapport si remarquable qu'il vous présenta en 1853, et reproduit avec quelque insistance dans les bureaux du Corps législatif, à l'occasion de la discussion du projet de loi qui nous occupe ; ce vœu est celui de l'abaissement de la taxe télégraphique en faveur des localités fort éloignées de Paris.

De l'aveu même de l'exposé des motifs de la loi de 1853, c'est surtout pour les courts trajets qu'elle a réduit le tarif de 1850. Si, pour un parcours de 2 myriamètres, l'abaissement de la taxe a été de 32 pour 100, il s'est restreint à 24 pour 100 pour une distance de 20 myriamètres, à 20 pour 100 pour 100 myriamètres. Il en résulte que pour certaines villes situées aux points extrêmes du réseau, le prix des dépêches privées reste à peu près prohibitif. Or, dans l'intérêt du public comme dans celui du Trésor même, cette situation, qui place une partie de la France dans des conditions d'infériorité d'autant plus regrettables qu'elle assure de plus grands avantages à l'autre, cette situation, disons-nous, semble devoir être modifiée. Nous avons cru pouvoir, sans dépasser les limites de notre mandat ni empiéter sur les attributions d'une autre commission, la signaler à la sollicitude du gouvernement.

L'extension progressive du réseau télégraphique nous permet aussi de concevoir l'espérance que, dans un avenir peu éloigné, toutes les villes de quelque importance sous le rapport industriel et commercial comme au point de vue administratif, seront rattachées à Paris par une communication électrique. L'active et intelligente initiative de l'administration nous est un sûr garant qu'elle entrera dans cette voie. Peut-être serait-il possible, dès aujourd'hui, d'obtenir un progrès considérable, en ouvrant à la télégraphie privée tous les bureaux qui fonctionnent sur les lignes de chemins de fer pour le service exclusif des compagnies. Il ne nous appartient pas d'indiquer les combinaisons financières au moyen desquelles ce résultat pourrait être atteint, ni de faire ressortir les garanties qu'offrirait à la sécurité publique la transmission des dépêches relatives au service des chemins de fer par des agents de l'État, nécessairement plus capables et moins sujets à commettre de ces erreurs dont les conséquences sont si fatales. Le gouvernement étudiera cette question avec le soin qu'elle réclame, si toutefois il ne s'en est pas déjà préoccupé.

En attendant ces améliorations ultérieures, votre commission, messieurs, s'associe avec empressement à la réalisation de celles dont le plan vous est en ce moment soumis ; elle a, en conséquence, l'honneur de vous proposer l'adoption du projet de loi. (Voir p. 379.)

Deuxième rapport.

Trois années à peine se sont écoulées depuis le jour où la télégraphie électrique a été mise en France au service des intérêts privés, et déjà elle a pris une large place, non-seulement dans les relations commerciales et industrielles, mais même dans les rapports sociaux. Le public a promptement apprécié tous les avantages de cette merveilleuse découverte qui, supprimant le temps et l'espace, offre à la pensée humaine un moyen de transmission aussi rapide qu'elle-même; sens nouveau, comme on l'a appelé avec un rare bonheur d'expression, dont l'usage devient de jour en jour plus familier et sera bientôt indispensable aux classes intelligentes. Ne voyons-nous pas, en effet, le nombre des dépêches télégraphiques privées s'accroître suivant une progression dont il n'est donné à personne de calculer la loi ni de définir les limites? Pendant les deux derniers mois de 1851, c'est-à-dire à partir de l'époque où la loi du 29 novembre 1850 a été mise à exécution, la télégraphie électrique a transmis 9,034 dépêches privées, ce qui donne une moyenne de 901 par mois. En 1852, ce nombre s'élève au chiffre déjà considérable de 48,105, soit un peu plus de 4,000 par mois. Cette moyenne est portée en 1853 à 10,500 environ, et le total des dépêches de l'année dépasse 120,000. Enfin, pendant les quatre premiers mois de 1854, il n'en a pas été expédié par les particuliers moins de 73,811, soit 18,452 par mois, en moyenne, ce qui semble promettre pour l'année entière un total de 221,400 dépêches environ.

Si nous avons placé sous vos yeux cette statistique, ce n'est pas seulement, messieurs, à cause de l'intérêt qu'elle présente, comme témoignage du développement si fécond de la télégraphie électrique; c'est surtout parce qu'elle contient une éloquente justification du projet de loi dont votre commission vient vous proposer l'adoption. Le gouvernement vous demande de mettre à sa disposition un crédit supplémentaire de 375,000 francs, applicable à l'augmentation du personnel des lignes télégraphiques. N'est-il pas évident qu'un personnel organisé pour la transmission de 10,500 dépêches par mois devient complétement insuffisant quand il faut en transmettre pendant le même temps 18,452, c'est-à-dire près du double? Quand on entre dans les détails du service télégraphique, quand on se rend compte des opérations multiples et minutieuses auxquelles donne lieu chaque dépêche circulant sur les fils électriques, on comprend bien plus facilement encore que l'accroissement si considérable de la correspondance privée a dû entraîner, comme conséquence forcée, la création immédiate de nouveaux emplois.

Toutes les dépêches officielles ou privées sont vérifiées dans les bureaux de l'administration centrale, par la comparaison du texte du bureau expéditeur avec celui du point d'arrivée. Ce contrôle a pour but de constater les erreurs des employés, et d'exercer sur leur travail une constante surveillance. En outre, toute dépêche passible d'une taxe, est de nouveau taxée à Paris, afin de sauve-garder les intérêts du Trésor contre toute chance de perte, et de faire supporter les déficits qui peuvent se produire dans la per-ception, par le chef de service dans les bureaux duquel l'erreur a été commise. Enfin, le bureau central de la comptabilité tient, pour chaque direction et pour chaque office étranger, un compte d'autant plus compliqué que la correspondance privée prend une plus grande extension. Ces détails, rapprochés des chiffres que nous avons cités plus haut, expliquent la nécessité où s'est trouvée l'administration centrale d'établir un nouveau bureau, et d'aug-menter le nombre de ses employés. Il en est résulté une dépense qui, dans la sous-répartition du crédit qui vous est demandé, figure pour la somme de 90,900 francs.

Le service extérieur a aussi ses exigences toujours croissantes, auxquelles il a fallu pourvoir, sous peine d'en compromettre la régularité. Ainsi, l'adjonction aux bureaux les plus importants d'un certain nombre de stationnaires, chargés de la transmission et de la réception des dépêches, et de plusieurs piétons, par qui elles sont portées à domicile, est suffisamment justifiée par les nécessités que nous avons signalées, aussi bien que la création de deux employés supérieurs, à qui est confié le soin de centraliser et de contrôler le travail de plus en plus étendu des inspecteurs locaux. La partie du crédit afférente à cette augmentation du per-sonnel, déjà réalisée sous l'empire de besoins urgents, s'élève à 144,650 francs.

L'administration se propose de plus de compléter, à partir du 1er juillet 1854, les postes télégraphiques par la nomination de cent nouveaux stationnaires, et le service de la surveillance, par la création de cent dix emplois de surveillants sur les lignes établies le long des routes. L'accroissement du nombre des station-naires a un double but : en premier lieu, d'assurer la rapidité de la transmission des dépêches, que retardent trop souvent aujour-d'hui, au préjudice du Trésor et des particuliers, l'encombrement des correspondances, les mille accidents physiques, qui, sans parler des maladies, peuvent momentanément paralyser l'activité d'un employé, et jusqu'aux variations atmosphériques, sous l'em-pire desquelles il devient parfois nécessaire de scinder le parcours des dépêches adressées à des points éloignés ; puis, de former un personnel capable et assez nombreux pour n'être point débordé par le développement si prompt de la télégraphie électrique. Quant aux surveillants, dont les fonctions consistent à parcourir les lignes, à réparer les accidents survenus aux fils, à nettoyer les vases en porcelaine qui les isolent, ils n'ont pas moins de 16 kilo-mètres à faire le long des lignes établies sur les routes, portant avec eux un matériel lourd et gênant ; il en résulte qu'ils ne peu-vent rentrer le soir au lieu d'où ils sont partis le matin, et que la rupture d'un fil, arrivée près du point de départ peu de temps après leur passage, interrompt la communication télégraphique pendant plus de vingt-quatre heures. Cette situation offre de trop graves inconvénients pour que l'administration n'y mette pas promptement un terme : la création de cent dix nouveaux surveillants n'a pas d'autre objet. Les traitements de ces divers agents représentent, pendant le second semestre de 1854, une somme totale de 115,000 francs.

Enfin, il sera pourvu, à dater du 1er juillet prochain, à l'organisation du service de nuit, pour la correspondance privée, dans les villes de Paris, Lyon, Marseille, Bordeaux et Strasbourg. Ce service fonctionne déjà dans la plupart des villes importantes de l'Europe, et la France ne pouvait tarder plus longtemps à l'établir sans se placer, sous ce rapport, dans une position d'infériorité aussi peu digne d'elle que nuisible à ses intérêts. Si des considérations d'économie n'avaient arrêté le gouvernement, il aurait ouvert, dès à présent, un plus grand nombre de bureaux à la correspondance de nuit ; mais ne faut-il pas l'approuver, au contraire, d'avoir ajourné une dépense sans grande utilité actuelle, car les villes secondaires, on peut l'affirmer, offriraient bien peu d'aliments à la télégraphie nocturne ?

Le moment ne paraît pas d'ailleurs éloigné où l'application d'un appareil ingénieux, fourni à la télégraphie par une science féconde en progrès, facilitera, sans grande augmentation de frais, la transmission des dépêches de nuit, dans les bureaux où l'organisation d'un service permanent et régulier ne répondrait pas à des besoins sérieux.

L'établissement du service de nuit pour le second semestre de 1854, dans les cinq villes désignées plus haut, coûtera 24,450 francs.

En résumé, messieurs, le crédit supplémentaire qui vous est demandé se décompose de la manière suivante :

Administration centrale.	90,000 francs.
Service extérieur (crédit applicable à l'exercice 1854 tout entier).	144,650
Service extérieur (crédit applicable au second semestre de l'exercice 1854)	115,000
Service extérieur ; établissement du service de nuit, à partir du 1er juillet 1854. . . .	24,450
Total. . .	375,000 francs.

L'augmentation de dépense correspondante pour l'exercice 1855 s'élèvera à 514,000 francs. Cette somme se trouve comprise dans le crédit total de 2,901,400 francs demandé au chapitre du personnel des lignes télégraphiques dans le projet de budget.

Les explications que nous avons eu l'honneur de vous soumettre ne vous laisseront, nous l'espérons du moins, messieurs, aucun doute sur la nécessité du crédit supplémentaire de 375,000 francs. N'oubliez pas, du reste, que ce n'est point là une dépense stérile, mais bien la conséquence du développement d'un service qui procure à l'Etat des recettes de plus en plus élevées. Dans les prévisions du budget de 1854, les produits de la télégraphie privée figurent pour une somme de 1 million seulement, tandis qu'il est dès aujourd'hui certain qu'ils s'élèveront à plus de 2,500,000 francs. Votre commission, messieurs, est heureuse de constater ces résultats, qui témoignent si éloquemment de la vulgarisation d'une découverte qui semble destinée à opérer une véritable transformation sociale.

En conséquence, elle a l'honneur de vous proposer l'adoption du projet de loi. (Voir p. 379.)

Le budget des dépenses pour 1855 contenait le passage suivant, signalé par M. de Bryas, page 347.

CHAPITRE IV. — PERSONNEL DES LIGNES TÉLÉGRAPHIQUES.

Le développement considérable donné aux lignes électriques et l'ouverture de nouveaux bureaux (le budget de 1854 en prévoyait 108, il y en aura 53 nouveaux en 1855), nécessitent une augmentation de 926,270 francs à ce chapitre ; mais il n'y pas en réalité accroissement des charges de l'Etat, les taxes de la télégraphie privée perçues au profit du Trésor s'élevant en même temps dans une proportion importante.

Il est permis d'espérer que ces recettes excéderont bientôt les dépenses, et que la télégraphie deviendra une branche de revenu net pour le Trésor public.

On pourrait du reste dire que ce résultat est déjà en partie réalisé ; en effet, en 1845, l'Etat dépensait, pour avoir à son service un nombre très-restreint de lignes de télégraphie aérienne, une somme de plus de 1,100,000 francs qui n'était compensée par aucun produit, tandis qu'en 1853, pour un réseau de lignes électriques, reliant à la capitale presque tous les chefs-lieux de département et en conservant néanmoins une partie des lignes aériennes, la dépense a tout au plus excédé de 300,000 francs la recette résultant des taxes de la télégraphie privée.

Lorsque le service sera mieux assuré par l'addition de nouveaux fils, que les lignes nouvelles seront établies, et que les rapports de la France avec les nations étrangères auront été augmentés par de nouvelles lignes de jonction sur l'Espagne, l'Italie, le Piémont, la Suisse, l'Allemagne, la Belgique et l'Angleterre, qu'une ligne en cours d'exécution reliera l'Afrique à la France, toutes les prévisions de recettes pourront être dépassées.

L'accroissement rapide du nombre des dépêches privées, en rendant indispensable l'addition de nouveaux fils sur ces lignes déjà existantes, nécessite une augmentation du personnel des stationnaires ; l'expérience a démontré aussi que la surveillance des lignes était insuffisante et qu'il serait nécessaire d'élever l'effectif du personnel chargé de cet important service.

L'insuffisance des traitements accordés à certaines catégories d'agents subalternes mettait l'administration dans l'impossibilité de les recruter dans des conditions favorables, la position de ces employés a été améliorée, la moyenne de leurs traitements a été portée à 880 francs.

La création des inspecteurs divisionnaires est venue combler une lacune dont les inconvénients se faisaient sentir chaque jour plus vivement. Elle sera pour l'État une cause d'économies véritables en permettant à l'administration de se rendre exactement compte des besoins réels des lignes, de la nécessité des dépenses et de la bonne exécution des travaux, et en donnant l'ensemble et l'uniformité à un service répandu sur toute la surface du pays et en relation avec toutes les parties de l'Europe.

CHAPITRE V. — MATÉRIEL DES LIGNES TÉLÉGRAPHIQUES.

Les dépenses du matériel doivent naturellement, par les mêmes motifs qui viennent d'être exposés, présenter des augmentations.

Il est à remarquer aussi que, dans le crédit demandé pour 1855, figure une somme de 50,000 francs pour solde des comptes avec les offices étrangers. Ces payements étaient précédemment faits à titre de remboursement par imputation sur le budget du ministère des finances. C'est donc simplement une dépense distraite d'une partie du budget général et rattachée à une autre partie de ce budget. Cette mesure, conforme à ce qui se pratique pour le service des postes, a pour objet de simplifier les opérations.

Ainsi que nous l'avons dit plus haut, le Sénat fut appelé à statuer sur ces trois lois relatives à la télégraphie, après un rapport conforme de M. Ferdinand Barrot, dont voici le texte complet :

Le développement, chaque jour plus rapide de la télégraphie électrique, a dépassé toutes les prévisions et déconcerté les habitudes de sage lenteur qui président d'ordinaire aux réformes législatives. Chaque année, depuis la loi du 29 novembre 1850 qui a organisé le service de la télégraphie électrique, il a fallu prévoir des besoins, créer de nouveaax moyens et modifier l'exploitation. La vigilance et l'activité de l'administration ont peine à suivre la marche de cette création nouvelle.

Le 6 janvier 1852, un décret en étendait le cercle d'action ; le 28 mai 1853 une loi en abaissait les tarifs et en améliorait les conditions. Aujourd'hui encore, trois lois viennent pourvoir aux nécessités suscitées par d'heureux et incessants progrès, qu'il est intéressant et utile de constater.

A la fin de l'année 1851, la longueur des lignes livrées à la correspondance électrique était de 2,133 kilomètres, elle était de 3,485 à la fin de 1852. Un an plus tard, elle s'élevait à 7,183 kilomètres, et enfin, le 1er janvier 1855, ces lignes parcourront une distance de 9,254 kilomètres : alors sera complétement exécuté le décret du 6 janvier 1852, qui aura doté la France d'un réseau de fils électriques rayonnant de Paris sur tous les chefs-lieux de département et sur un grand nombre de villes secondaires importantes.

Le nombre des dépêches télégraphiques privées a suivi une progression analogue ; 9,034 dépêches avaient été transmises depuis le 1er mars 1851, jour de la mise à exécution de la loi de 1850, jusqu'au 1er janvier 1852, soit en moyenne 901 dépêches par mois. En 1852, le chiffre s'élève à 48,105, soit un peu plus de 4,000 par mois. En 1853, 126,900 dépêches avaient été transmises et représentaient un chiffre de plus de 10,000 par mois. Les données recueillies pour les quatre premiers mois de 1854 permettent d'évaluer le nombre des dépêches qui seront expédiées dans l'année à 221,400, soit 18,452 pour la moyenne de chaque mois.

Avant la merveilleuse découverte de la télégraphie électrique, le gouvernement dépensait environ 2 millions par an pour le service de la télégraphie aérienne, qui avait besoin, pour arriver au but, d'un jour sans brouillards, et dont la rapidité, admirée par nos pères et par nous-mêmes, est aujourd'hui devenue lenteur.

Elle ne reliait Paris qu'avec vingt-neuf villes principales, et les dépêches continuaient leur route vers les autres points du territoire, au moyen d'un service d'estafettes qui ajoutaient encore à la dépense première.

Les particuliers n'usaient de la télégraphie aérienne qu'exceptionnellement.

Les dépenses enfin restaient sans compensation au budget des recettes.

Dans le budget de 1855, ce service est porté en dépense à 3,322,040 francs et en recette à 4,100,000 francs. La différence au profit du Trésor est de 767,960 francs.

Ainsi, dans l'espace de trois années à peine, le résultat financier est celui-ci : dépense de plus de 2 millions entièrement couverte ;

excédant de recette de 767,000 francs. Le bénéfice réel pour le trésor public est donc d'au moins 2,767,000 francs.

Si la pensée entreprend de suivre le développement nécessaire
de cette création nouvelle, qui touche à tous les intérêts et qui va
réveillant, activant et multipliant sur tous les points du globe les
relations de toute nature, on peut entrevoir, dans un avenir
prochain, une ressource considérable pour nos finances.

Et, à côté du rendement spécial et direct et la télégraphie électrique, il faut compter encore sur les rendements indirects largement accrus.

Cette situation, qui est le commencement d'une révolution féconde dans la condition politique et sociale des Etats, se reproduit
avec les mêmes progrès, si ce n'est même avec des progrès plus rapides qu'en France, dans la plupart des pays voisins.

Chaque jour, à toutes les frontières du monde européen viennent se nouer les fils d'un réseau dont les mailles se croisent et
se resserrent de plus en plus, et à travers lesquelles semble courir,
avec la rapidité de la foudre, l'activité humaine.

Ne pensez-vous pas, messieurs, que cette communion incessante
de pensées, parties de tous les points, porte avec elle le germe
d'une civilisation rendue plus générale et plus solidaire, l'alliance
inévitable des idées d'ordre et de conservation contre les idées de
bouleversement, et, disons-le, même en présence de la guerre, les
plus solides et les plus vrais éléments de paix?

C'est donc, messieurs, un intérêt de premier ordre que celui
qui se rattache aux trois lois soumises à votre examen.

Elles pourvoient, pour le moment, et dans les limites d'une
sage prudence, à tous les besoins nouveaux du service de la télégraphie électrique.

La première et la principale modification élèvera les tarifs successivement adoptés par les lois de 1850 et de 1853.

Un mode de communication, qui ne fait acception ni de l'espace
ni du temps, semblerait ne devoir logiquement comporter que des
tarifs fixes et uniformes. Beaucoup d'esprits admettaient comme
possible cette assimilation immédiate de la correspondance électrique avec notre administration des postes ; mais le gouvernement
a résisté, avec prudence, à cet entrainement. Il a voulu essayer
quelque temps encore cette institution née de la veille, avant de
l'élever à un degré de crédit et de confiance que la loi n'a accordé
au service des postes qu'après une longue expérience et avec une
nécessaire circonspection.

La loi votée par le Corps législatif prépare, d'ailleurs, les voies
à une réforme plus radicale par des améliorations réelles.

En calculant les distances à vol d'oiseau, elle annule les circuits
que la convergence de toutes les lignes principales sur Paris met
entre un certain nombre de localités topographiquement voisines,

24

circuits qui se traduisaient en un accroissement de tarif tel, que, dans quelques cas, il devenait presque prohibitif.

Dorénavant, ce qu'on appelle une dépêche simple, au lieu de ne comporter que de 1 à 20 mots, en comportera de 1 à 25. C'est un avantage considérable pour la correspondance privée, qui, se trouvant entravée par des limites trop étroites, restait le plus souvent ou confuse ou incomplète.

Mais l'amélioration la plus réelle se trouve dans le système nouveau de tarification proposé par un amendement de la commission du Corps législatif, et adopté par le Conseil d'Etat avec un léger changement.

Le projet de loi contenait une tarification calculée sur de grandes distances et rangeait ainsi, dans une condition commune et partant inégale, toutes les distances intermédiaires. La loi votée établit au contraire une taxe fixe de 2 francs au point de départ, et l'élève successivement de 12 centimes par myriamètre, maintenant ainsi une juste progression dans le tarif.

Il résulte des tableaux annexés à la loi qu'à l'avenir une dépêche de 25 mots coûtera, pour rayonner entre Paris et chacun des bureaux établis, un prix inférieur à celui qu'acquitte dans l'état actuel des choses une dépêche de 20 mots seulement. Pour traduire en chiffres l'importance de cette modification, il suffit de faire remarquer qu'une dépêche de 25 mots, partie de Paris pour le point le plus éloigné de l'empire, ne dépassera jamais 10 francs dans le système de la loi votée, tandis qu'elle aurait payé 15 francs dans le système du projet.

Une dépêche de Paris pour Paris, qui coûtait, aux termes des lois précédentes, 3 francs, ne coûtera plus que 1 franc. Elle coûtera 1 fr. 50 c. de Paris pour la banlieue, s'étendant à 20 kilomètres.

Enfin, le droit de 1 franc, établi par la loi du 29 novembre 1850 pour le transport d'une dépêche dans Paris, est réduit à 50 centimes.

C'est ainsi que, par une progression sagement ménagée, la loi nouvelle ouvre sans secousses, sans mécomptes, un avenir large et sûr à la télégraphie électrique.

Une disposition importante de la loi soumise à votre examen est celle qui donne au ministre de l'intérieur la faculté de remanier le tarif des dépêches télégraphiques étrangères, transitant d'une frontière à l'autre.

En présence du développement de nos relations télégraphiques avec les Etats voisins, il est indispensable de laisser au gouvernement une entière liberté d'action. Les conventions internationales tendent à rendre uniformes les tarifs des divers Etats et les systèmes de transmission. Il faut que le gouvernement soit toujours en mesure de se prêter à ce travail d'assimilation que poursuivent avec vigilance les congrès spéciaux tenus fréquemment entre les représentants des divers Etats de l'Europe.

Vous reconnaîtrez assurément, messieurs, qu'un esprit vraiment libéral a inspiré la loi dont nous venons de vous faire connaître rapidement l'économie.

Les deux autres lois sont la conséquence forcée des progrès que nous avons signalés à votre attention au début de ce rapport.

La première accorde au gouvernement un crédit extraordinaire, pour l'exercice 1854, de 844,620 francs ; il se décompose ainsi : 382,300 francs applicables à la pose de fils supplémentaires sur les lignes en activité ; 327,520 francs pour l'établissement de lignes nouvelles ; et enfin, 124,000 francs pour l'installation de bureaux et de postes nouveaux.

Les besoins se multipliant, il faut multiplier les moyens d'y pourvoir.

La seconde loi est le complément de celle dont nous venons de parler ; le service de ces fils supplémentaires, de ces lignes nouvelles, de ces bureaux et de ces postes reconnus nécessaires, exige un personnel plus nombreux. C'est pour y pourvoir que le gouvernement demande un autre crédit extraordinaire de 375,000 francs sur l'exercice 1854.

Toutes les dépenses, messieurs, sont justifiées. Elles seront productives pour le Trésor public.

En résumé, les trois lois soumises à votre contrôle contribueront à l'amélioration de la condition commerciale du pays, à la plus large diffusion des rapports sociaux, à l'activité plus grande de la gestion des affaires administratives et gouvernementales. A ces divers points de vue, elles secondent au plus haut degré la sollicitude éclairée de l'Empereur, elles méritent votre approbation.

Les trois lois votées à l'unanimité, séparément et sans discussion, furent promulguées le 22 juin, et insérées au *Moniteur* du 1ᵉʳ juillet.

Quelques semaines avant, un décret important du 1ᵉʳ juin était venu modifier et organiser complétement l'administration télégraphique. Il était précédé d'un rapport à l'Empereur, signé de M. de Persigny, ministre de l'intérieur :

Sire, depuis que la France a remis en vos mains le soin de sa gloire et de sa prospérité, Votre Majesté s'est surtout préoccupée des moyens d'accélérer et de régulariser les grands services de l'Etat. Elle a voulu avant tout faire reposer l'avenir du pays sur une large et intelligente administration.

J'ose donc espérer, sire, que Votre Majesté lira avec intérêt le
rapport que j'ai l'honneur de lui présenter à l'appui d'un projet
de décret modifiant l'organisation du service de l'administration
des lignes télégraphiques. Ce rapport est précédée d'une notice
historique très-succincte sur l'origine, les transformations et les
progrès de la télégraphie en France.

I. Le mécanisme et les avantages du télégraphe aérien furent
exposés, le 22 mars 1792, à l'Assemblée nationale, qui, après des
essais décisifs, décréta la création de la ligne de Lille.

Achevée vers la fin de 1794, cette ligne débuta par l'annonce
d'une victoire, la reddition de la ville de Condé.

Tous les gouvernements qui se sont succédé depuis la Convention ont contribué à créer le vaste réseau de télégraphes aériens
qui couvrait la France avant l'application du système électrique.
Ce réseau se composait de cinq grandes lignes qui aboutissent à
Lille, Strasbourg, Brest, Perpignan et Toulon, en traversant nos
principaux centres de population.

Malgré ses imperfections, le télégraphe aérien a pu suffire à
l'administration du pays tant que les transports étaient effectués
par les diligences et les malles-poste. Il n'en pouvait être ainsi
après l'invention des chemins de fer : ce fut au moment où la télégraphie aérienne devenait absolument insuffisante que fut inventée la télégraphie électrique.

Cette admirable découverte, qui est venue mettre au service de
la pensée humaine une célérité jusqu'alors inconnue, et qui est
l'indispensable complément des chemins de fer, ne reçut d'abord
en France qu'une très-lente application. L'Angleterre possédait
déjà un système complet qui rayonnait de Londres sur tous ses
centres les plus importants, que la France avait à peine établi ses
premières lignes.

Il est facile de s'expliquer les causes de notre infériorité à cet
égard. Comme toutes les institutions destinées à accroître la puissance de l'autorité, la télégraphie rencontra sous le régime parlementaire une déplorable résistance. Jusqu'en décembre 1851, il
ne fut voté dans les différentes sessions que des crédits sans importance pour l'établissement des lignes.

Telle était, sire, la situation du service télégraphique lorsque
le grand acte politique du 2 décembre permit à Votre Majesté de
créer ou de développer toutes les institutions utiles au pays. Le
6 janvier 1852, un décret ouvrit au ministère de l'intérieur un
crédit de 4,832,987 francs pour la construction de grandes lignes
destinées à relier tous les chefs-lieux de préfecture. Votre Majesté
montrait ainsi que la télégraphie allait enfin devenir un puissant
agent d'activité au double point de vue du gouvernement et des
relations commerciales.

Malheureusement l'ancienne administration télégraphique ne

fut pas à même de seconder les hautes pensées gouvernementales de Votre Majesté. Prise au dépourvu, elle se vit forcée d'employer son ancien personnel, quand il aurait fallu à une institution nouvelle des agents jeunes, nombreux et intelligents. Il en est résulté que l'on ne put retirer immédiatement de ce nouveau mode de transmission tous les avantages que l'on en devait légitimement attendre.

II. En présence de cette situation, je crus devoir, au mois de novembre dernier, proposer à Votre Majesté de modifier l'administration des lignes télégraphiques telle qu'elle avait été instituée par l'ordonnance du 24 août 1833, en lui donnant l'importance et le titre d'une direction.

Cette mesure, qui a reçu la sanction de Votre Majesté, a déjà produit d'excellents résultats. J'ai pensé qu'il importait avant tout de donner aux bureaux de la nouvelle direction une intelligente et vigoureuse organisation. En conséquence, il a été créé un nouveau bureau destiné à centraliser les différentes parties du service, jusque-là indépendantes les unes des autres. Ce bureau est chargé, en outre, des questions contentieuses, ainsi que du départ et de l'arrivée.

Le directeur peut ainsi s'assurer jour par jour de la situation des affaires. Le personnel des anciens bureaux a été augmenté dans des proportions suffisantes pour que le service se fît désormais avec promptitude et régularité. Enfin il a été ouvert, au siége de l'administration, un cours d'enseignement pour les surnuméraires, où ceux qui commencent leur instruction en province sont obligés de venir la terminer. Cette innovation, qui a déjà fourni 85 stationnaires en cinq mois, permet de donner à tous les agents une instruction uniforme et beaucoup plus complète que celle qu'ils recevaient antérieurement dans les petites directions où ils étaient admis à faire leur surnumérariat. Elle offrira aussi la possibilité de compléter prochainement le personnel d'un grand nombre de postes où, contre toutes les convenances hiérarchiques, les chefs de service sont obligés de se livrer eux-mêmes à la manipulation des appareils.

Il m'a aussi paru nécessaire, pour assurer le secret des correspondances, d'adopter un chiffre analogue à celui qui est employé par le ministère des affaires étrangères, et ce chiffre vient d'être mis entre les mains des préfets. Les agents du télégraphe pouvant ainsi transmettre des dépêches dont ils ignorent le contenu, les communications administratives se trouvent désormais à l'abri de toute indiscrétion.

Sous l'ancienne administration, il n'existait point de service de nuit. J'ai voulu remédier à une lacune également préjudiciable aux besoins de l'administration et aux intérêts du commerce. Ce service est déjà ouvert dans nos villes les plus importantes.

Quant au nombre des bureaux télégraphiques ouverts à Paris ou en province, il était de 78 au 1er novembre ; il est actuellement de 105. Vers la fin de l'année, toutes les préfectures seront reliées avec Paris.

Le matériel lui-même doit être l'objet d'importantes améliorations. Les premiers établissements des lignes télégraphiques ne répondent plus aux besoins du service : les poteaux, trop minces et trop courts, sont en mauvais état ou ne peuvent plus recevoir le nombre de fils indispensables à la transmission. Il sera donc nécessaire de s'occuper à la fois et de la réparation des anciennes lignes et de la construction des nouvelles, double travail qui exige une augmentation dans le personnel des inspecteurs.

Les dépêches privées augmentant chaque jour dans une proportion considérable, les anciennes lignes devenaient de plus en plus insuffisantes. Celle de Paris à Londres est la première qui ait appelé mon attention, et, malgré le peu de ressources dont l'administration peut disposer, déjà une ligne supplémentaire, qui permet d'avoir une transmission régulière entre la France et l'Angleterre, vient d'être terminée de Paris à Amiens et d'Amiens à Calais.

Dans ce moment, on fait avec succès au poste central l'essai de l'appareil Morse, déjà adopté en Allemagne. Cet appareil joint à une grande exactitude ce précieux avantage, qu'il peut écrire lui-même la dépêche qu'il transmet, et la reproduire dans tous les postes d'une même ligne. De plus, n'exigeant qu'un fil, quand tous les autres appareils en demandent deux, il procure une notable économie. Il offre, en outre, l'avantage de transmettre les dépêches directement à des distances presque indéfinies. Paris, par exemple, est actuellement en communication directe avec Vienne.

Cependant, je ne crois pas que le système Morse soit la dernière découverte réservée à la télégraphie. Je fais faire en ce moment de nouvelles épreuves auxquelles la direction des télégraphes donne toute son application, et qui ont pour but de combiner les avantages de l'appareil Morse avec ceux que présente l'appareil Bain. Le progrès désiré consisterait en un système tel, qu'une dépêche écrite pût être transmise par l'appareil sans autre intermédiaire que la force électrique mise en mouvement.

La nouvelle administration a tiré tout le parti possible de la situation qui lui était faite par le passé. Mais elle serait à l'avenir impuissante à continuer son œuvre, si des modifications n'étaient apportées à l'ordonnance qui la régit actuellement.

Dans le système de la télégraphie aérienne, les directeurs, placés exclusivement aux points les plus importants des lignes, possédaient seuls le secret des dépêches, que leur faisaient parvenir des stationnaires échelonnés dans les postes intermédiaires, et qui n'avaient d'autre mission que celle de reproduire exactement des signaux qu'ils ne comprenaient point. Le nombre restreint des directions, la gravité des fonctions confiées aux directeurs permettaient de donner à ces agents un traitement élevé, une importance considérable : chefs de tout le service de la ligne, ils devaient avoir et avaient, en effet, autorité sur les inspecteurs chargés de parcourir les postes télégraphiques pour s'assurer de la présence des stationnaires.

Dans le système électrique, avec l'organisation de la correspondance télégraphique privée, dont les stationnaires connaissent tous les secrets, des modifications radicales sont devenues nécessaires. Chacune des stations télégraphiques (et il y en a aujourd'hui 105) est devenue une direction, ou, pour être plus exact, un centre de transmission, et en même temps que le nombre des directeurs s'est accru, les agents ont vu diminuer leur importance; l'autorité qu'ils exerçaient sur la ligne aérienne s'est circonscrite dans la station électrique. — Au contraire, le rôle des inspecteurs, de secondaire qu'il était, est devenu principal : chargés d'entretenir un matériel beaucoup plus important, d'assurer et de centraliser tout le service dans la subdivision confiée à leurs soins, de contrôler les transmissions des chemins de fer, ils doivent pouvoir pénétrer à toute heure, à toute minute dans toutes les stations, dans le cabinet même du directeur. Il est donc devenu indispensable de modifier leurs attributions et de les placer au-dessus des directeurs qu'ils doivent inspecter.

Avec un service ainsi organisé, avec une comptabilité qui embrasse un matériel de plus de 10 millions, et tend sans cesse à s'accroître, en présence de recettes qui dépasseront 2,500,000 francs avant la fin de l'année, il m'a paru nécessaire d'organiser une surveillance active et un contrôle sérieux. J'ai pensé que le plus sûr moyen d'atteindre ce résultat était de diviser le réseau télégraphique en plusieurs circonscriptions, et de mettre à la tête de chacune d'elles un fonctionnaire responsable de tout le service.

J'ai donc l'honneur de proposer à Votre Majesté la création de directeurs principaux chargés de centraliser et de diriger le travail dans leurs divisions. Ces fonctionnaires, résidant au centre de leur circonscription, connaîtront parfaitement leur personnel, pourront vérifier dans les bureaux mêmes la comptabilité, et imprimeront aux différentes parties du service une impulsion qui a manqué jusqu'à présent.

Ces considérations m'ont décidé à présenter à Votre Majesté un projet de décret destiné à mettre cette partie si importante du service public en rapport avec ses nouveaux besoins, et qui n'entraînera, d'ailleurs, aucune augmentation de dépense.

Si ces vues obtiennent l'assentiment de Votre Majesté, je la prie de vouloir bien revêtir de sa signature le projet de décret ci-joint.

NAPOLÉON... ; Vu l'ordonnance du 24 août 1833 portant règlement du service télégraphique ; — Vu l'ordonnance du 11 août 1844 ; — Vu le décret du 28 octobre 1853 ;

Considérant que ces dispositions ne sont plus en harmonie avec l'état actuel de la législation et les besoins du service de la télégraphie ; — Sur le rapport du ministre l'intérieur ,

ART. 1er. Le personnel de l'administration des lignes télégraphiques se compose de :

    1 Directeur général,
    4 Inspecteurs généraux,
    12 Directeurs principaux,
    100 Inspecteurs,
    Directeurs de station.............. ⎫
    Employés de bureau.............. ⎬ En nombre suffisant
    Stationnaires.................... ⎬ pour les besoins du
    Surveillants.................... ⎬ service.
    Piétons....................... ⎭

ART. 2. Le directeur général relève de l'autorité immédiate du ministre avec lequel il travaille directement. Il règle le service de tous les fonctionnaires et agents télégraphiques, et prend toutes les mesures d'exécution nécessaires.

ART. 3. Les inspecteurs généraux contrôlent et surveillent, sous l'autorité du directeur général, les différentes parties du service télégraphique.

Ils forment, avec l'adjonction d'hommes spéciaux désignés par le ministre, un conseil chargé d'examiner les projets et mémoires relatifs au perfectionnement des procédés et appareils télégraphiques.

ART. 4. Les directeurs principaux dirigent, inspectent et centralisent le service sur les lignes dont ils ont la direction.

ART. 5. Les inspecteurs contrôlent, sous les ordres du directeur principal, le service de tous les fonctionnaires et agents de la subdivision de ligne dont ils sont chargés. Ils veillent à la construction et à l'entretien des lignes et tiennent la comptabilité des fonds et du matériel.

ART. 6. Les directeurs de station sont chargés, sous la surveillance des inspecteurs, de la traduction, de la transmission et de l'expédition des dépêches. Ils tiennent la comptabilité des dépêches privées.

ART. 7. Les stationnaires manœuvrent les appareils et transmettent les dépêches sous l'autorité des directeurs de station.

Art. 8. Les surveillants entretiennent les lignes en bon état et réparent les avaries.

Ils sont sous les ordres immédiats des inspecteurs.

Art. 9. Le directeur général de l'administration des lignes télégraphiques est nommé par nous.

Les inspecteurs généraux, les directeurs principaux, les inspecteurs et les directeurs de station sont nommés par notre ministre de l'intérieur, sur la présentation du directeur général.

Les agents inférieurs sont nommés par le directeur général.

Art. 10. Les inspecteurs, directeurs de station et stationnaires sont divisés en trois classes. La première classe ne peut comprendre au delà d'un dixième du nombre total des employés de chaque grade, et la seconde, au delà des trois dixièmes du même nombre.

Art. 11. A partir du grade de stationnaire inclusivement, l'avancement ne peut avoir lieu d'une classe à l'autre et du grade inférieur au grade supérieur qu'après deux ans de service. Mais, vu les exigences présentes du service, il pourra être dérogé à cette règle jusqu'à ce que les cadres soient remplis.

Art. 12. Un arrêté ministériel réglera l'organisation des bureaux de l'administration centrale. Les employés attachés à ces bureaux sont assimilés aux fonctionnaires et agents du service extérieur, et peuvent en faire partie.

Art. 13. Les titres de directeur de l'administration des lignes télégraphiques, d'administrateurs, de directeurs suppléants, d'inspecteurs provisoires et d'inspecteurs, sont et demeurent supprimés.

Art. 14. Continueront d'être appliquées les dispositions de l'ordonnance du 24 août 1833, qui ne sont pas contraires aux prescriptions du présent décret.

Est et demeure abrogée l'ordonnance du 11 août 1844.

Le *Moniteur* du 15 mai reproduit d'après le *Morning-Chronicle* quelques détails sur l'établissement de la ligne souterraine de Londres à Liverpool. La communication est assez bonne pour permettre d'abaisser le tarif de 5 shillings à 2 shillings 6 deniers. Les dépêches sont remises dans le rayon d'un mille. Plusieurs lignes doivent relier des villes du Royaume-Uni. Des expériences faites avec Paris et Bruxelles ont donné les meilleurs résultats.

Le 17, on avise de l'ouverture de plusieurs bureaux français et étrangers. Un avis semblable annonce plus tard que dès le 1er juillet la taxe des dépêches sera de......, suivant les distances, selon la loi du 22 juin (voir page 346). Cet avis annonce en outre que la limite de 25 mots a aussi été adoptée pour les dépêches allant en Sardaigne et en Angleterre. Afin que nul n'en ignore, le même avis est inséré plusieurs fois au mois de juillet.

Le 6 juillet, on écrivait de Hanovre que le gouvernement venait d'autoriser sous sa surveillance l'établissement d'un télégraphe sous-marin entre la côte d'Angleterre et un point quelconque de l'Ost-Frise.

Quelques jours après, une lettre de Turin donnait des détails sur la pose du câble télégraphique, devant relier l'Italie à la Corse et à la Sardaigne : quoique remplie d'intérêt, elle ne paraît pas assez authentique pour mériter de s'y arrêter davantage. Le même numéro du 28 juillet informe que, si l'on a élevé à 25 mots le nombre minimum d'une dépêche, c'est afin de faciliter le public pour la mise des adresses qui doivent être le plus complètes possible, surtout pour les grandes villes ; de même qu'en établissant que le nom des rues comptera toujours pour un mot, quel que soit le nombre nécessaire à l'exprimer, on espère que les particuliers se conformeront à cette prescription, qui évite les retards et les erreurs fâcheuses.

Un décret impérial du 9 août inséré au *Moniteur* du 30, dit que toutes les dispositions de la loi du 31 mai 1854 seront applicables à l'Algérie, et que les distances y seront mesurées à vol d'oiseau.

Le 22 septembre, le ministre des affaires étrangères signe un article additionnel à la convention du 4 octobre 1852 (voir pages 251 et 384).

A la même époque, on ordonnait à Constantinople l'établissement d'une ligne télégraphique jusqu'à Belgrade et Choumla : à ce sujet, il est à remarquer que la guerre d'Orient était déjà déclarée depuis longtemps, et que la télégraphie électrique s'étendait jusqu'à la Crimée; aussi, le

6 septembre, le *Times* annonçait-il que des appareils de campagne devaient partir pour la Crimée.

Le *Moniteur* du 1er octobre donnait enfin , d'après le *Builder*, des renseignements sur la télégraphie aux États-Unis, et sur les espérances que l'on avait déjà de pouvoir communiquer avec l'Europe.

Jusqu'à la fin de l'année on trouve l'annonce de l'ouverture de nouveaux bureaux, soit en France, soit à l'étranger, jusqu'à Stockholm. Les *Faits divers* insèrent, en outre, quelques nouvelles, mais leur peu d'authenticité nous les fait rejeter pour terminer ici cette première série de documents sur une science que l'on voit se convertir peu à peu en lois écrites. Afin de compléter autant qu'il a dépendu de nous ce qui concernait la période décennale 1844-1854, nous donnons au tableau général, et par anticipation, les budgets définitifs des années 1852, 1853 et 1854, lesquels cependant ne furent votés que dans les sessions qui suivirent.

EXTRAITS DU BULLETIN DES LOIS DE 1854.

1854. T. I, B. no 131, p. 129. *Décret du 28 octobre* 1853. (Portant modification dans l'organisation.)

Vu l'article 1er de l'ordonnance du 24 août 1833, portant que le personnel de l'administration télégraphique est composé d'un administrateur en chef, etc. ; — Considérant que, par suite de l'extension donnée à ce service, il est devenu nécessaire de modifier son organisation ; — Sur le rapport du ministre de l'intérieur.

ART. 1er. Le service des lignes télégraphiques formera une direction du ministère de l'intérieur.

Les fonctions d'administrateur en chef créées par l'ordonnance du 24 août 1833 seront supprimées à partir du 10 janvier prochain.

1854. T. I, B. no 131, p. 131. *Décret du 13 décembre* 1853. (Virement de crédit.)

Vu la loi du 8 juillet 1852 ; — Vu l'article 12 du sénatus-consulte du

25 décembre 1852 ; — Sur le rapport du ministre de l'intérieur; — Le Conseil d'Etat entendu :

ART. 1er. Le chapitre VI du budget du ministère de l'intérieur, exercice 1853 (personnel des lignes télégraphiques), est réduit de 160,000 francs. Le chapitre VII du même budget est augmenté de 160,000 francs. Somme égale à la diminution.

Par suite de ce virement, le montant de ces chapitres est fixé ainsi qu'il suit :

Chapitre VI.................. 1,407,000 francs.
Chapitre VII................ 364,240

1854. T. I, B. n° 131, p. 132. *Règlement du 26 décembre 1853.* (Sur la comptabilité des matières appartenant au ministère de l'intérieur.) — Titre 1er, dispositions générales et préliminaires, 7 articles. — Titre II, des matières, denrées et objets propres à la transformation ou à la consommation. Chapitre 1er, de la responsabilité des agents ayant charge de matières, 8 articles. Chapitre II, des mutations de comptables, 5 articles. Chapitre III, des entrées et des sorties, et de leur justification, 8 articles. Chapitre IV, du contrôle, 4 articles. Chapitre V, des écritures, des livres et des comptes généraux, 24 articles. Chapitre VI, comptabilité centrale, 12 articles. — Titre III, des valeurs mobilières permanentes, 6 articles. — Titre IV, dispositions spéciales, 3 articles. (Approuvé par l'Empereur.)

1854. T. I, B. n° 149, p. 665. *Décret du 20 février 1854.* (Reportant à l'exercice 1854 une portion des crédits de l'exercice 1853.)

Vu le décret du 6 janvier 1852, la loi du 8 juillet et le décret du 5 septembre de la même année; — Vu le décret du 2 février 1853 portant ouverture de crédits destinés à l'établissement de lignes de télégraphie électrique ; — Vu les articles 26 et 27 de l'ordonnance du 31 mai 1838, sur la comptabilité publique; — Sur le rapport du ministre de l'intérieur, duquel il résulte que, sur la somme de 3,880,987 francs, montant des trois crédits ouverts sur l'exercice 1853, par les décrets précités, une somme de 1,386,744 francs était restée sans emploi au 31 décembre 1853, et que cette somme est nécessaire pour achever, en 1854, les lignes de télégraphie électrique dont la construction a été ordonnée par le décret de 6 janvier 1852 ; — Le Conseil d'Etat entendu.

ART. 1er Il est ouvert au ministre de l'intérieur, sur l'exercice 1854, un crédit de 1,386,744 francs, représentant les portions non employées au 31 décembre 1853 des trois crédits accordés, sur cet exercice, par les décrets précités, et montant ensemble à 3,880,987 francs.

En conséquence, pareille somme de 1,386,744 francs sera annulée sur les trois crédits ouverts au budget de 1853.

ART. 2. Il sera pourvu à la dépense autorisée par le présent décret au moyen des ressources du budget de 1854.

ART. 3. La régularisation du crédit ouvert par l'article 1er sera proposée au Corps législatif dans sa prochaine session.

1854. T. II, B. n° 170, p. 1227. *Loi du 8 mai 1854.* (Portant règlement définitif du budget de l'exercice 1851.) Voir le tableau général.

1854. T. II, B. nº 188, p. 1587. *Loi du 22 juin 1854.* (Portant fixation du budget général de l'exercice 1855.) La télégraphie privée y figure pour 4,100,000 francs de recettes.

1854. T. II, B. nº 189, p. 1617. *Loi du 22 juin 1854.* (Télégraphie privée.) Voir p. 346.

1854. T. II, B. nº 189, p. 1619. *Loi du 22 juin 1854.* (Crédits supplémentaires.).

ART. 1ᵉʳ. Un crédit extraordinaire de 844,620 francs est ouvert au ministère de l'intérieur, sur l'exercice 1854, pour travaux relatifs aux lignes télégraphiques, conformément à l'état annexé à la présente loi.

ART. 2. Les portions de ce crédit qui n'auraient pu être employées en 1854 seront reportées sur l'exercice 1855.

1854. T. II, B. nº 190, p. 1647. *Loi du 22 juin 1854.* (Crédit extraordinaire.)

ART. 1ᵉʳ. Il est ouvert au ministre de l'intérieur, sur l'exercice 1854, un crédit supplémentaire de 375,000 francs, destiné à subvenir aux dépenses du personnel de l'administration des lignes télégraphiques.

1854. T. II, B. nº 192, p. 1709. *Décret du 1ᵉʳ juin 1854.* (Organisation de l'administration.) Voir p. 376.

1854. T. II, B. nº 192, p. 1711. *Décret du 4 juin 1854.* (Fixant le traitement, frais de route et de séjour, et l'uniforme des fonctionnaires et agents du service télégraphique.)

Vu le décret en date du 1ᵉʳ juin 1854, portant modification à l'ordonnance du 24 août 1833, qui règle l'organisation de l'administration des lignes télégraphiques; — Sur le rapport du ministre de l'intérieur;

ART. 1 et 2. Le traitement des fonctionnaires et agents du service télégraphique; les frais de séjour ou de route pour inspections extraordinaires ou missions des divers fonctionnaires et agents du service télégraphique, sont fixés ainsi qu'il suit :

	Appointements.	Frais de séjour par journée.	Frais de route par myriamètre.
Directeur général................	25,000 fr.	25 fr.	10 fr. 00 c.
Inspecteurs généraux...........	10,000	12	6
Directeurs principaux...........	8,000	10	4
Inspecteurs de 1ʳᵉ classe........	6,000		
Inspecteurs de 2ᵉ classe........	5,000	8	3
Inspecteurs de 3ᵉ classe........	4,000		
Directeurs de station de 1ʳᵉ classe.	3,000		
Directeurs de 2ᵉ classe..........	2,400	6	2 50
Directeurs de 3ᵉ classe..........	1,800		
Stationnaires de 1ʳᵉ classe.......	1,500		
Stationnaires de 2ᵉ classe.......	1,200	2	1 25
Stationnaires de 3ᵉ classe.......	1,000		
Surveillants....................	1,000		
Chefs d'ateliers.		3	1 25
Piétons.	800		1 25

Les tournées périodiques des directeurs principaux et inspecteurs ne leur donnent pas droit aux frais de route et de séjour.

L'inspecteur chargé d'une construction touche les frais de séjour pendant la durée de ses travaux, mais n'a droit aux frais de route que pour l'aller et le retour.

ART. 3. Les fonctionnaires et agents du service télégraphique changés de résidence ont droit aux frais de route énoncés dans l'article précédent. Il ne leur est rien alloué si le changement de résidence a lieu sur leur demande ou par suite d'avancement.

ART. 4. Les allocations pour frais de route sont réduites à la moitié sur tous les trajets faits en chemin de fer, et au quart sur ces mêmes trajets, lorsque les fonctionnaires ou agents auxquels elles sont accordées ont reçu un permis de circulation.

ART. 5. L'uniforme des différents fonctionnaires télégraphiques est fixé ainsi qu'il suit :

Grande tenue.

Habit en drap bleu de roi semblable, quant au dessin de la broderie, à celui des ingénieurs des ponts et chaussées ; gilet blanc. Les broderies seront en argent sur drap bleu-flore. Pantalon bleu avec bande d'argent. Chapeau français à plumes noires pour le directeur général, les inspecteurs généraux et directeurs principaux. Chapeau français uni pour les inspecteurs et directeurs de station. Epée à garde argentée, boutons à l'aigle.

Pour le directeur général, broderie sur le collet et les parements, à l'écusson, sur les poches et autour de l'habit. Pour les inspecteurs généraux, broderie sur le collet, à l'écusson, sur les parements et poches ; baguette autour de l'habit. Pour les directeurs principaux, broderie sur le collet, à l'écusson, sur les parements et baguette autour de l'habit. Pour les inspecteurs, broderie sur le collet, à l'écusson et sur les parements. Pour les directeurs de station, broderie sur le collet et les parements. Pour les stationnaires, broderie sur le collet seulement.

Petite tenue.

Capote de drap bleu de roi croisée sur la poitrine portant deux rangs de boutons ; collet et parements de drap bleu-flore ; pantalon bleu sans bande ; casquette de drap bleu avec galons indiquant le grade ; aigle dessus.

Directeur général. — Broderie avec double baguette au collet et aux parements ; broderie autour de la casquette.

Inspecteurs généraux. — Broderie avec une baguette au collet et aux parements ; cinq galons d'argent superposés à la casquette.

Directeurs principaux. — Broderie sans baguette au collet et aux parements ; quatre galons d'argent à la casquette.

Inspecteurs. — Broderie sans baguette au collet seulement ; trois galons d'argent à la casquette.

Directeurs de station. — Broderie sans baguette au collet seulement ; deux galons d'argent à la casquette.

Stationnaires. — Coins sans baguette au collet de la capote ; un galon d'argent à la casquette.

Piétons. — Tunique d'infanterie en drap bleu de roi ; collet et parements en drap bleu-flore ; casquette sans broderie.

Surveillants. — Blouse en toile bleue ; collet en drap bleu rabattu ; pantalon de drap bleu sans bande pour l'hiver ; pantalon de coutil bleu pour l'été ; ceintures avec plaques portant ces mots : *Lignes télégraphiques, Surveillants ;* casquette sans broderie.

Les boutons d'uniforme porteront l'aigle avec l'exergue : *Administration des lignes télégraphiques.*

Art. 6. Les fonctionnaires et agents du service télégraphique actuellement en fonctions jusqu'au grade de stationnaire exclusivement, dont les appointements sont supérieurs à ceux que détermine le présent décret, conserveront leurs traitements exceptionnels jusqu'à ce qu'ils soient promus à un grade leur donnant droit à un traitement au moins égal à celui dont ils jouissent aujourd'hui.

Art. 7. Sont et demeurent abrogées toutes les dispositions antérieures contraires au présent décret.

1854. T. III, B. n° 204, p. 153. *Décret du 29 juillet* 1854. (Annulation de crédit.)

Sur le rapport du ministre de l'intérieur ;

Art. 1ᵉʳ. Sur le crédit extraordinaire de 2,012,661 francs (chap. LXVI, exercice 1853), ouvert au ministre de l'intérieur par décrets des 5 septembre 1852 et 2 février 1853, et applicable à l'achèvement de cinq lignes de télégraphie électrique, une somme de 35,341 francs, restant sans emploi, est annulée.

Art. 2. Il est ouvert au ministre de l'intérieur, pour subvenir aux dépenses du chapitre VII (Matériel des lignes télégraphiques), exercice 1853, un crédit extraordinaire de 50,000 francs pour travaux exécutés dans les bureaux de Paris, par suite de l'accroissement du nombre des lignes.

Art. 3. La régularisation de ce crédit sera soumise au Corps législatif.

1854. T. III, B. n° 204, p. 154. *Décret du 29 juillet* 1854. (Virement de crédit.)

Sur le rapport du ministre de l'intérieur ; — Vu la loi du 8 juillet 1852, portant fixation du budget des recettes et des dépenses de l'exercice 1853 ; — Vu les décrets des 29 mars, 6 juillet et 13 décembre 1853, et 20 février 1854, qui ont modifié les crédits du budget du ministère de l'intérieur pour l'exercice 1853 ; — Vu l'article 12 du sénatus-consulte du 25 décembre 1852 ; — Le Conseil d'Etat entendu.

ART. 1er. Le crédit inscrit au chapitre LX du budget du ministère de l'intérieur, exercice 1853 (Construction de cinq nouvelles lignes de télégraphie électrique), est réduit d'une somme de 33,780 francs.

ART. 2. Le crédit inscrit au chapitre VII du budget du ministère de l'intérieur, exercice 1853 (Dépenses du matériel des lignes télégraphiques), est augmenté d'une somme de 33,780 francs.

1854. T. III, B. n° 224, p. 571. *Décret du 18 octobre* 1854. (Virement de crédit.)

Sur le rapport du ministre de l'intérieur ; — Vu la loi du 20 juin 1853, portant fixation du budget général des recettes et des dépenses de l'exercice 1854, et le décret du 12 décembre suivant sur la répartition par chapitres du budget de cet exercice ; — Vu la loi du 22 juin 1854 qui ouvre au ministre de l'intérieur, sur l'exercice 1854, un crédit de 375,000 francs destiné à subvenir aux dépenses du personnel de l'administration des lignes télégraphiques ; — Vu le quatrième paragraphe de l'article 12 du sénatus-consulte du 25 décembre 1852 ; — Le Conseil d'Etat entendu.

ART. 1er. Le crédit ouvert au chapitre V du budget du ministère de l'intérieur, exercice 1854 (Personnel des lignes télégraphiques), est réduit d'une somme de 250,000 francs.

ART. 2. Le crédit ouvert au chapitre VI du budget du ministère de l'intérieur, exercice 1854 (Matériel des lignes télégraphiques), est augmenté de 250,000 francs.

1854. T. III, B. n° 228, p. 617. *Décret du 11 novembre* 1854. (Portant promulgation de l'article additionnel à la convention du 4 octobre 1852.

Sur le rapport du ministre des affaires étrangères ;

ART. 1er. L'article additionnel à la convention conclue le 4 octobre 1852 entre la France, la Belgique et la Prusse, pour la transmission des dépêches télégraphiques internationales ayant été ratifié par les gouvernements contractants, et les actes de ratification ayant été échangés le 10 novembre 1854, ledit article additionnel dont la teneur suit recevra sa pleine et entière exécution.

Sa Majesté l'empereur des Français, Sa Majesté le roi des Belges et Sa Majesté le roi de Prusse, agissant tant en son nom qu'en celui des autres Etats qui composent actuellement l'union télégraphique austro-allemande, ou qui accéderont par la suite, désirant simplifier et faciliter la perception des taxes à prélever pour les dépêches télégraphiques internationales échangées entre les administrations de leurs Etats respectifs, sont convenus de régler ce point à l'aide d'un article additionnel à la convention du 4 octobre 1852, et ont à cet effet nommé leurs plénipotentiaires... Lesquels... sont convenus de l'article suivant :

ARTICLE ADDITIONNEL. A dater du 1er octobre prochain, et par dérogation à l'article 18 de la convention conclue entre les hautes parties contractantes, le 4 octobre 1852, sur le service télégraphique international, le décompte entre les administrations respectives pour les taxes des dépêches publiques ou privées, échangées entre elles, sera calculé d'après la base de 25 mots au lieu de 20 par dépêche simple.

Le présent article additionnel, qui aura la même force et la même durée que la convention précitée le 4 octobre 1852, sera ratifié, et les ratifications en seront échangées à Paris dans le délai de quinze jours, ou plus tôt si faire se peut.

En foi de quoi...

1854. T. III, B. n° 241, p. 881. *Rapport et décret du 15 décembre 1854.*) Portant répartition par chapitre du budget de l'exercice 1855.)

Personnel des lignes télégraphiques... 2,661,400 francs.
Matériel.......................... 430,640

1854. T. III, B. n° 243, p. 949. *Décret du 6 décembre 1854.* (Modifiant l'organisation de l'administration.)

Vu l'ordonnance du 24 août 1833, portant règlement du service télégraphique ; — Vu les décrets en date des 1er et 4 juin 1854, portant modification de cette ordonnance ; — Sur le rapport du ministre de l'intérieur ;

ART. 1er. Le nombre total des directeurs de station des lignes télégraphiques est fixé à cent ; la première classe n'en peut comprendre plus de vingt, et la deuxième plus de trente.

ART. 2. Il est créé dans le personnel de l'administration des lignes télégraphiques une nouvelle catégorie d'agents sous le titre de *chefs de station.*

Ces fonctionnaires dirigeront le service télégraphique dans les stations d'un ordre inférieur, et prendront part à la manipulation des appareils.

Les chefs de station seront nommés par le directeur général des lignes télégraphiques, et prendront rang immédiatement après les directeurs de station.

ART. 3. Dans les stations où les besoins du service l'exigeront, le directeur général des lignes télégraphiques pourra nommer des commis-receveurs spécialement chargés, sous les ordres et la responsabilité des directeurs, de recevoir et de taxer les dépêches privées, et des expéditionnaires pour la transcription de ces mêmes dépêches.

Ils seront divisés en trois classes, dont la première ne pourra comprendre au delà de deux dixièmes, et la deuxième au delà de trois dixièmes du nombre total de ces agents.

ART. 4. Les surveillants sont divisés en trois classes. La première ne peut comprendre au-delà des deux dixièmes, et la deuxième au delà des trois dixièmes du nombre total des surveillants.

ART. 5. Les traitements des fonctionnaires et agents des lignes télégraphiques ci-après désignés sont fixés comme suit :

Directeur de station de 3e classe.........		2,000 francs.
Chef de station........................		1,800
Stationnaire	de 1re classe........	1,600
	de 2e classe.........	1,400
	de 3e classe.........	1,200
Surveillant	de 1re classe........	1,200
	de 2e classe.........	1,100
	de 3e classe.........	1,000
Commis receveur	de 1re classe........	2,400
	de 2e classe.........	2,000
	de 3c classe.........	1,600
Expéditionnaire	de 1re classe........	1,800
	de 2e classe........	1,600
	de 3e classe.........	1,400

ART. 6. En cas d'empêchement d'un directeur ou d'un chef de station, et jusqu'à ce qu'il ait été pourvu à son remplacement, la direction du service appartient de droit au plus ancien stationnaire de le classe la plus élevée.

ART. 7. Les fonctionnaires et agents des lignes télégraphiques chargés de faire un intérim hors de leur résidence, auront droit, pendant toute la durée de cet intérim, et indépendamment de leur traitement ordinaire et des frais de route, aux frais de séjour fixés par le décret du 4 juin 1854.

Les surnuméraires appelés temporairement hors de leur résidence pour remplacer un stationnaire empêché, ou suppléer à l'insuffisance du personnel d'une station, recevront les frais de route et de séjour fixés pour les stationnaires par le même décret.

ART. 8. Les frais de séjour et de route qu'il y aura lieu d'accorder aux chefs de station dans les cas prévus par le décret du 4 juin 1854, sont réglés ainsi qu'il suit :

Frais de séjour, 4 francs par journée;

Frais de route, 2 francs par myriamètre.

ART. 9. L'uniforme des chefs de station sera le même que celui des directeurs de station, mais la broderie aux parements de l'habit de grande tenue sera remplacée par une baguette dentelée. La capote d'uniforme portera le coin brodé, encadré d'une baguette unie, et la casquette n'aura qu'un galon.

ART. 10. Les dispositions du présent décret seront exécutoires à partir du 1er janvier 1855.

Tableau des budgets définitifs.

ANNÉES	NATURES DES DÉPENSES.	DÉPENSES — Crédits accordés par le budget primitif et par des lois spéciales.	DÉPENSES — Dépenses résultant des services faits, Droits constatés au profit des créanciers de l'État.	DÉPENSES — Payements effectués sur les ordonnances du ministre.	DÉPENSES — Reste à payer à la clôture de l'exercice.	DÉPENSES — Crédits non consommés par les dépenses annulées définitivement.	PRODUITS — Evaluation des produits.	PRODUITS — Produits résultant des droits constatés.	Différence.
1844	Personnel (aérien)........	966,377,00	940,451,65	940,438,15	13,50	25,925,35	»	»	»
	Matériel (aérien)........	136,167,00	125,002,40	125,002,40	»	11,164,60	»	»	»
	Télégraphie électrique........	165,000,00	165,000,00	164,000,00	1,000,00	1,000,00	»	»	»
1845	Personnel (aérien)........	971,500,00	966,191,88	966,106,63	85,25	5,308,12	»	»	»
	Matériel (aérien)........	137,300,00	137,167,76	137,167,76	»	132,24	»	»	»
	Télégraphie électrique........	75,000,00	69,071,62	69,071,62	»	5,928,38	»	»	»
1846	Personnel (aérien)........	994,395,00	977,871,96	977,823,71	48,25	16,523,04	»	»	»
	Matériel (aérien)........	143,620,00	139,924,85	139,924,85	»	3,695,15	»	»	»
	Établissement d'une ligne de télégraphie électrique de Paris à Bruxelles.	176,000,00	176,000,00	176,000,00	»	»	»	»	»
	Prolongement des lignes télégraphiques anciennes........	22,600,00	19,311,05	19,311,05	»	3,288,95	»	»	»
1847	Personnel........	1,008,620,00	998,951,20	998,901,10	50,10	9,668,80	»	»	»
	Matériel........	144,746,00	140,641,18	140,641,18	»	4,104,82	»	»	»
	Établissement d'une ligne électrique de Paris à Lille........	233,650,00	233,648,79	231,834,32	1,814,47	1,21	»	»	»
1848	Personnel........	1,006,784,00	1,006,578,94	1,006,559,44	19,50	205,06	»	»	»
	Matériel........	144,800,00	144,559,48	144,559,48	»	240,52	»	»	»
	Établissement d'un télégraphe électrique de Paris à Lille........	80,000,00	77,832,38	77,832,38	»	2,167,62	»	»	»
1849	Personnel........	994,266,00	983,227,74	983,165,24	62,50	11,038,26	»	»	»
	Matériel........	124,700,00	124,638,89	124,638,89	»	61,11	»	»	»
1850	Personnel........	1,025,665,00	991,898,27	991,875,77	22,50	33,766,73	»	»	»
	Matériel........	127,486,00	123,345,30	122,813,88	531,42	4,140,70	»	»	»
	Établissement de nouvelles lignes.	600,637,00	599,466,59	599,466,59	»	1,170,41	»	»	»

Année	Désignation							
1851	Personnel	1,080,105,00	1,038,909,07	1,038,899,98	9,09	41,195,93	»	»	»
	Matériel	134,055,00	133,812,10	133,812,10	»	242,90	»	»	»
	Service de la correspondance privée (Personnel)	16,500,00	12,430,00	12,430,00	»	4,070,00	»	»	»
	Service de la correspondance privée (Matériel)	»	»	»	»	»	»	»	»
1852	Etablissement de diverses lignes	35,834,00	9,316,11	9,316,11	»	26,517,89	»	»	»
	Etablissement de huit lignes	300,000,00	299,699,78	299,699,78	»	300,22	»	»	»
	Frais de surveillance de la télégraphie électrique	559,148,26	385,671,54	384,117,43	1,554,11	173,476,72	»	»	»
	Produits de la télégraphie privée	»	»	»	»	»	»	12,729,00	»
1853	Personnel	1,305,268,00	1,086,742,08	1,086,662,28	79,80	218,525,92	»	»	»
	Matériel	214,235,00	212,997,50	212,287,50	710,00	1,237,50	»	85,194,62	»
	Etablissement de nouvelles lignes	148,359,00	143,111,58	143,111,53	»	5,247,42	»	»	»
	Etablissement de cinq nouvelles lignes	1,129,000,00	1,099,185,28	1,094,289,46	4,895,82	29,814,72	»	»	»
	Etablissement de huit nouvelles lignes	171,740,00	171,034,87	171,034,87	»	705,13	»	»	»
	Etablissement d'un fil de Rouen à Dieppe	»	»	»	»	»	»	»	»
	Frais de surveillance des télégraphes électriques	8,800,00	8,355,86	8,655,36	144,64	»	»	»	»
	Produits de la télégraphie privée	»	»	»	»	»	141,820,00	546,677,45	404,857,45
	Personnel	1,360,370,01	1,360,370,01	1,359,324,66	1,048,95	14,299,34	»	»	»
	Matériel	448,020,00	433,720,66	427,599,60	6,121,06	»	»	»	»
	Construction de cinq nouvelles lignes	882,283,90	882,283,90	882,159,88	124,02	»	»	»	»
	Construction de quatre lignes complémentaires	67,154,94	67,154,94	67,034,94	120,00	8,445,98	»	»	»
	Achèvement de cinq nouvelles lignes	1,447,707,00	1,439,261,02	1,439,261,02	»	»	»	»	»
	Frais de surveillance	»	»	»	»	»	400,000,00	103,682,20	»
	Produits de la télégraphie privée	»	»	»	»	»	»	1,521,490,53	1,121,490,53
1854	Personnel	2,013,542,83	1,884,221,20	1,883,083,68	1,137,52	129,324,63	»	»	»
	Matériel	520,000,00	509,548,65	509,421,51	127,14	10,451,35	»	»	»
	Construction de lignes complémentaires et translation de lignes existantes	1,531,161,45	1,508,237,84	1,504,699,15	3,538,69	22,923,61	»	»	»
	Travaux relatifs aux lignes	131,650,00	130,206,49	129,603,59	602,90	1,443,51	»	»	»
	Frais de surveillance	»	»	»	»	»	100,110,00	141,371,86	41,261,80
	Produits de la télégraphie privée	»	»	»	»	»	1,000,000,00	2,070,575,79	1,070,575,79

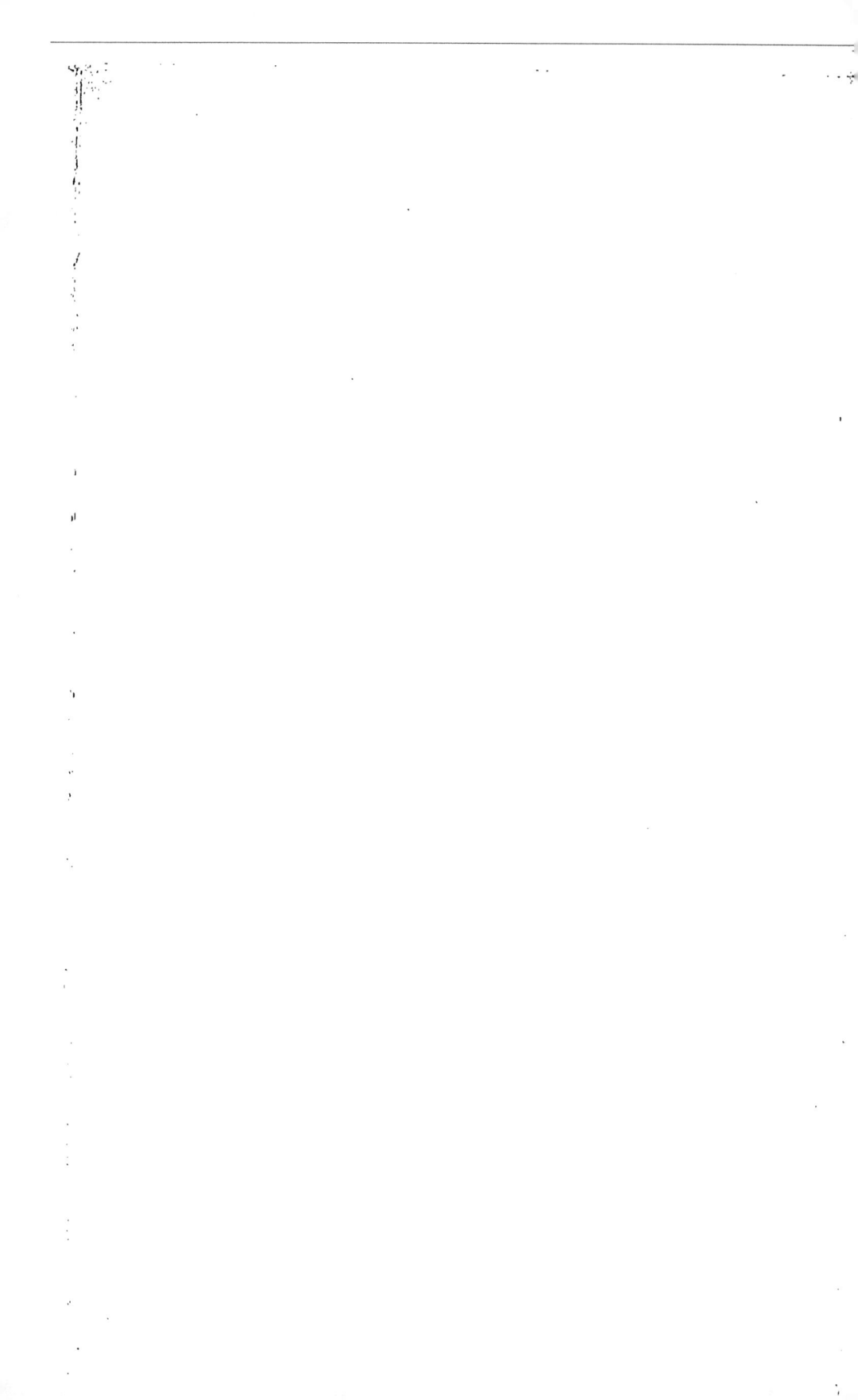

TABLE DES PRINCIPAUX DOCUMENTS.

TOME 1.

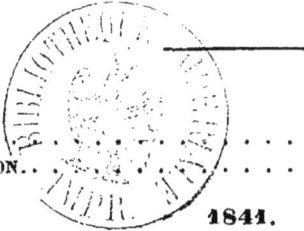

1851.

1852.

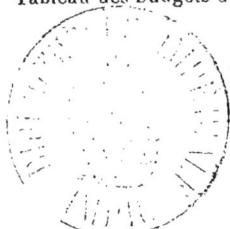

ERRATUM.

—

Page 74, lignes 2 et 7, *au lieu de* 1859, *lisez :* 1849.

Page 114, ligne 33, *au lieu de* posté, *lisez :* porté.

Page 220, dernière ligne, *au lieu de* 212, *lisez :* 218.

Paris. — Typographie HENNUYER ET FILS, rue du Boulevard, 7.

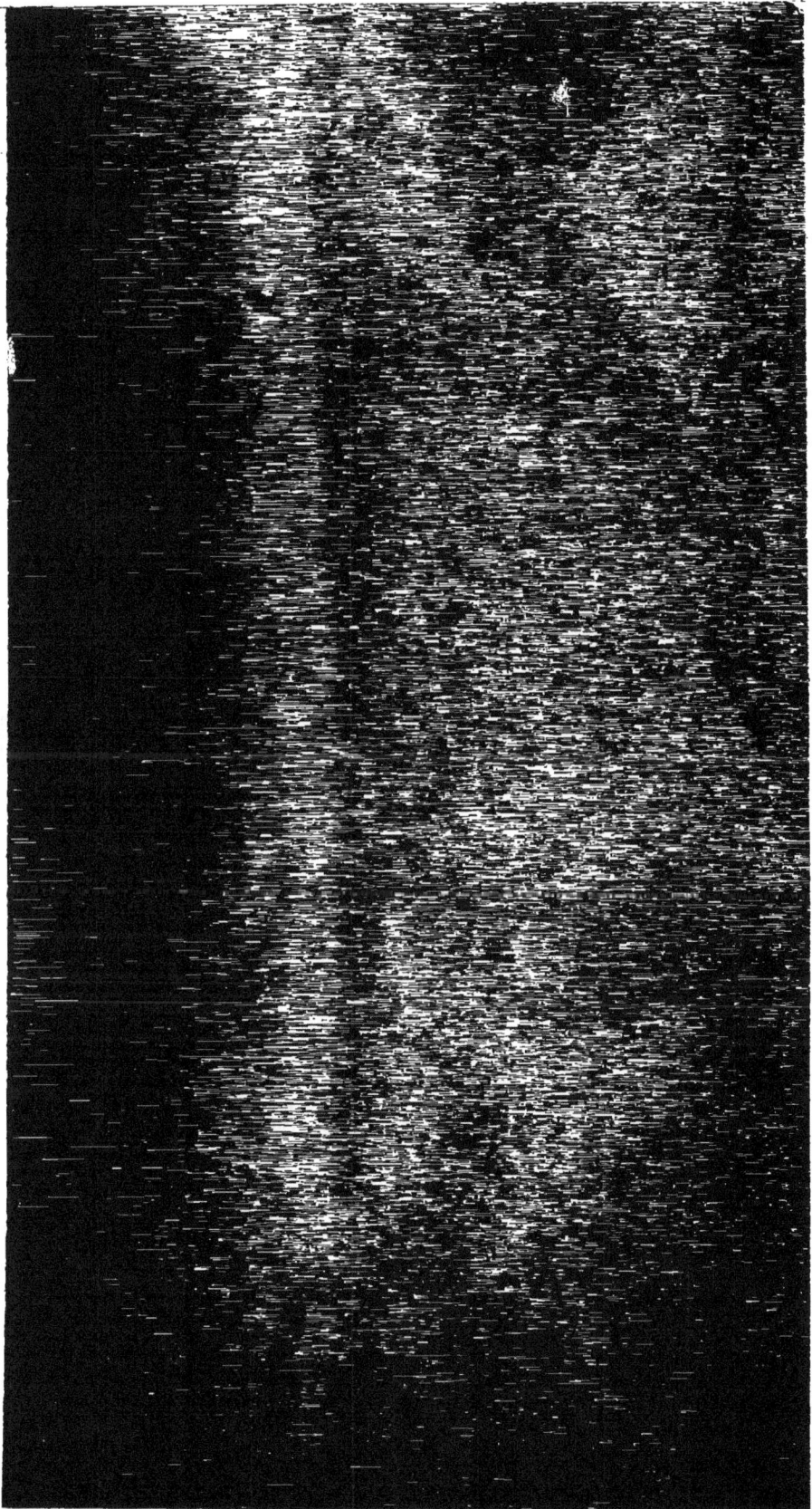

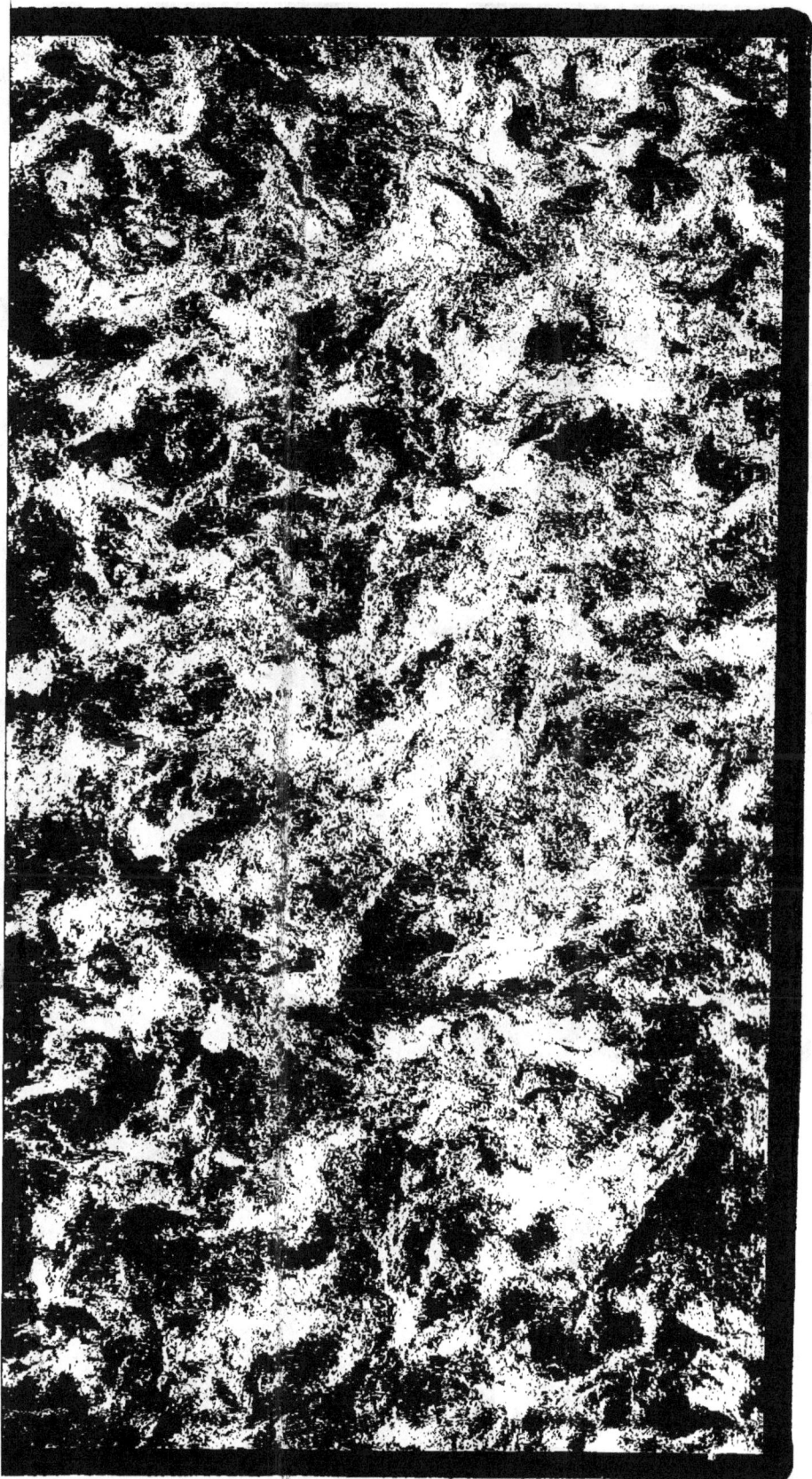

www.ingramcontent.com/pod-product-compliance
Lightning Source LLC
Chambersburg PA
CBHW060530220326
41599CB00022B/3481